龔鵬程 著

儒學反思錄二集

鵬程

臺灣學生書局印行

自序

舊嘗作《儒學反思錄》，勘儒林故事，考先哲微旨，既紹述儒家宗趣，亦略佇思新軫於方來。今茲續有撰作，塗向不殊，故輯為二集。

首篇疏證《論語》第一句「學而時習之，不亦樂乎」。自漢魏南北朝以來，讀書人啟蒙就多是讀《論語》，但此書義理之深邃精妙，真是童而習之老且未能明瞭。古今詮解雖繁，仍有許多疑義盤根錯節於其間。有陣子，大陸央視百家講壇某君講《論語》，轟動一時，而士林議論或不以為然。批判者中，有人就提議該找我去講，我則敬謝不遑，認為電視媒體本來就不適合講《論語》。

二〇〇七年冬，偶與陳衛平、沙永玲兩君談起，覺得既來北京，豈能不講學？遂將他們的小四合院稍予修葺，題名國學小院（**因地址就在國子監後方的國學胡同內**）。院有棗樹，傍晚時分，坐在樹下茗談，拾棗而食，朋友來了就開講。講著講著，秋深冬來，雪花遍地。屋裡則人擠著人，一團熱氣，感覺甚好。首講為學宗旨，接著分講「學」而時習之、學而「時」習之、學而時「習」之。現今所存，即當時之講義。儒學精義，多萃於此。是以後面可以暫緩。讀者循是而求，不難弋獲玄珠，不勞我再如此一句句細講啦！

次篇論中和之美，是在臺灣清華大學的講詞，乃上一篇論儒家義理之補充。看起來談的是文學理論，實則文學上對中和之美的追求，即是受到儒家的影響。儒者講中、中庸、中和、中正、中道，這個中，在哲學上實是極深奧極複雜的，我以辯證思維來解釋它，兼論中西思維之異同及其與佛道之關係，對讀者或不為無益。

接著談朱子學對當代的啟示。主要是針對現今學界只從思想上掌握儒家，而不能令儒家在具體生活場域中起作用而發。以朱子學實踐於家庭、宗族、書院、鄉里間的各項做法，來照看我們現今應當可以有的作為。

我提倡「生活的儒學」已數十年，所謂「生活的儒學」，其實即古人「儒學經世」之意。儒學不是書齋紙上、講壇嘴上的學問，須是具體化成人文。化成人文，亦非一般人只想到的政治事功，冀圖「致君堯舜上」。不知「再使風俗淳」本來就不必是屬於政治領域的事，應在社會結構、組織、風俗、精神上著力。宋明理學家在此有許多嘗試，均可借鑑。朱子學是其中重要一環，不可不注意。底下論王陽明到黃宗羲的經世思想，乃至韓國陽明學者鄭齊斗之經世學說，命意均涉及此，可一併參看。

論陸九淵、葉適二篇其實與上述經世主題也頗有相關，但更著重撥亂反正。文章是為紀念兩先賢誕辰而作，希望能對現今學界之誤解有所澄清。兩位其實都是目前儒學界最不瞭解的人物。論象山者，僅知其為心學、為陽儒陰釋，不知其經學、不知其道問學、也不知其排佛宗旨、更不知其經世宏願。論葉水心，則異口同聲說他反程朱、為功利主義、甚至是唯物論。此非冤殺古人乎?故我略替兩先生昭雪之。

以上兩部分,講儒家義理、講儒學史。底下兩篇論清人對儒學文獻的整理,主要談《四庫》。

《四庫全書》實即一部儒藏,乃是以儒家觀點對古今文獻的節選、整理、解釋。除篩選、存目等處理方式外,其觀點集中表現於提要。各書提要又總成於《四庫全書總目提要》。

自編成以來,《總目提要》一直是學子為學之津梁,重要性無與倫比。但很少人知道:四庫全書編輯時抄成七部,分貯南北諸閣,而其實非一身分化,乃七種頗有差異之書。我因緣湊巧,得窺此秘,乃發願作《四庫提要校證》,集合存世閣本與刊本互校。一方面希望能瞭解《四庫全書》編纂時的狀況,一方面也希望能提供學界一種新的《總目提要》。這整體工作非我一人所能完成,目前正集合師友一同努力。這兩篇文章就是我工作的一部分記錄。

此下則是近代儒學史的問題了。辜鴻銘、馬一浮都是過去久遭漠視、近年才漸獲討論的例子,對辜先生尤多誤解。我這兩篇應是比較準確的畫像。近年我還隨吳光先生之後,參與了部分馬先生文集的新編工作,曾撰〈馬一浮先生書法集序〉等文,文旨不同,就不收入此書了。

〈兩先生〉一文,論曾昭旭、王邦雄兩位老師,而其實是借此以見臺灣當代新儒學發展之史。當代新儒學,一般認為發軔於馬一浮、熊十力、梁漱溟,繼而有唐君毅、牟宗三、徐復觀紹述發揚之,再就是唐牟的弟子輩如杜維明、劉述先、成中英、蔡仁厚等以及臺灣的鵝湖派。鵝湖派，指以《鵝湖》雜誌為核心，聚合起來的一批新儒家。昔時少年英銳，今則漸皆老大，但論當代儒學發展，不能不注目此輩人。可惜對他們的事業與學問，目前理解也是還不夠的。我算不上是新儒家，但師友摩習，濡染者深，體會有非新儒家派別中人所能及者，故借此略言之。

嗣下諸文，則是近年在大陸講學的一些隨筆。大陸近年國學熱傳統文化復興，多亂象，也多值得期待之處。我介入既深，偶有感會，輒以隨筆散記出之，體例雖雜，不難由茲管窺近時儒學發展之鴻爪也。

壬辰立秋，記於燕京龔鵬程國學院

儒學反思錄二集

目次

自序……i
論語疏義：以「學而時習之」為例……1
中和之美：文學思想中的辯證思維……77
蓮花化身的儒學：朱子學對當代社會的啟示……109
研究象山學之三弊……131
永嘉學派的真面目……143
王學經世：兼論其與朱子學和現代社會之關係……165
黃宗羲民本思想探賾——關於王學經世的再討論……193
韓國陽明學者鄭齊斗的經世思想……221
《四庫全書總目提要·經部小學類》校文津閣本記……241
《四庫全書總目提要校證》例說……277

辜鴻銘的中國精神論……291
馬一浮國學觀及其特色……321
國學教育在臺灣……345
兩先生……391
儒學復興年代的隱憂……421
向古人借智慧——讀中國文化經典……431
讀經的爭論……451
儒家生態思想的現代性批判——一個 STS（科學技術與社會）的考察……459
雅樂復興的意義……479
國學……499
新時代舊思維……503
兒童讀經……507
高信疆與經典閱讀……513
樂……517

論語疏義：以「學而時習之」為例

說經之體，漢多詁訓，晉則義疏漸興。或稱講疏、述義、義鈔、文句義、義略等，皆因講論而發，如《隋志》所載徐孝克《論語講疏文句義》者，其數甚夥。近人解釋古籍，輒仿其名義，如徐復觀先生即有《公孫龍子講疏》之作。余頻年講貫，亦不乏繼聲。略摘一例，以就教於方聞。所講為《論語》第一章第一句，戊子雪夜講於燕京國學胡同國學小院中者也。發幽抉隱，以張大旨，分三段以釋義，仍用義疏之體焉。

甲、「學」而時習之

一

民國十八年（一九二九）朱自清在清華大學講課時印了一部講稿，叫《歌謠發凡》，後來改稱《中國歌謠》。這樣的課與講稿，自然是呼應了五四運動以後蓬勃興起的歌謠研究，因此那裡面就出現了這類歌謠：

「大學之道」，先生摜倒；
「在明明德」，先生出脫；
「在新民」，先生扛出門；
「在止於至善」，先生埋泥潭。

說一先生教小朋友讀《大學》，小朋友不喜歡，準備把先生摜倒後打一頓扔到泥潭裡去。朱先生自己在講堂上教書，而宣揚此等劣行謔語，並以《大學》來開玩笑，頗能顯示那個時代知識人之心態。可是，一九四二年，朱先生在昆明西南聯大，便倒轉過來，寫《經典常談》了。

此書在臺灣流通甚廣，但大陸遲至一九九九年上海古籍出版社才予重印。朱先生在這本書裡，一反過去批判揶揄經典的態度，認為每一個「有相當教育的國民」，均有接觸和了解「本國經典」的義務。又說：讀經的政令雖然廢止了，但並不意味著經典訓練也該廢止，故知識分子應設法把國民引上「經典的大路」上去。這是該書之基本宗旨，也可說是對五四反傳統弊病之撥亂反正，或對自己舊時魯莽的一種補過行為吧！

經典當然是該讀的，但我一向不主張自幼從《大學》《中庸》讀起。宋明儒者推重此二書，甚是；以此教人童而習之，卻非。小孩子讀《大學》讀得想將老師扔到泥潭裡去，實在也情有可原。讀經典，儒家仍應由《論》《孟》讀起，道家則應先《莊》而後《老》。《論語》《孟子》也是不容易讀的。《論語》為尤難。語言平易，若不遠人，真是聖人氣象。所謂「即之也溫」「循循然善誘人」。可是內中義理精深，究之難窮；一不留神，便會當面錯過。猶如逛紫禁城，在門口望了望，看起來也沒什麼，也許就走了，不曉得該推門進去，探一探裡面的千門萬戶與宮室之美。而且沒導遊，就是進去了，也如烏龜吃大麥，囫圇視之，瞧不出什麼所以然來。

你也許會說：太誇張了吧，《論語》無非一些道德格言，「學而時習之，不亦悅乎」，有何難曉？是，這句話並不太難，但清劉寶楠《論語正義》注它，便花了一千兩百字。古人注疏之體，旨不在申論，故文體簡約，而竟於此花費偌大筆墨，何以故？不是因為它裡面其實蘊涵了許多問題嗎？問題如此之多，豈能以為淺顯？

再說，《論語》大多也不是道德格言，如「學而時習之，不亦悅乎」，看來便只是孔子自發的體會語。與古代傳說堯時有老翁吃飽了飯，鼓腹而遊、擊壤而歌，說：「日出而作，日入而息，帝力何有於我哉！」性質差不多，原不是要以此教訓人的。《論語》裡不少言論均類似於此。不過，因是自我體會語，所以更難懂。論思想，唯佛能知佛、唯菩薩能知菩薩，境界相近者，才能彼此印可、彼此知心。若修養境界、學問內涵都差得遠，要想談話聊天都難，焉能「理解」？故平常我們說「尚友古人」，說得都太輕易。試想：要跟朱熹、王陽明、顧炎武、黃宗羲做朋友，要跟李白、蘇東坡、王羲之做朋友，那得有多大的才情，肚裡得有多少的書卷？何況是孔子？

二

就如這一句，雖說性質可能類似擊壤歌，但兩者意境懸絕，恰好就可見聖人和田夫野老畢竟不同。

擊壤歌之所以成為傳誦的佳話，乃是因這一首歌顯示了堯舜之聖治。田夫無知，吃飽了便快然自足，以為是自己耕耜所得，且生活得無拘無束。可是我們都曉得：「帝力」對人影響是極大的。臺灣近二十年，老百姓不努力嗎？努力，可能比過去更努力。但經濟衰退，百業蕭條。為什麼？大陸過去民生凋敝，是老百姓不肯日出而作，還是帝力使然？近些年，經濟起飛，又是因現在的人比過去幾十年都更勤奮嗎？也不是，而是政策變了。故一個人能不能吃得飽，不是他自己日出而作日入而息這麼簡單，須看天、看帝力。這是實際存在的現實。可是臺灣經濟之壞，我們知道是李登輝、陳水扁之故；大陸經濟之改善，我們知道是鄧小平的作用。堯之治，卻讓老百姓根本不覺得被治，這就是他的高明處。君子惠人而人不知，在統治者則為尤難。

《老子》十七章：「太上，不知有之；其次，親而譽之；其次畏之；其次侮之。信不足焉，有不信焉。悠兮其貴言。功成事遂，百姓皆謂我自然」（王弼注：「大人在上，居無為之事，行不言之教，萬物作焉……。故功成事遂而百姓不知其所以然也），即指此。孔子說堯「蕩蕩乎，民無能名」、「唯天為大，唯堯則之」（泰伯篇），亦是如此。擊壤歌正好反映了這種老百姓皆謂我自然的狀況，所以重要。若就歌者本身說，則只顯得他憨態可掬而已。只曉得吃飽了摩著肚皮鼓腹而遊，是孟子所說的「飲食之人」也！

孔子的快樂，跟他是不同的。《論語》一開頭就是：「學而時習之，不亦悅乎」，講的不是擊壤老者感到悅樂的那種飲食問題，而是談精神食糧對人的重要性。人吃飽了就覺得快樂，有幸福滿足感，孔子說學也是這樣的，甚或比飲食更樂。〈雍也篇〉稱贊顏回好學，「一簞食一瓢飲，在陋巷，人不堪其憂，回也不改其樂」，就是如此。飲食男女，是世俗人的快樂；學則是超越世俗層面的快樂。

但孔子跟其他聖哲頗不相同，他並不「絕俗」。如佛陀，雖然已比當時印度各派修行者高明了，主張中道，不鼓勵修苦行；卻仍要出家、要斷男女之樂。飲食之樂亦須克制，故有過午不食，托缽、不飲酒吃葷等戒行。基督宗教的聖人亦類似於此。孔子不然，他有時講究：「食不厭精，膾不厭細」（鄉黨篇）；有時灑脫：「飯蔬食，飲水，曲肱而枕之，樂亦在其中矣」（述而篇），故飲食之樂這種擊壤老者的快樂，他是能體會也能享受的。

因此他是兩界性的聖哲。兩界，指世俗界和超越界。其他聖哲大抵均為一界性的，以其超越性為人景仰，亦只顯其超越流俗之相。為了能超越此界，且常要以犧牲在此界的快樂為代價，認為此界之樂是魔鬼，是人通往超越界的障礙，不清除滌盪之，就不能入道。孔子不然，他「貞不絕俗」，無論個性或學說都是通於兩界的。佛教基督教均重「精神之解脫」而不太談「世俗之解放」，孔子則兩方面都有，榷論政法之學，讓老百姓都能獲得吃飽飯的快樂，也是他所極為重視的。

正因如此，故孔子說「學而時習之，不亦悅乎」。這個亦字，歷來均無解釋，沒注意到這句問語形式是在有一個「潛臺詞」的情況下說的。

這段話，每一句都有個相對的東西沒講出來，但卻是做為理解這段話不可或缺的。如第一句說學則樂，第二句就說有朋友老遠來看你，並一同析疑論難，不也很樂嗎？第二句的基礎在第一句，所以歷來「有朋自遠方來」的朋都不做一般朋友泛解，而說是論學之友。第三句的基礎又在一二句。一二句都講學，可是有了學問卻沒人曉得，怨不怨哪？孔子說不怨，這不也很君子嗎？「不亦」之根在一二句。相對應的，就是「君子」這一概念的了解。君子總是令人景仰的，現在人家卻並不知道他，但他仍是個君子，甚或更是個君子。因為「人不知而不慍」。

這兩個「不亦」都很明白，唯獨第一句「不亦」上無所承，它是對什麼樂而說「學而時習之，不亦悅乎」呢？說這樣的話，它也是有潛台詞的，完整的表述，應該是：「人人都曉得飲食男女是快樂的，但學而時習之不也很快樂嗎？」這是在承認飲食男女之樂以後，再往上一翻，指出向上一著，遂帶人進入了另一個境地。

這就是《論語》開篇。教人在飲食男女世俗生活打滾中忽然開眼，那一個「亦」字，是不可忽略的。

三

相對於世俗人活在動物性飲食男女之境，《論語》指出的向上一路是「學」。此後凡儒家都重學，如《荀子》第一篇便也是〈勸學〉。荀子書的編次是劉向校書時定的，因此也許原書並不如此，但劉向之所以將〈勸學〉編為第一篇，亦是因荀子本來就重學的緣故。秦漢間傳經之儒，一般也均認為源於荀子。孟子在後世，則往往被稱為傳道之儒，以說性說仁著名，彷彿跟荀子相反，一開「道問學」之傳統，一開「尊德性」之傳統。可是實際上孟子也是重學的，且也主張博學。〈離婁篇〉上：「博學而詳說之，將以反說約也」可資證明。此外，孟子又說：「君子有三樂，而王天下不與存焉。父子俱存，兄弟無故，一樂也；仰不愧於天，俯不怍於人，二樂也；得天下英才而教育之，三樂也」（盡心上）。把得天下英才而教育之，看得比王天下還樂，充分說明了一個儒者的心情。所以班固《漢書．藝文志》說儒家出於司徒之官。司徒之官就是教書人。儒家是否真出於司徒之官，很難說；但如此重視教與學，在九流十家中實具有鮮明之特色，無怪乎劉向班固要認為他們必定是教書匠的後裔了。

由於我們受儒家影響太深，故如今我們會覺得重學好像也沒什麼特別，「不是所有哲學家都強調人要學習嗎？」事實當然不是如此的。

九流十家，班固獨以儒為出於司徒之官，就是因為其他各家均不如此強調學。在中國如此，拿印度和古希臘來看，亦是如此。故孔子說「學而時習之」，實為一極特殊之識見。

例如在西方具有孔子般地位的蘇格拉底，在法庭申辯時，一再說有神靈在指引他。在謝絕勸他逃獄的朋友時，他也聲明自己只聽從神的指示，「這些語言在我心中不斷回響，使我不聞其他的話。」後來他泰然赴死，認定：「這是神所指引的路。」（見柏拉圖《遊敘弗倫・蘇格拉底的申辯・克利同》嚴群譯，北京商務）。而他之所以會死，正是因這個「神靈」被雅典的法官判定是不同於國神的新神。蘇格拉底為此而辯，也只是說：是神的聲音向我顯明，指示我該做的事，我並沒有引進新神（詳色諾芬《回憶蘇格拉底》，吳永泉譯，北京商務）。後來西方哲學史把蘇格拉底心中不斷回響的語言，稱為良知內在的聲音，其實是近代人理性除魅的解讀。殊不知古希臘人論學，都有一個神學的底子，是在其宗教信仰中談問題的，蘇格拉底這個例子，就十分具體。

後來中世紀大講亞理士多德，更是如此。跟今天哲學系教哲學時，把哲學從它的宗教關係中拉出來，孤立地說哲學絕不一樣。像中古時期教育以「自由七藝」為主，這七藝指音樂、算術、幾何、天文、文法、修辭、邏輯。算術是用來解釋《聖經》中數字的神祕意義，幾何是用以根據《聖經》的敘述來描繪大地的形狀，音樂用以讚美吟唱，天文用以推算教會的宗教節日或按教會傳統來構思宇宙圖示，文法用以通讀《聖經》，修辭用以砥礪傳道之辯才，邏輯則提供神學論證並駁斥異端之推理方式。它被稱為自由七藝，而實是不自由的，學術為宗教服務。我們若脫開這個大背景大環境，孤立地看文法修辭邏輯，當然也可以，但那是近代人的做法，西方古代可不會這樣。

相較之下，我們看孔子論學，就只是人自己的事，人讀書、人學習，因而獲得了內在的悅澤感，跟神的指示無關，也不替神服務，其人文性絕非西方古代可比。

所謂人文性，除了指人可以脫開神，由人自己自主學習外，還指人通過學，可以使人不同於其他動物。

人通常只是依著本能來過活的。寒則欲衣、饑乃覓食。自原始時代以迄今日，衣衫和飲食固然由粗陋逐漸精緻豪奢，但其為本能所驅使則一。這種生物性本能，雖或常為人所憎惡，因為沒有人能夠擺脫其宰制與驅使；卻也是人生一切存在的基本依據，不能小看了的。

曾有生物學家做過實驗。把初生小雞仔細養著，不讓牠瞧見老鷹。養了一陣子放出去，由母雞領著覓食。再從空中放出一隻木刻的老鷹出來盤旋。此時，小雞立刻驚恐惶急地鑽進母雞翅膀下，母雞也立刻做出準備作戰的姿勢，預備和老鷹一搏。這個試驗，也許說明了生物間可能有一種本然的對待關係，如貓之攫鼠、鷹之擊兔，皆不待學而後知之，出諸本能，不得不然。心理學家也將這個例子視為解釋「種族集體潛意識」的一部分理由。認為所謂本能，或許有些即是該族類早期記憶潛存於意識中，故能影響該族類之行動。

我們的行為，當然有一大部分是受到這類本能之驅迫影響，但這其實並不那麼重要。心理學家與生物學家只是把這些我們已經習焉不察，或誤以為業已超越於此一層次了的東西，重新揭露給我們看，再一次論證人仍具有生物性，仍常依賴本能過活罷了。可是，如果人只是依賴本能，那人與小雞老貓又有啥不同呢？人的特性，事實上不在其生物性本能，而在於他能在生物本能以外，養成依經驗過活的本領。

我們看白玻璃窗上急著想衝出去的蒼蠅，牠不管撞多少次，都不會得到「此路不通」的經驗。牠的本能只讓牠能分辨光，於是牠就朝光亮的地方飛去，撞著了也沒法子，只能繼續撞。老鼠便聰明得多。在迷宮中，凡遭到電擊處，牠已能學習著避開，故終能走出迷宮。這就是經驗，所謂「不經一事，不長一智」，非本能所能提供，必須在事上磨鍊。這種憑經驗應付生活的本事，許多動物也有。但人能依經驗不斷重構社會，經驗本身也會持續增長累積。這是一般動物辦不到的。

這其中需要一個重要的轉換過程，那就是將「經驗」轉換為「知識」。

不能轉換為知識的經驗，是內在的、孤立的，不能與人交換傳遞，所以也不可能增長。例如莊子所舉那個斲輪老人的例子，自認其技藝「得之於手，應之於心」，縱使是親兒子也無法傳授。我們不否認許多經驗確是如此，但幸而不是所有的經驗皆是如此。某些經驗，是可以「學習知識」這一間接手段來取代直接領受之歷程的。此雖非親聞實證，然人生有限，原本無需事事躬親體驗。猶如知雷能殛人者，不必亦去曠野等候雷殛，始能證明雷電果然能夠殛人也。

靠著知識，傳遞經驗，又積累並印證經驗，人類社會乃能敻絕於萬物之上，展開多面向的發展。這是人的社會之特性，提倡反璞歸真者，每每刻意貶抑此一特性及其價值，如明人《菜根譚》云：

至人何思何慮？愚人不識不知，可與論學亦可與建功。唯中才之人，多一番思慮知識，便多一番臆度猜疑，事事難與下手。

這是有激之言，不能當真的。試想：不識不知者，焉能與之論學？人只有靠著知識的翅膀，才能飛出黑暗。一切反智論，縱使陳義高夐，終非正道，這便是一個例子。

四

由此觀之，便知孔子首揭學習之義，在於確立人文世界的人文性。人與動物的基本不同、人類文明之傳續，都有賴於學。人是憑藉著這個，才成為萬物之靈的。因此荀子〈勸學篇〉說：「登高而招，臂非加長也，而見者遠。順風而呼，聲非加疾也，而聞者彰。假輿馬者，非利足也，而致千里。假舟楫者，非能水也，而絕江河。君子其非異也，善假於物也」。假，就是憑藉的意思，學就是我們的憑藉。

學也因此所以是樂的。正如大河橫阻在眼前，可是我一坐船就渡過去了；路看來很遠，可是我一坐車就到達了，樂不樂？當然樂！像無頭蒼蠅般撞牆撞了若干次，總找不著出口，忽然弄到一本書，一看，哈哈，原來如此！樂不樂？當然樂！

學又因此而具有歷史性。剛剛講，許多經驗，不必親身經歷便可由學習得知。因為前人對此已有不少驗證可供我們參酌理解。故所謂學，有一大部分就是學前人積累的經驗以及形成的知識，以之做為我們的意識內容和思想基礎。此即學之歷史性。人去學，就參與了這種歷史性。荀子說：「不登高山，不知天之高也。不臨深淵，不知地之厚也，不聞先王之遺言，不知學問之大也」。學問之大，楊注：「大謂有益於人」。學問，這裡用先王之遺言來概括，指的就是它屬於歷史之積存，是古人留後我們的財寶。這種歷史性，具體表現為書本。

因為「文武之道，布在方策」，先王之遺言，都記載在書上，故若想繼承古人之經驗、檢閱古人積存的財寶，就得去看書。今存最早一個《論語》注本是何晏《集解》，它注「學而時習之」，引王肅注：「時者，學者以時誦習之」，把學解為誦習，正是有見於此。更早，荀子也說學：「始乎誦經，終乎讀禮」，可見讀書是學的基本方法。時至今日，依然如此。

重歷史性、重誦讀的儒家，乃因此而表現出它的文獻性格。孔子刪定《詩》《書》、修《春秋》、贊《易》，自謂「述而不作，信而好古」。莊子說古代道術：「舊法世傳之史，尚多有之。其在詩書禮樂者，鄒魯之士、搢紳先生多能明之」，指的就是孔子所開啟的儒家一脈，頗有保存文獻之功。莊子〈外物篇〉甚至還說：「儒以詩禮發冢」。指儒者為了求古詩禮文獻而跑去挖墳。這當然有揶揄之意，但儒家特具歷史感，也特重文獻，豈非甚為明顯？

儒者在歷史上一直有讀書人的形象，即由此而來，儒與讀書人或書生常是同義詞。例如紀昀《閱微草堂筆記》常云河間老儒如何如何，老儒就是指一個老學者，而未必說此君以儒學為宗旨。其他墨法道名諸家均不能做通名泛稱使用，只是專指，這是它們與儒家不同之處。原因在於各家本不如儒這樣勸學、重文獻。如墨家「非樂」，法家批評儒者「以文亂法」，其學說之重點皆不在於勸人力學，法家尤其反對法古。

五

勸學、重文獻、有歷史性，並欲由此建立其人文世界的儒學，亦因此而複雜了。

(一)主智

怎麼複雜呢？首先，讀書，而且講究徵文考獻，如孔子云：「夏禮吾能言之，杞不足徵也。殷禮吾能言之，宋不足徵也。文獻不足故也，足則吾能徵之矣」（八佾篇），則基本上是智力的活動。

智力活動分兩部分，一是對文獻的誦讀記憶，孔子也稱此為學，是狹義的學；另一部分是理解與思考，孔子稱為思。二者不可偏廢，故曰：「學而不思則罔，思而不學則殆」（為政篇）。可是無論思與學，都仍是智性的，指涉知識與思考。孔門既然重學勸學，對於這種智性能力之發揚當然也就不會漠視。或者說：重學勸學本身就顯示了他們主智的精神。

一般論孔子論儒家，都說其宗旨在於論仁。孔門當然論仁重仁，可是孔門一樣重智，而且論仁往往跟智合在一塊說，這卻是大家常忽略的：

智者樂水，仁者樂山。智者動，仁者靜。智者樂，仁者壽（雍也篇）。

智者不惑，仁者不憂，勇者不懼（子罕篇）。

樊遲問智，子曰：「務民之義，敬鬼神而遠之，可謂智矣」。問仁，曰：「仁者先難而後獲，可謂仁矣」（雍也篇）。

樊遲問仁，子曰：「愛人！」問智，子曰：「知人」。樊遲未達，子曰：「舉直錯諸枉，能使枉者直」。樊遲退，見子夏曰：「……何謂也？」子夏曰：「富哉言乎！舜有天下，選於眾，舉臯陶，不仁者遠矣。湯有天下，選於眾，舉伊尹，不仁者遠矣！」（顏淵篇）

一二則都先說智再說仁，第二則兼說勇，後世因而把智仁勇稱為「三達德」。但勇的地位不能跟仁智相提並論，孔子便說過：「仁者必有勇，勇者不必有仁」（憲問篇），故其實只是仁智對揚之格局。一、二則均如此。智者樂，正與「學而時習之，不亦樂乎」相呼應，學了也才不惑。在孔門，對智的重視，是與其重學勸學配合的，孔子弟子大概都能體會這一點，故樊遲兩問，均兼問智與仁。

智與仁不但對揚，它們也是相關的。如樊遲第二問，孔子說仁是愛人，智是知人，樊遲聽不懂；孔子再答：「舉直錯諸枉」，樊遲更不懂。後來問子夏，子夏才說明：舉直便可錯諸枉，讓不正的人也都正直了。舉直是知，使不正的人都正，是仁，不仁者都遠離了。這其實就是以智為行仁之條件。

為何如此？孟子得好：「徒善不足以為政」（離婁上）。仁是善心，故仁者愛人。但光有愛心並不能使愛推達於天下。想行仁，須有方法，這就需要智慧。知人為智之表現，靠著知人才能行仁。孔子當然很重視仁，可是只有仁愛，卻也可能只成了個爛好人，所以孔子說：「好仁不好學，其蔽也愚」（陽貨篇）。學，不僅可以行仁，更可以治仁之蔽。

就此而言，智與仁不但足以對揚，它們關係密切，且據孔子之見，智恐怕更為重要。這是一般講孔學的人所不知或不喜歡講的，可是不知此，就無法了解孔子所說的聖人。

㈡存聖

〈述而篇〉：「子曰：若聖與仁，則吾豈敢？抑為之不厭，誨人不倦，則可謂云爾矣！」〈雍也篇〉：「子貢曰：『如有博施於民而能濟眾，何如？可謂仁乎？』子曰：『何事於仁？必也聖乎？堯舜其猶病諸！夫仁者，己欲立而立人，己欲達而達人。能近取譬，可謂仁之方也已！』」這兩段，都談到仁與聖的關係，前者把仁跟聖分列，後者認為聖更高於仁。這表明仁與聖是不同的。這不同在哪兒呢？仁者愛人，可是行仁只能「能近取譬」，由近處做起，先「修己以敬」，再「修己以安人」（見憲問篇）。聖人則範圍大得多，可以博施濟眾，可以「修己以安百姓」。這不是聖人比仁者更仁，而是他更智。

要注意這一點，聖人之聖，乃是就智說，非就仁說的。

聖指智者，不是孔門獨特之見，乃古代通說，故俞樾《群經平議．孟子二》云：「聖之本義，與智相近」。各種古代注解，均可支持這個論斷，如《大戴禮．四代》：「聖，知之華也」；《詩．邶風．凱風》：「母氏聖善」毛傳：「聖，睿」、孔疏：「聖者，通智之名」；《書．大禹謨》：「乃聖乃神」孔安國傳：「聖，無所不通」。聖都解為睿智。這個字，從耳，呈聲，《說文》云：「通也」，其實也就是孔子說六十而耳順的意思。六十而耳順，境界還在五十而知天命之上，許多人都搞不懂孔子為何如此說，朱子《集注》云：「聲入心通，無所違逆，知之至」，講的正是聖的本義。以耳之聰，兼目之明，指一個人聰明極了，什麼東西，不必看，只要一聽就能明白：「聖者，聲也，通也。言其聞聲知情，通於天地，條暢萬物也」（藝文類聚，人部四，引風俗通）。

人的聰明是天生的，所以智力頗有高下。王弼死時才二十四歲，可是他註解《老子》《易經》，註得那麼好。鳩摩羅什十幾歲就當了龜茲國的國師，宏開大乘，為我國佛教許多宗派共同的祖師。這些都是天才，更不要說文學藝術上的李白、蘇東坡一類人了。

孔門論學，很承認這一點，所以有上智下愚之分，說：「生而知之者上也。學而知之者，次也。困而學之，又其次也。困而不學，民斯為下矣」（季氏篇）「唯上智與下愚不移」（陽貨篇）。上智即是聖人，聖人天生聰明，而且因太聰明了，故什麼都通曉通達，其特徵即在於通博。太宰問子貢：「夫聖者歟？何其多能也？」子貢回答：「固天縱之將聖，又多能也」。就是在這種聖人觀底下進行的問答。

這種聖人觀，在孔子那個時代早已普遍通行，非孔子之發明。所以太宰與子貢之應答如此，孔子說的聖人也是這個意思，並不從德行上講，跟後世受儒家影響的聖人觀頗有差異。

但孔子雖用當時流行的聖人觀，卻又有所不同。不同者，在於孔子是重學的，聖人才華太高，生來聰明，根本用不著怎麼學。這種人不用學，或者他們的學也跟一般人不一樣，因此可以存而勿論，只針對該學應學的這部分人說話。「唯上智與下愚不移」這句話，就是說除開聖人和白痴，人都是該學習的。移，即學之作用，所謂「性相近，習相遠」，一般人之才智其實相去不遠，但通過學習，人卻會顯出差距來。有些人學而知之；有些人困而學之，遭到了困難才去學；又有些人就是碰到困難了，也還不曉得要去學，結果當然就很不相同。其不同，既在結果上顯現，也表現在他們對學的態度上。

㈢興仁

孔子推崇聖人而卻不敢自居於聖人，只說自己是好學者，也鼓勵每個人都去努力學習，其理論結構大抵如此。故其特徵有三，一是重習不重性，對性討論少，對學習強調多。其次，是以智言學。三是以學興仁，以智行仁。〈季氏〉：

孔子曰：君子有九思：視思明、聽思聰、色思溫、貌思恭、言思忠、事思敬、疑思問、忿思難、見得思義。

九思之中，聰明居首。思本是用智，用智去思考一切視聽言動，才可稱得上是個聰明人。而這個聰明人事實上也就是位君子，是個仁人。別忘了：顏淵問仁時，孔子說：「克己復禮為仁」，顏淵再請他細說時，孔子答的，就是：「非禮勿視、非禮勿聽、非禮勿言、非禮勿動」（顏淵）。視聽言動，如不合乎禮，就不亂來，即是仁。可是要想達成此種仁，其工夫，首先當在「思」，用智去判斷它合不合禮。若本不知禮，哪談得上克己復禮？所有道德問題都是如此的：

「由也，汝聞六言六蔽乎？」對曰：「未也」。「居，吾語汝：好仁不好學，其蔽也愚；好智不好學，其蔽也蕩；好信不好學，其蔽也賊；好直不好學，其蔽也絞；好勇不好學，其蔽也亂；好剛不好學，其蔽也狂」（陽貨）。

仁、信、直、勇、剛，都是德行上的事，但若欠了學問，這些德行也會害事，好仁者變成了個無原則的爛好人，好直者容易說話尖刻傷人，好勇者容易闖禍，好剛者容易亂來，好信者又唯知重然諾而不明事理之是非，反而害人害己。其中「好智而不好學」的智，是指天生的才智，憑著一點聰明去耍弄而不向學，就會放蕩無歸。總之，什麼都是要學的。

從前辜鴻銘有謔語說：天下事，除了挑糞，沒有不需學問的。雖是粗話，其實正本於孔子。後世把學識跟道德分開來說，孔子並不如此。《易》曰：「多識前言往行以畜其德」，德是要學的，《論語》一書到處都在教人如何學著怎麼去做個仁者、做個君子，基本上走的都是學以成德的路。而學，我講過，是屬智之事，非屬仁之事，故孟子曰：「學不厭，智也」（公孫丑上）。學以成德，實即是用智以成德。

㈣博學

什麼都要靠學才能成就，因此當然要強調博學。

孔子以博學著稱，是先秦諸子所共同承認的，在當時且有不少傳說，其智者之形象並不比他仁者的形象遜色。子夏說：「博學而篤志，切問而近思，仁在其中矣」（子張篇），更根本就把做學問當成是仁的體現，不唯用智成德，用智本身便顯示為德。孔門仁智雙彰，故可如此說，因為反過來子夏也說過：「賢賢易色，事父母能竭其力，事君能致其事，與朋友交，言而有信，雖曰未學，吾必謂之學矣」（學而），學以行德，若德已行，自然也就顯示為已有學了。阮元《曾子注》對此有段解釋：

> 孔門論學，首在於博。孔子曰：「君子博學於文，約之以禮」。達巷黨人以博學深美

孔子。孔子又曰：「博學之，審問之」。顏子曰：「夫子循循然善誘人，博我以文，約我以禮」。子夏曰：「博學而篤志」，孟子曰：「博學而詳說之」。故先王遺文有一未學，非博也。

博學，首先是從文獻開始，所以說博學於文。從古代留下來的文獻中吸取古人之經驗、知識，觀察古今是非通塞、各種人物表現，這是做學問的基礎，其後才有慎思明辨篤志等一系列工夫。「約」也是在博學的基礎上說的，沒有博就談不上約。

六

以上是說在仁智雙彰的格局中如何用智成德。其中曾談到智又可區分聖凡，聖者不必學，其他凡人才須學。這個區分看來是清楚的，可是裡面卻又蘊涵了極複雜的問題。

在孔子當時，即已有人以聖者視之，《論語‧子罕篇》載：「大宰問於子貢曰：『夫子聖者歟？何其多能也？』子貢曰：『固天縱之將聖，又多能也！』」大宰的贊嘆，與衛國封儀人說：「天將以夫子為木鐸」（八佾篇）意義是一樣的。

孔子卻並不敢自居於這一地位，他一再表示：「若聖與仁，則吾豈敢？」認為自己只不過是比較用功學習而已。說：「十室之內，必有忠信如丘者焉，不如丘之好學也」（公冶長篇）「吾十有五而志於學」（為政篇）「加我數年，五十以學易，可以無大過矣」（述而篇）「學如不及，猶恐失之」（泰伯篇）。一部《論語》，從一開卷，我們就隨處可看到孔子在強調學。「學而時習之，不亦樂乎」，後來自稱好學，以致老而忘倦；又稱贊顏回不改其樂，也是因為顏回好學。

孔子究竟學什麼呢？衛國有位大夫公孫朝曾問過子貢：「仲尼焉學」，子貢回答道：「文武之道，未墜於地，在人，賢者識其大者，不賢者識其小者，莫不有文武之道焉。夫子焉不學？而亦何常師之有？」意思是說孔子學的乃是文武先王之道。

的確，用孔子自己的話來說，就是：「述而不作，信而好古，竊比於我老彭」（述而篇）。他認為自己只是個學習者與傳述者，不能自稱為一作者。故曰：「蓋有不知而作者，我無是也。多聞，擇其善者而從之；多見而識之。知之次也」（述而篇）。所謂知之次，即否認他自己是天才生知的上智者。

這才是真正的孔子。一位述而不作、信而好古的孔子。不過，前面說過，孔子當時已經有些人把他看成是神聖性的作者了。大宰與子貢的對談，是最典型的代表。子貢本人更在孔子喟嘆：「余欲無言」時，立刻接口說：「子如不言，則小子何述焉？」（陽貨篇）。孔子弟子也是把孔子視為聖人，而自居祖述者之地位的。所以「仲尼祖述堯舜，憲章文武」（中庸），後來的儒家則「祖述堯舜，憲章文武，宗師仲尼」（漢書·藝文志）。

這種情況，遂構成了歷史上儒家的基本性格，強調先王之道，自居於學習者與傳述者的地位。重視經典的傳習講授、文獻的整理，推崇神聖性作者的功績。孔子推美三代文武周公，後來儒家則說：「天不生仲尼，萬古如長夜」。這個神聖性作者，成為真理之源。一切是非，皆當不謬於或折衷於聖人。

然而，孔子本人並不敢自居為聖人、為作者，現在孔門後學及儒家均視其為聖人，其中便產生了若干問題。

以儒家的學術內容來說。從孔子重學以來，儒家對學的內容與方法雖有爭議，重學之義卻是儒者之共識。然而，勸人力學，又推崇孔聖的天縱生知，本身就構成了一個內在的矛盾。這一矛盾，乃是儒家理論內部無法解決的困難之一。以朱子之精博，對此困局，亦感為難。

例如《論語·為政》孔子自述十有五而志於學，朱子門人讀此便常發生了懷疑。因為孔子是聖人，「聖人生知、安行，所謂志學至從心等道理，自幼合下皆已完具」，原是不待學習的，為何孔子卻說得如此鄭重，自述進學如此之艱難？朱子無法解答這個問題，便只好說：「聖人自說心中事，而今也不可知，只做得不可知待之」（語類·卷廿三）。

這是老實話。但有些時候他不能只這樣說，他必須找到一個解釋，否則連他自己也無法心安。所以有一次他的弟子問：「我非生而知之者，好古敏以求之者。聖人之敏求，固止於禮樂名數，然其義理之精熟，亦敏求之乎？」朱子答：「不然。聖人於義理，合下便恁地；固天縱之將聖，又多能也。敏求則多能事耳。其義理完具，禮樂等事，便不學，也有一副擔當。但力可及，故亦學之」。意思還是強調以孔子的天才，學不學並不重要，但聖人力氣大，行有餘力，所以便去學了。後來他又再補充說：聖人之學，也與一般人所謂的「學」不一樣，「聖人是生知而學者。然其所謂學，豈若常人之學耶？聞一知十，不足以盡之！」（皆見《語類》卷三四）。

正因為他必須維護孔子生知的立場，所以他不能同意張載的看法（張載認為孔子是自覺發憤才能成就為聖人）。朱子門人有一次向他請教張載「仲尼憤一發而至於聖」這一說法。朱子答道：「聖人緊要處，生知了，其積學者，卻只是零碎事，如制度文為之類，其本領不在是。若張子之說，是聖人全靠學也。大抵如所謂『我非生而知之，好古敏以求之』，皆是移向下一等說以教人」（同上）。

移向下一等說以教人，在邢昺《疏》中稱為：「夫子隱聖同凡，所以勸人也」。隱聖同凡，就是後來小說戲曲中常講的：菩薩化身為凡人，甚或乞丐娼妓等身分卑下者以度化人的辦法。此法，很多人均以為是受了佛道教的影響，其實是由儒家對孔子的解釋中發展出來的。

說孔子的話只是故意降低層次來勸人用功，在道理上說，當然不無可能。但由整部《論語》所顯示的重學氣氛以及孔子對先王之道虔敬熱切求索的態度看，此說便不免迂曲。而且，如此推尊孔子，把孔子跟一般人區分得如此遼遠，從理論上看，又是否恰當呢？《語類》卷廿九即曾討論到這個問題：

或問：「美資質底固多，但以聖人為生知不可學，而不知好學」，曰：「亦有不知所謂學底，如三家村有好資質底人，他又哪知所謂學，又哪知聖人如何是聖人，又如何是生知！」

這是在談「十室之內，必有忠信如丘者焉，不如丘之好學也」時帶出來的感嘆。肯定聖人為聖、為天才生知之後，確實會讓很多人自暴自棄，覺得自己不是聖人，也學不到聖人。朱子門人以此為問，朱子卻未針對問題，反而也發了一頓牢騷。這不是朱子不想針對問題，而實在是在伊川學、朱子學裡，此一問題是無解的。張載等人不論天才，也只是規避問題而已。真正想解決這個問題的，是王陽明。

陽明學的基本重心，在於聖人可學而至；發揮本心良知，即能成就為聖人。但這一說法，立刻就會碰到有關天才的問題，《傳習錄》第九九條：「希淵問：聖人可學而至。然伯夷伊尹於孔子，才力終不同，其同謂之聖者安在？」就是這一問題。

對此，陽明以「成色輕重」說來解釋。也就是說人中的聖人，猶如金屬中的純金，聖人都是聖，猶如純金的成色皆相同；天才的高下，則猶如純金的輕重有了差異。堯舜是萬鎰，禹湯文武才千鎰，伯夷伊川更少，才四五百鎰。此說取譬善巧，金之分兩固不能增減，成色則可鍛鍊，所以人皆可以學為聖人。

但為什麼在聖人之中孔子就不如堯舜呢？陽明仍用作者與述者的區分來解釋，他說：「看《易經》便知道了。……伏羲作易，神農黃帝堯舜用易。至於文王演卦於羑里，周公又演爻於居東。二聖人比之用易者似有間矣。孔子則又不同，其壯年之志，只是東周，故夢亦周公。嘗曰：『文王既沒，文不在茲乎？』自許其志，亦只二聖人而已。況孔子玩易，韋編乃至三絕，然後嘆易道之精，曰『假我數年，五十以學易，可以無大過』，比之演爻者更何如？更欲比之用易如堯舜，則恐孔子亦不自安也。其曰：『我非生而知之者，好古敏以求之者』，又曰：『若聖與仁，則吾豈敢？抑為之不厭』，乃其所至之位」（傳習錄，拾遺第三十七條）。

陽明此說，似甚圓融，其實問題重重。馮柯《求是編》卷三即反駁說：「使果以『替聖人爭分兩』為軀殼起念，則陽明前日以分量喻聖人分量者，獨非軀殼起念乎？使前日之喻非軀殼起念，何獨以今日之疑為軀殼起念乎？既自以為不軀殼起念、不替聖人爭分量，何不以孔子為萬鎰，堯舜為九千鎰乎？」也就是說，陽明一方面講人皆可以為聖，一方面又替聖人定等級；於是人只能成就為一小聖人，而永遠不可能成就為堯舜、孔子之類的大聖人。因為這種聖，是天生的，連孔子面對堯舜，也不得不說：「若聖與仁，則吾豈敢！」

因此，陽明學雖講良知本然之天理，雖講人人皆有此良知，只須擴充、只須致良知就能成聖，骨子裡仍不能不是天才決定論。《傳習錄》第二二五條載：「先生曰：我輩致知，只是各隨分限所及。今日良知見在如此，只隨今日所知，擴充到底。明日良知又有開悟，便從明日所知，擴充到底。如此方是精一工夫。與人論學，亦須隨人分限所及，如樹有這些萌芽，只把這些水去灌溉；萌芽再長，便又加水。自拱把以至合抱，灌溉之功，皆是隨其分限所及。若些小萌芽，有一桶水在，盡要傾上，便浸壞他了」（卷下）。擴充的工夫，要看人當時的分限。同理，推到工夫至極處，不也仍在於人的天生分限嗎？小萌芽不可以浸整桶水，只能逐漸灌溉；但逐漸灌溉到最後，小薔薇終究不能成長為大松樹，這就是天分所限了。

這仍然是聖不可學論，只是多了一層轉折，說：聖人可學而至，然堯舜孔子不可學而至。因其理論如此，故陽明與朱子之不同，其實只是下手工夫的不同，陽明自謂：「吾說與晦庵時有不同者，為入門下手處有毫釐千里之分，不得不辯。然吾之心與晦庵之心，未嘗異也」（傳習錄．卷上），也就是為學的工夫，朱說格物致知，王說致良知罷了。可是既承認天才生知，這種工夫又無意義了。卷下：「問，『聖人生知安行，是自然的。如何有甚工夫？』」，便問到了癥結所在。

陽明無力破解此一困局，只好說：「知行二字，即是工夫，但有深淺難易之殊耳」。這純屬強辯。因為所謂工夫，是就人之用功而言，生知安行者，本未用工夫，如何能說其知其行即是工夫？其次，工夫若有深淺難易之別，則一種人天生美質，毫無障蔽，工夫簡易，甚且不必用功，自然契合；一種人天生罪孽，「蔽錮已深」，工夫就應困苦，「思量要做生知安行的事，怎生得成？」也不符人格平等之義。與其所說：「夫婦之與知與能，亦聖人之所知所能。聖人之所不知不能，亦夫婦之所不知不能」（傳習錄．拾遺第三五條），適相矛盾。

但陽明卻自認為已經解決了朱子所難以解決的困難，自稱其說為「拔本塞源」之論。這一論辯，詳其〈答顧東橋書〉，《傳習錄》卷中。顧氏書謂朱子引尹焞曰「生而知之者，義理耳。若夫禮樂名物，古今事變，亦必待學，而後有以驗其行事之實」云云，為「定論」。

陽明不以為然，駁之曰：

> 夫聖人之所以為聖者，以其生而知之也。而釋《論語》者曰：「……」。夫禮樂名物之類，果有關於作聖之功也，而聖人亦必待學而後能知焉，則是聖人亦不可以謂生知矣。

這是以「聖人生知」來否定禮樂名物等知識有去學的價值，要求學者「學而知聖人所能知者」。但聖人所能知的是義理，而其所以能知，則是生知。學者不能生知，只能學聖人生知的義理。這個說法，與朱子究竟有啥不同呢？只不過朱子說：「禮樂等事，但力可及，故亦學之」，陽明較為斬截，說：「大端惟在復心體之同然，而知識技能，非所與論也」而已。

總之，聖是天縱生知的，後人無此天才，便只能祖述之、學習之。從孟子：「乃所願則學孔子」（公孫丑上）及荀子之勸學開始，儒家對學的內容與方法，爭端蜂起，各成學派，然作者聖而述者明的認定，幾乎沒什麼變動。自居於述者的立場，也使得儒家「成聖」的理論，實際上成為「學聖」的理論。不是學為聖人，而是學聖人。

可是，如果再回到孔子，則孔子恐怕也不是教人「成聖」的，他只是教人努力去學。不是學聖人，也不是學為聖人，只是學，做一個學不厭的學生罷了。

乙、學而「時」習之

一

學而時習之，美國詩人龐德曾譯寫為：

學習，而時間白色的翅膀飛走了。

此句也有人另譯為：「學習，隨著時間流逝的白色翅膀」。看得出龐德乃是拆字解經，「習」字正是上頭一雙翅膀，底下一個白字，構成了白羽騰飛之意象。美國意象派現代詩人之所以名為意象派，端由於此。

龐德《詩章》凡一一七章，可分為前後期。前期寫到中國的，是第十三章，說孔子一邊散步一邊教學生，詩句多從法文譯本化出。五十二至六十一章，則被稱為「中國詩章」，把中國歷史由堯舜禪讓依序講下來。就詩而言，頗覺笨拙，但已可見到龐德對中國、對孔子的深情了。

二次世界大戰既起，龐德是反美的，因此跑到義大利去做反美宣傳。然而戰事不利，盟軍於一九四三年攻入義大利，龐德只好遁居鄉間，繼續寫詩。這時，他也開始翻譯《論語》，並以「反躬自省」為其座右銘。次年，他被逮獲，送到一處專門關押美國軍中殺人犯、強姦犯的營牢裡去。被捕時，他只抓了一本上海商務版中英對照的理雅各所譯儒家經典帶在身上。所以後來龐德說是這本中國聖經救了他，使他在牢裡免於身心崩潰，他欠孔子一分人情。

在牢裡，他重譯儒家經典，並寫了詩章七四至八十四章。文學研究界通稱此為「比薩詩章」，因為他就關在比薩斜塔附近。當時龐德以為他會被槍斃，故詩歌猶如遺言，為其詩中最深沈、最具張力的作品，也寄託著他從孔子那裡學來的理想。

兩次大戰，他認為都是因歐西文明本身存在著問題使然，故他說：

面對歐洲殘破，詩人憤怒責問：
聖經裡有什麼？
說吧，別給我一套胡言亂語
莫，無人，
太陽落進這個人的身體

最後這個「莫」字，他用的是漢字。這是他這批詩的特點，直接以漢字入英詩。而且也是拆字法，莫底下的大，他看起來就像個大大的人字。大本來也就是人字，可是龐德認為恰恰是因人的自大把光明之源都遮蔽了。歐洲即是這般沒有光的所在，欲尋光明，唯有中國，且是儒家式的中國：

初次吐韌絲的蠶
光中之光中即善
艾利吉耶·斯各圖特說：「這裡有光」
正如舜在泰山上說的
在先祖廟裡
在奇迹般的太始
聖靈顯現於剴切的堯
熱情的舜
導水的禹（七四章）

對於三代的嚮往、對孔子的崇敬、對中庸理想的認同，是不可分的。所以他一直想以《四書》做為戰後新世界重建的依據。詩表達著這種思想，而其形式遂也充滿了中國味，滿是漢字。有時直寫一行「非其鬼而祭之，諂也」；有時漢字像插圖，列在書中，或加上注音；注音又法語式和英語威妥瑪式混雜著用。這種形式，可能會讓歐美讀者摸不著頭腦，但或許龐德本來就想讓他們換換腦子呢！

那些不能堅持中的政府
言詞

能完美？沒人能比孔子對民族
做的貢獻更大
他的名字叫仲尼
而不在於他撰史書，不在於他編詩集

孔子的偉大，他認為不在於修史編書，在於提出了中庸的理想。《詩章》裡七次用到中字，十四次用到正字，在《美國史詩章》中也再三出現，視為政治家必備的品德，而孔子就是中正的典範，他名叫仲尼就是最好的證明。仲，龐德又拆字解釋了，說仲即是中庸中正之人。

龐德後來回美國受審，四個醫生做證，說他精神不正常，所以逃過一死，被關進了精神病院。在病院裡，他又再譯《詩經》和《四書》，一部分譯為義大利語，但英語本一直未完成。譯這些書，想必令他精神愉快，因此《詩章》第八九云：

了解歷史　書
經　即知善惡之分
知道該信任誰
Ching Hao
此人就能受益

Ching Hao 是他自撰的漢語，意思是「經好」。在龐德看來，儒家經典真是太好了。

二

儒家的經典當然好，只是解讀起來並不容易。龐德的解釋，雖然熱情洋溢，讀來卻也不免令人啼笑皆非，可以見詩人意象之美，而或無當乎義理之真。

不過，詩家解經，或許別具會心，有時也能妙契真詮。例如「學而時習之」這一句，韋利（Arthur David Waley）譯為："To learn and due times to repeat what one has learnt"，孔子後裔孔祥林譯為："To learn something and regularly practice it"。學都譯作 Learn，時習部分則異。

時，孔譯 regularly，是有經常之意，但這種經常是一種整齊、有規律，乃至永久法定的，例如星期例假或常備軍之類。與學而時習之的時，感覺上並不盡相合。韋利譯為 at due times 則是指在適當的時候去 repeat（誦讀）。這似乎也無時常、經常之意。如改譯為 in due course，則是指按順序地、及時地去學，好像又太機械化。所以兩個譯法均不理想。習，孔譯 Practice，是實習、實用、實踐。韋利譯為 repeat，已是誦讀，後又加上補充語：what one has learnt。learnt 也是學習，且是默誦。兩譯完全兩路，南轅北轍。

相較之下，龐德的詩，由習字起念，說時間白色的翅膀飛走了。這個「時」就不是修飾動詞「學」的副詞，而是主詞了。學著學著，時光便流逝而去，真是逝者如斯，不捨晝夜。又或者：學著學著，時間白色的翅膀即帶來了學者滿頭的白髮。時間在這裡，都是不能只當副詞來輕率對之的。詩人慧解，固不能小覷也。

古代注釋，也總在「時」上著力。

今存最早的這一段注解，是王肅的，他說：「時者，學者以時誦習之。誦習以時，學無廢業，所以為悅懌」。誦習以時，就是強調誦習的時間性。可是到底該如何「誦讀以時」，王肅並未詳說，皇侃《義疏》乃於此大加發揮。

梁朝皇侃這部書，中土久佚，清代才由日本傳回來，收入《四庫》及《知不足齋叢書》。他解這一章，全從「時」上著眼，認為全章都是以時間說：「就此一章，分為三段。自『學而時習之』至『不亦悅乎』為第一，明學者幼少之時也。學從幼起，故以幼為先也。又從『有朋』至『不亦樂乎』為第二，明學業稍成，能招朋聚友之由也。既學已經時，故能招友為次也。故《學記》云：『一年視離經辨志，三年視敬業樂群，五年視博習視師，七年視論學取友，謂之小成』是也。又從『人不知』迄『不亦君子乎』為第三，明學業已成，能為師為君之法也。先能招友，故後乃學成為師君也。……今此段明學者少時法也」。

全章都是時，先是幼小時，再是稍長、三是青年時。時之次序，即是為學之次第。這是總說，底下再做細說：

時者，凡學有三時：一是就人身中為時，二就年中為時，三就日中為時也。一就身中者，凡受學之道，擇時為先。長則捍格，幼則迷昏。故《學記》云：「發然後禁，則捍格而不勝；時過然後學，則勤苦而難成」是也。既必須時，故《內則》云：「六年教之數與方名，七年男女不同席，八年始教之讓，九年教之數日，十年學書計，十三年學樂，誦《詩》、舞《勺》，十五年成童，舞《象》。」並是就身中為時也。二就年中為時者，夫學隨時氣則受業易入，故《王制》云：「春夏學《詩》《樂》，秋冬學《書》《禮》」是也。春夏是陽，陽體輕清；《詩》《樂》是聲，聲亦輕清。輕清時學輕清之業，則為易入也。秋冬是陰，陰體重濁；《書》《禮》是事，事亦重濁。重濁時學重濁之業，亦易人也。三就日中為時者，前身中、年中二時而所學，並日日修習不暫廢也。故《學記》云：「藏焉、修焉、息焉、游焉」是也。

身中時，指人有少年、中年、老年。年中時，指天有春夏秋冬。日中時，指時有早晚日夜。學，就要不論什麼時，都能不斷修習，因此結論又用了個時間性的話來說：「學已為可欣，又能修習不廢，是『日知其所亡，月無忘其所能』，彌重為可悅，故云不亦悅乎！」

日知其所亡，月無忘其所能，是子夏的話，見〈子張篇〉。其義略同於孔子說「溫故而知新」（為政篇），但比溫故而知新更具時間性，故被皇侃敏銳地採用了。

邢昺《論語疏》完全採用了皇侃這個解釋，並補充道：

> 二，年中時。鄭玄云：「春夏，陽也。《詩》《樂》者聲，聲亦陽也。秋冬陰也，《書》《禮》者事，事亦陰也。互言之者，皆以其術相成。」又《文王世子》云：「春誦，夏弦，秋學禮，冬讀書。」鄭玄云：「誦謂歌樂也，弦謂以絲播《詩》。陽用事則學之以聲，陰用事則學之以示。因時順氣，於功易也。」
>
> 三，日中時。《學記》云：「故君子之於學也，藏焉、脩焉、息焉、游焉，是日日所習也。」言學者以此時誦習所學簡篇之文及禮樂之容。

邢昺此書是《十三經注疏》之一部分，在編這部注疏時，皇侃的《義疏》想必還沒亡佚，故能全文採摭，且又增補例證。邢昺這本《疏》，是後來讀《論語》必備之書，是以此說亦對爾後影響極大，直到清朝劉寶楠《論語正義》（號稱是十三經新疏之一）也仍沿用。

宋朝朱熹《論語集注》在皇侃邢昺的基礎上又有所增益。一是把學習的習說是：「習，鳥數飛也。學之不已，如鳥數飛也」。習，過去均未對它專門做解釋。王肅泛說是誦習，皇侃說是修習，邢昺說是誦習所學簡篇之文及禮容，則是既誦文又習禮。他們都不著重講「習」字，或主要由誦讀去說習。朱子說習，不就誦讀說，以鳥不斷練習著學飛為說，這時，習就有實習實踐之意。學不只是知識上的增益與記誦，而是像鳥學會了飛一樣，學了就可養成學習者自己的能力，讓自己「成人」。如此釋習，看來似近於孔祥林之英譯，而遠於韋利之譯。

如此釋習，也與他第二個補充有關。因為「鳥數飛，學之不已」正是時的意思。時，朱子引謝上蔡語，曰：「時習者，無時而不習。坐如尸，坐時習也；立如齊，立時習也」。齊是齋戒之意。立時坐時，行往坐臥都要如齋祭一般持敬用心，這就叫習，因此人是無時不習的。此說偏於從行動上講，與他「鳥數飛也」相仿，而且脫離了皇侃以來把時間區分成若干種類（身中時、年中時、日中時）的講法，直指人無時無刻不該用心練習，確有簡易勁截之妙。

但如此云云，習便偏於行的一面了，朱子乃又引程子曰：「習，重習也。時復思繹，浹洽於中，則悅也」。這是仍回到把「學」當成讀書的老傳統去，但將習解釋為「思」，不斷思考尋繹即為習。孔子曾說：「學而不思則罔，思而不學則殆」（為政篇），思與學是必須兼行的，故程子以思解習，強調學而思之。如此，學習便不只是誦讀，更重在理解，以及透過篇簡去尋繹其理境。而這種工夫，也是要時時做的。

學之時義，發揮至此，可說已極深邃了。近人喜歡批評朱注，動不動就表現出「朱注也沒什麼了不起」「你看，朱子又講錯了」的態度，但看我上面的梳理，就知道朱注在義理上確實頗有進展。不過，義理講至此亦未窮盡，康有為《論語注》就還有新發揮，他說：

> 時勢不同，則所學亦異。時當亂世，則為亂世學；時當升平太平，則為升平太平之學。禮時為大，故學亦必隨時而後適。孔子為時聖，學之宗師也。時亦兼數義，日知月無忘，則時時為學，循年而進，無時過而難成，亦是也。習，鳥數飛也，假借為貫，言熟習也。

習解為貫，指熟習貫通，雖用朱子「鳥數飛」之舊說，而實不同。無朱子引向內裡，作用於身上的意思。時，則解為時勢。如此釋時，不消說，是與他公羊經學通「三世」相關的，亂世、昇平、太平，時世不同，所學也就不同。

三

常人好談讀書方法，而談讀書莫若《論語》。孔子之前，未嘗無學，然學在官府。貴族就學，既為權利亦為義務，因為許多學問是世襲的或職業的，沒有獨立的「學問」這回事，也沒有獨立的「就學者」這樣的人，學習更不是每個人都應該或都可以從事的。孔子才開始這一切。《論語》一開端即云：「學而時習之，不亦悅乎！」此語簡樸，彷彿若不經意之閑談或感喟語，實則石破天驚，直開一新的人文世界。

要知道：當時古希臘、古印度，學問都仍掌握在祭、政兩界有權勢者手上。人皆須學、皆能學，學了可以讓人獲得內在的意義感（不亦悅乎），在歐洲，恐怕是是要遲到十四五世紀以後才能有的認識，且是時勢推移使然，並無像孔子這樣的人，宣揚著學是每個人普遍之倫理義務的理論、介紹著怎麼去學的方法，且一生實踐於「有教無類」的教育活動。

因此《論語》開篇這一句，乃論學之嚆矢。昔人論學，宗旨之異同，也常反映在對《論語》這句話的解釋上。透過對於經典注疏的比勘分析，我們便亦可明白為學實有不同之徑路、觀點與層次，故此法實為治學之一重要法門。上文所做的比勘，大抵即為此法之示例。

由以上的討論，我們可以發現：學而時習之，並不像今人所理解，「時」只是一個副詞，可以輕率放過。

像李澤厚《論語今讀》，除了譯文作：「學習而經常實踐」之外，對「學」「時」「習」均無解說。在大陸影響最大的楊伯峻《論語譯注》則說：時字在周秦，若作副詞用，必是指在適當的時候或在一定的時候，猶如孟子說「斧斤以時入山林」。王肅注便是此意。朱注解為時常，是用後代的詞義去解古書。他以駁朱子而沾沾自喜，理由卻只是時字做副詞用。

「學而時習之」的時當然可以是副詞，但它只能是副詞嗎？把時字朝時常經常方向去解的，難道到朱熹才開始嗎？皇侃說人在春夏秋冬、老中少幼，乃至一日之早中晚都該習，不是「時常」是什麼？再說，「斧斤以時入山林」跟王肅說「學者以時誦習之」是一回事嗎？斧斤不能經常入山林，只在某些時候或適當的時候才可去翦伐草木，學卻不能只挑揀一定的時候才來溫習的，所以〈學記〉說：「君子之於學也，藏焉脩焉息焉游焉，是日日所習也」。

日日習，不就是時常嗎？《論語》這一章稍後，就有曾子「吾日三省吾身」一段話，三省之一，就是「傳，不習乎？」可見習是每天要做的，正如鳥之數飛，不斷拍打著翅膀才叫做習。皇侃朱熹之說，才是符合古義的；淺視此「時」字，又妄以詞例文法去繩衡義理，卻真是誤解了。

誤解之由來，還在於對儒家的時義缺乏關注。儒家是極重視時的學派，《論語》曰：「使民以時」（學而）「時然後言，人不厭其言」（憲問）「行夏之時」（衛靈公）；《易》乾之彖曰：「大明終始，六位時成。時乘六龍以御天」；文言九三曰：「乾乾因其時而惕，雖危，無咎也」；九四曰：「君子進德修業，欲及時也，故無咎」，又曰：「見龍在田，時舍也。飛龍在天，乃位乎天德。亢龍有悔，與時偕極。時乘六龍，以御天也。……大人者，與天地合其德、與日月合其明、與四時合其序。……先天而天弗違，後天而奉天時」等等，抄不勝抄，孔子也被稱為「聖之時者也」，可見時義在儒學中實在重要而複雜。

這些「時」在《易經》等書中另有脈絡，未必都與《論語》「學而時習之」這句話有關，但也未必便無涉。因為孔子解《易》，本來就由進德修業處講，故論時位輒與「學而時習之」宗趣攸同。例如〈文言〉：「君子學以聚之，問以辨之。寬以居之，仁以行之」，不就是「有朋自遠方來不亦樂乎」和「人不知而不慍，不亦君子乎」嗎？「天行健，君子以自強不息」「君子終日乾乾，夕惕若厲，無咎」，不就是謝上蔡說的「時習者，無時而不習」嗎？「君子進德修業，欲及時也」，不又可補充皇侃邢昺朱熹康有為等人對時的解說嗎？至於「時乘六龍以御天」，《潛夫論．本訓篇》有個解釋說：

天道曰施，地道曰化，人道曰為。為者，蓋所謂感通陰陽而致珍異也。人之行動天地，譬猶車上馳馬、蓬中擢舟船矣。雖為所覆載，然亦在我何所之耳。孔子曰：「時乘六龍以御天」「言行，君子所以動天地也，可不慎乎！」

「時乘六龍以御天」的時，就被他解釋為經常，人要經常御天。天雖覆蓋四方，我們人在天的覆蓋底下，看起來是被決定、被限約注了的存在，然而人有人的做為，這種做為是可以動天地的。時乘六龍以御天，就是講這種做為。如此云云，人才是天地宇宙的主體，可以參天地之化育，才是老子所說的「天大、地大、人亦大」！

老子是講「絕學無憂」（廿章）的，與孔子或儒家不是正相反嗎？何以在人德方面同樣給予肯定呢？其實孔子問禮於老聃，雖是傳說，可是傳說必有個如此說的道理，否則何以不傳說墨子就學於老子呢？孔老二者在周秦漢，頗有人認為其學是相通的，或至少有可通之處。絕學無憂，未必便須作棄學廢學解。《後漢書．范升傳》：

升上奏云：老子又曰：「絕學無憂」，絕末學也。

范升是博士，以梁丘《易》和《老子》教博士生。依他看，絕學指的乃是絕末學，猶如孔子要批評鄉愿、指責巧言令色者鮮仁那樣，並非叫人不要學習。同樣，老子說：「為學日益，為道日損」（四八章），范升也認為是：

孔子曰：「博學約之，弗畔矣夫」。夫學而不約，必叛道也。顏淵曰：「博我以文，約我以禮」，孔子可謂知教、顏淵可謂善學矣。老子曰：「學道日損」，損猶約也。

老子本來即曾說過：「善人者，不善人之師」（廿七章），顯然也主張人應該向善人學習。他又說：「聖人處無為之事，行不言之教」（二章），這也跟孔子對顏淵說「天何言哉」的教法相似，故在教與學兩方面，孔老確有可通之處。范升這裡的解釋亦是就其相通處說，云為道日損即是博學之後的守約。

若推衍這樣的解釋，則我們也可以說老子講：「居善地、心善淵、與善仁、言善信」（八章），居善地、心善淵，就是孔子所說的「學而時習之」。淵是水聚積處，君子自以為不足，所以自居下位，善於學習，能採納吸收各種知識，讓自己像一潭水。孔子「入太廟每事問」，說「三人行，必有我師」（述而篇）子貢形容他：「夫子焉不學？而亦何常師之有」（子張篇），豈不正是如此？「與善仁」，則是「有朋自遠方來」，或「以友輔仁」（顏淵篇）。至於「言善信」，那就是「巧言令色鮮矣仁」（學而篇），「人而無信，不知其可也」（為政篇）。

要注意，這其中幾乎每一項，孔子也都將之和學關聯起來。如言善信，孔子說：「謹而信，泛愛眾而親仁，行有餘力，則以學文」，子夏說：「與朋友交，言而有信，雖曰未學，吾必謂之學矣」（學而篇），與善仁便也與學有關了。似乎這也才是學的主要部分，有餘力了才去誦讀篇章。

因此，一般人總以為孔老之不同，在於孔子勸學、老子絕學。其實二者都講學，在勸學方面是相通甚或大體相同的。不同者，在於老子論學不像孔子那麼強調時義。說人要學是一樣的，說「時習之」，卻是儒家所獨擅。此所以後世儒家學者有教習之制度、時程之安排。無論是沿用古代的十年學書計、十三年學樂誦詩舞勺、十五年舞象；春夏學詩樂、秋冬學書禮。或「剛日讀經、柔日讀史」；或宋明理學家的《讀書分年日程》，都是儒家式的。老子所云取資善人、心善淵、與善仁等等，只能做為一種境界或道德提醒，無法據以製為學習的學制。

清朝張潮《幽夢影》又說：

> 少年讀書，如隙中窺月。中年讀書，如庭中望月，老年讀書，如臺上玩月。皆以閱歷之淺深為所得之淺深耳。

這也是由「學而時習之」中化出。前文不是說了嗎？「時習」之「時」，有老年中年少年之分，少年所學所習，自是一種認識；中年更習，就別有體會；到了老年，再溫習之，體證又自不同。朱子集注引程子云：「頤自十七八讀《論語》，當時已曉文義，讀之愈久，但覺意味深長」即是此意。宋朝蔣捷詞：

少年聽雨歌樓上，紅燭昏羅帳；壯年聽雨客舟中，江濶雲低，斷雁叫西風；而今聽雨僧廬下，鬢已星星也，悲歡離合總無情，一任階前到天明（虞美人）。

不過是將這種學習所得的境界虛化為一種人生體會罷了，學習者不再是讀一本什麼書，而是讀人生這一部大書。這看來滿是佛家道家的感悟語，實仍是「學而時習之」啊！

四

學必須不斷習，其思想之基底，是認為知識或能力均有賴不斷練習才能精熟。朱子集注說：「既學而又時時習之，則所學者熟」，康有為注說：「凡學至熟習，則觀止神行，怡然理順，逢源自得」，都強調這個熟字。

熟，是漸積而然的，如穀子熟了、橘子紅了，沒有時間的烹釀，它就熟不了。孟子說不可「揠苗助長」，正是積漸為學之義，所以論學強調要像水流，須「盈科而後進」。荀子更是說積土成山、積水成淵、積善成德，鍥而不舍，金石可鏤（勸學篇）。這都跟「熟」是同樣的概念。

熟非一蹴可及，故皇侃雖不談熟，卻仍要說為學有其次第。幼為先，能招友其次，再其次才是能學為師君。引〈學記〉一年視離經辨志，三年視敬業樂群，五年視博習親師云云，即是為了說明學有階段性工夫及考核之標準，漸次乃能精熟、乃能成就。

跟這種積累式學習觀相對的，是頓悟式的。古代有沒有這種學習觀呢？有的，就在皇侃《疏》中。它引《白虎通》說：

> 《白虎通》云：「學者，覺也，悟也」。言用先王之道，導人情性，便自覺悟也。

邢《疏》同樣引了這段，作：「《白虎通》云學者，覺也，覺悟所未知也」。朱熹解釋學字，說：「學之為言效也。人性皆善，而覺有先後，後覺者必效先覺之所為，乃可以明善而復其初」，實亦由皇侃邢昺發展出來。把學解為效法，不說是覺悟。但效法什麼呢？效法從前已經覺悟的人。那些覺悟的人，又是如何覺悟、如何明善而復其初的呢？不又是由學來嗎？因此學既是效，同時也就是覺。

談覺悟，在宋代較前代尤多，且常將之與積漸為學對比起來說。如樓鑰《攻媿集》裡有兩段話：

> 詩，……非積學不可為，而又非積學所能到（卷五二．雪巢詩集卷）
>
> 與武子評詩，謂當有悟入處，非積學所能到也。……山谷晚年詩，皆是悟門（卷七十．書張武子詩集後）。

宋人論詩，往往如他這般強調悟，或說「學詩如參禪」。楊萬里有句云：「要知詩客參江西，正似禪客參曹溪」（誠齋集·卷卅七·送分寧主簿羅宏材秩滿入京）。為何詩學江西要與參禪相似，原因在於兩者都強調悟，樓鑰之說便是如此。積學是一種方法，但這種方法不能讓你真正學好詩；想把詩作好，學之外，還應講悟。學是可學的，有步驟、有方法，可以逐漸積累。悟卻是不可學的，沒法子教，也沒有方法步驟可學，故云「非積學所能到」。當時人常有一種〈學詩詩〉，即以詩來論學詩，而經常說作詩要「學至於無學」。意思就是說詩還是要學的，但只有到了無學，也就是悟了，才真正能把詩作好。「學」與「無學」這種對比，事實上也就是學與悟之分。

如此著重於悟，看來頗受禪宗之影響。不過禪宗講悟更甚於此。北宋浙江奉化，也就是後來蔣中正他老家的雪竇寺重顯禪師所編《碧巖錄》，載一公案：

> 吉州禾山無殷禪師垂語云：「習學謂之聞，絕學謂之鄰。過此二者，是謂真過」。僧出問：「如何是真過？」山云：「解打鼓！」又問：「如何是真諦？」山云：「解打鼓」。又問：「即心即佛即不問，如何是非心非佛？」山云：「解打鼓！」又問：「向上人來時如何接？」山云：「解打鼓！」

習學與絕學是兩個矛盾項，猶如即心即佛和非心非佛。過此二者，就是說禪師要超越這矛盾兩端，捨兩用中，才能得到真諦。禾山無殷說得如此清楚，而問者不解，在那裡糾纏，禪師只好一再以打鼓為喻，冀其開悟了。由此公案可知，禪家說悟，既不是學，也不是絕學。無學，並不只是與學相對的平面對比，其實是超越了學與不學的「無」，這才是悟。

以上這些都是講悟的。漢魏唐宋講悟的言論如此之多，是不是代表中國人論學，在積漸之外另有一路呢？

不然，讓我們再回頭細看一下，皇侃引文其實是這樣的：

《白虎通》云：學者，覺也、悟也，言用先王之道，導人情性，使自覺悟而去非取是，積成君子也。

使自覺悟而去非取是的「而」字，一本作也，因此亦可在也下斷句。我上面曾引過這句話一次，就是這麼斷的。不過不論如何斷句，語意都十分明顯：覺悟並非積學之反面，反之，覺悟正是要人了解是非，且能積善而成為君子。邢昺引此語，簡化為：「覺吾所未知也」，亦是著眼於增益其所不知這一面。可見漢晉唐代論覺論悟，並無「頓悟」之意。悟，大抵只是知覺了解，且仍是漸而非頓。朱子論覺也一樣，所以用鳥數飛、熟習來說。他另外還說做學問是要不斷積漸，到最後才「一旦豁然，而本心之全體大用無不明」。這一旦豁然，固然是悟，可是這一悟之前卻須有長期的積累。猶如水庫蓄水，積到某個程度後，某一天忽因什麼機緣機會，水衝破了關閘，浩浩沛沛流淌出來。關崩閘破這一刻，轟聲大震，天地皆驚，令人印象深刻，那就是悟。但此悟其實只是積漸所成，是積累之結果。禪宗講頓悟，重在悟的那一刻。然而頓也就是那一刻，其所以能頓悟，往往還是因積累來的，古德詩云：

盡日尋春不見春，芒鞋踏遍隴頭雲。歸來卻把梅花嗅，春在枝頭已十分。

世人多賞其「驀然回首，當境即是」的悟會，可是芒鞋踏遍正是工夫。無此工夫、無此閱歷，便無一旦豁然之悟。

換言之，古時說悟，並非與積學相反的。就是唐代禪宗興起後，論頓悟也還常是以漸得悟式的。畢竟中國人論學，因著《論語》以來的大傳統，一向以積漸為主，《論語》中提到的一些語句，如：

（為政）吾十有五而有志於學，三十而立，四十而不惑，五十而知天命，六十而耳順，七十而從心所欲不踰矩。

（為政）溫故而知新，可以為師矣。

（述而）加我數年，五十以學易，可以無大過矣。

（陽貨）三年不為禮，禮必崩；三年不為樂，樂必壞。

都是強調為學應不斷溫習、熟習，且是一步一步、一階一階成就的。十五、三十、四十、五十、六十、七十，三年，時間感極強，生命在時間中進行，學習也就在其中活動著，如此才是生命的學問，亦是學問的生命。

五

我們中國人，對《論語》爛熟了，故對於孔子說十有五有志於學、三十而立云云，殊不覺有何特別，只感到是尋常語。實則這種把學習積漸跟時間扣合起來講的辦法，在印度就沒有。

佛教說十住、十地，也是積漸的。修行者不斷修習，一層一層階進，最終才能成佛，此為佛教通說，禪宗崛起後才講頓悟。頓法與漸法不同，可以立地成佛。亦即不必經過十地漸修，立刻即能到達佛境地，故稱：「一超直入如來地」。禪宗之頓悟說，一般人總以為重點在悟。其實不是，悟未必是頓，上文已有說明。它對佛教教法上真正的衝擊不在悟而在頓，悟也要是頓之悟才顯得出它的殊異或殊勝處。但佛教裡也只有禪宗如此說，其他各宗仍是漸修，十地成佛。

地，指境界境地。十地，是法雲地（又作法雨地），善慧地（又作善根地、善哉意地），不動地，遠行地（又作深行地、玄妙地），現前地（又作現在地、目前地），難勝地，焰慧地（又作增曜地、焰地），發光地（又作明地、有光地），離垢地（又作無垢地、淨地），歡喜地（又作悅豫地、極喜地）。修行者一地一地，不斷精進，所得果位亦不同，如正覺之上，更有妙覺。

十地之外，又說十住。十住，謂灌頂住，指菩薩既為佛子，堪行佛事，佛以智水為之灌頂；法王子住，指修行者由初發心至形相具足，猶如王子堪繼大寶；童真住，指發心不退轉、不起邪魔；不退住，指既入無生畢竟空界，身心和合；正心住，指成就第六般若，不僅相貌，心亦與佛同；方便具足住，指修無量善根，自利利他，方便具足；生貴住，指因其前之妙行，將生於佛家為法王子；修行住，指遊履四方而無障礙；治地住，指其心明淨，以初發之妙心，履地皆治。

這許多名相，聽起來頗使人頭暈，其實並不重要，亦不可執著。因它翻來覆去，無非要說修行是有許多層次境地的，佛菩薩等等所證之果位亦是不同的。此等修行境地或果位，跟孔子說為學三十歲一境地、四十歲一境地、五十歲又一境地云云，看起來很相似，雖然它說得遠較複雜。

但是，佛教說這些，都是無時間性的。主要從發心上講。初發心住，指發起十信心，信奉三寶，受習一切行、一切法門，不作邪見，便可入空界，住於性空位。其餘諸住諸位，莫不如此。發心之後不退轉，又能以空理智心習古佛之法，出生功德，便可再繼續昇進。這種習，固然也如鳥之數飛，也是漸修階進，但絕非「時習」，其中沒有時間感，沒有時間因素，時間也無意義。因佛陀成道本來就非漸修，他是成於菩提樹下金剛座上悟十二因緣，並無孔子十年十年一進境的這種經歷，其學問也與時間無關。

比較起來，佛教的修行階進，是空間圖像式的。佛、菩薩、羅漢，一級一級，各以果位住之位之，十地儼然，可以布列為一幅修行者的畫像。儒家孔子講的學習，則較似旅人，在時間中一程一程地走著。所以中國人形容跟老師學習，常說是「從游」，就有取於這個意象。可是修學者跟著老師走，走著走著就顯示出了差距，有些人走得遠了，有些人還在近處磨蹭。因此顏淵雖然「夫子步亦步，夫子趨亦趨」，但走到後來，孔子超然遠去，顏淵就只能望塵莫及地感嘆：「雖欲從之，末由也矣！」（子罕篇）

順著這樣的對比，我們也可以看到：由希臘文化所開啟的西方形而上學也是無時間性的。西方傳統存在論，所問的問題是 what 和 being of beings，也就是世界的本質。本質就是不隨時間而變的，隨時變動的乃是世界，是現象，不是本質。對於什麼是本質，哲學家有各式答案，如精神、物質、絕對、相對、唯物論、唯心論等等。對於什麼是精神、什麼是物質，也有種種解釋，但都不外種類、概念式的 what。大概要到近代海德格才開始做了些改變。

海德格把傳統的問題由 what 改為問 why（為什麼）。為什麼是「存在」而不是「非存在」。他在《形上學導論》中就這麼問。形上學不僅應追問為什麼是存在，同時也要問為什麼是非存在。唯有也問了後面這個問題，存在與非存在才能構成關係。非存在是什麼呢？在西方哲學中不好理解，可是在中國哲學中一說就明白了，那就是「無」。存在是有，非存在是無。

老子云：「有生於無」。一切物皆為有，但一切有原先都是無。從原先不存在，變成後來的存在，中間的過程，就是時間。時間是非存在與存在的中介。例如人。本來沒這個人，後來有了，人存在了；然後人又死了，又非存在了。造成這種變動的，即是時間。海德格《存在與時間》這本書就因此而要討論存在的時間性。

在此之前，黑格爾講存在，是以超時間的邏輯推演來解釋；康德的時間則只是個形式，且是個先驗的範疇，這種時間是無實質內容的。海德格的時間不然，人活在一定時間中，所以人是有限的；同時人也是會死的。死了當然是無，可是「人是會死的」和「自己終究要死」這個意念又不斷提醒著我們，我們許多作為均與這個對死亡的意念和態度有關。例如若想到「君子疾沒世而名不稱焉」，自然就會努力使行為足以令人稱道，若是想到「大丈夫不能留名青史，亦當遺臭萬年」，則很可能就會做出些遺臭萬年的事來。死決定著我們怎麼生，非存在影響著存在。

海德格把「時間」引入了有關存在的討論中，對西方哲學可說為一大貢獻。但海德格涉及的，只是存在的時間性，或存在與時間的關係等問題，在時間中的存在，其具體情況為何呢？他卻說只是「煩」。煩了這事煩那事，日常性的生活總是這樣。煩，煩貫串著人的一生。煩是無法結束的，煩的終結便是死。所以說「煩：此在的存在」，其書第六章標題就是這句話。

儒家說「時」，意趣便殊。孔子好學，「不知老之將至」，而且以學為樂。自少至老，時時學習，存在之時間，具體地說便是學，也是樂，而學也成就為他。荀子〈勸學〉第一句話亦是說：「學，沒而後止也」。沒，即是歿，是海德格所說的死；也是沒，是海德格所說的非存在。整個人「此在的存在」或「向死亡而在」的人，其具體生命內涵不是煩，而是學、是樂。此儒家之存有論也，意蘊儔乎遠哉！

丙、學而時「習」之

一

有人開玩笑，說杜牧的詩：「清明時節雨紛紛，路上行人欲斷魂，借問酒家何處有，牧童遙指杏花村」每句都可刪掉兩個字，變成：「清明雨紛紛，行人欲斷魂，酒家何處有，遙指杏花村」。刪了以後，語意看來仍是完整的，但韻味沒了。

同理，《論語》也有人刪，清人馮景《解春集文鈔．補遺》卷二〈與高雲客論魏序書〉載：「《論語》首章凡三十字。曩佔客言，曾見海外盲儒發狂疾，刪去虛字十六，訓其徒曰：『學時習，說。朋遠來，樂。不知、不慍，君子』。簡則簡矣，是尚為通文義者乎？」如此刪節，主要是刪了虛字，但虛字一刪，味道也就刪掉了。

《論語》等經典，常遭此類盲儒妄人刪削。或刪虛字或刪實詞，基本上都是自以為高明，拿古人詩文當小學作文，以為可以供自己批改一番的。近人論古，尤其具此心態，甚至動輒說古人有漏洞、有局限、有糟粕，某處講得好，可以得個圈；某處不佳不妥，應予刪去。我不敢說古人經典名篇都是字字珠璣，一字不可易，更不敢說古人即無缺點無漏洞，但我看現在這些說這類話的人，恐怕距離古人境界還遠得很。在我，是寧願去好好體會古人言語的。

《論語》首章：「學而時習之，不亦悅乎！」學與習同義，《呂氏春秋·審己》：「退而學之三年」高注：「習，學也」。《說文》用「鳥數飛」來解釋習，指鳥學飛的狀況。鳥學飛時要不斷地練習著飛，故習有練習、不斷重覆去做的含意。這是學的一種狀態，所以學習兩字往往也合起來成為一個同義複詞。這樣的同義詞，若依上述那種刪文以求簡之辦法，也大可刪併成「時習，悅」。學與習不必重複。

不要以為這只是開玩笑。對孔子這句話，歷來就有不少人是這麼看的。

例如清初大儒顏元，號習齋，即取義於這個習字。為何有取於習？因為學與習雖是同義字，但意思仍有區別，習字較多實習、練習之意，較具實踐性。因此顏習齋說一般人學都只是從書本上誦讀，缺乏的正是實踐工夫，所以他特重習字，把學與習分開來講，並批評朱熹，說：「千餘年來，率天下人入故紙堆中，耗盡身心氣力作弱人、病人、無用之人者，皆晦庵為之也。」當代新儒家之一的張君勱先生就很欣賞顏氏此說，云：「朱晦庵一人是否負此吾國文弱之大病，暫不深論。然吾國人犯此文弱與不務實不好動之病，無可疑也。……迄於清末，曾文正出入戎馬中，乃發現操作之有益於身心，而有習勞則神欽之箴言」（儒家倫理學之復興，一九六一，民主中國復刊號）。據此說，不正是把「學而時習之」改成了「時習之」嗎？所重在習而不在學。

重習的儒學自然偏重致用，既反對朱熹之「道問學」，也不贊成陸象山的「尊德性」，認為一偏於就書本子誦讀之學，一偏於內養，均乏實踐性。習齋曾語張文升云：「如天不廢余，將以七字富天下！墾荒、均田、興水利。以六字強天下：人皆兵、官皆將。以九字安天下：舉人才、正六經、興禮樂」。口氣好大，而其內容均偏於經世致用的社會實踐這一面，是顯然的。

他也談到了六經，但不是要人誦讀六經，而是要正六經。正就是一種行動，猶如孔子刪詩書正禮樂那般。這種態度，跟王肅注「學而時習之」說：「學者以時誦習之」，恰好是兩個極端。

依王注，習只是對所學過的經典不斷溫習罷了。誦是背誦之意，故溫習也只是反覆背誦。顏習齋的習卻不是背誦，他由古人習禮處得到啟發。邢昺《論語疏》：「言學者以此時誦習所學篇簡之文及禮樂之容」，對誦習的內容，除了篇簡文字之外，已加上了習禮樂。禮樂不是只從文字上就能了解的，須在實習實踐上去體會，故「子入太廟每事問」，宰我也說「三年不習禮則禮崩，三年不為樂則樂壞」。顏習齋說要興禮樂，就是由此發展出來。

但習齋以此自負並痛罵朱熹，卻沒什麼道理。朱子《集注》對「學而時習之」的解釋，其實早已明顯偏於習。他首先說：「學之為言效也，後覺者必教先覺之所為」，效法，本身就是一種行動。他如此解學字，學就不再只是誦習了。接著他又說：「習，鳥數飛也。學之不已，如鳥數飛也」，這麼講習字，固然是古義本義，但前此注《論語》的人可沒說過，他才第一次強調學應該像鳥數飛一般，事實上即是用習來解釋學。然後他再引程伊川說：「學者，將以行之也。立如齊，立時習也」。這兩段，完全從「行」而不是從「知」去解釋學和習，何嘗教人只在故紙堆中打轉？恰好相反，朱熹根本沒有談到學應該包括讀書這檔事。顏習齋的批評，可謂無的放矢。

由王肅注到邢昺疏到朱熹注，我們還可以發現：整個儒學解釋史即是愈來愈強調習的。

在荀子勸學時，對學只界定為誦讀：「其數則始乎誦經，終乎讀禮。其義則始乎為士，終乎為聖人」。這裡很清楚：學的方法是讀書，讀了書，明白了道理，就能成為士或聖人。讀書的實踐義，是放在學之「義」上說的；與學之「數」，亦即學之方法分開講。這是孔門言學之原初義，如子夏云：「賢賢易色、事父母能竭其力、事君能致其身、事君能致其身、與朋友交言而有信，雖曰未學，吾必謂之學矣」。本來讀書是為了成為士君子，假如一個人行為上已經是君子了，縱使沒讀過什麼書，我還是要認為他已經學過了。這前後兩個學字，一指讀書，一指已達到了讀書之目的，是毫無疑問的。

因此所謂習，即是說讀了書之後要常溫習，曾子曰：「吾日三省吾身……傳不習乎？」便是習之正詁。老師所教過的課文，必須時時溫習複習。三省吾身中「為人謀而不忠乎」「與朋友交而不信乎」屬於行，傳習者為另一類事，故分說；如果傳習也指實踐性行為，傳習就會包括了前兩樣。

漢人注《論語》，把學而時習之解為誦習，即本於這個傳統。但漢人治經之病，正在於只會鑽故紙堆，碎義逃難，解「曰若稽古帝堯」竟至二十萬言。以致文武之道布在方策，而大家只在方策上考究辯論、文武之道到底如何實施卻少績效。讀書本來是要成就為士君子，結果只造就了一堆在書本子上考來考去、注來注去，而德業心智大都稱不上是君子的人，情況類似今日之所謂學者。

這自然就會引發反省。因此皇侃《義疏》論學，便引《禮記．學記》所記大學教學法說：「一年視離經辨志、三年視敬業樂群、五年視博習親師、七年視論學取友」。離經辨志是讀書的本領，敬業樂群、親師取友卻不是。這就擴大了學的範圍，然後又引〈內則〉說要學書計、學樂、誦詩、舞勺舞象；引〈王制〉說春夏學詩樂，秋冬學書禮，並注明書禮是事不是文。如此，均不專就誦讀上說學。

邢昺《疏》同樣。它把習解釋為「誦習所學篇簡之文及禮樂之容」已見於前述，實際上邢疏還不止於如此，它更把底下「有朋自遠方來」也解釋為講習。誦習既已包括了非文字性的禮樂行為，講習更不是文字誦讀，而是一種實踐性的交往研討。

到了朱熹，索性把誦讀全撇開了，只從行上說習，並以習為學。顏習齋搞不清楚這個脈絡，誤以朱子既以道問學著稱，必然是重學輕習的，不曉得不但朱子重習，就是陸王也一樣重習。王陽明的語錄就稱為《傳習錄》，而且這不再是曾子的原義，乃是由知行合一說傳習。到了清朝，習齋之後，劉寶楠《論語正義》雖宗漢學，但對漢人只講誦習，也是不滿的，故云：「古人為學，有操縵、博依、雜服、興藝諸事，此注專以誦習言者，亦舉一端以見之也。《說文》：習，鳥數飛也。引申為重習學習之義」，這不也明顯是重習的嗎？

換言之，對習的重視，愈來愈強化，最終是以習為學。朱子學如此，反朱子的也如此；宋明學如此，反宋明的漢學家也一樣。

二

為何會如此？我覺得是時代使然。在孔子荀子時，能誦讀篇簡方策者少，故學與未學，以是否讀書識字為分。能讀書了，便算入了學，此所以荀子說學「始乎誦經」。後世讀書人專力讀書，把讀書當專業、當科舉祿利之工具，文字誦讀之功多，儒學原來強調的讀書之義就丟失了。以致後來學者要不斷呼籲，從誦讀轉為實習，才不會喪失儒學的實踐性。只不過宋明理學較強調的是道德的實踐，清人則較重視社會實踐而已。

如此重習，也確保了儒學的特性。儒學確實不是一般意義的學問，文字誦記，或構作理論，只是它的「數」，不是「義」，其義是要成就為士或聖人的。士的人格及其開物成務，均具有實踐性，故非口耳記誦之學所能涵括。儒學在發展過程中，不斷有被異化成為知識性學問的危機，因此愈要強調習。

所謂不斷有被異化為知識性學問之危機，是指什麼呢？我可舉錢牧齋《初學集》卷二十三一篇文章來看，此文名〈嚮言上〉，文曰：

> 帝王之學，學為聖王而已矣。儒者之學，非所當務也。修身齊家治國平天下，聖王之學也。……太史公曰：以六藝為法，博而寡要、勞而無功，此儒者之學也。……嗚呼，人主不可以不知學，然而人主學聖王之學則可，學儒者之學則不可。夫儒者之學，函雅故、通文章、逢衣博帶，攝齊升堂，以為博官文學掌故，優矣。使之任三公九卿然且不可，而況可以獻於人主乎？

此文把聖王之學和儒者之學分開，一種有經世致用功能，一種純粹是知識性的。錢牧齋認為儒者之學只屬於後者，因此儒者不該去從事治國平天下的工作，或擔任相關職務；同理，帝王也不必講儒者之學。而且，因帝王所應講的聖王之學是從修身講起的，故它與儒者之學的不同，便也顯示了實踐性學問和知識性學問之分。

我們熟悉儒學的人，看見此說恐怕會覺得很怪、很彆扭，儒者之學，不就是修身治國平天下的嗎，怎能分之為二？

但假如我們參考一下西方學術狀況，這種區分就很容易明白了。韋伯《政治做為一種志業》和《學術做為一種志業》兩本書，不就同樣屬於這種區分嗎？學術和政治分開，是學術獨立的基礎；學者專心治學，只窮究知識問題，不必管政治社會平治與否的問題，亦為學者之本分。這樣的識見，事實上即是現代性的學術觀。就是現代以前，馬克斯便也指出過：西方學術以解釋世界為主，而不是為著改變世界。

因此，相對於中國，西方特別顯示一種為知識而知識之傳統，近人牟宗三先生稱此為「學統」。中國並非沒有這樣的學統，但學統與道統是混一的，我們只講「道尊於勢」，要求政治勢力，也就是治統必須尊重或依從道統，道統具有在治統之外的獨立性。可是道統本身卻並不與政治分開，道統就要講政治的政道與治道。政道指政治原則，治道指治理方法。道統要關心這些，故修身齊家治國平天下是一塊兒講的。錢牧齋之說則是把學統獨立起來，具有類似韋伯那樣區分的意義，與傳統的道統說並不一致。

為什麼牧齋要這樣分？為什麼要放棄歷來知識分子最引以為傲的實踐性？傳統士人「先天下之憂而憂，後天下之樂而樂」「身無半畝，心憂天下」「攬轡有澄清天下之志」「致君堯舜上，再使風俗淳」「家事、國事、天下事，事事關心」……都是講修齊治平的。牧齋本身人格可議，難道他立此說以替自己開脫嗎？

其實這並非牧齋一人之見，中國學問跟西方相比，雖然特顯它具有非純粹知識性的存在關聯，但知識獨立的形勢是不斷發展著的。這個勢，有二，一是知識本身的增益與探究，漸漸發展出它自身的邏輯，而日漸佚離於實踐性活動。

這個道理一點也不難理解，「書呆子」這個詞，就指明了人若專注於文獻知識，便可能與生活世界脫節。依孔門之教，人是應「博學於文」的，可是博學於文，須要徵文考獻，要韋編三絕，要老而不厭不倦，既如此，讀書把鬍子都讀白了，什麼時候才能去治國平天下呢？

其次，知識之探求，無窮無盡。人隨便讀一讀，即以此為敲門磚，去謀其千鍾粟、黃金屋、顏如玉，也就罷了；若一旦鑽研進去，博學於文，就不免如莊子所說：「吾生也有涯而知也無涯，以有涯逐無涯，殆已」（養生主）。莊子是反對逐知的，故說有涯逐無涯會「殆」，可是，知識的魅力不也在此嗎？令人究之難窮，越挖越深，不斷獲得發現的樂趣，滿足人類的好奇，孔子說，學而時習之不亦悅乎的悅，一大部分原因即來自此。人耽於此種快樂，有時也確會有「雖南面王不易也」的感覺。孟子說得天下英才而教之，比王天下還快樂，亦屬於此種。因此，學問的鑽研，是會讓人跟治國平天下之類實踐活動分開或至少是鬆開的。

以上是從人這方面說，再從知識本身看。知識領域的廣袤繁複，有許多本與修身齊家治國平天下無關，如研究外太空幾萬萬光年前某星球之死亡，或若干億年前恐龍等古生物之類。且知識本身的增益，實如老子說，是「為學日益」，它本身會不斷發展，莊子云：「一與言為二，二與一為三，自此以往，巧歷不能得，而況其凡乎？……有左有右，有倫有義，有分有辯，有競有爭」「彼出於是，是亦因彼。……方生方死，方死方生，方可方不可，方不可方可。因是因非，因非因是。……彼亦一是非，此亦一是非」，越來越分歧、越來越龐雜、越來越多爭論。這種發展的原理，來自知識本身，並不循著治國平天下的需要。

孔子說學而時習之，只是勸學，但學發展下來，便成此勢。所以到莊子時才會對之大起反省。莊子的處理方式，是跳出這個知識發展的邏輯：「聖人不由，而照之於天」（齊物論）。不由，就是不走這條路子。可是儒家一直沒有離開這條路，仍是順著學的路在發展，結果當然不出莊子所料。

另一個勢，是因知識發展之勢而形成的現實之勢。儒者之學，本來是要修己治人的，但整齊文獻、校勘輯佚、考訂注疏，或究心於草木鳥獸魚蟲，或致辯於章句文字訓詁，或論析天文地理，或闡明典章制度。這些知識，漸成為儒學的具體內容，以致〈儒林傳〉中之所謂大儒，都只以著述見稱，不太跟修己治人有什麼關係。

這時，知識與實踐性活動便已是分裂了的。韓愈〈原道〉說得很清楚：

由周公而上，上而為君，故其事行。由周公而下，下而為臣，故其說長。

儒家所說的道，固然由堯舜禹湯文武周公一脈傳來，但時勢不同了。堯舜禹湯周公都是君王，其學與行是可以合一的，可以真正施用於修己治人。周公以後，孔子就已不得位，只能成為「素王」，修己治人之效有點兒不彰。孔子以後，就更不成了，只能說說而已，所以韓愈云「其說長」，越說越多而實皆無與於政事。

皇侃《論語義疏》注「學而時習之」說：「學業已成，能為師為君。……學成為師君也。……〈學記〉曰：『能博喻，然後能為師；能為師，然後能為長；能為長，然後能為君』，是也」，解《論語》的學義最確。孔子，乃至孟子荀子之所謂學都是教人學為君師的。講先王之道，學了以後，一旦有機會就可以勝任君師的角色。可是後來儒者再也沒機會成為君王，遂令其學唯能說之，不能行之。

牧齋語，即是在這個現實上說的。現實已是說與行分開了的，那就各安其位各守其分罷。帝王不為儒者之學，儒者也勿奢望行聖王之事，分道揚鑣，你走你的陽關道，我過我的獨木橋。

牧齋這種態度，其實只是順著現實說，揭露了實況，其他人未必肯如此坦白。但從皇侃、邢昺、朱熹、王陽明、顏習齋、劉寶楠等人不斷提醒習字之重要性、教人勿僅重知更要重行，便可知知識化的現實勢力強大，諸君雖欲力挽狂瀾，而此勢實不可遏。

五四運動後，受西學影響，知識化更為嚴重，致使當代新儒家不得不重申「生命的學問」之義，強調存在的感受。認為做學問不能只是知識性的客觀了解，更應作用於身心性命上。這是對宋明以來重習或以學為習的回歸。

可是，這種說法大概也就是一種說法而已。當代新儒家最主要的成就，恰好不在其治心養氣或修齊治平上，而在其結合西方哲學論理之方法，以更嚴密的理論、更多的術語、更知性化的表述方式來闡述儒學。熊十力之借途於佛教唯識學、唐君毅之利用黑格爾、牟宗三之會通康德、徐復觀之參考胡塞爾，皆是如此。牟先生也明白表示中國尚無學統，應予建立。可見「學而時習之」最終仍是學與習分裂的，言說層面看起來是以習為學，現實上卻是學以致知，並不重習。

三

習，在《論語》中另一處提到，曰：「性相近也，習相遠也」（陽貨）。這卻顯然是重視習的。而且習字在此並不只指讀了書要溫習，包括了讀書、親近仁人君子、接觸善良風俗等等，有點後來俗語說「近朱者赤、近墨者黑」的味道。孔子經常提到交友和親近賢人的重要，或孟母三遷之故事，都足以為「習相遠」作注解。這時的習，就是廣義的學習，習有親近、狎昵、熟悉諸含義，我們平常說「習慣」一詞，亦本於此。

《韓非子．孤憤》：「凡當塗之於人主也，希不信愛也，又且習故」，習故，指親近故舊，與《禮記．月令》鄭注：「近習，天子所親幸者」相似。《呂氏春秋．任數》：「習者曰」高注：「習，近習，所親臣也」。這些習，都解為親近的人，因此皇侃《義疏》說性相近習相遠是：「若值善友則相效為善，若逢惡友則相效為惡，善惡既殊，故云相遠也」，頗有道理。我們所最熟習的，除了家人便是朋友。

所以「友」字跟「習」字還很有些字源上的關係呢！《說文》解釋友字，收錄了一個古文友，寫作䎘，跟習的篆字，僅一筆之差。這麼寫，大概是因友字在金文中或作習而來，但與友字恰好有趣地相似了。兩字字義亦相通，《易》曰：「君子以朋友講習」的習，正兼友與習兩義。

講《論語》的人，因此竟或主張「學而時習之」必須解為：學了以後就跟同學講習切磋，不是很快樂嗎？底下兩句則分別是：志趣相投之友遠道來切磋，講習切磋時對方不理解你也不惱怒，不也有君子之風嗎（程二行，學而章義探微：兼論孔門為學與交友之關係，武漢大學出版，人文論叢，二〇〇四年卷）。這完全從習字上講，全章之句都以此字為關目，然後再把習與友關聯起來，於是全章就都是談朋友講習之事了。

如此解義，乃是《論語》闡釋史中越來越強化習，以習為學的一個極端。對全章義理反而是窄化。而且學而時習之是友朋講習；有朋自遠方來也是友朋講習，只是近友遠朋不同而已，意涉重複，恐非善解。但他會這麼想問題，正反映了對習的重視。

對習過分重視而導致對儒學義理認識有偏差，更嚴重的是王船山。那就不是一章一句的解釋問題了，而是整個哲學。船山《讀通鑑論》卷十，三國二：

> 是以古之為法，士之子恆為士、農之子恆為農。非絕農人之子於天性之外也。雖欲引之於善，而噎霾久蔽，不信上之有日，且必以白晝秉燭為取明之具，聖人亦無如此習焉何也。故曰：「民可使由之，不可使知之。」不可使知矣，欲滌除而拂之，違人之習，殆於拂人之性，而惡能哉？則靳取之華冑之子、清流之士、以品騭而進退之，亦未甚為過也。父母者，乾坤也，即以命人之性者也。師友交遊者，臭味也，即以發人之情者也。見聞行習者，造化也，即以移人之氣體者也。知此，則於是以求材焉。

船山主張一種「士之子恆為士，農之子恆為農」的閉鎖式社會，階層間不流動。而為什麼農民子弟就不能成為士呢？他用習來解釋，說兩者習相遠了，故應區隔開來。可是，依儒家性善論的觀點，人性本善，塗之人皆可為禹，怎麼能說市井氓庶中就不能出人才呢？但船山認為人性雖然本善，人雖可以為堯舜，可是那是指可能性。實際上人受限於居處環境的習氣，不免性相近而習相遠，農商市井之人就都不可能有什麼好的。如此立說，雖然巧妙，但以子之矛攻子之盾，請問：性相近而習相遠，使市井氓庶未能成德、未能為堯舜禹湯者既然在於環境、在於習，聖人化民成俗，豈不正應改善其環境，使之習與性成乎？船山卻又反對教化，謂「欲滌除而拂拭之，違人之習，殆於拂人之性，而惡能哉」。這不是自相矛盾嗎？

可是這是船山學中一大關鍵。他嚴夷夏之分，認為夷狄絕不能同於中國；嚴君子小人之辨，絕不能讓平民躋身於貴族；平民之中，又賤兵抑商，重男女之別，全都由此立論。他所嚮往的是古代身分等級制嚴明的時代。孔子以前，貴族尚未凌夷時最好，其次魏晉六朝的士族門第社會也還不錯，唐宋以後，階層流動，士庶無別之社會則是他所反對的。他把這種上下階層化凝固的關係稱為天秩天序，是老天定下來的秩序。可是這種天秩之形成，並不來自天然的血統及天生才智之殊，而是習所造成。《讀通鑑論》卷廿說：「秀者必士、樸者必農、僄而悍者必兵。天與之才，習與性成，不可移也。此之謂天秩，此之謂人官。帝王之所以分理人物，而各安其所者，此而已矣」，即指此。卷十又說：

唐之舉進士也，不以一日之詩賦，而以名望之吹噓，雖改九品中正之制，猶其遺意焉。

宋以後，糊名易書，以求之於聲寂影絕之內，而此意殆絕。然而學校之造士也夙，而倡優隸卒之子弟必禁錮之，則固天之所限，而人莫能或亂者。伊尹之耕、傅說之築、膠鬲之賈，託以隱耳。豈草野倨侮、市井錐刀之中，德色父而誶母者，有令人哉？

市井之中，他不認為會有好人，就是因農商兵倡隸以及女人的習太差了。這種批評裡，他不滿唐宋以後較開放的社會，而嚮往魏晉南北朝士族門第九品中正，是十分明顯的。倡言：「以族姓用人者，其途隘。捨此而博求之，其道廣。然而古之帝王終不以廣易隘者。人心之所趨，即天敘天秩之所顯也」（卷十五）。如此復古，實在與孔子大開平民教育之風迥異。

其次，其君子小人之辯，骨子裡仍是儒家德化政治的主張嗎？也恰好相反。古儒家處於君子小人本為身分之分的時代，努力將它轉為道德之別，船山則主張「君子小人有其大閑」，絕對不能踰越，「君子之於小人，猶中國之於夷狄。其分也，天也。一亂而無不可亂矣」（卷十五）。這與古儒家德化政治的主張，相去亦若雲泥。

三、依船山之見，夷狄、婦人、商、兵，只能說是具人形的禽獸，不可與言人道。婦人是「幽閟深宮，如圈豚籠鳥之待飼」；夷狄是「虎狼與蠭蠆」「非人」；商人是「人道幾於永滅」；兵將是「類非孝子賢孫」。對於人性具體落在這些族群與類階上所形成的歷史性，船山不相信於此族群性背後尚有其「貞夫一者也」的人性為其根源。相反，船山主要是要提醒讀者：「均是人也，而夷、夏分以其疆，君子、小人殊以其類，防之不可不嚴也」（卷十四）。各族群、社會類階背後，同一根源的那個普遍人性，正是船山所不欲人重視的。也就是說，船山不重視「性相近」，較強調「習相遠」。此為船山人性論之特色。《讀四書大全說》卷八載：

唯物欲之交，或淺或深，不但聖狂之迥異；即在眾人等夷之中，亦有不同者。則不得謂由中發者皆一致。然孔子固曰：習相遠也。人之無感而思不善者，亦必非其所未習者也。而習者亦以外物為習也。習於外而生於中，故曰：習與性成。此後天之性所以有不善，故言氣稟不如言後天之得也（滕文公上之二）

後天之性，亦何得有不善？習與性成之謂也。先天之性天成之，後天之性習成之也。乃習之所以能成乎不善者，物也。失物亦何不善之有哉？取物而後受其蔽。此程子之所以歸咎於氣稟也。雖然，氣稟亦何不善之有哉？然而不善之所從來，必有所自起，則在氣稟與物相授受之交也（同上三）。

故六畫皆陽，不害為乾；六畫皆陰，不害為坤；乃至孤陽畸陰陵蹂雜亂，而皆不害也。其凶咎晦吝者，位也。乘乎不得已之動，而所值之位不能合符而相與於正，於是來者成蔽，往者成逆，而不善之習成矣。業已成乎習，則熏染以成固有，雖莫之感而私意私欲且發矣（同上）。

先天之動，亦有得位，有不得位者，化之無心而莫齊也。然得位列秀以靈，而為人矣；不得位，則禽獸草木有性無性之類蕃矣。既為人焉，固無不得位而善者也。後天之動，有得位，有不得位，亦化之無心而莫齊也。得位則物不害習而習不害性，不得位則物以移習於惡，而習以成性於不善矣（同上）。

人性固然是善的，但船山特別指出還有個「後天之性」的問題，後天之性乃是人與物相交時，習於外而生於中的。此種習便有善與不善。他說夷狄小人與華夏君子習相遠，以致其性亦漸不同者，正以此故。因此他的講法特別強調「熏染」，強調「位」。君子小人、夷夏，均因所居之位不同，致有善惡之分。

這樣的哲學，乃是重習而形成的一種極端。可是它也顯示了一個態度，事實上，宋明以後，講儒學的雖然都重性理，但工夫所在，其實更重視後天之性。後天之性，各家說法不一，大部分人不稱它為性，而說是「氣質之性」或「習氣」。以習說性，於是君子之學，工夫就在落於變化氣質上，以糾正習氣之不善。船山雖認為這種習終究會因「習與性成」，最後變成了性，以致根本無法改變，但重習之態度是一樣的。

以朱子《集注》來檢查。朱子哲學是分理氣的，天理流行，是善的；但落入形氣之私，便有偏差，故曰：「人之德性本無不備，而氣質所賦，鮮有不偏」（述而篇）「人之氣質不同，故疑亦容或有此昏弱之甚，欲進而不能者」（里仁）。人之需要學習，就是要糾正這種氣質之偏。

氣質之偏，照道理說，既是天賦的，那就不是習，可是朱熹卻以習來說，如「有教無類」，朱注：「人性皆善，而其類有善惡之殊者，氣習之染也。故君子有教，則人皆可以復於善」（季氏篇）。為何如此？案，「性相近也，習相遠也」朱註：

此所謂性，兼氣質而言者也。氣質之性，固有美惡之不同矣。然以其初而言，則皆不甚相遠也。但習於善則善，習於惡則惡，於是始相遠耳。

這就是個補充。對於天生才性之偏，基本存而不論，或認為雖有美惡之不同而畢竟差不了太多，可是氣質既偏，再加上習染，就真正造成善惡之殊了。這也是把氣質跟習染混著說，故曰氣習，或顛倒過來說是習氣，習比氣更重要。在這個意義上說，習雖非性，卻是成善成惡之關鍵，因此朱熹也與船山一樣講習與性成。注顏淵問仁，孔子答非禮勿視、非禮勿聽、非禮勿言、非禮勿動時，他引程伊川語：

顏淵事斯語，所以進於聖人。後之學聖人者，宜服膺而勿失也，因箴以自警，其視箴曰：「心兮本虛，應物無跡。操之有惡，視為之則。蔽交於前，其中則遷。制之於外，以安其內。克己復禮，久而誠矣」……其動箴曰：「哲人知幾，誠之於思。志士勵行，守之於為。順理則裕，從欲則危。造次克念，戰兢自持。習與性成，聖賢同歸」。

朱子在此並下了案語說：「按，此章問答，乃傳授心法切要之言」云云。為何他如此看重這段話呢？因為前已說過，習是成善成惡之關鍵，故人若不善，乃習染之過，人若要善，也唯有靠習染。通過在習上下工夫，以逐漸改變氣質之不善，用伊川的話說，就叫「制於外所以養其中也」。〈視箴〉云：「制之於外，以安其內」即指此。通過在視聽言動上不斷克己復禮，習慣成自然，便稱為習與性成。俗語說：「少習若天性」，亦是此意。

故習與性成，用《易傳》的話說，即是：「一陰一陽之謂道，繼之者善也，成之者性也。」一陰一陽是天道，天道下貫於人，人或毗於陰或毗於陽，而習就是「繼之者善」。若能好好學習，即可成就為善。成就了，才稱為性。從程伊川朱子的存有論上說，性本來就應是善的，可是從其工夫論講，卻是後來成就時才善，是習與性成而說成之者性也。俗語說某人「習性」如何，正是如此這般以習說性。

四

這就可以看出《論語》「學而時習之」一語的複雜，學或習，或二或一；習與性，也或二或一。而其間又各有所見，各有所蔽。對於古今論學論習者之見與蔽，以上粗發其凡，不能盡，觀者宜循此賡索之。底下補論三事，以為結語：

一、學，如前所說，在孔門主要是指博學於文，因此它基本上是知識性的，後世亦因此而以文獻誦覽為最主要的學習方法和內容，以致越來越知識化。批評此種傾向者，因而或如莊子要跳離這種方式，或如朱子陽明等要強調習、強調行。那麼，在孔門講知、講習、講博學於文時，其本身是否也有上述知識化之毛病？它克服的方法又是什麼？

孔門無後世知識化之毛病，原因之一是六藝之教本來即與後代教育只偏重書本子知識不一樣。孔門的博學於文，是在六藝之教的那個基礎上說的。禮樂射御書數，書數甚且排秩在後，跟後世幾乎純以書數為主的教育截然不同。禮樂射御都不是知性之知即能掌握，須有實踐性的操作，亦即要有行與之配合，和道德一樣。再說六經，禮是要習的，易是要演的，詩則與禮樂射御相同，亦非純粹知識性的，其興觀群怨，言在此意在彼，開發著另一種審美感性之知。後世文人與學者分途，學者順著理性與知識化的路子走，就越來越遠於詩。詩人也不喜歡學者，覺得學者笨，缺乏詩之興發感悟能力。孔門何嘗如此？博學的子夏，據說是傳經之儒，但他論「巧笑倩兮，美目盼兮」，孔子便稱其可與言詩，甚至對孔子都有啟發（八佾篇），便是明證。

原因之二，是博學於文之後，並未結束，並不如莊子所批評是逐知不返，因為博學之後還要守之以約。《論語》有三段，記孔子與顏淵同時說博與約：「子曰：君子博學於文，約之以禮，亦可以弗畔矣夫」（雍也篇，又顏淵篇重出）「顏淵喟然嘆曰：夫子循循然善誘人，博我以文，約我以禮」（子罕篇），博文之外尚須約之以禮，道理跟上述禮樂射御書數之教一樣，都是對於主知活動的一種制衡或調節，而且可以把知識拉歸到自己的實踐性活動上來。同理，孟子也說：「博學而詳說之，將以反說約也」（離婁下）。這是就學的表達講。博學的人，毛病之一便是炫學，孟子則認為若不能反約，便非真博，只是博而寡要，汗漫無歸，抓不住重點。這與《大戴禮．曾子立身篇》說：「博學而孱守之，微言而篤行之」，實是一表一裡。

原因之三，是孔門之所謂知，本來就具存有義，樊遲問仁，子曰：「愛人」。問知，子曰：「知人」。〈憲問篇〉又載：「古之學者為己，今之學者為人」。為己之學、知人之知，絕不只是純知性的，必然要涉及人對自身的理解、人倫關係的體會等等；甚至包括好學本身，所謂「敏而好學，不恥下問」（公冶長篇），也是與知分不開的。這種知，和純粹知性之知，其不同，恰如莊子與惠施在濠上的爭辯。惠施問：「子何以知魚之樂？」是指知性認識之知；莊子說：「吾知之濠上」就是一種涉及存在的知。在這個意義上，有真人而後有真知，故《中庸》曰：「誠者，非自成己而已也。所以成物也。成己，仁也；成物，知也」。與後世但就文獻知性推理以為知者，迥不相侔。

二、習，與上述孔門言學言知一樣，均是非語言性的。它固然可指誦讀，但正如朱子以「鳥數飛也」解習那般，並不只是一種語言性的了解。這是它與西方或印度學術最不同之處。

十九世紀末、二十世紀初，就有不少人指出過：中國佛教與印度佛教本旨相差甚大，如來藏思想非佛說，禪宗更不能算是佛教。這個爭論，到上世紀八十年代日本「批判佛教」出來後，達到高峰。據日本袴谷憲昭、松本史朗等之研究，佛陀其實是一位笛卡兒式的哲學家，強調語言、邏輯對認識真理的優先性，從不認為真理是不可言說和超語言的，也不覺得不可言說的意識統一經驗足以做為認知之基礎。所以「般若智」其實就是分別智，而非無概念性的不可言述之純粹意識。整個佛學，自始就是要把內在覺悟的東西用語言說明出來。再者，佛陀說的悟，也根本不是無分別的認識，乃是通過語言、推理等理性辨析而獲得的「概念的知識」。把佛慧解釋為無分別智或超越概念的直覺，是大乘佛教時期的發展，是受到印度外道思想影響使然，禪宗則深受中國道教之影響。

大乘是否非佛說、禪宗是否非佛教，並非此處要談的問題，藉由批判佛教的批判，乃是讓我們了解到：佛教之反言說或超言說性，大抵是到了中國才發展出來，或至少是到了中國才獲得強化的。中國不但道家具有後來佛教的這種特質，儒家亦然。儒家未必講佛道那種先驗的不可明言的純粹意識，但其知、學、習均不是語言性的概念了解，則是可以確定的。

三、學習，在孔子的表述中，是一個不斷昇進的歷程，十五、三十、四十、五十、六十、七十各有進境。學而時習之，時就有經常不斷學的意思；習更是不斷重複著學，學在習中，習在學中。這種學習觀也與佛教不同。

佛教也說要學佛、要覺悟，但佛教的義理跟孔學不同。孔子盈科而後進，佛陀則一旦豁然，在金剛座上、菩提樹下悟十二因緣。其義理形態，是先悟了這個理，然後再依此理逐層推衍而成一大體系，十二因緣、三法印、四聖諦、八正道，彼此邏輯性地環環相如。這是先問一個人生究竟之大問題，然後再找答案。即使後來禪宗被認為可能非佛教或逸離了佛教原來的性格，但這種學問型態並沒改變，仍是先問何為祖師西來意、何為一大事因緣、如何安心、生死大事怎麼處、曷為人生之究竟等等究極性的問題。

孔子不是這樣的。子貢曰：「夫子之言性與天道，不可得而聞也」（公冶長篇），孔子自己說，則是「吾嘗終日不食、終夜不寢，以思，無益，不如學也」（衛靈公篇），荀子也說：「吾嘗終日而思矣，不如須臾之所學也」（勸學篇）。學與思對舉，而學先於思，也重於思，更不是先想一個人生宇宙大問題，然後由此思慮冥搜之所得，構造為一大體系。相較之下，一凌虛、一務實，畢竟不同。孔子是下學而上達，佛陀是立理以攝相。

在佛這裡，其實是無所謂學的。不像孔門，人皆可以學而時習之，以自求於上達。佛陀那兒的學則只是學佛，非學佛之悟以另構一理境，乃是學佛所悟之理，再照著佛所給的答案去在人生經驗上找印證。此非為己之學，尤其不能稱之為學。這是論學者所宜分疏的。

十一世紀波斯詩人峨默．伽亞謨的《魯拜集》，郭沫若有譯本，其中有首詩，揶揄當時的神學體系，說是：

最初的泥丸捏成了最終的人形，
最後的收成便是那最初的種子；
天地開闢的老文章，
寫就了天地掩閉時的字句。

這識諷的，不只是創世紀的神話，而是說一切推理演繹的理論體系，其實都是自說自話的自足系統。根據最初的設定，以及自己所規定的推理程序，一步步推衍下去，結論自然也就是如此了。所以說最後的收成便是那最初的種子。佛教和西歐學術之基本型態即屬於此類。佛教所說，雖極繁賾，但皆不脫十二因緣；論心識，說萬法唯識三界唯心，而心識云云，恰好也採種子說，跟這首詩形成了奇妙的呼應。儒家之學，卻不是這種型態，最後的收成，絕不能邏輯地由最初的種子決定。學而時習之，進德無疆，「吾知其進也，未見其止也」，其終境是緜延廣遠，可至於無窮的。

中和之美：文學思想中的辯證思維

一、合同類：中國之辯證思維

思維之術，首先是類分。《九章算數》說：「方以類聚，物以群分。數同類者無遠、數異類者無近。遠者通體，知雖異位而相從也。近而殊形，知雖同列而相違也。……錯綜度數，動之斯諧。……乘以散之、約以聚之，此其算之綱紀乎！」這，講的就是類分。《易經》說：「方以類聚，物以群分」所指亦此。

分類不只是質的概念，也是量的關係。把物分了類，才能計數。且可乘、可約、可通。用數學形式來表達，就是乘、除、通分、約分。古代算數喜用分數來表達，如回歸年用四分曆（一年三百六十五又四分之一天），朔望月用八十一分法（二十九又四十三分之八十一天）。即本於類分思想。

物以群分，故有比率分配的問題，如《九章》云：「因物成率，審辯名分，平其偏頗，齊其參差」者是也。

方以類聚，則有模擬與延伸的問題，所謂：「引而申之，觸類而長之，天下之能事畢矣。」分而不齊，更會有盈虛補益的問題，《九章》云：「令出入相補，各從其數」。類與類之間，又有「同類相動，異類相感」的問題。

至於同類或異類之分判，便是「別同異」的問題。如墨子云：「法同則觀其同，法異則觀其宜」（墨經上）。同類者，其性質相似，則又可以「推類」。荀子稱此為：「以類度類」，墨子稱此為：「以類取，以類予」。例如把事物分為陰陽兩類，推類即可及於無窮，《素問·陰陽離合篇》說：「陰陽者，數之可十，推之可百；數之可千，推之可萬。萬之大，不可勝數，然其要一也」，即指此。

但中西分類，頗有不同。

例如中國分類常以陰陽為兩大類，《周易》即為此法之大宗。一陰一陽，確實可推類無窮，萊布尼茲甚至認為這是「二進制數學」的典範，許多人也說現在電腦計算機即濫觴於此。若用二進位數字學來表達，陽為1、陰為0。則坤為000000，乾為111111；復卦，一陽來復，便是000001；泰卦，三陽開泰，則是000111。這與希臘畢達哥拉斯以奇數偶數分類萬物，豈不頗為相似乎？後來柏拉圖也提出對偶物的兩分法。認為概念也跟物一樣分得出類和種。亞里士多德也是兩分法。一物為「A」，即不能是「非A」。A具有自身概念的同一性，稱為同一律；A與非A為矛盾者，稱為矛盾律；A與非A之間，不可能再有他物，就是排中律。在二進位中。0與1之間，也是不能有其他的。

但是這僅是表面的相似。

實際上，陰與陽之間，恰好不是窮盡或排中的矛盾關係，陰陽有互補性（故有重卦）也可以互變（所謂爻變卦變）。用《墨經》的話說，陰陽雖分，但「同異交得」（墨經上），是具辯證性的。

互補、互變、及同異交得，均可稱為辯證的關係。柏拉圖《理想國·法式》云：「文人與哲學家，當有溫文謙遜之善德。但若過分了，又勢必萎靡不振。授以相當之教育，其善德乃能剛柔適中」。又「吾意所指，謂相反之中，當有一往一復之迴圈，如由大而小、由小而大是也」。依柏拉圖說，這兩者都可稱為辯證思想。辯證法一詞，亦見於《理想國》。

但此種辯證性，在其弟子亞里士多德處並未獲得重視，亞里士多德所論思維術，實以矛盾律、排中律、同一律為主，以此構造其三段論法、邏輯推理。用墨子的話來說，就是較重視「別同異」，而較未發展「同異交得」。乃是：「得二，堅白異處不相盈，相非是相外也」（經上說），屬於二元對立的格局。

墨子當然也要「離堅白」，可是他的「二」較為複雜。《墨子、經上》曰：「二，不體、不合、不類。同異而俱於之一也」。前一句，講的就是A與非A二者相非相外的情況。但下一句卻說此二者雖不體、不合、不類，卻可俱於之一。注家云：「之一猶言是一」，謂合眾異為一。不甚確。此非合眾異，只是矛盾對立之二；俱於之一的「之」字則有動態義。表示A與非A在一種運動的狀態下走向一。這就是辯證的，與黑格爾說的辯證法尤為吻合。

古代中國，此種辯證思維之運用，甚為普遍。不僅墨子一人有此類說法，《左傳》昭公二十年，晏嬰解釋什麼叫做「和」時，也說和是：「清濁、大小、短長、疾徐、哀樂、剛柔、遲速、高下，出入周流，以相濟也」。和不是同。同是一致、一樣，和卻是A與非A的辯證統一，故二者出入周流以相濟。晏嬰以此解「和」，當時人不會聽不懂。因為自《易經》以降，此類「保合太和，乃利貞」（乾・彖）之思想，其實早已深入人心了。

二、文質中和：易經的辯證思維

大家都知道：「易以道陰陽」，《周易》各卦都是以陰陽二爻構造成的，「陰」「陽」也是它用以掌握各種物類的基本概念，萬事萬物，皆以陰陽予以指括。但分陰分陽之後，更重要的，是要說明各物各事之間相互的關係與互動的狀況，故陰陽既分之後，更要談其如何相互推移變化，盈虛消長，以至於如何合。而合也最重要，因為陰陽交感合和才能生化萬物，所以它又是天地萬物創生的原理。易理精微處，便不在道陰陽，而在說這個「合」。

陰陽之合，《易經》以和來形容之，有時又稱為太和。如前文所云：「保合太合，乃利貞」即是。有時則稱為中，或說是中和。

而陰陽交感、異類相交也就是「文」。賁卦，《正義》云：「剛柔交錯而成文焉。聖人當觀視天文剛柔交錯，相飾成文，以察四時變化。若四月純陽用事，陰在其中，靡草死也。

十月純陰用事，陽在其中，薺麥生也。是觀剛柔而察時變也」。剛柔陰陽相交錯雜即成為文，猶如虎豹身上黃色黑色兩種顏色交錯間雜而形成花紋一般。玄黃，也是用以形容天地、陰陽、剛柔的顏色，故坤卦上六「龍戰於野，其血玄黃」，九家易注云：「玄黃，天地之雜，言乾坤合也」。天地感而物生，乾坤合而成文，亦猶玄黃雜而表現為虎豹之文那樣。這種文，更足以顯現虎豹兇猛的體質，所以說是「飾」。文，是對於虎豹之質的一種修飾、裝飾或表現，一如天地陰陽就表現在四時剛柔之交錯變化。

與「文」同義的另一個字是「章」。章也是異類相交的現象。例如坤卦六二卦辭云：「含章可貞」，象曰：「含章可貞，以時發也」。虞翻注：「以陰包陽，故含章」。噬嗑卦，彖曰：「剛柔分動而明，雷電合而章」。以及復卦說：「天地相遇，品物咸章」。章，都與文同意，這也是後來「文章」兩字結合成詞的緣故。

不論文與章，都指異類交錯間雜之狀，《說文》說：「文，錯畫也」，真是《周易》論文的裔流。此外，類似的字，則是五。坤六五：「黃裳元吉」，象曰：「黃裳元吉，文在中也」，王肅注：「坤為文，五在中，故曰文在中也」。五，篆文寫作X，本來就是天地交午的意思。天地交午，也就是文。五是一到九的數字之中，文當然也是「中」，它本是陰陽交感、參錯之象呀！

由「文」這個字，又衍生了「文明」「文化」「文德」等相關詞。

文化的「化」有兩層意義，一是指變化，二指教化。就變化說，文本身就是因陰陽剛柔之消息盈虛與推移變化而形成的，故文之中即含蘊了變化之意。最能體現此意者，為革卦。其卦辭云：「革而信之，文明以說，大亨以正，革而當」。革是水火相息之象，息非息滅，而是增長的意思。水火乃相異之二物，但異者不相同而相資，所以彼此反而均因此而得以增長豐富，形成文明。此文明即成與陰陽剛柔之相合相長之中。

與文化相關且類似之語，為文明。前引革卦卦辭已談到「文明以說」。其他論及文明者尚多，如乾卦說：「見龍在田，天下文明」即是。文而稱之為明，有昌明盛大之意，後來《紅樓夢》講其書所記之事發生於一處「文明昌盛」之地，就沿用了這個意思。文明是昌明盛大的，它又表現出強烈的開展性，所以它又有剛健之義，如同人卦說：「文明以健，中正而應，唯君子為能通天下之志」，大有卦象傳說：「其德剛健而文明，應乎天而時行，是以元亨」。凡說文明一詞，都具有積極建功、不斷發展的意思。

但陽剛太過，便不中和，如大過卦為四陽二陰「剛而過中」，就必須「巽而說行，乃亨」。大過之反為小過，四陰二陽，象曰：「柔得中，是以小事吉也，剛失位而不中，是以不可成大事也」。可見陽太過或陰太過均不符合中道。是以伊川云：「陽之大過，比陰則合」。

易以陰陽合為上，以中為旨，強調中正中和，故文有由陽說者，也有由陰說者，如觀卦二陽在上，象曰：「順而巽，中正以觀天下」，此卦也是中，卻與同人卦由剛健說中者不同。強調巽而順。又，坤六五「黃裳元吉」文言：「君子黃中通理，正位居體，美在其中而暢於四肢，發於事業，類之至也」，象：「黃裳元吉，文在中也。」何以此卦六爻皆陰，竟可稱為中、稱為文？因六五非純陰，乃陰陽合、故張惠言曰：「獨陰不能為文，坤含陽，故坤象為文」，之五就是陽動於中之象，所以古人比諸十月。亦正因六五已然陽動了，上六才能陰陽相薄，龍戰於野，其血玄黃。可見無論就陽說或就陰說，中、和、文、章都是陰陽合的概念。這一點，是毫無問題的。

此外，值得注意的，便是文質關係了。本文一開始就談到《周易》論文最粗淺的含義是以「紋」為「文」，如革卦所說的虎豹皮毛花紋之類。花紋毫無疑問是「物相雜」、是「錯畫」。但它畢竟只是皮毛，為何《周易》卻要以此紋飾之柄蔚來形容君子大人之德？站在注重實質的立場看，恐怕要不以此為然了。但《周易》之特點正在於此，它重視質，但也注重文，因此革命創制即以虎豹文章的燦爛光彩來形容。這個立場，在《論語》中有個趣的繼承：

> 棘子成曰：「君子質而已矣，何以文為？」子貢曰：「惜乎夫子之說！君子也，駟不及舌。文猶質也，質猶文也。虎豹之鞟，猶犬羊之鞟矣」（顏淵篇）。

皮刮去了毛叫做鞟。虎豹犬羊都把毛刮掉以後，其皮並沒什麼不一樣，因此子貢說虎豹與犬羊之不同，是其毛文即已有異。我們不能說虎豹只是質與犬羊不同，事實上其毛文亦殊。文與質，在這裡是不能分開的，即不能只重文而不要質，也不能只重質而輕忽文。劉寶楠《正義》云：「禮無本不立，無文不行，故文質皆所宜用，其輕重等也」，很能說明儒家的立場，與墨家之非樂重質不同。而這個立場，在《周易》中就已十分明顯了。

《易經》中論文飾的卦是賁卦。此卦艮上離下，象山下有火。火光照山，故有光彩。其彖辭曰：「剛柔交錯，天文也，文明以止，人文也。觀乎天文，以察時變；觀乎人文，以化成天下」。所以是一講文采文飾文化的卦。《序卦》解釋賁字說：賁卦既是說文采、文飾、文化之卦，賁有又飾義。

這當然不錯。但《雜卦》卻說：「賁無色也」。賁既是文彩又無色，這不是矛盾了嗎？這個問題，程伊川即以辨證關係來解釋，說：「有上則有下，有此則有彼，有質則有文，一不獨立，二則為文。非知道者，孰能知之？」上下、文質、彼此，都是矛盾相對的，猶如賁之色與無色。但賁之所以是文，就是因它既有色又無色、既有文又有質。

三、文質相與：論語的辯證思維

談完了《易經》的文，我們可接著來看《論語》。《論語》論文，第一個值得注意處，就是以禮為文。如〈八佾篇〉記載子貢欲去告朔之氣羊，孔子曰：「賜也，爾愛其羊，我愛其禮」。羊是質，禮即是文。藉這羊，表達一種禮，禮在這裡便具有文飾的意義。這種禮文與材質的關係，又可見於〈憲問篇〉：子路問成人，子曰：「若藏武仲之知、公綽之不欲、卞莊子之勇、冉求之藝。文之以禮樂，亦可以為成人矣」。聰明、少欲、勇決、多技能，都是人的材質，人若秉有這些材質，再用禮樂予以修飾增潤，據孔子說，這就可以成為是一位

「成人」了。

成人是孔子對人的「標準」，謂人真正成為一個人。而人須成人，應在其良材美質之上加以文采修飾。唯有在其美質之上，再加以禮樂文飾，乃能成就。〈學而篇〉云弟子入孝出悌，行有餘力，則以學文，亦可由這個角度來理解，先行後文、先質後文。〈八佾篇〉載：

子夏問曰：「『巧笑倩兮，美目盼兮，素以為絢兮』。何謂也」？子曰：「繪事後素」。曰：「禮後乎」？子曰：「起予者商也，始可與言詩已矣！」

禮後，就是文之以禮樂，先質後文之意。本句引《詩》甚費解。絢，鄭玄注云：「文成章謂之絢」，又《儀禮・聘禮》：「絢組」注：「采成文曰絢」，絢是文采的意思。但素以為絢，舊解皆謂以素為絢，如劉寶楠《正義》云：「婦人容貌，先加他飾，後加以素。至加素，則已成章，故得稱絢」。這與一般我們所知的女人化妝習慣恰好相反。女人化妝，應是先敷白粉，再加胭脂彩色的。故戴震《孟子字義疏證》解素為安之若素之素，指素習，云：「素，以喻其人之嫻於儀容。上云巧笑倩、美目盼者，其美乃益彰，是之謂絢」。意思是說女人若天生美貌，又嫻於禮度，益彰其美。以此為禮文後加之釋，固然不錯，但又嫌太曲折了。故這應是說巧笑美目就是素，素材已美，再加文飾，即可成絢。孔子說「繪事後素」也者，並不如鄭玄注所云：「先布眾色，然後以素分佈其間」。相反地，應是繪采之事皆在素之後，是在素底子上加彩色，故子夏立刻聯想到「文之以禮樂」的問題。不過，不管如何，在這些話語中，孔子及弟子不但以禮為文飾，且認為禮文與材質的關係應先質後文，是非常明確的。

在這樣的關係中，「先」、「後」是否代表了價值上的抑揚軒輊呢？如「行有餘力則以學文」云云，後世言性理、重踐履，亦即重視實踐性知識的人，常看輕文學，謂閱讀史冊為「玩物喪志」、批評文人為浮華之士。文人也常自認為他的文章詞藝只是末事，是雕蟲小技，如韓愈說要「餘事做詩人」。這些都不妨視為是《論語》這類言論及觀念的影響。因為孔子不但以學文為末事，〈先進篇〉更說：「先進與禮樂，野人也；後進與禮樂，君子也。如用之，則吾從先進」，似乎孔子論文質關係，有重質輕文之意。

然而，孔子若真重質輕文，便不應說具有知勇剛藝之質者仍須文之以禮樂始能成人，也不應那麼重視禮。因此，孔門對於禮文與質的關係，恐怕仍應用文質相合來做解釋。

前引子貢與棘子成的問答說得好：「文猶質也，質猶文也。虎豹之鞟，猶犬羊之鞟」。虎豹的皮若剝了毛，大抵跟犬羊之皮無甚差別。子貢學這個例子，是要說明凡物有其質者必有其文，虎豹與犬羊，其質即異，文亦不同。亦如孝敬也者，敬孝在心，是其有質；但同時也必表現於言語進退儀容顏色等禮度上，不能說只要心存孝敬就好了。孔門顯然並不贊成只要質不要文、或重質輕文的觀點。故孔子也說：「質勝文則野，文勝質則史，文質彬彬，然後君子」（雍也篇）。

孔子之意，蓋主中道。禮文太盛，則汰之以簡，刪以求約。如〈公治長篇〉載：「子在陳，曰：歸歟！歸歟！吾黨之小子狂簡，斐然成章，不知所以裁之」，斐然成章，即是文盛之意。文既勝矣，則須予以剪裁，與博文約禮之意相同。相反地，太簡亦非孔子所允可。他的態度是不落兩邊的。

唯思想方式中，不落兩邊可有兩種類型，一是既非甲又非乙，雙遮得中；二是既是甲又是乙，雙是得中。前者在道家佛家文獻中較為常見，屬於遮撥法，如莊子說：「為善無近名，為惡無近形，緣督以為經」。因督脈在人背脊之中，故緣督即中道之意，這是既不為善，也不為惡，雙遮而自居於中。他又說要處於才與不才之間，亦是此旨。才既非他所慕，不才又非他所能，所以雙遺俱斥而得中。

《管子·白心篇》有一段與此十分相似，說：「故曰有中有中，孰能得夫中之衷乎？……孰能已無已乎？……人言善亦勿聽，人言惡亦勿聽。持而待之，空然勿兩之，淑然自清。……為善乎，毋提提；為不善乎？將陷於刑。……若左若右，正中而已矣」。提提，是揚舉的意思。為善毋乃將遭揚舉乎？為惡毋乃將陷於刑乎？左也不可，右也不可，故取乎中。此即是雙遮得中，A即非A，又非非A。

但孔子之說卻非如此，乃是取兩用中，文也要，質也要，文質相合，俱得而為中。這才是所謂的文質彬彬，才是文猶質也、質猶文也。因其為文質俱得之中，所以既不落在文這一邊，也不落在質那一邊。

文與質的關係或禮文之問題，孔子之見解大抵如此。由於《論語》是中國人文化上的意義之源，因此上述每一環節，幾乎在後代都開啟了無窮的論述。文質，在漢代，主要顯示在文化及風俗批評上。至六朝則廣泛用在討論文藝寫作風格，及作者是否應先具備修養內涵（所謂內有其質）等處。到唐朝，皇甫湜〈與李生第三書〉、孫樵〈與玉霖秀才書〉更是直接徵引子貢虎豹犬羊之喻來為文學不能僅偏於質辯護。古文運動所講的「文與道俱」，大概也可視為文質彬彬說的一種嗣響。文質論在文學觀念史的重要性，於此可見其一斑。

四、儒道墨家在文質上的差異

在儒家的觀念中，「文學」狹義地可指博學於文獻典籍，亦即荀子所說誦數以貫之、思索以通之的部分；廣義地可指人對整體文化教養的培育涵養。認為只有如此才能脫離自然狀態，成就人文之美。

這種文化觀或文學觀，似與道家顯為不同。

老子反對文采修飾，說：「五色令人目盲，五音令人耳聾，五味令人口爽，馳騁畋獵令人心發狂」（十二章），所以在政治社會方面，也反對人文施為，認為：「大道廢，有仁義；智慧出，有大偽；六親不和，有孝慈；國家昏亂，有忠臣」（十八章）。荀子主張要雕琢才質，化性起偽。他則反文，提倡抱樸守質，批判忠孝仁義之偽。主張：「絕聖棄知，民利百倍；絕仁棄義，民復孝慈；絕巧棄利，盜賊無有。此三者，以為文不足，故令別有所屬：見素抱樸，少私寡欲」（十九章）。

老子這樣的觀點，當然也就會反對學，認為：「絕學無憂」（廿章）「為學日益，為道日損」（四十八章）。益，就是荀子所說積。荀子不但以「積土成山，風雨無焉；積水成淵，蛟龍生焉」形容學（見勸學篇）；也以積來說明整個化性起偽的活動，云：「有師法，則隆積矣。而師法者，所得乎積，非所受乎性。……性也者，吾所不能為也，然而可化也。積也者，非吾所有也，然而可為也。注錯習俗，所以化性也。并一而不二，所以成積也。習俗移志，安久移質」（儒效篇）。習俗文化，對人會形成改變其天生才質的作用；師法與教育，也可使人逐漸學習到文學積累而脫離自然樸素的狀態，這就是荀子的文學觀。

被荀子批評為「蔽於天而不知人」（解蔽篇）的莊子，則依循著老子的思路，反文尚質、重天然輕人為。因此，他說：「純樸不殘，孰為犧尊？白玉不毀，孰為圭璋？道德不廢，安取仁義？性情不離，安用禮樂？五色不亂，孰為文采？」（馬蹄篇）「滅文章，散五采，膠離朱之目，而天下人始含其明矣」（胠篋篇）。這都是老子「大道廢，有仁義」的論調。

其次，莊子也從失性的角度批評人文施為，說：「百年之木，剖為犧尊，青黃而文之；其斷在溝中。比犧尊於溝中之斷，則美惡有間矣，其於失性一也」（天地篇）。荀子主張化性，它則主張回歸天生自然之本性。

本，是相對於末而說的。依莊子看，儒者禮樂文明之教俱屬末事：「本在於上，末在下。於……禮法度數刑名比詳，治之末也。鐘鼓之音、羽旄之容，樂之末也。哭泣衰絰隆殺之服，哀之末也。……末學者，古人有之，而非所以先也」（天道篇）。應該先做的，是因天道、順本性，而非學文為以亂人之性。

順此說，莊子又從兩個方面破斥儒者「博學於文」的主張。一是說言不能盡意，故寫在紙面上的文字（言說）其實只是糟粕，如〈天道篇〉云：「意有所隨，意之所隨者，不可以言傳也。……君所讀者，古人糟粕矣夫」。二是說古代的文獻，所記錄或表現的只是當時的文明，只具有歷史的意義，不應執守，如〈天運篇〉云：「夫芻狗之未陳也，盛以篋衍，巾以文繡，尸祝齋戒以將之。及其以陳也，行者踐其首脊，蘇者取而爨之而已。將復取而盛以篋衍、巾以文繡，遊居寢臥其下，彼不得夢，必且數眯焉」。

文學觀在這種極度對比中，儒家與道家顯得處處針鋒相對。故相對於儒家的講究言語之美，莊子不僅批判「道隱於小成，言隱於榮華」（齊物論），反對言之文，更進而主張無言靜默，例如「固有不言之教，無形而心成者」（德充符）「君子……尸居而龍見，淵默而雷聲」「至道之極，昏昏默默，無視無聽，抱神以靜」「天將朕以德，示朕以默」（在宥篇）「無言而心說，故有焱氏為之頌曰：聽之不聞其聲」（天運篇）等都是。

如此斬截的對比，足以彰顯學派的差異。但值得注意的是：儒道兩家的文學觀和言語觀並不如此簡單。莊子固然對言頗不信任，認為「言者風波也」（人間世篇），然而對言並非純然否定。他所主張的無言，乃是無言之言。故曰淵默而雷聲；他所說的忘言也是要「得忘言之人而與之言」（外物篇）。因此，這是曲折地言、辯證地言。〈寓言篇〉形容他自己的言說乃是：「寓言十九，重言十七，卮言日出，和以天倪」「言無言，終身言，未嘗不言。

終身不言，未嘗不言」，就是這個道理。

儒家方面，孔子固然講過「言之不文，行而不遠」，但他也曾經說過「吾欲無言」；固然說要「文之以禮樂」，卻也說：「文勝質則史」。所以儒道兩家在此，並非簡單地對比。只不過，順儒家之說，可以下開文學；循道家之說，則只能曲折地、辯證地開出文學。這在後世文學發展史上也是不難看到例證的。

荀子〈解蔽篇〉又提到：「墨子蔽於用而不知文」。在文的觀點上，儒與墨也是頗為不同的。

荀子在〈樂論篇〉連續用幾段文字陳述了樂的性質與功能，再慨歎：「而墨子非之，奈何！」而他用以陳述且對比於墨家的，也是都從「文」上立論。故第一段說先王立樂，制雅頌，是要使「其聲足以樂而不流，使其文足以辯而不思，使其曲直廉肉節奏足以感動人之善心」。第二段說樂的性質是「審一以定和者也、比物以飾節者也、合奏以成文者也」，充滿了調節和諧呼應之美。第三段則說因為音樂之性質如此，故其功用可以合同大眾，是前一段講法的補充。第四段也再對前面談到的文飾之義做進一步的說明，謂樂可以飾喜怒。第五段總結，說：「聲樂之入人也深，其化人也速，故先王謹為之文」。

這樣的批評，可說是對於「墨子蔽於用而不知文」的具體舉證說明。但荀子對於墨子不知文的指摘，並不僅限於樂的部分，而是對其總體文化觀的看法，故〈非十二子篇〉說墨翟宋鈃「上功用、儉約而慢差等」。上功用者貴實用，亦即重質而輕文，例如盛水的陶瓷，只要能裝水就行，何必形制美觀、彩繪動人？大儉約者貴樸素，不主張增飾浮華，故軒冕黻黼、崇樓藻棁，俱無必要。慢差等者主平均，反對社會有等差上下之分、禮文升降之制。此類文化觀，皆為荀子所不能同意者。

荀子〈非相篇〉說：「贈人以言，重於金石珠玉。觀人以言，美於黻黼文章。聽人之言，樂於鐘鼓琴瑟。鄙夫反是：好其實不恤其文，是以終身不免埤汙庸俗」，這是對重質實、大儉約之類說法的批判。〈富國篇〉云：「先王分割而等異之也，故使或美、或惡、或厚、或薄、或佚樂、或劬勞。非特以為淫泰誇麗之聲，以明仁之文，通仁之順也。故為之雕琢刻鏤黻黼文章，使足以辯貴賤而已，不求其觀。為之鐘鼓管聲琴瑟竽笙，使足以辯吉凶合歡定和而已，不求其餘。為之宮室臺榭，使足以避燥溼養德辯輕重而已，不求其外。詩曰：雕琢其章，金玉其相，亹亹我王，綱紀四方」，乃是對尚儉約而慢差等的回應。其他論文、文學、文章之語甚多，大抵類此。

這些言論，有個特色。一般對於從功用角度反對文飾美麗的論調，反駁時經常採取對諍的方式，亦即從純藝術、非實用、文的角度來申論，例如說藝術或審美乃是無關心的、不涉利害的等等。形成「功用／藝術」「質／文」對諍之局，以保障文的獨立存在價值，近代西方美學尤其具有此一傾向。但儒家從孔子以來，即不采這個辦法，而是說「質猶文也，文猶質也」或「文質彬彬」。此是文質合的思路，不舍兩端而得其中道，孔子所謂：「取兩用中」「攻乎異端」（**攻，治之意，即「他山之石，可以攻玉」之攻**）。荀子也同樣以這種思路來考慮文質問題。因此，他批評墨子「蔽於用而不知文」「鄙夫好其實不恤其文」時，非以文破實、以文非用，而是既要實用又要文飾。先王制禮樂，原本就是為了要杜絕紛爭，使天下齊合、人心中和，所以它本來就具有政治社會功能。但這些禮樂同時又體現了車馬、言語、朝廷之美；不具此美，亦不能達成它在社會上的作用。是以禮樂本身即兼文質，既為政治的，也是藝術的。用子貢的話來說，就是「質猶文也，文猶質也」。

但此一思路，既反對人偏於質、實、樸、素，同樣也不欣賞人們太偏於文飾雕琢。也就是說它既存兩邊，又不落兩邊，既不偏於質，亦不偏於文。

因反對文采太過，所以孔子說：「文勝質則史」，批評「鄭聲淫」。淫是過分的意思，例如久雨不止即稱為淫雨。荀子也反對淫佚蕩越，故云為之雕琢刻鏤而不求其觀、為之鐘鼓琴瑟而不求其餘、為之臺榭宮室不求其外。又說先王制雅頌，是為了使其聲足以樂而不流。

這種文或文學觀，所說的文，乃因此而其實是兩個層次的，一層是在文質對比的關係上說的，一層是指文質彬彬的成文。猶如人，指自然狀態的人時，其本質樸者固可與文明禮樂相對而說；但人接受了文明禮樂，所謂「文之以禮樂」之後，才能被稱為成人。成人也者，並非禮樂文明取代了他的天生材質，而是他的才質性氣與文明禮樂傳統做了新的綜合。這個道理，用荀子的話來說，就是：

大饗，尚玄尊。俎生魚，先太羹，貴飲食之本也。饗，尚玄尊而用酒醴，先黍稷而飯稻粱。祭，齊太羹而飽庶羞，貴體而親用也。貴本之謂文，親用之謂理，兩者合而成文，以歸太一，夫是之謂大隆（禮論篇）。

這段話歷來以為難解，因為兩個「文」字不易分說。實則其意是說：饗宴祭祀時，為了實用，當然是吃稻粱飲酒醴，這是尋常的道理。但若探討飲食祭祀的意義，追溯人類最初飲食的狀況和本質，想到飲原本只是為了解渴、食只是把肉塞進肚子裹腹，而更在祭祀宴饗時能以儀節禮制來體現此種感懷，那就具有文化意義了。例如大饗祭先王時，以玄酒為尚。玄酒就是水。祭，用生的魚以及太羹。太羹乃是不加任何調味的肉汁。先陳獻這些，再奉上美酒庶羞，以表現「貴本」之義，即為文。既擁有實用飲食之功能，又具有文化意義，如此方能成文，符合於道。

至於「貴本之謂文，親用之謂理，兩者合而成文」的論調。類似「老僧三十年前看山是山，看水是水。三十年後，看山不是山，看水不是水。如今看山又是山，看水又是水」、「我說佛法，即非佛法，故是佛法」乃辯證思維之常例。在這套思想中，太羹玄酒亦有另一種意義。與實用功能對比地說，太羹玄酒代表文的一面，但這種「文」一點也不繁盛華靡，反而是最簡樸的。因此，此中即蘊含了儒家特別的尚簡文學觀。文本來具有文采增飾之義，但由這裡講，卻可以形成如《禮記・樂記》所云：「樂由中出故靜，禮由外作故文。大樂必易，大禮必簡」。最好的文、最高明的樂，都是簡易的。荀子在談太羹玄酒時，也舉了音樂為例，說「〈清廟〉之歌，一唱而三歎也。懸一鍾，尚拊膈，朱弦而通越也」。此數語，〈樂記〉綜合起來說：

> 樂之隆，非極音也。食饗之禮，非致味也。清廟之瑟，朱弦而疏越，一唱而三歎，有遺音者矣。大饗之禮，尚玄酒而俎腥魚，太羹不和，有遺味者矣。是故先王之制禮樂也，非以極口腹耳目之欲也。

太羹玄酒，因為無味，所以被認為最有餘味，是至味。朱弦疏越，所以音聲簡單低濁，而被認為是最有餘韻的音樂。不單顯現了儒家所說的文不是要極其華采、盡聲色香味之至，更開啟了後世之文學理論追求含蓄、簡靜、不求過度表現、且主張作品要有餘味的傳統。

但對於此種文質彬彬，強調中和之美的文學思想，我們必須再做一點說明，也就是要對正反合之如何合，以及合的性質，再予以澄清。

文質彬彬的彬彬，即是指文與質兩者綜合了的狀況。但文與質的綜合，並不是文與質相加，也不是黑與白相混式的。文與質，若視如A與非A，則二者間便沒「中間」。因此所謂中或中和，不是一般平面意義的中間，也不是數量意義的各一半（折中），更非性質意義的模糊（不黑不白）。世俗每以為儒家所說的中和中庸即是折中，即是和稀泥式的調和，正基於此類誤解。其實A與非A之間既無法再容它物，中就不應於此求之。A與非A辯證綜合的中，乃是個超越之中，非一般意義的中，故管子說：「故曰有中有中，孰能得夫中之中乎！」伊川也說：「一不獨立，二則為文，非知道者，孰能知之？」放在文質關係中說，則是人就其材質，在文飾修養中，讓文化內化，與材質形成一種綜合，而逐漸超越了自然材質，形成文質彬彬之美。辯證，指的其實也就是這個內在超越（immanente hinausgehen）的歷程。

五、文學史上的文質辯證之路

後世論文，自曹丕〈典論・論文〉開始，便是材質論的，所謂：「氣之清濁有體，雖在父兄，不可以移子弟」。與此相仿佛的，則是緣情說，謂文學創作，只是才情之表現，如：

文章者，蓋情性之風標、神明之律呂也（南齊書・文學傳論）。

民稟天地之靈，含五常之德，剛柔迭用，喜慍分情，夫志動於中，則歌詠外發（宋書・謝靈運傳論）。

文章之體，標舉興會，發引性靈（顏氏家訓・文章篇）。

這所謂的情志、情性、性靈云云，主要是由於漢魏時期，對於個人生命的肯定，而將詩歌視為自我情感之表露，所以抒情的自我（lyric self）即成為創作時主要的呈現內容。這個有情且又與外物相感相應的抒情主體，即稱為性靈。如鍾嶸論阮籍時，就說他「詠懷之作可以陶性靈、發幽思」，《文心雕龍・情采篇》也有「綜述性靈，敷寫器象」之語。有時也稱為心靈（如《詩品》序云：「感蕩心靈，非陳詩何以展其義？非長歌何以騁其情？」）或情靈（如《金樓子・立言篇》所說）。

這種對抒情自我的強調，當然是漢魏南北朝文評的基本認定，是偏於才性才情的。但強調抒情自我、強調創作活動中「感悟吟志，莫非自然」的一面，無疑又曾使整個創作活動出現疑難。譬如說，文學創作只是情志的湧現，還是必須仰賴文字技巧的構作？文字如何有效地整理情志、表現心靈之所感？《文心雕龍・總術篇》反省的就是這個問題，因此它說：「若夫善弈之文，則術有恆數，按部整伍，以待情會。因時順機，動不失正。數逢其極，機入其巧，則義味騰躍而生，辭氣叢雜而至」，純任感情之流動，是不穩定的，創作者不能只依靠不穩定的偶合，必須憑藉有恆數、具穩定性的法式規律以待情會之湊泊。

其次，單只強調創作是作者抒情自我的發露，那麼同樣是表露性情，何以言有工拙？「工拙之數，如有可言」，則其術安在？沈約考慮的，主要就是這一問題，故曰：「先士茂制，諷高歷賞，子建函京之作、仲宣灞岸之篇、子荊零雨之章、正長朔風之句，並直舉胸情，非傍詩史；正以音律調韻，取高前式」（宋書・謝靈運傳論），直傍胸情之作，所以能夠超妙，即在於其音律調韻。

倘若我們沒有忘記《顏氏家訓·文章篇》曾說過：「自古文人，多陷輕薄，……原其所積文章之體，標舉興會，發引性靈，使人矜伐，故忽於操持，果於進取。今世文士，此患彌切」，便當注意到沈約劉勰這一類言論，均應看成是六朝後期整體反省活動的一環。在這種對緣情詩觀的反省中，可能導向道德性的要求，但更重要的，乃是導往規律之建立。走向材質的對立面，建立詩文的禮文法度。

六朝中期這種為詩文藝術立法的努力，到處可見。如《宋書·武陵昭王曦傳》載：「曦工弈棊，與諸王共作短句，詩學謝靈運體，以呈上，報曰：見汝二十字，諸兒中最為優者，但康樂放蕩作體，不辨首尾，安仁士衡深可宗尚」，這種對靈運詩的批評，就是《梁書·庾肩吾傳》所說：「謝客吐言天拔，出於自然，時有不拘，使其糟粕」。這樣的評論，顯見當時對那種純屬自然天機的創作方式，已有了普遍的警惕與不滿。所以才會嘗試經由思至以知工拙之數的原理。

這些原理，劉勰稱為「體例」或「條理」。體例一辭，即有立法創制之意（《晉書·李重傳》：「革法、創制，當先盡開塞利害之理，學而錯之，使體例大通而無否滯」），條例則是模仿漢儒之治經。漢末，何休《公羊解詁》序中說：「略依胡毋生條例」；胡氏條例，今雖亡佚不可見，但漢晉之間釋例之書甚多。〈隋志〉著錄有杜預《春秋釋例》十卷、劉寔《春秋條例》十一卷、鄭眾《春秋左氏傳條例》九卷、不著撰人姓名之《春秋左氏傳條例》二十五卷、何休《春秋公羊傳條例》一卷等，《舊唐書·經籍志》也有劉歆《春秋左氏傳條例》廿五卷。劉勰原道宗經，自謂敷纘聖言，莫若注經，而文章之用，實經典枝條，詳其本源，亦皆莫非經典，故搦筆和墨，著為論文之書。其依倣經注，大判條例，以引控情源、制勝文苑，實在是件非常自然的事。

這是一個法已建立的世界，混沌鑿破，秩序底定，詩文創作意識丕然大變。在此之前，創作者緣情抒懷，感物吟志，莫非自然；在此以後，詩人安章宅句，矜期弗畔於法度。法即導引了作者，也限制了心靈。在創作時，無論再怎麼講性靈、講童心，法的考慮，永遠存在，他要不是法的支持者，就是反叛者，而無論支持與反叛，卻又都不能脫離法來思考創作的問題。

法的語言形式的規範，除了指像永明體對詩文聲調韻律的規定、唐人格式法式的討論、律體的形成、古詩聲調普之考辨這一類東西之外，我們還必須注意到宋元人所談實字虛字的問題、情與景之關聯配合的問題、起承轉合的結構問題等等。文學本來就是一門文字的藝術，有關文字字形、字音、字義的組合規律，當然是評論者討論的重點，但早期僅有「辭達而已」「言之不文，行之不遠」「文主於氣」這樣的原則性提示，現在則要詳細討論它如何用事、如何對仗、如何安詞、如何調聲，即使只是詩的開頭起筆，也可以分析出十幾種寫法。這不僅在詩文創作與批評方面，提供了一套得以依循的規則，也意味著「形式」客觀化的知識，已經建立。

從前，論詩者，較著眼於作者本身的情志意念，賦比興也只視為一種表達手法，用以表達作者內在的情思，故重點依然只在作者之情志內涵，文字乃傳示道之工器而已，並未發展出有關此一形器之知識。「形」並無獨立地位，其自律性也沒有受到尊重。此為中國文學重視主體精神之一大特徵。然而，自法制之觀念在文學批評中出現後，此一傾向即遭到明顯的挑戰，法與作者創作主體之間，乃出現了一種新的辯證關係。

因為創作都要守法，所以又要學，且須學古人之典範。學古，是建築文學傳統的一種重要方式，但文學創作本出於自有的心靈活動，師古何如師心？因此，第一個引起爭論的問題，便是詩文寫作該不該學古，假若該學，如何學？這一問題的回答，極為繁複，引起的爭辯也很激烈，如宋代「學詩詩」就是其中一例。不過無論如何，爭辯者總是環繞著法來辯。李夢陽〈駁何氏論文書〉說：

> 古之工，如倕、如班，堂非不殊，戶非同也；至其為方也、圓也，弗能捨規矩。何也？規矩者，法也。僕之尺尺而寸寸者，固法也。……是亦古之文者，一揮而眾善具也。然其翕開頓挫，尺尺而寸寸之，未始無法也，所謂圓規而方矩者也（空同集卷六二）。

肯定詩文創作必須學古的人，其實並不是崇拜古人，而是相信「文必有法式，然後重中諧音度，如方圓之於規矩」（同上·答周子書），故反對師心自用，主張依循法的規範。但因法多紬繹自前人的作品，所以這種主張不可避免地會引來佞古或擬古的譏評。

法的規範與權威、創作主體的自由，就在這兒對諍了。強調創作主體性精神的論者，或主張創作應依自然之律度，而不必遵循認為的規範，如戴昺云：「性情元自無今古，格律何須宋唐？人道鳳簫諧律呂，誰知牛鐸有宮商」（東野農歌集·有妄論唐宋詩體者答之），辭能達意即是文章，野陌牛鳴俱屬天籟，何必規規於古人之法？或認為詩文寄情而已，何需受法之桎梏，雕琢文字？如方逢辰〈邵英甫詩集序〉說：「詩不必工，工於詩者泥也。詩所以吟詠情性，足以寄吾之情性之妙可矣，奚必工？」（蛟峯先生文集卷四），再進一步，甚至可以入邵雍所自稱的：「自知無紀律，安得謂為詩？」

除這兩派之外，還有些人主張詩文創作，純是主體之發現，隨心所至，故亦無法之可拘，如趙孟堅說：「詩非一藝也，德之章、心之聲也。其寓之篇什，隨體賦格，亦猶水之隨地賦形」（彝齋文編卷三·趙竹潭詩集序），或何孟桂說：「先輩謂杜工部以詩為吏部以文為詩，由其胸中儲貯博碩，然後信筆拈出，自成宮商，非抉摘刻削，求工於筆墨言語以為詩也」（潛齋文集卷五·王蕉所詩序）。而不論那一類，它們共同的看法，都是貶抑法的重要性和否定法有作為評價依據的條件，沈洵序《韻語陽秋》時，稱讚葛氏論詩不像「世之評詩者，徒揣其句語之工拙、格律之高下」，正代表了他們共同的評詩態度。

此一對諍，可以衍化為「質／文」「內容／形式」「天然／人工」「悟／法」「自得／學古」……等問題。而在中國文學批評重視主體性的情況下，一切理論固然以前者為依歸，但卻幾乎沒有任何人主張完全放棄後者，都是把這兩者放在一個辯證的架構中來處理，認為兩者相反而皆不可廢，且可通過法以得自然，或出諸自然情性卻與法諧和無間。像宋人謂杜甫夔州以後詩，「不煩繩削而自合」；又說李白詩「非無法度，乃從容與法度之中，蓋聖於詩者」（朱子語類卷一四〇），均是如此。這跟孔子「從心所欲不踰矩」所以為聖一樣，可能共同顯示了中國的思考與判斷模式。

六、超越辯證之路：由法到活法

通過以上各種問題的剖析，我們可以發現：立法的行動一旦展開，順著法的原理，其辯證性必然逐漸開展。這種辯證性是多重的、並存的，例如法是人所規定，卻反過來作為人的行動規範和依據；而法即為普遍的規律，作為行動的準則，它便應具有不變的穩定性，但時移世異，法又必須不端變動，才能保持其內部的活力、擴張法的體系；同時，有定法而無定人，人不僅流動、生活與法之中，也必須倚靠人才能完成法、表現法。……諸如此類多重複雜的關係，必然會隨著立法活動逐漸圓熟後，慢慢地開始被人思考到。

試看《文心雕龍》之總術，他對術的考慮是包含「情文、五性」的。到了《文鏡秘府論》天卷論聲調、地卷論體勢、東卷論對仗、南卷論體位、西卷論文病、北卷論屬對，即已偏重形文、聲文，只在地卷後半部論及六義、六志、九意、南卷論及文意而已。其他的唐人詩格詩例，大抵也是如此，側重於對偶、格律、句式（如摘句圖之類）、體勢的討論，偶論文意，卻常顯出它內部的困難。如王昌齡說：「凡作詩之體，意是格、聲是律。意高則格高，聲辯則律清，格律全然後始有調」，意是納入格律的範疇中來討論的。可是在這種情況下，他既必須同時說：「凡文章體例，不解清濁規矩……不依此法，縱令合理，所作千篇，不甚適用」「作詩不對，本是孔文，不名為詩」，和「詩有意好言真，光今絕古，即須書之於紙，不論對與不對」這兩種話。這是矛盾的：前者強調法的權威，森嚴若不可犯；後者申明立意創新之要，仿佛並不需法的規範。造成這種現象的原因，並不是作者不夠聰明，而是順著法的原理來講，法之中的辯證性自然會逐步顯現出來。

東坡曾說：「顏魯公書雄秀獨出，一變古法，如杜子美詩」（書顏魯公書後）「詩至於杜子美、文至於韓退之、書至於顏魯公、畫至於吳道子，而古今之變，天下之能事畢矣」（書吳道子畫後）「至唐顏柳，始集古今筆法而盡發之，極書之變，而鍾王之法益微。至於詩亦然」（書黃子思詩集後）。這簡直是說立法行動才剛剛完成，法剛剛建立，卻又被新的創造者摧毀了。事實上情況當然並不如此嚴重，因為破法者同時也是集大成者，吸收了法、接納了法；而且，上文也說過，法之所以為法，在於它的權威與穩定性，所以後世論藝，畢竟仍不能不說顏杜只是變體而非正宗。但是，由於這種因創意出現而造成「古法盡廢」的局面，一定會刺激大家重新思考意與法之間的關係，並對意的問題更為注意。

這條路子，基本上是在法的格局中講「意」。格律既須守住，理致情意如何才能與法融合，或者說法如何才能涵攝理致情意，乃成為一重要課題。這即逼出從「法與悟」到「由法起悟」的詩學模式。而法之所以能夠起悟，其所謂法，本身便已成為涵攝了情意理致的法。

這種法，就是活法。

活法，是「規矩備具，而能出於規矩之外；變化不測，而不背於規矩。有定法而無定法，無定法而有定法」。要達到這步境地，關鍵在於妙悟，而悟又須有種種工夫，非一蹴可及。因此活法之說，只是宋人在理論上超越辯證地解決了法的問題；其實際創作行為，恐怕仍在法的束縛中，並未真正達到從心所欲不踰矩的地步。這也就是為什麼元明清三朝詩家仍必須不斷面對這個問題的原因。

由質（主體才性）致文（禮、法、學）再到文質相合（悟、活法）之外，辯證還指知性和感性辯證發展以後的超越綜合。唐代柳宗元〈楊評事文集後序〉以為：

> 文有二道：辭令褒貶，本乎著述者也；導揚諷喻，本乎比興者也。著述者流，蓋出於書之訓謨、易之象繫、春秋之筆削，其要在於高壯廣厚，詞正而理備，謂宜藏於簡冊也。比興者流，蓋出於虞夏之詠歌、殷周之風雅，其要在於麗則清越，言暢而意美，謂宜於謠誦也。……茲二者，考其旨義，乖離不合，故秉筆之士，恒偏勝獨得，而罕有兼者焉（文集八卷廿一）。

知性的詞正理備，感性的麗則清越，在此被視為兩類乖離的矛盾創作形態。這一劃分，在宋代，仍然延續著，但有新的發展，例如嚴羽《滄浪詩話》說：「詩有別材，非關書也；詩有別趣，非關理也。然非多讀書、多窮理，則不能及其至」。前半仍舊依循柳宗元式的分判，認為宜於謠誦的詩歌比興，應是不涉理路而吟詠情性的；然而，後半再下一轉語，則緣情比興者，遂與窮理讀書並無乖離不合了。這一點，也是知性與感性辯證發展的結果。

所謂辯證發展的綜合，並非折衷或相加，而是正反雙方，經一辯證發展的歷程，達到超越的諧和。知性與感性，在人之精神表現的發展過程中，不斷辯證、不斷超昇，而漸漸透視到形而上的真實（metaphysical reality），並對之產生透徹的了悟與肯定。

這一了悟與肯定，宋人謂為「見道」；而見道的歷程，就是「技進於道」的過程了。所謂技進於道，確切點說，也可以說是宋人對於創作活動的一種思考路向。但這種路向，似乎不採取肯定知性與感性，然後再尋求高一級綜合的方式；因為這種「住兩邊」的方式，容易在心理意識上重新產生另一與此綜合之意念相對立的意念，迴圈不已。所以他們通常採取辯證的遮撥法，不住兩邊，雙遣是非。猶如天台宗所云：「觀空、觀有、觀中道」那樣。例如：不涉理路，是對文學創作中理性活動的破斥；不落言筌，又是對文學創作中感性及技術層面的活動（所謂緣情而綺靡）予以破斥。

在文學創作中，破斥理性，是很容易理解的，但為什麼要破斥感性及技術層面的活動呢？這依然得從上文所述六朝隋唐以來的反省看下來。例如顏之推所說文人輕薄，其主要原因，即是因為文人把創作停留在「標準與會，發引性靈」上；創作而停留在感性的興會與性靈上，自不免於以文章為體，以文章為用，整個心思陷落在文字構造的技術層面，「一事愜當、一句清巧，神厲九霄，志淩千載，自吟自賞，不覺更有旁人」。

宋人對於這種容易陷於輕薄的創作態度，正面地，提出「文章一小技，於道未為尊」的觀念來，予以破斥；說明文學創作並不僅僅是文字技巧上的鍛煉或收穫，創作者必須在心靈上擺脫感性觀物的方式，滌除以文章為自我心力投注對象的態度，以類似「目無全牛」的方法，有技進於道。

於是，整個創作活動，便脫離了一般技藝製作的「創」或「作」，而成為姜白石所說的「篃在中的非爾力，風行水上自成文」（以詩送江東集歸誠齋），或黃山谷所強調的「無意為文」（文集卷十七、大雅堂記）。這樣，就消解了詩歌創作時的主客對立狀況，達到「以神遇不以目視，官知止而神欲行」的境地，技術及感官能力對心的制約亦隨之消失。以至於文學造詣經常呈現背離文字工妙華美的一般要求之現象，趨向於拙、淡、清、簡。《鶴林玉露》卷三說：

> 作詩必以巧進，以拙成。故作句唯拙句最難。至於拙，則渾然天全，工巧不足言矣。……杜陵云：用拙存吾道。夫拙之所在，道之所存也，詩文獨外是乎？

所謂以巧進以拙成，正是技進於道的形態，所以說拙之所在即為道之所在。宋人即以此超越感性而追求那個「真實」。強調詩之簡淡拙清，即足以顯示這個特點。

由於肯定文學創作是技進於道的歷程，所以屬於技的層面中，那種把詩當作學習、美感及思考對象的主客對立關係，自然消除。詩不再是創作的對象或成品，而只代表一種內在美感經驗或體道心靈的外示。換言之，假如我們把宋人對詩的理解，仍放在主與客、感性與知性對待的思考架構裡去觀察，我們既不可能瞭解它：既無法理解其理論何以可能成立，對於他們的見解，亦不免落入感性或知性層面的誤會。

例如嚴滄浪所說：「詩有別材，非關書也；詩有別趣，非關理也」，材即材質之才。後世大多誤「材」為「才」或「裁」，已經是謬以千里了；至於陷落在詩究竟關理還是不關理的爭論中，更是不計其數。如周容《春酒堂詩話》云：「請看盛唐諸大家，有一字不本於學者否？有一語不深於理者否？」劉仕義《新知錄》云：「杜子美詩所以為唐詩冠冕者，以理勝也，彼以風容色澤放蕩情懷為高，而吟寫性靈為流連光景之詞者，豈足以語三百篇之旨哉？」潘德輿《養一齋詩話》云：「詩境不可出理外，謂詩有別趣非關理也，此禪宗之餘唾，非風雅之正傳」，這一類說法，都是主張詩必須主理，而跟主張詩必緣情者相對峙的。但反對此一立場的，也大有人在，例如李夢陽〈缶音序〉說：「宋人主理，在理語。詩何嘗無理，若專作理語，何不作文而詩為耶？」（空同集卷五二），胡應麟《詩藪》說：「禪家戒事理之障。蘇黃好用事而為事使，事障也；程邵好談理而為理縛，理障也」（內編卷二）。這些爭論，有時還會跟宗唐祖宋之爭連到一塊兒，糾葛萬端。但都只墜於情理之一邊，對於情與理辯證發展，而達到超越綜合的形態，缺乏理會。如此爭論，是永遠不會有什麼結果的。

蓮花化身的儒學：朱子學對當代社會的啟示

一、為遊魂覓肉身

在談儒家思想時，許多人都會強調儒家學問並不只是一套玄思或言說，它具有極強的實踐性。所謂：「讀聖賢書，所學何事？」讀書不光要明理，更須把所明之理具體表現在為人處事上，故讀聖賢書，目的是學聖人那般讓自己也努力成為聖賢，否則就只是口耳記誦之學，與自己的身心性命無關。

這個儒學的基本原則，相信沒有人不明白，但落在具體實踐層面卻又怎麼樣呢？大部分人其實仍只是在理論上明白了、在言說上強調了而已，在具體為人處事上如何表現聖賢氣象，恐怕甚少人在此自我要求。因此，儒家所講的修齊治平之道，根本在「修身以為本」這一關上就極少人真去實踐，實況如此，儒學焉能復甦乎？

古今人情相去不遠，今人以具體實踐成聖成賢為難事，古人應當也是如此。但古代有一個儒學實踐的環境，現今則無。什麼環境呢？

人從小在家庭中長大，家庭的父母兄弟戚屬關係、人與人相處的倫理要求，在一個基督教文化中，跟在一個儒家文化社會中，會顯現為全然不同的倫理實踐環境。人自幼在這樣的環境中成長，真是「蓬生痲中，不扶而直」，許多人生態度、價值觀、人際關係中權利義務的審擇分寸，皆自然塑就。於是，在以君子之道為家庭倫理環境中長大的小孩，對君子之道的實踐，可說太半是「少習若天然」的，不必困知勉行，自然在其行為上就表現符合儒家君子之道的德行。中國社會上許多老百姓，可能根本不識字，也沒讀過《論》《孟》，但其溫厚誠篤、父慈子孝、兄友弟恭，正體現著儒家的儒理精神，即因傳統社會原有這樣一種文化環境在協助他，使其如此。

此種倫理實踐環境，事實上即是古代中國的社會組織結構。社會在儒家思想浸潤下，又經歷代儒者「化民成俗」，努力推動著儒學的社會化，早已使得中國的社會組織跟儒學結合為一體。儒家的主張，與中國人的具體倫理生活、社會活動也結合為一體。

舉個例子。清雍正間，呂振羽所作《家禮大成》，民國十一年楊鑑予以重修，至今仍流行於臺灣民間，重印版本不可勝數，我手上這個排印本就是一九九〇年臺南市西北出版社的。可見它對現代臺灣人（至少臺灣南部人）之行事仍有規範性或參考性的，否則書店不會重排出版。

此書卷一為：學禮要務、冠笄析義、人事類語、宴禮投刺、百忍治家、治家先禮。卷二：帖式稱呼、往來拜帖。卷三：人品稱呼、時令名號、物類稱呼、交結稱頌、自謙男女。冠笄要禮。卷四：婚姻儀禮、結婚新式。卷五：世系事蹟、祝壽式、壽文式。卷六：喪祭總論、初喪辨考、衣制辨考、明器辨考、稱呼辨考、服制辨考、弔慰辨考、營葬辨考、祀禮辨考、祭祀辨考、初衷儀禮、服制等殺、五服制度、治喪什儀、弔賻禮儀、屏白訃文。卷七：誄軸祭文、治喪八禮。卷八：喪祭八禮、告遷祔祭、時祭儀禮、封贈告祖、拜懺設齋、年節故事、祀神禮儀、弔輓聯對。

這種書，在傳統社會就像黃曆、朱子治家格言一樣，大抵家有其書，臨婚喪喜慶、交友弔宴之際，即以為參考，依教行事。而所有的活動，看得出都是依儒家的道理做的。即使人死了以後，社會上隨俗找僧尼拜懺設齋，此書因之，卻也仍要說：「大學士石齋黃先生聯曰：講聖經，作佛事，理乎理乎？承母命，答父恩，情耶情耶！」足證其儒家立場，故序曰：「人之一身，所晉接著不外父子夫婦兄弟朋友之倫。此五倫者，非禮以維之，則上下之分亂、親疏之等淆。生而男女冠婚，死而祖父葬祭皆莫知折衷，將何以立於天地間？」表明他作這本書即是要將儒家之禮，具體落實在每家人之日常行事中的。

此書乃依朱熹《家禮》而作，我國宋元明清之社會，家行此禮，故形成為一儒家型社會。任何一位家長，不論他信佛通道有多麼虔誠，他冠婚喪祭、歲時年節、社交活動均不可能不這麼做，至少不會距離太遠。他教育小孩子時，也絕對不會說：你要空啊、要看破啊、要解脫啊！只會說你要兄友弟恭、孝順父母、待人仁厚等等。這即是社會組織結構及社會意識對人的形塑作用。儒家思想，其實就具體活在這樣的社會中。

但社會現代化之後，社會組織結構已然產生了許多變化。再經文革破四舊之衝擊，儒家的社會性載體破壞極為嚴重，它已從家庭、宗族、鄉里、教育體系、宗教生活中脫離出來，只做為一種思想、學說、概念、倫理價值的存在。因此余英時先生曾以「遊魂」來形容它。遊魂沒有軀體，故亦無具體實踐性，只是崇者尊之為神、反對者視其為鬼罷了。它不能白晝現形，表現在我們的日常生活中。

我們現在的儒學界，長期以來，只會做哲學思辨與抽象研究，不擅長做結合社會實踐的具體工作，亦不重視化民成俗。研究多集中在做某某學者思想之分析、或某某學說之討論，用一些抽象術語、概念談談道德主體、天人合一，固然可講得頭頭是道，可是對於遊魂之為神為聖，說得再多，也不能認為儒學便已復甦了，要讓儒學復甦，必須重新使其有軀體。假若儒學舊的軀體早已破損，或在五四以來新文化的祭禮中，業已析肉還母、析骨還父，以贖其可能曾有之過愆，現在也當蓮花化身，方能再成就一個活潑潑的生命。沒有身體，終是遊魂，雖亦能噓全球化之雲、呼世界和平之霧、吸生態思想之精、吐普世倫理之氣，終是虛說遊談，無裨於實際的。

這當然不是說儒學與世界和平、儒學與全球經濟發展、儒學與全球多元文化、儒學與生態文明等論題不重要，它們都很重要，但對我們來說卻還有點兒遠。我們目前最大的問題，恐怕是如何讓儒學真正在我們社會復甦起來。

二、儒學在家庭中復甦

儒家所強調的五倫關係，是由家庭延伸開來的。禮肇端於夫婦，而後有父子、兄弟，這都屬於家庭內部的倫理關係，社會性的倫理才是君臣和朋友。發生及實踐之次序則是由內而外、由近而遠，由家庭再到社會的。所以修身齊家之後才治國平天下。

在這套倫理觀底下，家庭之重要性不言可喻。它是倫理行為起始之處，人學會一切修己待人之方法的倫理實踐場域，故曰：「孝弟也者，其為仁之本歟！」

現代化社會變遷對儒家思想的最大衝擊，其實並不是一般人所說的，儒家不再與國家意識型態、文官考試制度、教育體系結合了，而是傳統的家庭結構被破壞了。家的倫理地位喪失，儒學之社會性基礎乃隨之動搖。

西方思想，無論希臘傳統或希伯來傳統，對家庭之重視均遠不如儒家，儒家所講的「孝」，在西方也幾乎不成為一項重要倫理義務。現代化，更強調社會應由傳統型轉變成現代型。傳統型，就是血緣地緣性的鄉土社會，現代型則是契約性的城市社會。因此，現代化即預設了人應脫離農村式的家庭、宗族社區，進入成就取向而非身分取向的都市化工業社會。人的倫理關係，亦將由家庭宗族內的長老禮教統治，轉而面向機械的契約型關係，人與人都只是陌生人，彼此依法律契約確定其權利義務。

這種新倫理態度，透過新的教育及社會意識塑造工程，漸次造就了新時代的年輕人。它告訴青年：家是個長者禮教統治的僵化領域，唯有逃離，才能獲得自由、實現理想。曹禺〈雷雨〉、巴金《家》之類數不清的小說戲劇，都以暴露傳統家庭的黑暗、倫理扭曲為目標，教人要掙脫其束縛，以此為自我意識醒覺的指標。

但家庭事實上不待青年們逃離，便已然瓦解了。因為現代化以後，農村人口外流、經濟結構破壞，青年就學或就業，都必須到都市去；大部分老家均只剩老人與小孩，人口結構不完整、倫理親情維繫困難，父子幾成陌路。

在都市中掙扎謀生之青年，雖自建小家庭，但夫婦大抵均須就業，故亦聚少離多，甚或分隔異地，感情日淡、離婚率日高。都會男女，感情又極複雜，家庭尤其不易維持。臺灣的離婚率已達三分之一以上，大陸馬上也將追上，可見家庭在現代社會中是極其脆弱的。

在這樣家庭中的小孩也很可憐。單親、不知其父、未識其母、兄弟異親……等各種情況層出不窮，姑且不說了。一般也都是幼時父母無力撫養，不是花錢交給異鄉、異國或身處社會弱勢群體的保姆，就是丟給老家的老人帶。待其稍長，則丟給幼稚園、小學。小孩子所得到的親情和家庭教養，沒幾個人是健全的。

老人的安養，一樣是大問題。都市住房大不易，大部分人無力接老人到城市共住。即或接來，老人亦不習慣都市生活。且父母與子女媳婿本來就不曾共同生活過，一旦共居，勃谿時起，反而大家都不愉快。因而頗有往住養老院者。但養老院再好，怎比得上自己家呢？況且除非有錢，安養院也進不去，許多老人被子女棄養，豈無故哉？

現代化號稱進步，由倫理情境上看，卻其實是個大殘破大悲哀。現代人身心之不健全、缺乏基本教養、不善與人相處，許多都肇因於家庭之殘破。古時若批評一個人「沒家教」，是很嚴重的事，現代人則幾乎都沒什麼家教，因為家已不能承擔基本倫理實踐場域之功能。古時，一個人若外出遭到挫折，家也可提供休養生息、撫慰心靈之作用，親情畢竟是最好的療傷劑。現代家庭亦無此功能，有時家庭反而成了風暴的中心。家庭暴力頻傳，家庭又隨時會拆散、重組，單親或不斷變動的親屬關係，構造了極複雜錯亂的倫理情境。

因此，現代之後的倫理課題，早已不是「五四」到三十年代那樣，要號召人離家出走以實現自我了。相反的，是要靠著重建家庭在倫理實踐中的角色，來改善現今人類之倫理處境。想重建家庭，儒家思想的資源當然最重要。而家庭之倫理功能若不能恢復，復興儒學，事實上也是空談。相對於全球化，普遍倫理、生態思想……等，家庭似乎只是個小題目，但登高自卑、行遠自邇，恐怕我們還應該先由關注小題目開始。

若欲恢復家庭在倫理實踐上的功能，則還有必要參考當年儒者是怎麼作的。從前朱子撰《家禮》，自謂是：「願得與同志之子，熟講而勉行之。庶幾古人所以修身齊家之道，謹終追遠之心，猶可以復見；而國家所以敦化導民之意，亦或有小補云」（文集卷十一）。在〈跋三家禮範〉中，更自司馬光之後，把厚彝倫、新陋俗的工作，視為他與他朋友同志們共同的事業，說：

嗚呼！禮廢久矣，士大夫幼而未嘗習於身，是以長而無以行於家。長而無以行於家，是以進而無以議於朝廷、施於郡縣；退而無以教於閭里、傳之子孫，而莫或知其職之不修也。長沙博士卲君困，得吾亡友敬友所次三家《禮範》之書，而刻之學宮。蓋欲吾黨之士，相與深孝而力行之，以厚彝倫而新陋俗，其意美矣！然程、張之言猶頗未具，獨司馬氏為成書。……熹嘗欲因司馬氏之書，參考諸家之說，裁行增損，舉綱張目，以附其後。

其欲參考增損，即是「採集附益，並得善本，通校而廣傳之，庶幾見聞有所興起，相與損益折衷，共成禮俗」（跋古今家祭禮）之意。移風異俗，而一再強調家禮祭祀，正是希望透過這些制度，讓人能體現親親孝弟之心。

王陽明的思路也是如此的，而與朱子關係尤密，《全集》卷六〈寄鄒謙之書之二〉：

承示《諭俗禮要》，大抵一宗《文公家禮》而簡約之，切近人情，甚善甚善！非吾謙之誠有意於化民成俗，未肯汲汲為此也！

古禮之存於世者，老師宿儒當年不能窮其說，世之人苦其煩且難，遂皆廢置而不行。故今之為人上而欲導民於禮者，非詳且備之為難，惟簡切明白而使人易行之為貴耳。

本文之重點，是以定家禮及鄉約為化民成俗之法。文末一大段，云：「往年曾與徐曰仁備論」

祠堂祖宗牌位位次及祔祭之義。觀此，便知陽明於此夙所究心，是有研究的。其論祭法曰：

……祠堂位次祔祭之義，……或問：「《文公家禮》高、曾、祖、禰之位皆西上，以次而東。於心竊有未安。」陽明子曰：「古者廟門皆南向，主皆東向。合祭之時，昭之遷主列於北牖，穆之遷主列於南牖，皆統於太祖東向之尊。是故西上，以次而東。今祠堂之制既異於古，……禮以時為大。若事死如事生，則宜以高祖南向，而曾、祖、禰東西分列，席皆稍降而弗正對，似於人心為安。曾見浦江鄭氏之祭，四代考妣，皆異席。高考妣南向，曾、祖、禰考皆西向，妣皆東向，名依世次，稍退半席。……今吾家亦如此行。但恐民間廳事多淺隘，而器物亦有所不備，則不能以通行耳。」……

古代天子七廟、諸侯五廟、五乘之地者祭三世、三乘之地者祭二世，一般庶民持手而食，不得立廟，故亦不祭祖。司馬光《家禮》鑑於時代變遷，才建議民可祭曾祖，程伊川則云應祭高祖，明代庶人可祭四代，恐僭，乃改家廟為祠堂。陽明談祠堂位次祔祭，就是要確定在這種新的祠廟秩序中如何祔祭子嗣的問題。徐曰仁問陽明：「然則今當如何？」就點出了這是個新時代的新問題，陽明所說，則為制禮。怎麼制呢？參考古禮之義而斟酌之。家禮的內容，當然不只有祭禮祭法，只因祭法在此時一般人正無所適從，故特詳言之。

很多人以為儒學跟家庭的關係是天然的、本來就如此，看我上面的描述，便知其絕非如此，乃宋明儒者努力經營的結果。清朝社會上所行的家禮，凡婚、喪、冠、祭、祝壽、祀神、節慶，皆以朱子和陽明為基礎，正因朱子與陽明能替一般家庭制禮作樂的緣故。

經過現代化變遷之後，現在社會當然頗不同於宋明清，但當日化民成俗的經驗恐怕仍然甚可參考。

三、儒學在宗族中復甦

儒學，自漢朝以來又以家族為主要傳播群體。宗族傳經，乃學問發展的主要模式，故六朝隋唐門第士族均號稱經學禮法傳家。

中唐以後，世族門第崩潰，一般社會宗族只是血緣團體而已。故如何改造宗族、教化宗族，使他成為儒家式的倫理團體或儒學團體，就是宋明理學家一大努力方針。理學家論經世，主要思路即在於此。例如：

> 管攝天下人心，收宗族、厚風俗者，使之不忘本，須是明譜系、世族與立宗子法。宗族不立，則人不知統系來處，古人亦鮮有不知來處者。宗子法廢，後世尚譜牒，猶有遺風；譜牒又廢，人家不知來處，無百年之家，骨肉無統，雖至親，恩亦薄（正蒙·經學理窟）。

> 凡人家法，須令每有族人遠來，則為一會以合族，雖無事亦當每月一為之。古人有花樹韋家宗會法，可取也。然族人每有吉凶嫁娶之類，更須相與為禮，使骨肉之意常相通。骨肉日疏者只為不相見，情不相接爾（二程先生書卷一）。
>
> 宗子法壞，則人不知來處，以至流轉四方，往往親未絕，不相識。今且試以一二鉅公之家行之，其術要得拘守，得須是且如唐時之廟院，仍不得分割了祖業，使一人主之（同上，卷十五）。

本來，宗族內部只是一種血緣關係；這種血緣關係，要被賦予道德意涵，並要求做為實踐之規範時，才能成為倫理關係。譬如近代名種狼犬，亦多附有血統譜系證明書，但這種證明書，就絲毫不帶有倫理之意義。而在宋代以前，宗族即未被賦予這樣的關係。因此宗族也沒有應去實踐道德的倫理義務。

在上古，姓氏宗支的親疏及祭祀關係，實與繼承和分配統治的權力有關，故宗法制度之建立，基本上來自「世卿」之事實。魏晉以來，中古之世族姓望，用以別士庶，所謂「立品設狀以求人才，第士族以為方司格，有司選舉必稽譜牒」（張即之。藍溪李氏族譜序）。二者均不以族內倫理關係為主要內容與功能。宋代以後，才講族內孝悌義務，並企圖由敦睦親族而達到整個社會都能風俗淳化的目標。張載伊川之說，可為代表，另外就是歐陽修蘇詢提倡的修族譜之法。

南宋以後，修譜之法漸漸普及，幾乎天下各姓都在修譜，體例則不依蘇氏，就依歐陽式。呂東萊與朱熹則推廣程伊川之意，改造宗法以達到倫理目的。如呂東萊的《宗法條目》就是。《宗法條目》名為宗法，易令人以為是古代的封建宗法制度，其實不然。因社會變遷，古宗法制早廢了，宋人托古改制，講的乃是他們心目中理想的宗族組織法。此法之基本原理，是把宗族血緣關係轉為契約規定，而這種契約規定又實現了倫理價值，不會顯得只是一套法制規約。其目共列有祭祀、忌日、省墳、昏嫁、生子、租賦、家塾、合族、賓客、慶弔、送終、會計、規矩、學規等項，分別說明其行事規範儀節。

如我們認為宗族在這時只是倫理實踐團體，那就錯了。宗族也漸漸成為了儒學講論團體。張藝曦《社群、家族與王學的鄉里實踐：以明中晚期江西吉水、安福兩縣為例》（二〇〇六年十月，臺大文史叢刊）即曾指出江右王學與地方家族合作共生，家族成為地方上推動王學的主力。然後藉著這樣的地方力量，王學學者在地方上推動土地重新丈量、賦稅改革、清除虛丁等社會工作，並透過鄉約與書院教化民眾。

該書具體談到的，是吉水同水鄉羅洪先家族對王學的傳揚、鄒元標在縣城的講學；安福北鄉則為鄒元益家族，劉氏、伍氏家族輔之；東鄉另有彭氏、王氏兩家族；西鄉有張氏及劉元卿一家。兩相比較，同水的家族關係網絡比較發達，雖乏固定的建制化講會或書院，王學卻發展得很好，正德嘉靖以來一直是王學的中心。安福的南鄉、北地雖有建制化的會講場所，但主要也仍是家族在主持與推動。

作者且認為家族推動王學，不但效果勝於書院與講會，書院和講會若無宗族之支撐，亦往往衰敗。反之，縱無書院與講會，宗族網絡本身就能推動著王學的發展。其說雖未必即為定論，但宗族在明代已成儒學研究或講習團體，殆無疑義。講學者透過教育，化諭了鄉里，令各宗族亦睦然從風，成為了以學術道義相維繫的講學團體及倫理團體。

目前，華人世界雖經現代化的衝擊，宗族體系與其力量尚未完全消失，尤其在港臺新馬的許多地方，宗族仍是儒家倫理傳習與實踐的主要群體。大陸的情況稍微差些，但近年亦在復甦中。許多地方重修或重建祠堂、編撰族譜、祭祖，且以此連結海外宗親。族譜愈修愈厚、聚會愈來愈盛大、結合的人愈來愈多，甚且新成立了不少宗親會。這類活動更不只是宗族本身在做，也有許多地方政府在熱情推動著，想以此拓展人脈、發展地方經濟。

目前的情形當然距宋明儒之理想還甚遠，實際內涵也常夾雜功利之心，但循此機緣，更予推動，仍是大有可為的。我們儒學研究界好像對此還應再努力些。

四、儒學在鄉里中復甦

乾道四年（一一六八）九月，呂東萊曾推廣宗族宗會法之義於社會，說：

凡預此集者，以孝弟忠信為本，其不順於父母、不友於兄弟、不睦於宗族、不誠於朋友，言行相反，文過遂非者，不在此位。既預集而或犯，同志者規之；規之不可，責之；責之不可，告於眾而共勉之；終不悛者，除其籍（文集卷十）。

這個鄉約，事實上就是再將宗族親睦合會之法推拓到社會上去，是族譜族規的擴大，故後世往往也將它併收到族譜族規裡，因為內涵是一樣的，宗法條約轉化著血緣宗族，鄉約則轉化著地緣團體。朱熹對此鄉約也極為重視，特「取其他書及附己意，稍增損之，以通於今，而又為月旦集會續約之禮」，見《文集》卷七四〈增損呂氏鄉約〉。

換言之，宋代理學家努力地以重定族譜功能、建立宗法條目、編修家禮、組織宗族宗會等辦法，來改造宗族，把一個血緣團體變化成為有道德義務且須努力實踐其倫理規定的團體。再由一個個宗族，拓展到一個個鄉，以鄉約化民。

因此，書院講學、家族宗會、鄉里會約，內在是一致的，只是對象施用範圍略異而已，以此化民成俗，亦以此經世。

正德末年，陽明所定〈南贛鄉約〉，即以朱子增損呂氏之本為依據。

本來，明成祖時，已取呂氏鄉約頒降天下，但並未實際推行，主要只是以里老人制作為敦化措施。洪武十四年（一三八一）首先實施里甲制，此後再配合行里老人制，以里老人制與民間調停機制並存的方式解決鄉村紛爭。

鄉約基本上是村里自治自決的，要靠同約的人共同合議以懲惡勸善，條約最後一則長文，就是為了詳細說明約會時如何靠這種同約之力量與程式來達到敦勵風俗的效果。

晚明王學學者推動鄉約者，可謂所在多有，且頗通聲氣。如浙江王學學者季本在廣東揭陽主簿任內便曾與當地王學學者薛侃合作推行〈榕城鄉約〉。薛侃在《明儒學案》中被歸入粵閩王門，他曾往南贛聽王守仁學並傳王學於廣東，使王學在當地大盛。嘉靖十三年（一五三四）季本任吉安府同知時，聶豹便敦請永豐知縣彭善、吉安知府屠太山酌取季本的揭陽經驗用於永豐，於是制定〈永豐鄉約〉。因此王學後來能在地方上形成巨大的影響，殊非偶然。在當時也就已影響到越南，實施甚為普遍。

現代社會看起來當然跟明清不同，然而鄉里自治仍是現代政治社會的理想。在推動鄉里自治時，儒家提倡的鄉約是否還有參考性呢？梁漱溟先生在山東河北推動鄉村自治，所參考的其實就是這個傳統，且認為這個傳統要更勝於現代政治學上說的鄉里自治。梁先生事業之功過是另一回事，但這個方向無疑很值得考慮。

五、儒學書院教育復甦

書院相對於家族傳經，乃是將學術傳承與教育由私家人際網絡拉出來，變成一種向公眾開放的領域，本身是具進步性的。

唐宋以後，儒學教育以書院教育為主力，是大家都知道的事。朱子所辦白鹿洞書院是這個體系的典範。

但書院在清末教育改制，廢科舉立學堂之後，就早已如已陳之芻狗，喪失了實用價值。故不是改設為新式學校，便是廢棄閑置，或任由其他公私單位佔用。再經文革之破壞，傳統書院遂百不一存。

近年為了發展旅遊，才開始把各地還能修葺利用的書院整理繕建起來，闢為觀光點。例如江西的白鹿洞、湖南的嶽麓，原先都是以文物保護單位名義整理開放的。

如今這類書院大抵仍歸旅遊局或文物局管理，收門票、供參觀而已，沒有任何過去書院的功能。且它們因只剩一個老舊建築的外殼，沒什麼內容。故若要做展示，大多也只能做些科舉考試、進士題榜之類的介紹，以投合遊客歆羨科名的心理。不過，即便如此，一般仍是少人問津的。因為：尋常旅客對書院既乏瞭解亦無興趣，故書院旅遊不過聊備一格罷了。

但大陸近年「國學熱」的徵象之一，正是書院教育重獲提倡。書院教育重獲學界及文化人重視之後，情況便漸改觀。例如嶽麓書院，雖然仍是旅遊點，但學術上與湖南大學結合，成為湖南大學的一部分，已擁有本科及碩博士授與權，刻正爭取成為博士後流動站；也經常開辦研討會，並試圖恢復古代書院的「講會」制度。這樣，它那旅遊點的身分，就反而讓它擁有一個向一般社會人士推介書院精神的方便。白鹿洞雖仍隸屬廬山風景管理處，非教學研究機構，但人民大學、九江學院等不少學校與之掛鈎，掛牌成為它們的教學點或某某基地，開始有了些教育氣氛。

這是書院性質的調整，逐步朝古代書院回歸。

另一形式，是創辦新的書院。例如山東曲阜，本有洙泗、尼山等書院，但改造利用較為困難，乃於去年在聖水峪鄉創辦尼山聖源書院。採取「民辦公助、書院所有、獨立運作、世代傳承」之方式，辦理講會及系列講座等。

這樣的書院，八十年代就有北京湯一介的中國文化書院，中間沈寂了一陣，如今則風起雲湧，遍地開花。張煒在山東龍口港辦萬松浦書院、陳忠實在陝西辦白鹿書院、蔣慶在貴陽辦陽明精舍、洪秀平在珠海辦平和書院等等，簡直不可勝數。各有其動人之故事，當然也團聚著一批批關心書院教育的人士，在各地展開不同形態的教育工作。

但開辦書院畢竟需要較大的資源，土地、房舍、資金、人員，在在都是問題，因此就也有人只利用現有各書院舊址舉辦講會的。如江西師大鄭小江陸續辦的鵝湖講會、石蓮洞講會即屬此類，曾出版《鵝湖會語》《石蓮洞會語》等。我自己每年辦的國學營也即是這種形式，把書院講學和遊學參訪、田野調查結合起來。

新恢復的書院教育，目前成效還不止如此。因為它還有所延伸。

一是向下延伸。以書院精神為楷模的小學乃至幼兒教育，早已普及於各省市鄉村，出現了各種私塾、學堂、講堂和才藝班。二是向正規大學延伸。許多著名大學開始吸收傳統書院教育的精神或元素，在大學裡設立國學院、儒學院、孔子研究院、國學研究所等。看名稱，當然仍與其他科系院所無異；論精神傳承，則已非現代大學之嗣裔。三是向社會延伸。各式國學儒學講座、培訓班，層出不窮，有現代大學科系操辦的，也有民間文化公司、培訓機構所辦的。形式結合古今，課程兼含理論與實用（如風水、管理、戰略、人際關係……），而遙契或標榜書院傳統，例如北京國學時代傳播公司的股票，目前就已成功上市；而山東儒學文化傳播公司出版的《儒風大家》期刊，一本售價竟高達一九八元人民幣，它們都是儒學發展面向社會的新型態。但山東儒學文化傳播公司所辦的高級講習班就標明是儒家文化書院之旅，授課地點皆在老書院舊址，可見其精神淵源所在。講習二字，不就出自書院講習嗎？

諸如此類，例證所在多有，書院傳統不僅是復甦，更可說已有了新的發展。

但情況也非是全然樂觀的。書院遺址既已劃撥給旅遊單位，想還原為教育機構，目前看來仍是難上加難。想在大學體制中借屍還魂，往往也終究會被大學吞噬掉。獨立創設，又非人人均可獲得土地、資金之奧援。縱有奧援，提供土地與資金的政府跟金主也是各有主見、各具盤算的。即或一切如意，順利辦成，學生又從哪來？自由聽課，不計學歷，對一般社會人士是缺乏誘因的。為吸引社會人士，且需以高額學費來維持書院運作，目前各書院各講堂遂只能以應世諧俗之課程誘引來學，與傳統書院之講習其實頗有矛盾。

凡此，皆新時代之不得已處。但雖不得已而各地仍然競相辦理，此即可見一時人心之機。這「機」是什麼呢？就是對新式現代教育的不滿：不滿文化傳統在大學體制中的邊緣化、不滿現代教育偏於知識而輕忽德育、不滿國家意識型態下缺乏了自由講學的精神……等等。

凡關心當代儒學教育者，當此機會，理應知機、應機才是。不但對傳統儒學教育理念、書院教學史應深入鑽研，更應研究如何將書院傳統跟現代教育體制結合起來，或如何以書院精神改造現代教育之病。過去我在臺灣辦的南華大學、佛光大學即屬於這種嘗試。大陸的情況與臺灣不盡相同，結合之道，尚須討論！

六、儒學的宗教性復甦

大陸近年各地提倡儒學、成立孔子基金會、辦書院、準備在曲阜附近建中華文化標示城、祭孔、在世界各地建立孔子學院、電視台開始播講孔子生平及孔孟學說、學校辦國學院、企業老闆也要上國學班……。孔子及其相關文化符號，已漸又瀰漫於社會各個領域。

可是這裡面，我覺得仍有一個領域，是迄今大家仍然陌生的。那就是儒家的宗教性發展。

本來，孔教在東南亞是頗盛的，印尼還把孔教列入正式宗教呢！故在排華的印尼社會中，華人還能藉著孔教來撫慰文化認同上的失落感。新加坡、馬來西亞，則康有為昔日在那兒鼓吹保教尊孔，亦仍有不少遺風餘澤。香港孔教會，尤其貲力雄厚，有學院，也有湯恩佳先生這樣的傳教士，僕僕風塵，四處宣傳孔教理念。他在大陸各地捐建的孔子像，恐怕就有上百尊。曲阜孔子講堂也曾請他去主講過，每年孔教會在香港辦的孔誕研討會，亦是士林盛事。可是，對於把孔教列入政府承認的宗教項目中去，大陸目前尚未考慮，頗令東南亞華人儒家信徒悵望不已。國際儒學聯合會，亦曾討論過儒學宗教化之問題，然亦不了了之。看來爭辯將會持續良久，直到一些人熱情消失了為止。

何以孔教要獲得認可，如斯困難？

由學理上看，孔子的學說當然不是宗教。一、他不崇拜神；生病了，子路勸他去禱告，他也不肯。二、他不講來世、淨土、天國，沒有超越的嚮往，只希望把人的世界弄好。三、他不祈求神佛保佑，也不想誰來拯救他，一切只靠自己進德修業。四、他講的禮不是戒律或禮拜。各教以禮鬥、齋懺、誦經、彌撒、跪拜等等來溝通人神，孔子之禮，則主要是通人我。他說的「仁」，也是「相人偶」，在人倫互待中見出仁愛與禮敬。因此他的人文性，明顯地不同於宗教性。

但孔子有沒有宗教感情呢？當然是有的。他敬天、畏天命，即顯示了濃厚的宗教感。禮中亦不乏祭祖祭天地山川社稷者，故截然把孔子學說與宗教分開，亦不妥當。

而且某個學說是不是宗教，並非重點所在，只要有人將它當成宗教，它就會是宗教了。古代信奉孔子學說的人，不就頗有人將之宗教化嗎？漢朝人說孔子是天上玄帝降生、乃黑龍之精、瑞門受命、為漢制法等，就是以孔子為教主。明清時期創立的許多教派，如寫《老殘遊記》的劉鶚所信奉之太谷教，曾因在山東肥城黃崖山傳教，被官兵剿滅，正是孔教之一種形式。故孔學不是該不該、是不是、或能不能宗教化的問題，而是存在著長期宗教化的事實。許多明清及民國時期的儒學教派，如三一教、儒宗神教、紅卍字會、同善社、德教等，目前還普遍存在於臺灣和東南亞。

大陸學界之所以還不太瞭解孔教，只能在儒學是否是宗教、能否成為宗教等假問題上打轉，原因在於孔教會過去曾誤被列入「反動會道門」中！

所謂反動會道門，指民間原本存在的一些傳統組織。例如慈善團體（茹素團、惜字會、善堂等）；自衛團體（大刀隊、紅槍會等）；武術團體（義和拳、八卦掌、金鐘罩等）；自助團體（長毛會、同濟社等）；宗教結社（老母會、九天會、觀音會、黃天道、先天道、大乘門等）；傳統幫會（洪門、清幫等）。

這些組織，乃是行業、遊藝、經濟、互助、宗教、興趣等同類人之組合，也是中國傳統社會基層在家族鄉黨之外普遍的組織，性質其實與文人結成詩社文社沒什麼不同。可是因有些團體良莠不齊，政府為了整頓，竟把所有會道門一體禁絕了。孔教會便也遭了魚池之殃。

北方孔教會，民國期間以遼寧河北地方為多；如今我在山東卻未訪查到，故情況不詳。民國初年，河北孔教會每年秋天都會去遼寧淩源縣孔教會祭壇禮拜。到五十年代，河北撫寧、遷安、承德、遷西、灤等縣也都還有活動。涿州的儒門道、玉田的聖賢門（又稱中央戊己土儒教聖賢門）、北京的萬國道德會，大抵也可視為孔教。而最特別的是一貫道。

一貫道的名稱，來自孔子所說的「吾道一以貫之」。但教中既宗彌勒又拜濟公，頗為雜揉。在各地傳教時，又為適應環境，因此頗多異名。在灤平及豐寧滿族自治縣便稱孔孟教，在萬全縣稱中華道德慈善會，在玉田叫孔孟大道。它在山東河北山西等地，是聲勢最大的會道門。雖在民國時期就已被禁了，但在臺灣及東南亞仍然發展暢旺，光臺灣之信徒就有百萬以上，辦國學講習班、提倡禮樂，有些支派還自稱中華聖道。其他講三教合一、萬法歸宗的，還有很多。如承德之道德會講儒佛合宗、家禮教講「奉佛教之法，習儒教之禮」等，簡直不可勝數。

會道門之門類甚雜，過去確有不少利用宗教迷信為非作歹的。但也有些是被妖魔化、汙名化了，說他們斂財、淫亂，甚至造反。我去調查過不少他們「盤據」過的村寨，也看過一些檔案，都言之鑿鑿，說他們如何勾結臺灣蔣幫，宣傳「紅陽（指共黨）已盡，白陽（指國民黨）當興」，穿白衣白鞋，戴白帽，拿著木棍、長矛、大刀來造反；還在地洞裡捉到了哪位傳道人、誰被捕時是男扮女裝或女扮男裝等等。聽得我哈哈大笑。

什麼時代了，誰會真的笨到用木棍刀片來對抗政府的飛機、大砲、火槍、部隊？說他們跟臺灣勾結，企圖白陽再興，也真太諷刺了：臺灣在那時，恰好也在查禁這些「邪教」呢！

就算真有聚眾鬧事的，也絕不可能所有會道團體都想造反，故應區別對待之。把鼓吹行善積德、遵行孔子倫理教誨的一些團體也都視為邪教，其實是歷史的悲劇。

人常難免有些宗教感情，有時也會想找個宗教來安頓自己的心靈。可是中國人一定只能信外來的佛教、基督教、伊斯蘭教嗎？道教講養生求仙，固然很好，可是不想求仙的人怎麼辦？為什麼就不准他們把儒家的道德倫理當信仰來奉行呢？歷史上，儒生組織的善堂、教會，曾發揮過許多化民成俗、安定人心的作用，這些作用，現在是不是也該讓它們發揮出來呢？

研究象山學之三弊

陸象山先生，是國史上有數的儒者，故研究、闡發其學術者，不計其數。但誤解也很多，知音並不易覯。歸納起來，論象山之學，歷來有三弊：

一是謂其為禪。

二是說象山尊德性，不貴道問學。

三則批評象山是心學，不能經世。

說象山是禪學，是很常見的。王陽明當年序象山集時，就曾替象山辯白過。但至今此論不熄，甚至說陽明也是禪，或整個宋明理學都是「陽儒陰釋」。這真是個大笑話、大誤解。

佛教來華以後，說眾生皆有佛性、皆可以成佛、要明心見性等等，都跟印度佛學迥異，乃是吸收儒家學說以後才形成的新講法。例如人皆可以成佛，就是套用儒家說的「人皆可以為堯舜」；人皆有佛性，就是儒家說的人性本善；善有善報、惡有惡報，就是儒家說的「積善之家必有餘慶，積不善之家必有餘殃」等等，和印度佛教教義有許多不同。故與其說宋明儒是陽儒陰釋，不如說唐宋以後佛教才是陽釋陰儒。後人見佛家與儒學有相似之處，反指儒者竊用佛說，豈非源流不明，盜誣主人嗎？

由於唐宋以後佛儒相混，因此許多儒者也並不特別闢佛，可是象山卻是嚴格分辨儒佛的，謂佛老乃異端，正理不容有二。

分辨的理由，主要是以義利辨之，批評佛家不經世。文集卷二〈與王順伯〉說：「儒釋之辨，公私義利之別，判然截然，有不可同者」。為什麼？象山說：儒家惟公惟義，要求人要盡人道，是談所有人都該行的倫理；佛教則只關心個人死生問題，所以發心處就是私是利。「惟義惟公，故經世；惟利惟私，故出世。儒者雖至於無聲、無臭、無方、無體，皆主於經世。釋氏雖盡未來際普度之，皆主於出世」。

象山分判儒佛，基本觀點如此。類似言論很多，如卷三四：「釋氏立教，本欲脫離生死，惟主於成其私耳，此其病根也」（語錄上）。卷三五：「釋氏謂此一物，非他物故也，然與吾儒不同。吾儒無不賅備、無不管攝。釋氏了此一身，皆無餘事。公私義利於此而分矣」（語錄下）等等，不勝枚舉。

大家都知道：義利之辨在儒學中的分量。象山以此區分儒佛，可見儒佛之分，在他看，是沒得商量的，絕對不能融通。

象山之說如此，說他是禪學，他是絕不會承認的。

第二個誤解是說他尊德性而不道問學。

此說於象山生前即已甚囂塵上。《語錄》上曾載：「朱元晦曾作書與學者云：陸子靜專以尊德性誨人，故遊其門者多踐履之士，然於道問學處欠了。某教人豈不是道問學處多了，故遊某之門者踐履多不及之」，因而此說很可能出於朱熹。後來論兩家之異，也常如此說，像黃宗羲《宋元學案》論象山，開頭也就說：「先生之學以尊德性為宗。同時紫陽之學，則以道問學為主」。

以「尊德性」跟「道問學」分辨朱陸，是沒問題的。但由此分疏，卻形成了一種流俗見解，說象山不道問學或反道問學。在常人看來，象山甚至是不主張讀書的，有點像禪宗之講頓悟。這種理解，我認為過於淺薄了。為什麼呢？

陸九淵這個家族，本身就有博學的傳統。

我們首先來看陸九淵怎麼記錄他爸爸。他說他高祖陸有程「博學，於書無所不窺」；接著又說他父親陸賀博學，「究心典籍」，喜歡讀經史，經常讀到深夜，而且對於冠、婚、喪、祭等這些禮制是非常有研究的，附近的人有事情都要請教他。又說他父親對於《大學》的章次，他覺得編輯有問題，還得重新調整等等。通篇強調他父親的博學，認為他父親花了很多時間努力讀書。

然後我們在看他怎麼講陸九齡（他一個哥哥）。九淵、九齡兩兄弟的學術方向、平生志趣是一致的。當時鵝湖之會也是兩兄弟同去，而且兄弟間還是以哥哥為主。可是，你看他怎麼去描述他哥哥的學問。他說九齡對於陰陽、星象、占卜、五行、易術都很有研究，「靡不通曉」。

在這樣的一種家庭背景下，陸象山自己當然也是博學的。後人常常因為強調象山學術的「尊德性」的部分，忘記了象山在讀書上也非常勤苦、非常用功。而這一點，在他的傳記資料上卻不難看得出來。所以他特別講述他父親精研典籍、熟悉儒家的各種禮儀，並在家中推行。這其實也是朱熹作《家禮》的思路。還有，就是說他的哥哥「讀書無滯澀」，看書沒有任何的阻礙，百家之學、陰陽技藝，無不通曉。這講的雖是他的父親、他的哥哥，可是實際上陸象山自己本來就是這樣。所以在陸象山過世以後，弟子楊簡為他寫的《行狀》裡面，就特別提到他這種博學的狀況：「讀書不苟簡，外視雖若閒暇，而實勤於考索」。

我們現在讀《陸象山文集》，也能看到裡面談五行、談易術、談陰陽、談星曆、談占卜的東西多得不得了。這一點，我發現很多人都不太注意。特別是他反對揚雄的《太玄》。他認為後來講《易經》卜筮的辦法受了揚雄很大的影響。

易學、占卜之外，他對《尚書》也花了很大的力氣。他跟他的朋友們遊山講學，常講《尚書》，對於《洪範》尤多心得。他在荊門做官的時候，也特別講《尚書》。現在還留下了講《尚書》中的《洪範》篇講義。另外，他對於《春秋》也是有講義的。他發揮《春秋》大義，份量也是挺多的。

由於我們過去光是在心學的角度下看象山，對這些都不太注意。一般談宋明理學的朋友，對這方面都不瞭解。對於象山談《易經》易術、談《春秋》、談《尚書》，到底在尚書學史、春秋學史中是怎麼樣的地位，跟其他學者的關係等等，很少有文章談到，但實際上這是象山學裡非常重要的部分。否則你看他在荊門做官時，幾次召集軍民來開講，都是專門講《尚書》、講《春秋》，為什麼？

無論在荊門或象山，他跟同事、摯友、下屬、士子和百姓講學的時候，都說即使是遊山，我們都要講習《尚書》。《尚書》《易經》《春秋》對於象山來說，都是非常重要的。故象山不是如一般人所以為，只是發揮了孟子的那幾句話。

這是從他的家世的傳統及他的本身的學術上來看的。

另外，就是我們要注意朱熹所講的尊德性、道問學之分，是在什麼層次上講、在什麼地方講。

朱子主要是在教法上講，就是在怎麼教人上講。學者教人時說，你要跟我學，很好；但跟我學不是枝枝節節的，東一點、西一點，而是要「先立乎其大」。這就是象山的教學方法。朱熹的教學方法則是說要循序漸進，先一步步把該讀的書讀了。這主要是在教人的層次上說。但是，這樣就能說象山只是光談「尊德性」，或者說朱熹光談「道問學」嗎？何況，朱子說這話時，也只是就兩家的偏向說，講一以這為主，一以那為主。並不是說陸象山只是尊德性，自己只有道問學。

曾有一個象山的弟子跟他搬弄是非，說：先生，您的學問，是形而上的，是道的部分；朱熹的學問比較偏重於形而下，是器的部分。象山聽後告誡他：你如果這樣批評朱子，朱子可就要不服氣啦！

是的，朱子的學術怎麼會沒有尊德性的部分呢，當然有！象山學問，也不會沒有道問學的部分。而且我特別要強調的就是：象山道問學的部分，並不是枝微末節，道問學的功夫不是可做可不做，或做多做少無所謂的！「先立乎其大」是入門的辨志，辨別志向、區別方向。有了前進的方向還要繼續往前走，不是辨志以後就立地成佛了。所以他非常強調學習《大學》，要「博學、審問」。

他說：古人十五歲悟《大學》，他認為格物致知是下手之處，所以《中庸》講「博學審問，慎思明辨」就是入手的方法，博學是格物的方法，是下手處。這方面，《大學》和《孟子》講得很清楚。要讀書就應親近師友，向師友學習，自古聖人也都要廣擇良師，向師友學習才能有進步；何況我們不是聖人，怎麼能夠靠自己空想呢。所以他其實是非常強調讀書的。我們常誤以為他不強調讀書，其實不然。他說，格物致知是下手之處，「博學、審問、慎思、明辨」是正理。讀書則要像孔子說「學而不厭，發奮忘倦」這樣。所以，第一，他強調讀書；第二，強調親師友、師友會聚。他說如果有機會能夠有師友會聚講學，我們當然要鼓勵。因此，第三，象山又強調講學。這些都是象山做學問的部分。我們不能夠以為象山學只要說「心即理」就夠了。他在讀書做學問上是很勤苦的，他的家庭也有這種博學的傳統。這就是我要說明的第二部分。

第三部分是什麼呢？就是象山經世思想的部分。

我一開始就從象山跟佛教的關係上來辨明，看象山怎麼區分儒佛關係，就是要點出象山跟別人區分儒佛很不一樣。為什麼？他特別提說儒家經世而佛教不然。儒家經世這一點，恰恰是歷來詬病陸象山學問最多的。大家都說陸王之學是袖手談心性。你看清朝人怎麼反對陸王？不都說陸王之學是閒談嗎？由於陸王之學與其他學問最大的不同之處在講本心，但是對於實際的民生日用，好像陸王心學只是束手無策的。其實這是我們自己理解有問題，如果以為這就是象山學，恰好完全搞錯了。

象山為什麼從經世、從化民成俗的角度來區分儒佛呢？這正是由於象山重視經世。我們看他的年譜，年譜上說：先生十六歲，讀三國六朝史，夷狄亂華，聽到過去靖康間的事，便學弓馬騎射，有志於恢復中原。若這只是說他年輕時候這樣。他老了以後呢？一樣的！淳熙十一年，年譜上說，他讀武略，研究兵書、講究戰略；說先生少年時，聞靖康事，慨然有志於復仇，所以訪求志勇之士，欲圖恢復中原。對於天下的形勢要害，皆有研究。這些情況，在象山自己的文章中，也不斷地談到。

淳熙十一年，象山去當考官的時候，你看他怎麼出考題。他出的考題，有一題是這樣的。他說聖人立物制用，立衡器以為天下利；蓋房子，老百姓可居住，做船、造舟楫，老百姓可以通行。這些聖人的思想都是可以真正利國的。從孟子講「何以利吾國」的義利之辨以後，很多人都以為儒者只該講義不該興利，那些闢土地、充府庫的事，就不考慮了。這實際上是把孟子的話理解錯了。象山認為凡是儒者，都要談記帳、文書等各種事務，孔子曾當過會計，《洪範》首篇又為〈食貨〉。孟子呢？也談王道。王道要怎麼樣呢？要制民之產、養民之欲。

所以他透過考題來提醒考生重視這一點。

象山在他哥哥九齡過世以後所寫的行狀，記錄了很長的一段論辯。論辯的原因是當時有盜寇要進犯金溪，他們家族附近的人就來找陸九齡，問能不能起來率領我們抗暴？陸九齡跟他家庭的人商量了以後，決定要出來。當時就有人反對，說你一個儒生，不應該去管這些事情。為此雙方反覆論辯。這時他哥哥有段話說，像孔子，他曾經學做委吏，學會計，他都做得很好，我們一個儒生，什麼事情都不懂，怎麼樣應付時世？這就表示了他的一個態度。

還有就是象山在文章裡特別強調我們應該學古代的聖王，像堯舜、文武，他們都能夠做大事，不應該只是在書齋裡面。他年輕的時候有志於恢復中原，年長的時候講求戰略，還強調儒者的本領不能夠只是讀書，都體現了這種態度。

當時他的弟子曾問他如何醫國。他說我是有醫國的手段，怎麼樣任賢、怎麼樣用官，講得頭頭是道。平時我們都注意到了象山學問跟朱熹有所不同，但是他跟朱熹其實很多地方是頗有交集的，其中一個交集就是社倉。朱子在各個地方做事都非常重視社倉。社倉是一種救濟性的制度，在歉收的時候把社倉開放來救濟老百姓。象山對朱子的社倉法基本上很欣賞，也推行。但不完全贊同。因為象山覺得社倉只能在糧食比較富庶的地方做，如果年份歉收，社倉的制度就不完全能夠應付，要用別的方法輔助它。而且社倉這樣一種制度仍要相關的地方首長來推動，否則亦屬無效。

針對當時的政治弊端，就是胥吏問題，象山也有很多體會和批評。現代人批評古代政治，常指責君主專制。古人論政，所關注卻常不在上而在下。下層官僚，吏治不彰，其實才是中國政治的沈屙。這是什麼問題呢？文官體制是有官也有吏的。士人考上進士被派任到地方當官，這叫官。官都是自己去地方就任的，連家眷都不准帶。他衙門裡的人，叫吏，又稱胥吏。吏都是本地人。官做了幾年以後，任滿，就被調走了，但是吏仍是那一批，而且都在地方上盤根錯節，親戚師友一大堆。這些胥吏知識程度不高，但是在地方上長期把持著錢穀、米糧、邑庠、軍政等等事務。新的官來了以後，地方狀況不瞭解，對法律規章、判例又不熟悉，只能仰賴底下這些刀筆吏、獄政、師爺。這些人往往欺上瞞下，對老百姓進行很大的剝削，而且成為一個很龐大的官僚體制中間層，使得上下睽隔不通。這是宋元明清政治上的癌症，一個很大的問題。從宋代葉適、陸象山提出批評以後，直到明末顧炎武、黃宗羲仍在討論。顧炎武的《日知錄》、黃宗羲的《明夷待訪錄》，都曾探討過胥吏政治所帶來的危害。而這個弊害象山就看得很透。他說做官的你要搞清楚很多的政策，下面幕僚提供給你的很多想法往往不是為了老百姓，而是為了他自己的利益。所以你要真正瞭解哪些是老百姓需要的，去除胥吏之害，才能讓老百姓得到好處。

另外，他認為一個地方官最重要的就是要聽老百姓的傾訴。對於老百姓的傾訴，應該用什麼樣的態度去面對。

這些，都是由當時的實際政治出發的。還有一些是原則，原則是什麼呢？他在〈與辛稼軒〉的信中，用很長的文字來討論做官的寬仁刑猛的問題。他認為，不是對民吏越寬仁越好，要去其不仁才是真仁。你不能當好好先生。不好的政策，立刻要去掉；不好的人，不好的吏員、衙役，也立刻要去掉。唯有這樣，才能夠替老百姓帶來真正的好處。這個是政治原則。當好好先生而顯不出政治上有果斷性，是不對的。還有，他覺得一個從政的人，要有從政的用心，這個用心是為老百姓。他在文章中反覆強調：你要搞清楚啊，努力從政不是為了你，也不是為了你這一批人的利益，是為了老百姓，所以你要從這個地方來關心百姓。

正因為他有這樣的想法，有思想又有手段，他後來在荊門軍做官，才會做得那麼好。他過世時，周必大評價他的事功可比得上古代的循吏，確實是看出講心學的功效。

可見講心學不是只是在家裡做工夫就夠了，最重要的是你需能實際用在社會上。象山這方面就做得很確實。荊門小試身手，對陸象山來說還是太小了一點，他的本領應該很大的，就像他講可以「醫國」嘛，他應該有這種本事！

他臨終時，年譜記錄那一段，也是很有趣的。說他跟他的後輩講，我哥哥陸九齡當年有志於施行天下，想把他的學問用在天下；很可惜，他來不及了。而說這話過了不久，陸九淵就病重了。前面那句話，陸九淵是在講他哥哥，同時其也是在感歎我也想施用於天下呀，但很可惜沒機會。不過呢，他小試身手，在荊門軍確實讓我們看到了他踐行心學的功效。

我們做學問的人，回去查一下《象山文集》就知道，象山說「成己」跟「成人」這兩者是一貫的。君子利己而後利人，也是一貫的。必須要兩者合一，這才是儒者之學，而不只是講誠意正心、修身、尊德性就夠了。

我講這三個部分，當然是講一般人理解象山的主要毛病。分開來談是這三個問題，綜合起來講是象山之學內外一致、本末一致，修己致人、成己成物這兩者也是合一的，這才是象山學的全貌。

我們要瞭解象山學，恐怕應該從這個角度來看。正因為這樣，所以象山學跟我們的社會的關係，不言而喻。我們現在做官的人和今後有機會入仕為官的人，若能夠像象山先生一樣，問問自己，我們的本領到底在哪裡？我們的本領是在抽象概念的思辯上嗎？還是對於這些政治、金融及天下形勢，我們也能夠有所研究呢？可以讓我們的孔孟之道真正經世濟民，恐怕才是儒學可以作用於當代的重要功能。儒學的思想是不僅是「正人心」而已，還希望能夠「正天下」，這是象山之學重要的理念，也是象山先生精神所在。謹提供給各位參考，請指教。

二〇〇九，紀念陸象山誕辰八百七十周年學術研討會上的演講

永嘉學派的真面目

一、性質：非事功之學

你現在若上網去檢索「永嘉學派」或「葉適」「陳亮」，得到的資料幾乎眾口一詞，告訴你那是功利學派，在南宋與理學、心學鼎足而三，甚或說葉適等人是反理學的。例如維基百科的介紹就是如此云云：

愛國主義、功利主義和反理學是葉適主要特點。他講究「功利之學」，認為「既無功利，則道義者乃無用之虛語」「古之人未有不善理財而為聖君賢臣者也」。他反對當時性理空談，對於理學家所崇拜的人物如曾子、子思、孟子等進行了大膽的批判，認定《十翼》非孔子作，指出理學家糅合儒、佛、道三家思想提出「無極」「太極」等學說的謬論。

不是網上不負責任的言論才這樣，學術論文也基本上都是如此的。請看底下隨意舉出的書目：毛錫學，李中琳，馬盡舉，〈宋代功利主義思想研究〉，河南大學學報，社會科學版，一九九三，四月；李明友，〈葉適的道器觀及其對心性之學的批評〉，浙江大學學報，人文社會科學版，二〇〇一，一月；李傳印，〈葉適對儒家傳統財政思想的批判〉，安慶師範學院學報，社會科學版，一九九九，三月；周夢江，〈宋代義利之辯與葉適對朱熹的批評——兼論溫州商業社會與永嘉學派的關係〉，溫州師範學院學報，二〇〇四，一月；周夢江，〈南宋永嘉學派與道學的分歧〉，河南大學學報，社科版，一九九二，一月；周夢江，〈南宋著名學者葉適〉，文史知識，一九九二，八月；徐淩雲，〈葉適富人觀的經濟學釋評〉，企業經濟，二〇〇二，十一月；徐洪興，〈論葉適的非孟思想〉，浙江學刊，一九九四，四月；孫麗君，〈葉適的反抑商思想〉，東北財經大學學報，二〇〇〇，一月；湯勤福，〈論葉適的歷史哲學與功利思想〉，雲南社會科學，二〇〇〇，一月；黃書光，〈略論事功派與理想派關於理想人格的建構〉，孔孟學刊，第二十九卷第九期；朱盈靜《葉適的哲學思想暨其對理學與經學的批判》，東吳大學，二〇〇二，碩士論文……等等不可勝數的論著，其關鍵詞，大概也都是功利主義、事功學派、對儒家的批判、對道學的批判、對朱熹的批判等等。眾口一辭，彷彿定論。

我不曉得這種荒唐的現象因何形成，但正如說葉適等人是唯物主義思想家一樣，大概有其時代烙印，以致遺存了這類謬說，禍害至今。

至今不但學界如此，甚至還有不少永嘉溫州人士以「功利」「反道學」「義利雙行，王霸並用」作為自己的文化標籤，沾沾自喜。不知這是遭了誤解而不自知，反倒以惡名為美稱。猶如無錫人常以東林黨人之氣節自矜，東林書院自己的解說詞甚至強調當年士大夫如何如何結為東林黨以對抗閹人。不知「東林黨」乃政敵誣枉之惡名，古代豈有自稱為黨人者？永嘉事功之學，亦論敵誤會且不以為然之辭，焉能據以自名？何況，永嘉又哪裡是講事功而反理學的呢？

誤會永嘉為事功之學，始於朱熹。朱熹與陳亮辯英雄、論漢唐、言王霸，往復數十通，始終不能契合。因為朱熹看見陳亮承認漢唐、承認權變，就為之痛心疾首，以為陳亮是以成敗論是非，看重漢唐的事功，故陷在利欲膠漆盆裡。

近人牟宗三《政道與治道》第十章、勞思光《中國哲學史》第三卷第四章（朱熹之敵論二），都依朱子說，把陳亮定性為英雄主義、功利之學。其後學承流接響，遂也都如此說。其實他們完全弄錯了，陳亮不是朱子所以為的那樣。故陳亮對朱子說：

來教乃有義利雙行、王霸並用之說，則前後布列區區，宜其皆未見悉也。……諸儒自處者曰義曰王，漢唐做得成者曰利曰霸，一頭自如此說，一頭自如此做。如此卻是義利雙行、王霸並用。如亮之說，卻是直上直下，只有一個頭顱做得成耳。向來十論大抵廣敷此義。只如太宗亦只是發他英雄之心誤處本秒忽，而後斷之以大義，豈右其為

霸哉？（甲辰秋書）

其後陳亮的〈乙巳春書〉之二又說：「來論謂亮推尊漢唐以為與三代不異，貶抑三代以為與漢唐不殊。如此則不獨不察其心，亦並與其言不察矣」。之一則勸朱子「平心以聽」。〈丙午秋書〉又強調：「（若）王霸可以雜用，則天理與人欲可以並行矣」，且正告朱子：「不深察其心，則今可止矣」，不願再跟朱子談這個問題了。

但朱子不曉得他完全不瞭解同甫，仍然堅信同甫是尊霸賤王的，《語類》一二三：「問文中子之學，曰：『他有個意思，以為堯舜三代也只與後世一般，只是偶然做得著』……又曰：『近日陳同甫便是這般話說。他便忌程先生說帝王以道治天下，後世只是以智力把持天下。正緣這話說得它病處，它便忌』」。同父若聞此語，定要吐血。

然而，很多人是根據朱子對陳同甫的理解來理解陳氏的。以為同甫真是「義利雙行、王霸並用」（朱子〈答同甫第四書〉）「敗論事非，但取其獲禽之多爾，不羞其詭遇之不出於正」（第六書）「推尊漢唐，貶抑三代」「但有救時之志，除亂之功，則其所為雖不盡合義理，亦自不妨為一世英雄」（第八書）。

如勞思光說陳亮之意是以為凡能成功必有其「理」的事功之學；牟宗三說陳亮是只肯定英雄生命之原始價值的英雄主義，只落在生命強度之實然狀態中。這都是誤解陳氏的謬說。

其實陳氏的意見是根據文中子王通來的，王通就不是英雄主義，陳氏也是要轉英雄為聖人。王通不以成敗論道德，陳氏也不以漢唐有事功即推崇它是王道。陳氏的意思是說：「人心之正，萬世之常法也。苟其不役於喜怒哀樂之私，則曲折萬變而周道常如砥也」（卷四・答問十一）。人心，是不可能滅絕的。且此心即是天理，怎麼可能有幾千年無此心、無天理的日子？所以三代與漢唐的不同，不是心不同，而只是漢唐不能盡心，故〈乙巳與朱子第二書〉說：「某大概以為三代做得盡者也，漢唐做不到盡者也，故曰：心之用有不盡而無常泯，法之文有不備而無常廢。」換句話說：「本領閎闊，工夫至到，便做得三代；有本領無工夫，只做得漢唐」（乙巳秋書）。既非教人承認英雄皆有價值，亦非原始生命之直覺；更非才智主義、事功之學。

的確，陳氏是強調行權的，如卷十三〈五謀臣傳序〉說：「君子行權於正，用智以理，若庖丁之解牛」；〈祭呂祖謙文〉又說：「孝悌忠信常不足以趨天下之變，而材辯智術常不足以定天下之經」，都肯定了通權與適變。但通變並非鼓勵人權譎縱橫，而是要「行權於正」。

因此陳亮的通權說，內部其實有一層轉折，是承認權變，但又要點化權變，使之不失於正。故同甫自謂為九轉丹砂、點鐵成金，能「窒後世英雄豪傑之口而奪其氣，使知千塗萬轍，卒走聖人樣子不得」（乙巳春答朱子第二書），讓英雄無法藉口於行權。

陳氏又曾引王通說：「皇墳帝典，吾不得而識矣。不以三代之法統天下，終危邦也。如不得已，其兩漢之制乎！不以兩漢之制輔天下。誠亂也已」。顯然他是以三代王道為典型，而又不廢漢唐。認為漢唐之道，亦本於三代；只是時有轉移、工夫有不盡，所以不無滲漏、只能名為雜霸而已：「謂之雜霸，其道固本於王也」。因此這根本不是朱子所指責的「王霸並用，義利雙行」【註1】。

二、淵源：本關洛之教

朱子對陳同甫不瞭解，當然也就不可能瞭解葉適。但葉適對朱子卻是極尊重的。在朝廷禁道學（號稱偽學）時，甚至不避忌諱為之辯護，這不僅顯示了他的道德勇氣，更體現他與程朱一派深厚的學術淵源和學術認同感。因此今人舉了一些葉適與程朱見解不同的枝節，誇張地替葉適冠上反理學反朱子的徽號，真是昧於大體，胡說八道！

葉氏自己就是理學，永嘉諸君亦無不講理學，說葉適等人反理學，是沒常識的話。至於葉適反不反朱熹呢？不妨看看葉適自己怎麼說。《水心文集》卷十有〈同安縣學朱先生祠堂記〉，為同安知事毛君祀朱熹於同安縣學宮而作，很能表達葉適對朱熹的整體評價，文曰：

昔孔子既修述堯、舜、禹、三代紀法垂後世，而黃、老、申、韓之流亦各自為書，學者蕩析畔離，苟私所受，未有博採詳考，務合本統也。及董仲舒稍推明之，與人主意合，則雜家異學始絀，而歸壹於孔氏矣。姑設祿利驅縻使從，豈道德果盡信哉！故經師句生無有知者，徒為短狹，蔽大義而已。獨司馬遷採《論語》，發明孟子不言利，為傳世家；孔安國解古文《論語》；揚雄數稱顏淵，篤好孟軻；小戴集記《大學》、《中庸》，鄭玄併注之；孟子有趙岐，論語又有何晏；韓愈、李翺，文人也，愈本曾參，翺尊子思矣。

噫！二千年間，萌蘗汎濫，若存若亡，而大義之難明如此！則其博探詳考，知本統所由，而後能標顏、曾、孟子為之傳，揭《大學》、《中庸》為之教，語學者必曰：「不如是，不足達孔子之道也。」然後序次不差而道德幾盡信矣，非程、張暨朱、呂數君子之力歟！

今夫箋傳衰歇，而士之聰明亦益以放恣，夷夏同指，科舉汨沒，淺識而深守，正說而偽受，交背於一室之內，而不以是心為殘賊無幾矣。余每見朱公極辨於毫釐之微，尤激切而殷勤，未嘗不為之歎息也。夫學莫熟於好、道莫成於樂，顏、曾、孟子所以潛其心也；行莫如誠，止莫如善，《大學》《中庸》所以致其義也。夷佛，疾疢也；科舉，痒痾也：公所甚懼也。

此文幾乎全引，就是因為說葉適反朱熹的人老是喜歡斷章取義，又不顧發言情境。——從情境說，毛君是葉適的學生，他對朱熹這麼崇敬，建祠堂來奉祀，且求序於老師葉適。如果葉適是反朱熹反理學的，請問這可能嗎？再從文章內容看，葉適明言孔孟之道二千年間若存若亡，到了程、張、朱、呂諸君才標明顏曾思孟之道統，並揭《中庸》、《大學》以為教。朱子則尤其激切，「辨析毫釐之微」。這些話對程朱等人的推崇還不高嗎？說他反對道統說、反理學，不是詒癡嗎？

至於這「辨析毫釐之微」到底在辨什麼呢？文章也講得很清楚，那就是義利之辨呀！他認為漢崇儒術以來，經生只是被功利心驅使了去做學問，故說經生無有知者，僅司馬遷懂得孟子不言利的道理而已。現在，讀書人也不是真好道、真樂道，不過用以為科舉，溺於功利而已。所以朱熹「所甚懼也」。

本文因朱熹而上溯程張，兼及呂祖謙，這些人都是他所推崇的。《南安軍三先生祠堂記》則更推及周濂溪：

南安者，昔周子、二程相與講習其地，群聖人之道賴以復明，學者紀焉。……余觀著令，漢而後諸大儒得祀孔子廟廷者，三君子過之遠矣。……然則三君子亦何以過諸大儒哉？蓋道之所以晦鬱於後者，天與人殊而人與己殊，道非其道而學非其學也。理不盡，徒膠昔以病今；心不明，姑捨己以辨物。勤苦而種，皆文藻之末；鹵莽而獲，皆枝葉之餘。揚雄、韓愈猶然，況其下乎！自周子、二程以來，天之命我者，屬乎不離也；我之事天者，吻乎有合也。舜、文王之道即己之道；顏淵、孟軻之學即己之學也。辭華不黜而自落，功利不抑而自退，其本立矣！……此其所以過之遠也。覺於是而進，余所進也；安於是而止，余亦止之。

本文收入《水心文集》卷上，作於嘉定十二年七月。文中把周敦頤、程顥、程頤推尊在揚雄、韓愈之上，強調他們是為己之學，其本領在於立本。能立本，則「功利不抑而自退」。文章末尾還表明了自己跟他們是一致的。

葉適此類言論甚多，如〈龜山楊先生祠堂記〉推美楊龜山：「力行二程之道，黜王氏邪說。節高而安、行峻而和，學者所師，當世所尊」（卷十）；《上蔡先生祠堂記》感慨：「謝良佐，受業二程，與遊酢定夫、楊時中立皆為高弟，號上蔡先生。學者宗其傳，謂顏冉復見也，不幸遭黨人禁錮，未解而卒」等等均是。

上蔡遭黨錮，他都要為之感傷了，朱熹受黨禍，他當然更要挺身而出，為之呼籲，《宋史》本傳載：

朱熹除兵部郎官，未就職，為侍郎林栗所劾。（葉）適上疏爭曰：栗劾熹罪，無一實者，特發其私意而遂忘其欺矣。……蓋自昔小人殘害忠良，率有指名，或以為好名，或以為立異，或以為植黨。近則為道學之目，鄭丙倡之，陳賈和之，居要津者密相付受，見士大夫有稍慕潔修者，輒以道學之名歸之，……以道學為大罪。文致語言，逐去一熹，自此善良受禍，何所不有？

此等議論，自是出於公心，但他與程朱一脈的學術關聯顯然在此起著作用，故深有氣類之感。

事實上葉適與程朱這個淵源關係，根本不必由我來論證，《宋元學案》老早就講得清清楚楚了。其書卷三十二，繫陳傅良、葉適、陳亮、蔡幼學、朱伯起於鄭伯熊門下，而鄭又與王十朋、林光朝、呂祖謙、郎鵬舉諸君出於周行己門下，稱為《永嘉學案》，全祖望後來改稱《周許諸儒學案》，講的都是永嘉陳葉諸子的上輩人【註2】。而這些人，全祖望說：

> 世知永嘉諸子之傳洛學，不知其兼傳關學。考所謂「九先生」者，其六人及程門，其三則私淑也。而周浮沚、沈彬老，又嘗從藍田呂氏遊，非橫渠之再傳乎？鮑敬亭輩七人，其五人及程門。

永嘉諸子出於洛學，本是常識；兼傳關學，才是全祖望的見解【註3】。正因永嘉出於洛學，所以朱子作《伊洛淵源錄》才會寫信找陳傅良求永嘉諸賢事蹟。而這麼明顯的學術淵源與史事常識，現在卻還要我如此費勁地考證說明，豈不哀哉？今人但見葉適有不同於程伊川朱熹的若干見解，遂把他們分疆異派地對立起來看，殊不知葉適與伊川朱熹之不同，只是同一系統內的差異，非敵體競立之關係也【註4】。

三、學術：嚴義利之辨

永嘉學派之性質與淵源，實際上也無庸黃宗羲全祖望等人來推考。因為葉適自己早已講得明明白白了【註5】。《溫州新修學記》述永嘉之學派及其學術內容曰：

昔周恭叔首聞程、呂氏微言，始放新經、黜舊疏，挈其儔論，退而自求，視千載之已絕，儼然如醉忽醒，夢方覺也。頗益衰歇，而鄭景望出，明見天理，神暢氣怡，篤信固守，言與行應，而後知今人之心可即於古人之心矣。故永嘉之學，必兢省禦物欲者，周作於前而鄭承於後也。

薛士隆憤發昭曠，獨究體統，與王遠大之制，叔末寡陋之術，不隨毀譽，必遮故實，如有用我，療復之方安在！至陳君舉尤號精密，民病某政，國厭某法，銖稱鎰數，各到根穴，而後知古人之治可措於今人之治矣。故永嘉之學，必彌綸以通世變者，薛經其始而陳緯其終也。四人，邦之哲民也，諸生得無景行哉！

永嘉之學，一方面是「兢省以禦物欲」，一方面又要「彌綸以通世變」，這兩者合起來才是永嘉之學的全貌。而前者就是程子的繼響、朱子的同道。今人論永嘉，卻往往僅重後者，就其一偏而說，然後讓後者與前者打架，說它是批判、反對程朱理學的，這不是太荒謬了嗎？

那麼，可以說程朱理學講的只上半部分，後一半，彌綸以通世變的本領則是永嘉學派之特長，超出了程朱嗎？

那當然也不對！依葉適之見，他是絕不會同意把兩者打成兩橛的，同時他也絕不會認為朱熹之學徒求克己復禮而不能經世。

這兩點，一些也不難證明。葉適有〈題朱晦庵帖〉說：

謙伯別久，一日過余。將為長興縣，出朱公此紙。乃急迫了劇邑，而不忘博學審問之功，他日聞其政，必異於今人也（卷二十九）。

友人要去做官赴任，拿出朱子的手箚來請葉適題跋，而葉適嘉許他不廢博學審問之功，未來必能當個好官。這一小事，至少可以說明兩點：一是葉適對人之喜愛珍重朱子文箚，頗為贊同，且並不以為朱子文箚之內容會與做官問政不相干；二，謙伯不廢博學審問之功，在他看正是未來能做個好官的必要條件。

永嘉之學的關鍵也即在此。經世與內省禦欲，非但是兩個不可或缺的部分，經世的本領更不是獨立的，其根本就在前半的工夫上。所以前者是後者的基礎。若無此基礎、無此根本而說經世，那就成了永嘉學派所批判的黃老申韓雜霸之學了。請看底下這則文獻：

周道衰，士不知以身為本，而皆以世自名。凡所為立私智、挾汙說，無不欲破壞先王之法而卑薄其身者。然則世安從治而功何由成？宜其不能反而日已仆滅也！漢人淺陋，不原古始，黃、老道德之意，申、韓法術之學，皆破壞先王之法者也，而謂其欲則先王之法；皆蹶喪其世者也，而謂之戴翼其世。嗚呼！可悲也已！子質高而智明，必審擇而固守之：必義無利也，必厚無薄也，必安無躁也，必垂於永久，無苟於一時也，皆所以則先王之法而戴翼其身也。世不是之取而奚取？

本文叫〈錢則甫字說〉，見《水心文集》卷廿九。說錢翼世請葉適替他取個字，葉替他取字曰「則甫」，並作了這篇〈字說〉給他。則，是效法的意思，葉適希望他效法什麼呢？法先王。他說唯有依先生之法才能世治功成。用黃老申韓之術，一般人以為是可以治世的，其實反而都喪世而不能戴翼其身。而所謂先生之法又是什麼呢？葉適說即是以身為本，必審擇而固守之，必義無利。換言之，也就是在義利之辨上要能慎所抉擇，不能苟且於一時，不能逞其私智以牟利。

講事功的人，都自以為聰明，嘲笑孟子的義利之辨太過迂腐。葉適及永嘉諸子在近世被打扮成功利主義鬥士，反抗孔孟、反抗理學，其實即是要藉他們來批判儒家之不言利，而申張自己的功利思想，謂孔孟為迂闊。殊不知葉適正是主張迂闊的。《水心別集》卷三〈士學上〉於此痛乎言之：

儒者以迂闊見非於世，所從來遠矣。三代以前，無迂闊之論。蓋唐、虞、夏、商之事雖不可復見，而臣以詩、書考之，知其崇義以養利，隆禮以致力，其君臣上下皆有闊大迂遠之意，而非一人之所自能者，是故天下亦莫得而名也。

及至周衰，諸侯務求近效，以為先王之道回復而難至，乃始旁徑捷出以便其目前，而利欲富貴在於骨肉親戚之間者，不憚為險詐之行以攘奪之。……當是之時，孔子以匹夫之賤，起而憂之，其規營謀慮，無一身之智而有天下之義，無一時之利而為萬世之計。衛靈公問陳，對曰「俎豆」；齊景公問政，對曰「君臣父子」；或者疑兵食不可去，則曰「自古皆有死」。其問答議論，凡皆若此，無一可施用於當世者。……雖其門人弟子，亦有以為迂者。其後孟軻當六國患秦之日，又自相殘暴，其君臣尤為卑陋，計功於俘馘之內，而問計於間諜之中。然孟子告之，一則仁義，二則仁義。夫所謂仁義者，齊、梁之人莫能識，而況於行之乎！務以翼贊孔氏之意而操必不可從之說。夫孔子、孟軻，所謂迂闊之最大，而後世所以有迂闊之論者自孔、孟始也。嗚呼！天下自周之衰而極於亡秦之亂，天地幾不立矣，所以然者，君臣上下為目前便利之計，月不圖歲、朝不計夕，自以為是，而後來者無所則仰也。彼其君臣父子之道復立，禮義忠信之教復興，乃得永存以至於今世而猶有望其無窮者，此非孔、孟迂闊之力歟？

噫！後世之儒者，徒得其書而讀之，執其所為言以自信而已，尚安能真知迂闊之意！若董仲舒、劉向、揚雄、韓愈之徒，此其於孔氏之門人弟子未能什一也，而世遂以其迂闊而駭之。誠使孔、孟復出，親見其人，與之考論其政事而接聞其言語，其不將有大駭者耶？奈何徒尊其道而棄其人乎！夫所謂迂闊者，言利則必曰與民，言刑則必曰措刑，言兵則必曰寢兵，言當世則必曰唐、虞、三代，而簿書、獄訟不如禮樂，臺、省、府、寺不如學校。其措於事，誠若漫然而不足效者。雖然，疑其迂者自為行必疾，議其闊者自為塗必隘，左侵右偪，將無地以自容而不知也。是不能為迂闊而已！

文章首先說儒者之言，本是古三代之正道，只因春秋世亂以後大家亂搞，才反過來批評儒者所言的三代正道太過迂闊。其次，說在那個世衰道喪的時代，唯有孔孟仍堅持講三代正道那一套，而當時人亦皆以其為迂闊。第三段，說大家自以為是的功利辦法，歷史證明了它根本不能久長，反而是被視為迂闊的孔孟義理，長存於天地之間，那麼到底誰才是真有價值的呢？第四段，接著說後世學孔孟之道的人，往往不能掌握這所謂迂闊的義理。迂闊的義理是什麼？其論治均與一般人不同：一般人講兵講利、誇當世、重獄訟、強調行政管理；孔孟之道卻是講義、講去兵、講堯舜三代、講禮樂、重教育，這些看起來沒什麼實效、不足以治世的辦法，其實才是真正有效且真能治世的。因此，最後他說：「故臣之所甚患者，以上迂闊誚其下，而下亦苟諱其迂闊之名，自貶而求容於世。其小者，學通世務，則錢穀、刑獄不足以深知而徒以紛亂，其大者取三代之不可復行者勉強牽合，以為可以酌古而禦今，二者皆足以敗事。而臣以為必得其迂闊者而用之，天下其幾乎！」

希望大家能真迂闊些、真去講孔孟之道。同樣的講法，又可見於《水心別集》卷九的〈進卷書〉，該文說《尚書》所載的古先聖王之大經大法其實並沒什麼奧妙，只不過存心以天為不可不敬、民為不可不畏，故酌天下之心以處其中而已。後世則不然：「今也喪其常心，而君臣上下相飾以智、相鬪以巧，愈出而愈奇，愈用而愈疑，蓋自秦、漢、魏、晉、唐之君，務為非常不測之智以愚其民，抗焉為其上，方合而遽散，幾得而復失，而欲以空言遮幾於唐、虞、三代之治，是猶桀之譬堯，北行而求其越者也，豈不悖哉！」

葉適論經世的基本路數即是如此。講義、講王道、講存心，自然就能興天下之大利；反之，只講功利，其結果必遭亂。他批判管仲，即本於此一思路。認為：「管仲之術，導利之源，濟之以貪、行之以詐，而天下之亂益起而不息」。不像先王，「以仁義行於其間，而天下之大利何求而不成？」（別集卷六，管仲）。另外，他又在〈廷對〉中勸皇帝說：

陛下求道于《典》、《墳》，求仁于孔氏，是既然矣；求禮樂于漢、唐，則非所求也。漢、唐之始，不及政事，何暇禮樂？且高帝不喜儒，不知學，先王聖人之道無所入於其心，然猶曰：「度吾所能行者」。太宗經理世務，動詢儒生，天資明銳，尤喜文學，然乃曰：「治不必為樂，樂不足為治」。夫不稽之古、不謀之道，而苟欲循其所安，陛下何取焉？深惟今世，上自郊廟，下至田野閭里，制度文為之節，脫略而不備，淺陋而不經。嫁娶、祠祀、飲食、生養無所取法，貧富相遁，無所紀極，而天下之治因以不舉，其患皆坐於禮樂之不明。禮樂不明，則政事不立；政事不立則財用竭而天下

匱矣。陛下慨念天下之大，將奮然有所自為，而不先定其本，則仁心仁聞何由而著，王功帝德何由而隆？（別集・卷九）

一般人論經世治民，都從錢穀、兵刑、政體、人事上說。今人喜談永嘉事功之學，也因永嘉諸子頗有論及此等事者，如葉適就有〈法度〉〈資格〉〈銓選〉〈薦舉〉〈任子〉〈科舉〉〈監司〉〈役法〉〈吏胥〉〈財〉〈治勢〉〈財計〉〈外論〉〈兵〉〈四屯駐大兵〉〈廂禁軍六乎士兵〉等文。看起來與一般儒生只知空談心性而不通世務者不同。其實葉適固然能談這些「彌綸以通世變」的部分，但這部分絕非根本；根本在於〈士學上〉所說的：「崇義以養利、隆禮以致力」。一個人，若能崇義隆禮，則當然也就能去除私欲。

《黃氏日抄》六十八〈讀水心文集〉曾論葉氏《大學講義》云：「前後接續，皆講禮器，公蓋欲以禮為治者。所講率明白，而『釋回增美質』一語，講之尤粹。……然公之所以遞連其講者，實歸宿於末章，欲稱財而為禮，不雜於人欲之流放，以禮從天下而帝王之統緒接也。嗚呼！後世之取財於民，視古百十倍，而用益不足。民窮到骨，朘削愈甚。此禮之不立，而財愈多愈乏使然也。公尚禮學，而尤精究財賦本末，欲起而救之至切也。」黃震對葉適的理解，與葉適自己在〈廷對〉中所顯示的態度，正可相發；而這樣的評論，亦可體現朱子之後學對葉適思想的掌握，基本是正確的。

以上這些言論，較偏於為居上立言，「兢省以禦物欲」的工夫義還不甚顯，若對士人說法，他就直講義利之辨了。《水心文集·卷九·覺齋記》云：

余觀三代之後，世遠俗壞，士以利害得喪為準的，雜揉其思慮、紛汩其聰明，以求參乎人情違順之間；喜相翫也、怒相寇也，障固其公共者使之狹小，闡闢其專私者而更自以為廣大也。於時獨悟特見之士，覺於道而違於世，昏然為天下大迷。

悲夫！以一人而覺一世之所迷，合一世以咻一人之所覺，其所謂問學師友之序、義利人己之辨，常患乎乍存乍亡、若起若滅，方與世俗交而未已也。然則理雖常存，而覺之者病矣。

這是講「覺」的困難，其實也就是朱子臨終慨歎「艱難」的原因，士君子要在這個亂七八糟、競言功利的社會中堅持義利人己之辨，當然是「覺於道而迷於世的」，甚為困難。然而真士與俗士之分，豈不正在此哉？同卷〈李氏中洲記〉就稱讚李之翰能隱居求志：「於氣血利欲之雜先盡矣。遺世以順、照物以哲，故能養心於內，不暴於外，屈伸俯仰，有以自信」，跟一般人不同。一般人則是：「氣血之偏使，常制其中和；利欲之交替，常行於理義。終也則勢力之高下為進退，歲月之壯老為盛衰，規砭未忘而身又蹈之」，所以終究僅能成為嗜欲之小人而已。

此養心工夫，即葉適經世之術的根本。可惜世多嗜欲之徒，竟以嗜欲功利看待葉適及永嘉諸君，而諸君竟以功利名，嗚呼！

附註：

註1：不是只有朱熹才誤解陳亮，永嘉學派中人也頗有人不以陳亮說為然，故陳亮〈與陳傅良書〉有云：「亮與元晦所論，本非為三代、漢唐設，且欲見此道在天地間如明星皎月，閉眼之人，開眼即是，安得有所為暗合者？天理、人欲，豈是同出而異用？只是情之流，乃為人欲耳！人欲如何主持得世界？而尊兄乃云以跳踉叫呼，擁戈而上。元晦之論，只是與二程主張門戶，而尊兄乃名之以正大，且地步平正。嗟呼冤哉！吾兄一世界儒者巨擘，其論如此，亮便應閉口藏舌，不復更下注腳！」態度跟他和朱子辯論一樣，懶得再說了。由此，即可知陳亮冤枉透了，遭了極大的誤解。而由此亦可知陳傅良是贊成朱子的，擔心陳亮把義利之辨講成了「義利雙行，王霸雜用」。

註2：《宋元學案》卷五二，〈止齋學案〉又云：「伊洛之學，東南之士，自龜山、廌山之外，紹興以後，言理性之學者宗永嘉。」全祖望〈奉臨川帖子〉則云：「陳止齋入大學，得於東萊、南軒為多。」又，全氏論艮齋薛季宣則云：「永嘉之學統遠矣！其以程門袁氏之傳為別派者，自艮齋薛文憲公始。」袁氏，指伊川門人袁溉。薛季宣十七歲見袁溉，就請教他義利之辨的看法。袁氏薛氏都出於伊川之學。故全祖望〈永嘉張氏古禮序〉：說「永嘉自九先生而後，伊川之學統在焉，其人才極盛。」

註3：全祖望此說，不能謂無見。永嘉確有近於張載關學之處。但一來直接關係較疏，不似洛學那般緊密；二來，關洛本來近似。張載與二程是親戚，時相講論。二程教人亦常舉張載〈東銘〉、〈西銘〉為說，故永嘉學脈主要仍在洛。若說兼及，則不只兼關學，恐怕也兼邵康節。例如，樓媿跋汪季路所藏邵氏《觀物篇》就說：「余始在永嘉，得先天、方圓二圖於薛象先叔似，傳《皇極經世》之書於王木叔」，可見永嘉之經世還可能與邵雍的《皇極經世》有關係。永嘉學派中人往往通知方術，如薛季宣校勘《陰符經》《山海經》《風后握奇經》，《宋元學案》說他：「小數、方術、兵書無所不通」；薛叔似雖「雅慕朱子窮道德性命之旨」，卻也「談天文、地理、鐘律、象數之學」（宋元學案·卷五二），似不能說均與邵雍之學並無關。但這畢竟非根本所在。故兼及不妨說永嘉亦傳關學或邵雍之學。主脈卻仍是洛學。

註4：自來論者皆較強調永嘉之學與朱熹、陸象山鼎立的狀況，故多就永嘉諸子與朱熹不同處立論。實則永嘉之學，固有其特點，未盡同於朱熹，但與朱子的關係卻頗為密切。學脈相同，本於伊川，而兩者亦多交集，如薛象先叔似「雅慕朱子窮道德性命之旨」；高松從學於朱熹，陳傅良〈送長溪高國楹從學朱元晦〉云：「洛學今無恙，東南屬此翁。從遊雖已晚，趣向竟誰同？」許其能與朱子同趣向，而高松即陳傅良門人。凡此之類，均可見不能僅從永嘉與朱子的對抗關係去看問題。葉適此處的態度，即為明證。

註5：《宋元學案》論永嘉學派，能掌握大脈絡，歸永嘉之源於關洛，這是對的。但對陳同

甫，仍不免受朱子影響，認為它較偏於事功而不夠純粹。因此該書的處理方式是把永嘉跟永康分開，說永嘉學統本於伊洛。故無問題，永康陳亮之學則無所承，故較粗疏。這個區分是錯的，也無必要，關鍵在誤解了陳亮。

二〇一〇，紀念葉適誕辰八百六十周年暨學術研討會論文，在研討會中談此題，真是舉世昏昏而我獨醒。

王學經世：兼論其與朱子學和現代社會之關係

一

陽明學於明末清初備受攻擊，批評者或謂其為禪學，或以亡國之過相責，猶如東晉時人批評何晏、王弼清談禍國一般。王學講本心良知，本來就易予人內證主觀之感，誤會其說「心無外物」是對一切外物都不關心，何況又戴上了混雜於禪的帽子，當然更有出世蹈虛之惡名。不少人譏諷王學心學人士「平時袖手談心性，臨危一死報君王」，無裨於實際。當時有一股講實學之思潮，即起於這種意見氣候中，批評講心學的人都不重實際，所以他們才要來關注實際問題，講經世致用之學。

但無論如何批評王學無裨實際、不能經世致用，這些罪名都扣不到陽明頭上。因為陽明本人恰好是極少數有事功的儒者。不惟在宋明理學家中罕有其比，就是講經世之學的，如永嘉學派或清初所謂實學學者，又有幾人能比得上他？

於是這就構成了一種矛盾的境況。陽明學被視為是無經世功能的學問，也就是只注重身心實踐而缺乏政治實踐與社會實踐，可是陽明本人卻是個有力的反證。那麼是批評者完全搞錯了嗎？還是陽明學在發展中失落了經世性格？抑或王學經世只是陽明在歷史特殊條件下建立的事功，與其良知學並無理論內部之關係？

依我看，王學是可以經世的，良知學與經世致用本來一體，不能打為兩橛。王學，無論陽明本人或其後學，亦輒不忘經世；而由經世這個角度看王學，更可以補充過去只由內證本心良知那一面去論王學之不足，看到王學與朱子學密切的關係。

二

陽明本身的經世實績，人盡皆知，不必詳述；陽明後學之經世事業，近來也頗有抉發。最近的研究，可以張藝曦《社群、家族與王學的鄉里實踐：以明中晚期江西吉水、安福兩縣為例》（二〇〇六年十月，臺大文史叢刊）為代表。本書從社會史的角度討論王氏學術如何草根化；王學學者在地方上又做了些什麼社會事業；這些事業對其建立社會聲望、傳播學術又有何關係等。

其大體內容是指出江右王學與地方家族合作共生，家族成為地方上推動王學的主力。然後藉著這樣的地方力量，王學學者在地方上推動土地重新丈量、賦稅改革、清除虛丁等社會工作，並透過鄉約與書院教化民眾。

該書具體談到的，是吉水同水鄉羅洪先家族對王學的傳揚、鄒元標在縣城的講學；安福北鄉則為鄒元益家族，劉氏、伍氏家族輔之；東鄉另有彭氏、王氏兩家族；西鄉有張氏及劉元卿一家。兩相比較，同水的家族關係網絡比較發達，雖乏固定的建制化講會或書院，王學卻發展得很好，正德嘉靖以來一直是王學的中心。安福的南鄉、北地雖有建制化的會講場所，但主要也仍是家族在主持與推動。

作者大量利用方志與家族史料，重建明中晚期王學在地方發展的歷史，令我們看到王學在具體社會脈絡中如何生存與茁壯。

但他可能想告訴我們的還不止是這些，他恐怕更想強調宗族在王學發展中的重要性。它不但效果勝於書院與講會，書院和講會若無宗族之支撐，亦往往衰敗。反之，縱無書院與講會，宗族網絡本身就能推動著王學的發展。例如安福南鄉劉氏王氏相繼中衰以後，南鄉王學亦衰，最後只留下書院這所建築而已。而南鄉可是具有建制化、固定開放空間供人會講的地方呢！同水鄉則根本只類似家族內部流傳家學的方式，無此建制化的開放會講場所，故其家族網絡較學術網絡發達，李中、羅洪先、曾同亨幾乎都很少公開講學，可是其草根化卻似乎最為成功。相對來說，鄒元標來往不同鄉里講學，又建了不少書院，可是與鄉里士民、家族之互動即不如羅洪先，反而因要建書院講學，須仰賴官方資助，故不易與政治劃清界限，在張居正禁毀書院時，其所辨能文書院便也列名禁毀。

過去的研究者，大抵只注意到陽明學者的書院講學活動，張氏此書把焦點改放到宗族，確實令人耳目一新，所論亦有文獻及資料支持，很堪欣賞。但宗族的重要性高於書院，只是江西之現象還是通例？浙中王學或泰州也是如此嗎？此即不無商榷餘地。且宗族傳學，自漢代傳經以來，即是學問發展的主要模式，故六朝隋唐門第士族均號稱經學禮法傳家。書院相對於這個傳統，乃是將學術傳承與教育由私家人際網絡拉出來，變成一種向公眾開放的領域，本身是具進步性的。陽明本人就十分注重書院講學，也關心社學的發展，更有通過社學去教化一鄉的意識，如《王陽明全集》卷十七所載：

看得贛州社學鄉館，教讀賢否，尚多淆雜。是以詩禮之教，久已施行；而淳厚之俗，未見興起。為此牌仰嶺北道督同府縣官吏，即將各館教讀通行訪擇；務學術明正，行止端方者，乃與茲選。官府仍籍記姓名，量行支給薪米，以資勤苦；優其禮待，以示崇勸。以各童生之家，亦各通行戒飭，務在隆師重道，教訓子弟，毋得因仍舊染，習為偷薄，自取嚴咎（興舉社學牌）。

先該本院據嶺北道選送教讀劉伯頌等，頗已得人；但多係客寓，日給為難，今欲望以開導訓誨，亦須量資勤苦，已經案仰該道通加禮貌優待，給薪米紙筆之資。各官仍要不時勸勵敦勉，令各教讀務遵本院原定教條盡心訓導，視童蒙如己子，以啟迪為家事，不但訓飭其子弟，亦復化喻其父兄。不但勤勞於詩禮章句之間，尤在致力於德行心術之本。務使禮讓日新，風俗日美，庶不負有司作興之意與士民趨向之心，而凡教授於茲土者亦永有光矣。仍行該縣備寫案驗事理，揭置各學，永遠遵照去後。今照前項教條，因本院出巡忙迫，失於頒給，合就查發，為此牌仰本道府即將發去教條，每學教讀給與二張，揭置座右，每日務要遵照訓誨諸生。該道該府官員亦要不時親臨激勵稽考，毋得苟應文具，遂令日就廢弛（頒行社學教條）。

觀其所論，興學並不以興王學為目的，同時興學也不只教生童，還要透過社學來化諭其父兄宗族。這是陽明的深衷。可是假如依張藝曦所說，那就恰好顛反了。王學發展退回到宗族內部，傳統的血緣地緣人際網絡，成了支撐王學的力量，抽離了宗族，書院亦難以存活。這豈不是否定陽明的用心了嗎？又或顯示王學後進在發展中只能依附於傳統勢力與人際網絡呢？情況恐怕不是這樣的。應該說是講學者透過教育，化諭了鄉里，令各宗族亦睦然從風，成為了講學團體或倫理團體。這時，宗族或在其內部就講學，或在族與族之間共講互講，如同水之例；或以宗族力量發展出建制性的公開會講場所，如安福南鄉。書院及講會，是與宗族相互穿透，相協而動的。血緣宗族團體亦因此而轉變成為道義向學團體。換言之，恰好不是王學依託著宗族，乃是宗族受到王學的教化。

三

教化宗族，本來就是宋明理學家一大努力方針。理學家論經世，主要思路即在於此。例如：

管攝天下人心，收宗族、厚風俗者，使之不忘本，須是明譜系、世族與立宗子法。宗族不立，則人不知統系來處，古人亦鮮有不知來處者。宗子法廢，後世尚譜牒，猶有遺風；譜牒又廢，人家不知來處，無百年之家，骨肉無統，雖至親，恩亦薄（正蒙·經學理窟）。

本來，宗族內部只是一種血緣關係；這種血緣關係，要被賦予道德意涵，並要求做為實踐之規範時，才能成為倫理關係。而在宋代以前，宗族即未被賦予這樣的關係。因此宗族也沒有應去實踐道德的倫理義務。

在上古，姓氏宗支的親疏及祭祀關係，實與繼承和分配統治的權力有關，並不以族內倫理關係為主要內容與功能。宋代以後，才講族內孝悌義務，並企圖由敦睦親族而達到整個社會都能風俗淳化的目標。張載伊川之說，可為代表。

南宋時，呂東萊與朱熹推廣此意，更是不遺餘力。如呂東萊的《宗法條目》，就是推衍發揮程子這一類想法的重要著作。《宗法條目》共列有祭祀、忌日、省墳、昏嫁、生子、租賦、家塾、合族、賓客、慶弔、送終、會計、規矩、學規等項，分別說明其行事規範儀節。揆其內容，殆與宋代自溫公以下迄朱子之「家禮」一脈相通。朱子撰《家禮》，自謂是：「顧得與同志之子，熟講而勉行之。庶幾古人所以修身齊家之道，謹終追遠之心，猶可以復見；而國家所以敦化導民之意，亦或有小補云」（文集卷十一），顯然也與程頤張載的用心無異。

朱子在〈跋三家禮範〉中，更自司馬光之後，把厚彝倫、新陋俗的工作，視為他與他朋友同志們共同的事業，說：

> 嗚呼！禮廢久矣，士大夫幼而未嘗習於身，是以長而無以行於家。長而無以行於家，是以進而無以議於朝廷、施於郡縣；退而無以教於閭里、傳之子孫，而莫或知其職之不修也。長沙博士邵君囦，得吾亡友敬友所次三家《禮範》之書，而刻之學宮。蓋欲吾黨之士，相與深孝而力行之，以厚彝倫而新陋俗，其意美矣！然程、張之言猶頗未具，獨司馬氏為成書。……熹嘗欲因司馬氏之書，參考諸家之說，裁行增損，舉綱張目，以附其後。

其欲參考增損，即是「採集附益，並得善本，通校而廣傳之，庶幾見聞有所興起，相與損益折衷，共成禮俗」（跋古今家祭禮）之意。移風異俗，而一再強調家禮祭祀，正是希望透過這些制度，讓人能體現親親孝弟之心。乾道四年（一一六八）九月，呂氏又推廣宗族宗會法之義於社會：

> 凡預此集者，以孝弟忠信為本，其不順於父母、不友於兄弟、不睦於宗族、不誠於朋

友，言行相反，文過遂非者，不在此位。既預集而或犯，同志者規之；規之不可，責之；責之不可，告於眾而共勉之；終不悛者，除其籍（文集卷十）。

這個鄉約，事實上就是再將宗族親睦合會之法推拓到社會上去，是族譜族規的擴大，故後世往往也將它併收到族譜族規裡，因為內涵是一樣的。朱熹對此鄉約極為重視，特「取其他書及附己意，稍增損之，以通於今，而又為月旦集會續約之禮」，見《文集》卷七四〈增損呂氏鄉約〉。

換言之，宋代理學家努力地以重定族譜功能，建立宗法條目，編修家禮，組織宗族宗會等辦法，來改造宗族，把一個血緣團體變化成為有道德義務且須努力實踐其倫理規定的團體。再由一個個宗族，拓展到一個個鄉，以鄉約化民。

因此，書院講學、家族宗會、鄉里會約，內在是一致的，只是對象施用範圍略異而已，以此化民成俗，亦以此經世。

四

王陽明的思路也是如此的，而與朱子關係尤密，《全集》卷六〈寄鄒謙之書之二〉：

承示《諭俗禮要》，大抵一宗《文公家禮》而簡約之，切近人情，甚善甚善！非吾謙之誠有意於化民成俗，未肯汲汲為此也！古禮之存於世者，老師宿儒當年不能窮其說，世之人苦其煩且難，遂皆廢置而不行。故今之為人上而欲導民於禮者，非詳且備之為難，惟簡切明白而使人易行之為貴耳。中間如四代位次及祔祭之類，固區區向時欲稍改以從俗者，今皆斟酌為之，於人情甚協。蓋天下古今之人，其情一而已矣。先王制禮，皆因人情而為之節文，是以行之萬世而皆準。其或反之吾心而有所未安者，非其傳記之訛闕，則必古今風氣習俗之異宜者矣。此雖先王未之有，亦可以義起，三王之所以不相襲禮也。若徒拘泥於古，不得於心，而冥行焉，是乃非禮之禮，行不著而習不察者矣。後世心學不講，人失其情，難乎與之言禮！然良知之在人心，則萬古如一日。苟順吾心之良知以致之，則所謂不知足而為屨，我知其不為蕢矣。非天子不議禮制度，今之為此，非以議禮為也，徒以末世廢禮之極，聊為之兆以興起之。故特為此簡易之說，欲使之易知易從焉耳。冠、婚、喪、祭之外，附以鄉約，其於民俗亦甚有補。至於射禮，似宜別為一書，以教學者，而非所以求諭於俗。今以附其間，卻恐民間以非所常行，視為不切，又見其說之難曉，遂並其冠、婚、喪、祭之易曉者而棄之也。《文公家禮》所以不及於射，或亦此意也歟？幸更裁之！

……祠堂位次祔祭之義，往年曾與徐曰仁備論。曰仁嘗記其略，今使錄一通奉覽，以備採擇。

或問：「《文公家禮》高、曾、祖、禰之位皆西上，以次而東。於心竊有未安。」陽明子曰：「古者廟門皆南向，主皆東向。合祭之時，昭之遷主列於北牖，穆之遷主列於南牖，皆統於太祖東向之尊。是故西上，以次而東。今祠堂之制既異於古，而又無太祖東向之統，則西上之說誠有所未安。」曰：「然則今當何如？」曰：「禮以時為大。若事死如事生，則宜以高祖南向，而曾、祖、禰東西分列，席皆稍降而弗正對，似於人心為安。曾見浦江鄭氏之祭，四代考妣，皆異席。高考妣南向，曾、祖、禰考皆西向，妣皆東向，名依世次，稍退半席。其於男女之列、尊卑之等，兩得其宜。今吾家亦如此行。但恐民間廳事多淺隘，而器物亦有所不備，則不能以通行耳。」又問：「無後者之祔於己之子姪，固可下列矣。若在祖宗之行，宜何如祔？」陽明子曰：「古者大夫三廟，不及其高矣；適士二廟，不及其曾矣。今民間得祀高、曾，蓋亦體順人情之至，例以古制，則既為僭，況在其行之無後者乎！古者士大夫無子，則為之置後，無後者鮮矣。後世人情偷薄，始有棄貧賤而不問者。古所為無後，皆殤子之類耳。〈祭法〉：『王下祭殤五：適子、適孫、適曾孫、適玄孫、適來孫。諸侯下祭三，大夫二，適士及庶子祭子而止。』則無後之祔，皆子孫屬也。今民間既得假四代之祀，以義起之，雖及弟姪可矣。往年湖湘一士人家，有曾伯祖與堂叔祖皆賢而無後者，欲為立嗣，則族眾不可；欲弗祀，則思其賢，有所不忍也。以問於某。某曰：不祀二三十年矣，而追為之嗣，勢有所不行矣。若在士大夫家，自可依古族屬之義，於春、秋二社之次，特設一祭。凡族之無後而親者，各以昭穆之次配祔之，於義亦可也。」

本文可分成三段，重點一是以定家禮為化民成俗之法，這便可印證我上文所說王學頗以教化宗族為職志。陽明對家禮有此見解，並不是碰到鄒謙之來問，才如此云云的。你看他文末一大段，就是「往年曾與徐曰仁備論」祠堂祖宗牌位位次及祔祭之義。觀此，便知陽明於此夙所究心，是有過研究的，所以前文說「區區向時欲稍改以從俗」。

古代天子七廟、諸侯五廟、五乘之地者祭三世、三乘之地者祭二世，一般庶民持手而食，不得立廟，故亦不祭祖。司馬光《家禮》鑑於時代變遷，才建議民可祭曾祖，程伊川則云應祭高祖。明代庶人可祭四代，恐僭，乃改家廟為祠堂。陽明談祠堂位次祔祭，就是要確定在這種新的祠廟秩序中如何祔祭子嗣的問題。徐曰仁問陽明：「然則今當如何？」就點出了這是個新時代的新問題，陽明所說，則為制禮。怎麼制呢？參考古禮之義而斟酌之。家禮的內容，當然不只有祭禮祭法，只因祭法在此時一般人正無所適從，故特詳言之。

陽明論祭法祭禮，是斟酌舊禮以制新裁，論射禮則是依循朱子之見，索性刪去了。刪去的原因，是「非所以求諭於俗」，也就可見他是從化民諭俗的角度考量這些問題的。鄒謙之書，名《諭俗禮要》，亦由於此。

《諭俗禮要》是根據朱熹《家禮》來的。家禮，看起來應行於一家之內，可是其間就「附以鄉約」，而陽明亦認為如此甚好，「其於民俗亦甚有補」。這也可以呼應我上文所說宗族內部之孝悌倫理要求跟宗族外鄉里的倫理規約，在宋明理學家看來是一貫相連的。陽明在這些地方，可說均是衍朱子之緒。

較特別處，在於他把家禮鄉約跟心學結合在一起講，說：「後世心學不講，人失其情，難乎與之言禮。然良知之在人心，則萬古如一日。苟順吾心之良知以致之，則所謂不知足而為屨，我知其不為蕢矣！」一方面把禮制損益的根據放在心上說，謂心安就合禮，不安則禮必非；一方面把制禮的活動跟致良知的「致」結合，表明儒者既講心學就應制禮，不贊成古人「非天子不議禮制度」之說。

這種做法，也是把他自己的良知說和朱子的家禮鄉約合在了一起。禮不是外在的一套制度，乃是因乎人情，合於人心的儀度。

在此，陽明之說看來是一種鈎合，將朱子之禮，拉到自己所主張的致良知學說上來講。可是細細考察，似又不然。例如此處論制禮就不採用胡五峰那種仁體禮用說。五峰云：「學聖人之道，得其體，必得其用。……井田、學校、封建、軍制，皆聖人竭心思致用之大者」，把致放在致用上講，便與陽明致良知之致不同，依陽明說，禮是順良知以致的，因此不應說是用。

陽明學一向被認為較近胡五峰陸象山一系，但由論禮這方面看，他卻不近五峰而近朱子。朱子論禮，即不說是用而說禮也是體，且批評：「今江西有般鄉談，才見分段子，便說到是用不是體」。不知禮即是體，見《語類》卷六，因為禮不是別的，就是仁心，是仁表現為禮。具體說到恭敬、羞惡、是非、惻隱才是用。由於朱子把仁與禮的關係如此看，所以復禮就是歸仁，仁與禮就只是一個道理的兩個指稱，對於制禮之事，則亦要「一一以禮文心即之，使之無不中節，乃嘉其所會也」。以禮文心即之，不是和陽明「順吾心之良知以致之」很接近嗎？

五

以上是與朱子家禮有關的部分。〈南贛鄉約〉部分，與朱子鄉約的關係更為密切。正德末年，陽明所定之約，即以朱子增損呂氏之本為依據：

> 咨爾民，昔人有言：「蓬生蔴中，不扶而直；白沙在泥，不染而黑。」民俗之善惡，豈不由於積習使然哉！往者新民蓋常棄其宗族，畔其鄉里，四出而為暴，豈獨其性之異，其人之罪哉？亦由我有司治之無道，教之無方。爾父老子弟所以訓誨戒於家庭者，薰陶漸染於里閈者無素，誘掖獎勸之不行，連屬協和之無具，又或憤怨相激，狡偽相殘，故遂使之靡然日流於惡，則我有司與爾父老子弟皆宜分受其責。嗚呼！往者不可

及，來者猶可追。故今特為鄉約，以協和爾民，自今凡爾同約之民，皆宜孝爾父母，敬爾兄長，教訓爾子孫，和順爾鄉里，死喪相助，患難相恤，善相勸勉，惡相告戒，息訟罷爭，講信修睦，務為良善之民，共成仁厚之俗。嗚呼！人雖至愚，責人則明；雖有聰明，責己則昏。爾等父老子弟毋念新民之舊惡而不與其善，彼一念而善，即善人矣；毋自恃為良民而不修其身，爾一念而惡，即惡人矣；人之善惡，由於一念之間，爾等慎思吾言，毋忽！

約分三部分，以上是第一部分，說明立約的緣故，在於彼此協助以共趨於善。值得注意者，為整個說明均未由良知或致良知講，而是從荀子講起。「昔人有言」云云，即出荀子〈勸學篇〉，接著稱「民之善惡，豈不由於積善使然哉」，也是荀子說。

依荀子之見，人生之性只是自然，但順性而為，不以禮義教化之，便會流於惡。陽明曰：「有司治之無道，教之無方；爾父老子弟所以訓誨戒飭於家庭者不早，薰陶漸染於里閈者無素，誘掖獎勵之不行」等等，遂使子弟靡然日流於惡，正是荀子說的翻版。尤其是說作惡的人「豈獨其性之異，其人之罪哉」，比荀子講得更遠。

荀子是說要化性起偽的，偽是人為的勸學、教化、積善等等。可是性本身並不是惡的，只是說若不教化便將流於惡罷了。陽明說那些作亂的人，不只是本身性與人異，也缺了教化，豈不是說那些人本身就性惡嗎？這可能只是因為文章重點在呼籲鄉里一起來講信修睦，故未由鼓舞人本身的良知善性說，但整體看來確實有偏於荀子禮教一路之傾向，論性糾惡，則更甚於荀子。王學之複雜，亦由此可見。這是歷來研究者沒注意到的。

第二部分，為鄉約的具體內容。其中又分兩部分，前五則是對於約的組織法，後九則是講約要處理什麼事。先說前者：

一，同約中推年高有德為眾所敬服者一人為約長，二人為約副，又推公直果斷者四人為約正，通達明察者四人為約史，精健廉幹者四人為知約，禮儀習熟者二人為約贊。置文簿三扇：其一扇備寫同約姓名，及日逐出入所為，知約司之；其二扇一書彰善，一書糾過，約長司之。

一，同約之人每一會，人出銀三分，送知約，具飲食。毋大奢，取免饑渴而已。

一，會期以月之望，若有疾病事故不及赴者，許先期遣人告知約；無故不赴者，以過惡書，仍罰銀一兩公用。

一，立約所於道里均平之處，擇寺觀寬大者為之。一彰善者，其辭顯而決；糾過者，其辭隱而婉；亦忠厚之道也。如有人不弟，毋直曰不弟，但云聞某於事兄敬長之禮，頗有未盡；某未敢以為信，姑案之以俟；凡糾過惡皆例此。若有難改之惡，且勿糾，使無所容，或激而遂肆其惡矣。約長副等，須先期陰與之言，使當自首，眾共誘掖獎勸之，以興其善念，姑使書之，使其可改；若不能改，然後糾而書之；又不能改，然後白之官；又不能改，同約之人執送之官，明正其罪；勢不能執，戮力協謀官府請兵滅之。

一，通約之人，凡有危疑難處之事，皆須約長會同約之人與之裁處區畫，必當於理濟於事而後已；不得坐視推託，陷人於惡，罪坐約長約正諸人。

明成祖時，曾取呂氏鄉約頒降天下，但並未實際推行，主要只是以里老人製作為敦化措施。洪武十四年（一三八一）首先實施里甲制，此後再配合行里老人制，於是鄉村關於戶婚、田土、鬥毆等事不直接訴諸知縣，皆由在地老人先行決斷，同時又頒行鄉村統治政策集大成的《教民榜文》。里老人制的精神，主要從民間調停機制脫胎而來，官方利用里老人制與民間調停機制並存的方式解決鄉村紛爭。

里老人制與鄉約的差異，一是鄉約有組織化的教化機構，從約正、約副、約贊、司講，各有其任務分掌；二是教化方式有所改進，鄉約不只是宣講〈六諭〉等文，還更有所敷演，以令民眾理解。陽明對鄉約的組成，說要怎麼設鄉所，怎麼收會銀，怎麼聚會，並設立約長、約副、約正、約史、知約、約贊，即屬於這個部分。

明中葉以後，戶部又命令以太祖〈六諭〉做為鄉約之內容。每州縣村落聚會時，朔日社首社正率全會誦讀〈六諭〉，以致〈六諭〉為主，鄉約為從。陽明此處說約時「北面跪聽約正讀告諭畢」，接著大家再走出會所，分東西立，「約正讀鄉約畢」，即反映了這種現實。

後來王學學者如羅汝芳在安徽寧國府知府任上推行鄉約，或前述吉安地區王學學者推行鄉約時也均是如此。朱鴻林〈明代嘉靖年間的增城沙隄鄉約〉則以湛若水的增城沙隄鄉約為例，指出：這是引用〈六諭〉做為法源依據與護身符（二〇〇〇，燕京學報，新八期）。陽明及其後學的情況大抵也是如此。

後面九則說明鄉約要處理的事，其實也就涉及了鄉約的功能。第一是協助官方要求人民納糧當差，二是防止地方豪戶或異境客商欺壓窮民，三是禁止鄉里鬥毆，四是防止軍民與盜賊私通呼應，五是防止胥吏及地方主管階層剝削欺制下民，六七是協助盜賊或附盜之民自新，八是不准因女婚嫁取財，九是革新喪葬禮俗：

一，寄莊人戶，多於納糧當差之時躲回原籍，往往負累同甲；今後約長等勸令及期完納應承，如蹈前弊，告官懲治，削去寄莊。

一，本地大戶，異境客商，放債收息，合依常例，毋得磊算；或有貧難不能償者，亦宜以理量寬；有等不仁之徒，輒便捉鎖磊取，挾寫田地，致令窮民無告，去而為之盜。今後有此告，諸約長等與之明白，償不及數者，勸令寬捨；取已過數者，力與追還；如或恃強不聽，率同約之人鳴之官司。

一，親族鄉鄰，往往有因小忿投賊復讎，殘害良善，釀成大患；今後一應鬥毆不平之事，鳴之約長等公論是非；或約長聞之，即與曉諭解釋；敢有仍前妄為者，率諸同約呈官誅殄。

一，軍民人等若有陽為良善，陰通賊情，販買牛馬，走傳消息，歸利一己，殃及萬民者，約長等率同約諸人指實勸戒，不悛，呈官究治。

一，吏書、義民、總甲、里老、百長、弓兵、機快人等若攬差下鄉，索求賫發者，約長率同呈官追究。

一，各寨居民，昔被新民之害，誠不忍言；但今既許其自新，所占田產，已令退還，毋得再懷前讎，致擾地方；約長等常宜曉諭，令各守本分，有不聽者，呈官治罪。

一，投招新民，因爾一念之善，貸爾之罪；當痛自克責，改過自新，勤耕勤織，平買平賣，思同良民，無以前日名目，甘心下流，自取滅絕；約長等各宜時時提撕曉諭，如踵前非，呈官懲治。

一，男女長成，各宜及時嫁娶；往往女家責聘禮不充，男家責嫁妝不豐，遂致愆期；約長等其各省諭諸人，自今其稱家之有無，隨時婚嫁。

一，父母喪葬，衣衾棺槨，但盡誠孝，稱家有無而行；此外或大作佛事，或盛設宴樂，傾家費財，俱於死者無益；約長等其各省諭約內之人，一遵禮制；有仍蹈前非者，即與糾惡簿內書以不孝。

陽明在南贛時另有一則告諭，也提到居喪不得用鼓樂、為佛事。又說病者不得聽信邪術，專事巫禱，應求醫問藥；嫁娶之家，豐儉稱貲，不得計較聘財妝奩，亦不得大會賓客，酒食連朝；親戚隨時相問，以誠心實禮為貴，不得徒飾虛文，為送節等名目，以至奢靡相尚，浪費錢財；街市村坊，不得迎神賽會，百千成群，以至有無益之費。見《全集》卷十六〈告諭〉。

據該文說：「有不率教者，十家牌鄰互相糾察，容隱不舉正者，十家均罪」。可見：鄉約所要對治的正是南贛之陋俗，印行告諭牌文談的也是同樣的問題。

文告最後說：

一，當會一日，知約預於約所灑掃張具於堂；設告諭牌及香案南向。當會日，同約畢至，約贊鳴鼓三，眾皆詣香案前序立，北面跪聽約正讀告諭畢；約長合眾揚言曰：「自今以後，凡我同約之人，祗奉戒諭，齊心合德，同歸於善；若有二三其心，陽善陰惡者，神明誅殛。」眾皆曰：「若有二三其心，陽善陰惡者，神明誅殛。」皆再拜，興，以次出會所，分東西立，約正讀鄉約畢，大聲曰：「凡我同盟，務遵鄉約。」眾皆曰：「是。」乃東西交拜。興，知約以次就位，少者各酌酒於長者三行，知約起，設彰善位於堂上，南向置筆硯，陳彰善簿；約贊鳴鼓三，眾皆起，約贊唱：「請舉善！」眾曰：「是在約史。」約史出就彰善位，揚言曰：「某有某善，某能改某過，請書之，以為同約勸。」約正遍質於眾曰：「如何？」眾曰：「約史舉甚當！」約正乃揖善者進彰善位，東西立，約史復謂眾曰：「某所舉止是，請各舉所知！」眾有所知即舉，無則曰：「約史所舉是矣！」約長副正皆出就彰善位，約史書簿畢，約長舉杯揚言曰：「某能為某善，某能改某過，是能修其身也；某能使某族人為某善，改某過，是能齊其家也；使人人若此，風俗焉有不厚？凡我同約，當取以為法！」遂屬於其善者；善者亦酌酒酬約長曰：「此豈足為善，乃勞長者過獎，某誠惶怍，敢不益加砥礪，期無負長者之教。」皆飲畢，再拜會約長，約長答拜，興，各就位，知約撤彰善之席，酒復三行，知約起，設糾過位於階下，北向置筆硯，陳糾過簿；約贊鳴鼓三，眾皆起，約贊唱：「請糾過！」眾曰：「是在約史。」約史就糾過位，揚言曰：「聞某有某過，未敢以為然，姑書之，以俟後圖，如何？」約正遍質於眾曰：「如何？」眾皆曰：「約史必有見。」約正乃揖過者出就糾過位，北向立，約史復遍謂眾曰：「某所聞止是，請各言所聞！」眾有聞即言，無則曰：「約史所聞是矣！」於是約長副正皆出糾過位，東西立，約史書簿畢，約長謂過者曰：「雖然姑無行罰，惟速改！」過者跪請曰：「某敢不服罪！」自起酌酒跪而飲曰：「敢不速改，重為長者憂！」約正、副、史皆曰：「某等不能早勸諭，使子陷於此，亦安得無罪！」皆酌自罰。過者復跪而請曰：「某既知罪，長者又自以為罰，某敢不即就戮，若許其得以自改，則請長者無欲，某之幸也！」趍後酌酒自罰。約正副咸曰：「子能勇於受責如此，是能遷於善也，某等亦可免於罪矣！」乃釋爵。過者再拜，約長揖之，興，各就位，知約撤糾過席，酒復二行，遂飯。飯畢，約贊起，鳴鼓三，唱：「申戒！」眾起，約正中堂立，揚言曰：「嗚呼！凡我同約之人，明聽申戒，人孰無善，亦孰無惡；為善雖人不知，積之既久，自然善積而不可掩；為惡若不知改，積之既久，必至惡積而不可赦。今有善而為人所彰，固可喜；苟遂以為善而自恃，將日入於惡矣！有惡而為人所糾，固可愧；苟能悔其惡而自改，將日進於善矣！然則今日之善者，未可自恃以為善；而今日之惡者，亦豈遂終於惡哉？凡我同約之人，盍共勉之！」眾皆曰：「敢不勉？」乃出席，以次東西序立，交拜，興，遂退（卷十七）。

這是詳細說明相約的具體運作方式。由其運作即可見其為一鄉里自主的自治型態，跟陽明其他相關文獻，如在南贛發布的〈十家牌法告諭各府父老子弟〉〈告諭各府父老子弟〉〈告諭新民〉〈告諭浰頭巢賊〉〈告諭〉〈告諭父老子弟〉等；在征藩時發布的〈告諭安義等縣通戶〉〈告諭頑民〉；在征思田時的〈告諭村寨〉〈告諭新民〉等，雖是同一目的，但性質不同。

有的告諭，他還明令官屬廣為翻印散發；「照式翻刊多用紙張，即發所屬各縣，查照十家牌甲，每家給與一道。其鄉村山落，亦照屯堡里甲分散，務遵依告諭，互相戒勉，共興恭儉之風，以成淳厚之俗」。並且指令官府：「於城郭鄉村惟選素行端方，人所信服者幾人，不時巡行曉諭，各要以禮優待，作興良善，以勵末俗，毋得違錯」。可見移風易俗，允為陽明政務之大事，與鄉約的功用適相符同。

但是，這些告諭均是一種行政措施或宣告，其實質是以公權力來強制或半強制推動此類工作，故征藩時的〈告諭安義等縣通戶〉云：「務益興行禮讓，講信修睦，以為改惡從善者之倡。族黨之中，果有長惡不悛，不聽勸諭者，眾共拘執送官，明正典刑，以安善類，毋容莨莠，致害嘉禾」（卷十七）。提督廣西四省軍務時的〈告諭村寨〉亦云：「各宜益堅為善之心，共用太平之樂。其間平日縱有罪犯，從今但能中心改過，官府決不追論舊惡」（卷十八）。

在勸善或惡、敦勵風俗背後，都有政府公權力的威嚇在。相較之下，鄉約的性質就剛好相反，基本上是村里自治自決的，要靠同約的人共同合議以懲惡勸善，條約最後一則長文，就是為了詳細說明約會時如何靠這種同約之力量與程式來達到敦勵風俗的效果。

當然，如果鄉里自治型的約會無法達成這些效果，最後仍將訴之官府。所以條約中提到：若大戶不仁「或恃強不聽，率同約之人鳴之官」；若鄉里鬥毆報仇，屢勸不聽，「仍前妄為者，率諸同約呈官誅殄」；以及其他「不悛，呈官究治」「有不聽者，呈官治罪」。但這只能說是以官府為後盾，所倚賴的，仍是同約共議所定之是非，基本性質就跟保甲法或「十家牌法」不同。

陽明之前，正統年間的保甲制度，是配合明初的里甲制共同實施的。如正統十二年御史柳華在鄧茂七之亂後，為了強化里甲制的機能，並維持鄉里治安而在福建設置的總小甲制。清水盛光《中國鄉村社會論》，第一篇第一章；谷口規矩雄《明代徭役制度史研究》等書對此敘述甚詳。陽明所定十家牌法，也是保甲一類，十家為一牌，亦即是一甲，以連坐的方式命各戶人家共同監督，防止宵小匪徒混入農家。

在陽明，此等保甲法與鄉約原相表裡，一者以行政措施建立地方禦盜組織，一者以村里自治形成自助自勵體系，而兩者互相搭配。如鄉約第十一、十二條就談到附匪投匪民眾自新的問題，第九條談到軍民替盜匪報消息做內應的情況，顯見鄉約既構成一地方自治自保之體系，對於禦盜防侮必是有幫助的。

但保甲與鄉約畢竟性質非一，保甲著在安全保衛，鄉約重在風俗勸勵。故從組成上看，保甲乃行政組織，鄉約為地方自治；從內涵上說，保甲是治安的，鄉約是道德的。

不過，在一個鄉裡，鄉約和保甲，參與者大抵為同一批人，它們功能又相表裡，因此兩者也會有一體化的現象。或因鄉約而兼保甲功能，或以保甲推動著鄉約的發展。例如江西吉水曾昂在正德年間便推行鄉約保甲二法，以拒盜，此地因「七十餘年奸宄屏跡，外戶不閉，向來淳俗藉以維持為多」（曾同亨〈同水鄉約引〉，見《泉湖山房稿》卷十五）。待嘉靖四十年（一五六一）吉水又遭閩廣流賊來寇，羅洪先繼作〈同水鄉約〉，並編練鄉兵守禦鄉里，胡直形容當時的景象是：

同江一帶，約令畫守，鄉兵萬眾，各相勸，軍容整飭，聯數十舟，上下警巡，戒客舟毋得近岸，賊莫得渡，一境盡全（胡直《衡廬精舍藏稿》卷二十三〈念庵先生行狀〉）。

可見鄉約即是鄉兵、鄉約實兼地方禦寇之重任。羅洪先〈刻鄉約引〉對此亦明言之，說在同水鄉實行的鄉約，正因「利禦寇，故眾樂從」（念庵文集，卷六）。至萬曆年間，曾昂族孫曾同亨再訂同水鄉約時，則參酌了羅欽順的雲亭鄉約，說：「夫泉南約主保禦，而雲亭約主禮教，斯二者何於偏廢？」（同上）事實上就陽明原初之設計言之，鄉約只主禮教，保甲之類十家牌法才主保禦，但在某些地方基於現實，頗有混同，或竟以鄉約來主持保禦之責，亦不罕見。

雖然如此，我們卻不能不指出：鄉約與保甲畢竟本質不同。將鄉約轉為保甲功能，看來頗具現實效益，其實等於消滅了鄉約。日本鈴木博之分析明代徽州府鄉約指出，此地設立鄉約的目的本在維持「禮的秩序」，但在鄉約與保甲一體化後，漸從此一目的逸脫，而轉向強調維持「法的秩序」，由於理想與現實的落差，使得徽州鄉約最後趨於空洞化。講的就是這個問題（〈明代徽州府的鄉約〉，《山根幸夫教授退休記念明代史論叢》，東京：汲古書院，一九九〇）。

王學學者所推行之鄉約，雖可能在某些時候因現實需要而以禦寇為主，但盜患稍戢，即便回歸於禮教，正是要防止這個弊端。曾同亨采酌羅欽順的〈雲亭鄉約〉，或萬曆時唐伯令在泰和定的〈西昌鄉約〉，都具這個性質。

當時除上文所舉一些例子外，王學學者推動鄉約者，可謂所在多有。如浙江王學學者季本在廣東揭陽主簿任內便曾與當地王學學者薛侃合作推行〈榕城鄉約〉。嘉靖十三年（一五三四）季本任吉安府同知時，聶豹便敦請永豐知縣彭善、吉安知府屠太山酌取季本的揭陽經驗用於永豐，於是制定〈永豐鄉約〉。因此王學後來能在地方上形成巨大的影響，殊非偶然。

鄉約自然還有許多值得評述之處，張藝曦等人對之也已有不少有申論，但本文重點並不在那些具體推行之實務狀況，故大體說明如上，我想就已夠了。談陽明及其後學在興學（包括社學、書院、個別講會等）、教化宗族、建立鄉約各方面的努力，主要是想以此來看陽明經世之學的規模。

六

陽明論經世，有政治實踐與社會實踐兩個面向。政治實踐，主要是親民說。《文錄》與鄒謙之第四函云：「正之歸，備談政教之善，勤勤懇懇，開誘來學，毅然以斯道為己任」，批評「獨以慨夫後儒之沒溺詞章，雕鏤文字以希世盜名」。即可見其學不以空文為主，重在政教之善。「教」不用說了，「政」則陽明曰：

南子元善之治越也，過陽明子而問政焉。陽明子曰：「政在親民。」曰：「親民何以乎？」曰：「在明明德。」曰：「明明德何以乎？」曰：「在親民。」曰：「明德、親民，一乎？」曰：「一也。明德者，天命之性，靈昭不昧，而萬理之所從出也。人之於其父也，而莫不知孝焉；於其兄也，而莫不知弟焉；於凡事物之感，莫不有自然之明焉；是其靈昭之在人心，亙萬古而無不同，無或昧者也，是故謂之明德。其或蔽焉，物欲也。明之者，去其物欲之蔽，以全其本體之明焉耳，非能有以增益之也。」曰：「何以在親民乎？」曰：「德不可以徒明也。人之欲明其孝之德也，則必親於其父，而後孝之德明矣；欲明其弟之德也，則必親於其兄，而後弟之德明矣。君臣也，夫婦也，朋友也，皆然也。故明明德必在於親民，而親民乃所以明其明德也。故曰一也。」曰：「親民以明其明德，修身焉可矣，而何家、國、天下之有乎？」曰：「人者，天地之心也；民者，對己之稱也；曰民焉，則三才之道舉矣。是故親吾之父以及人之父，而天下之父子莫不親矣；親吾之兄以及人之兄，而天下之兄弟莫不親矣。君臣也，夫婦也，朋友也，推而至於鳥獸草木也，而皆有以親之，無非求盡吾心焉以自明其明德也。是之謂明明德於天下，是之謂家齊國治而天下平。」曰：「然則烏在其為止至善者乎？」「……天命之性，粹然至善。其靈昭不昧者，皆其至善之發見，是皆明德之本體，而所謂良知者也。至善之發見，是而是焉，非而非焉，固吾心天然自有之則，而不容有所擬議加損於其間也。有所擬議加損於其間，則是私意小智，而非至善之謂矣。人惟不知至善之在吾心，而用其私智以求之於外，是以昧其是非之則，至於橫騖決裂，人欲肆而天理亡，明德親民之學大亂於天下（全集，卷七，親民堂記）。

陽明另有〈書朱子禮卷〉說：「明德、親民，一也。古之人明明德以親其民，親民所以明其明德也。是故明明德，體也。親民，用也。而止至善，其要矣」，又說：「學之所以為政，而政所以為學，皆不外乎良知焉」（全集，卷八），也都足以與〈親民堂記〉相發明。

這是陽明論政的綱領。做官的人，因己之好惡，得民之好惡；去己之蠹，於是也就去民之所患。個人明德乃因此通之於親民，把老百姓看得是自己親人一般。

在談政治實踐這個面向時，陽明之說大抵如此。偏於從原則原理上說，且謂明明德為體、親民為用。可是在社會實踐上，陽明論辦學講學、家禮宗祀、鄉約保甲等等，陽明卻少說原則，談了許多具體措施，這是跟他論政不同的第一點。

其次，在論社會實踐事務時，他固然也會和良知說合在一起講，如其論家禮時說制禮應本良知；但因其具體措施多本於朱子，以致良知親民說也漸有拉歸朱子學的跡象。為民制禮時，對禮的解釋甚至還近於荀子，這也頗與其論政不同。

但不管如何，講論興學、教化宗族、鄉約共善，這幾套社會實踐措施，是陽明所殷殷致意的，也是張橫渠、司馬光、程伊川、朱熹、呂祖謙以來就一直在努力的。儒者經世，其實踐於社會者，宋明儒之氣力，主要集中於此。而這個面向及具體措施，在今天看來格外具有意義。

興學部分。民間講學，目前大陸已漸復甦。宗族也漸恢復，但大概較多的只是重建祠堂、重修家譜而已。族人定期會聚，而且在婚冠慶弔等活動中形成一套禮範，推行著孝悌親睦的倫理要求，則尚罕見。家禮既不行於宗族，當然也就不行於社會。新時代的《家禮》，尚無學者編輯。至於地方自治的鄉約，更未見蹤跡了。今後推展陽明學，除了會講形式的研討會之外，希望能再多從這些地方入手。

黃宗羲民本思想探賾——關於王學經世的再討論

一、證人書院之學風

黃宗羲於康熙七年在寧波創辦甬上證人書院，至康熙十四年結束，裁成學生約四十人，如萬斯同、萬斯大、仇兆鰲等皆在其中。據李文胤《杲堂文鈔》卷三〈送萬充宗授經西陵序〉說：「黃先生教人必先通經，使諸子從六藝以聞道，嘗曰：『人不通經，則立身不能為君子；不通經，則立言不能為大家』，於是充宗兄弟與里中諸賢共立為講五經之會」，可見當時教學之宗旨，係以通經為主。

宋明理學之特點，在於尊四書勝於五經、講心性甚於究經籍，因此黃宗羲師弟講論經義，常被認為是具突破性的。若與顧炎武倡言：「經學即理學」（全祖望・鮚埼亭集・卷十五・亭林先生神道表）合看，便能發現此乃當時風氣，有力矯理學流弊之意。

可是黃宗羲之提倡經學，與漢代章句注疏及其後清代乾嘉之樸學考證均不相同，重在經世，曾說：「經術所以經世，方不為迂儒之學，故兼令讀史」（同上，卷十一・黎洲先生神道碑文）。其弟子萬斯同補充道：「所謂經世者，非因時補救，如今所謂經濟云爾也。將盡取古今經國之大猷，而一一詳究其始末，斟酌其確當，定為一代之規模」（石園文集·卷七·與子貞一書）。這，不就是黃宗羲寫《明夷待訪錄》的態度嗎？

《明夷待訪錄》原君原道，力申民為邦本之旨，萬斯同也一樣。其論《明史》，除宣宗孝宗因較能納諫而獲稱許外，對太祖成祖之殘暴、英宗熹宗之無知、憲宗之荒淫、武宗世宗神宗之昏庸均痛予批判。甚至說太祖殺戮之慘，史上罕見：「當時外臣百職鮮得保其首領者。洽『不為君用』之法術，而士子畏仕途甚於阱坎。蓋自暴秦以後所絕無僅有者」（群書疑辨·卷十二·讀太祖實錄）。太祖而後，如世宗等，依然專制，致使「群工百職箝口不敢言」。君臣上下不通氣，自然就使得「君臣上下莫非乖戾之氣」，於是國家元氣為之喪盡，「南北大亂，生民塗炭，流血成渠」（同上·讀楊文忠傳）。也就是以君主專制為明代滅亡的原因。

此非黃宗羲之嗣音乎？黃氏〈明名臣言行錄序〉說：「三百年來，堂陛之崇嚴，城邑之生聚，邊鄙之幹陬，至於末造，清議不衰，明之為治，未嘗遜於漢唐也。則明之人物，其不遜於漢唐明矣。其不及三代之英者，君亢臣卑，動以法治束縛其手足，蓋有才而不能盡也」（文定後集·卷一）。所謂君亢臣卑、臣工皆束於法制，大抵就是他們師徒對於明代之所以衰亡的總判斷。

這是對君的批評。對於臣呢？臣工在專制朝廷中，固然被法制所縛，伴君如伴虎，隨時會有殺戮之慘；但這些大臣面對老百姓時，他又是統治者了。他荼毒起老百姓，往往也與君王之荼毒大臣相似，這也是要注意並予批判的。

萬斯同曾以胡宗憲為例，說胡去討賊，但「自供軍興之名，行提編加派之法，而民之苦賦，甚於苦賊。民之苦憲，更甚於苦賊」（群書疑辨・卷十二・書陸給事王御史劾胡宗憲二疏）。又舉劉燾為例，說：「天下方苦盜，而使治工得處吏民之上，盜何由息哉？……雖然，此仕宦而為盜者，寧獨燾三人邪？」（同上・讀劉燾傳）。

這些都是荼毒百姓的官。對於這樣的官，他是主張誅除的。因此正德年間流寇趙風子破泌陽，索奸相焦芳不得，找到了他的衣冠，拿來斬了，說：「吾為天下誅此賊」，萬斯同就很贊賞，作〈戮奸相〉詩說：「若使此人居殿陛，臣奸豈得保殘軀？嘆息朝堂論功罪，不及草間一賊徒」（明樂府）。

政府是為老百姓而存在的，可是政府卻以替老百姓服務為名，索取百姓供養，而且索求甚於劫掠，此即萬氏所謂仕宦而為盜，民之苦賦甚於苦賊。對於這類官員，援用孟子「誅民賊」的講法，當然亦應提倡民眾的革命權，鼓勵大家起來除戮之。其欣賞趙風子者，正以此故。他感嘆朝廷昏庸，除了表達對時主之不滿外，也顯示了「吏治不清，責在君主」的責任政治觀念，及平民可以為君的公天下態度。

萬斯同是黃宗羲在史學方面最主要的傳人，曾代師與修明史。而其史學，屈君申民如此，誠可以見黃氏一派民本思想之精義。

在經術經世方面，萬斯同之兄萬斯大，《學禮質疑》序自謂考辨禮經，是為了要掌握帝王制度。可是歷代制度何者為是、何者為非，當以王道為判斷；治經亦需「置其非而存其是」，才能使先王之典章煥然可觀，因此他又作《周官辨非》。

黃宗羲對他的研究非常欣賞，〈萬充宗墓誌銘〉曾藉他批評歷來舉業經生之謬，曰：「自科舉之學興，以一先生之言為標準，毫秒抉摘於其所不必疑者而疑之。而大經大法，反置之而不道，童習自守，等於面牆」（文定前集・卷八）。

事實上，萬斯大的考證並非絕無瑕疵，江藩說他「或參妄說」（漢學師承記・國朝經師經義目錄・禮），四庫提要亦謂「其喜覃思而嫌甚自用」。但乾嘉樸學所長者，其實正是黃宗羲所云毫秒摘抉於其所不必疑者而疑之，故頗嫌萬氏未臻精密，而於其所謂大經大法者，則未甚瞭然也。

黃氏萬氏所重視的「大經大法」是什麼呢？

以《周官辨非》來看，萬斯大認為此書非周公所作。大膽疑經，勇開風氣，而原因是他覺得該書所載有不少是傷國體且害民生的，故著書非之。非，也不是全面抹煞，「有措施者，無傷於國體、無害於民生，即不置是非焉亦可也」。

李嗣業序其書，說萬氏所批評的：「大略惟官冗而賦重，此則其為害之大者也」。官冗，是指設官太多，萬氏云：「官多而糜祿，糜祿則財匱，財匱則聚斂，聚斂則貧民」，因此他斥以為非。賦重，是主張十一稅，批評《周官》所定稅制過重，乃斂聚小人之說。《周官》又定了山虞、林衡、川衡、澤虞、跡人、羽人、掌葛、掌染草、掌炭、掌荼等各種小官，既掌山川之禁，又掌山川各類產品之賦稅，萬氏甚不以為然。認為山川已屬官吏司掌，而又取賦於民，是「結網羅、置陷阱於山澤之中，民生其間，真一步不可行、一物無所有，纍然桎梏之人耳」（地官·鄉大夫）。

這是有害民生的部分。在有傷國體部分，萬氏反對把宮妃太監跟國家官吏並稱的制度，亦反對貸款給老百姓而收利息，說：「操奇贏、權子母，此商賈賤大夫之所為也。王者以天下為家，而錙銖取息於民，無論足為民病也，其如國體何？」可見，所謂傷國體，其實仍是因它有害於民生。同理，《周官》地官司徒定鄉大夫之制，徵國中七尺以及六十，野六尺以及六十五，萬斯同亦非之，曰：「先王之世，優老之事不一而足，豈尚給之公家事乎？」六七十歲還要服勞役，不是先王之道。

此等議論，俱可見其所說以經術經世之意，以民為本，固甚顯然。

因此，綜合起來看，講經史而以發明先王民本思想為職志，乃是黃宗羲甬上證人書院講學之特色。歷來論黃宗羲民本思想者，均僅就黃氏文集鉤稽其說，較少綜合地看黃氏師徒之相關論議，於甬上證人書院通經致用之學，遂亦少有闡發，故略考之如上。

二、理學經世之傳統

甬上證人書院之名稱，取自劉宗周《人譜》，則其學風當然有本於劉宗周之處。

但，方祖猷《清初浙東學派論叢》曾比較黃宗羲康熙六年在紹興辦的證人書院和次年在甬上辦的證人書院，認為前者無甚成績而後者人才輩出，原因在於前者所重仍只侷限於劉氏慎獨以「證其所以為人」之旨，故明道而不能致用、重內聖而輕外王、尊德性而不及道問學，但能墨守師說而已。後者則已由理學心學轉變為經學實學，所以才能適應新時代之需（見一九九六・臺北：萬卷樓・第二章）。

此說不僅關涉兩處證人書院的評價，也關涉到對劉氏學問性格的掌握，乃至經學與理學的關係，因此我想略做說明。

自顧炎武揭舉「經學即理學」以反對明末理學學風以來，由清朝到現在，一般學者都用經學和理學對舉的框架來看待明清學術史。表面上看，此說甚為合理，因為理學家似乎確是只講心性，不究經傳；只重德性，罕言經世，清代乃轉而要通經致用。可是細究起來，實況多有不然。

案：黃氏《明儒學案》卷十姚江學案，言許半圭「於天文、地理、壬遁、孫吳之術，靡不究心」；王文轅「嘗曰：朱子注說多不得經意」，又在陽明去南贛時，語門人：「陽明此行，必立事功」。同卷又載劉宗周言陽明之學「始出詞章，既逃佛老，終乃求之六經。」。

卷十一論浙中王門，首舉范瓘，云其：「卒業於陽明，博考群經，恍然有悟」。又記朱節舉進士、官御史，以天下為己任，陽明教曰：「德業外無事功。不由天德而求騁事功，則希高務外，非業也」，巡按山東時，因流賊之亂，勤事而卒。記錢緒山，亦說郭勳驕恣不法，舉朝恨之，獨先生據法以速赦十罪論死。「先生身嬰三木，與侍御楊斛山、都督趙白樓講《易》不輟」。

卷十三則載季本為長沙知府，鋤擊豪強過當，罷歸，「憫學者之空疏，只以講說為事，故苦力眾經。……眾九邊，考黃河故道，索海運之舊跡，別三代春秋列國之疆土、川原。涉淮泗、歷齊魯、登泰山，踰江入閩而後歸。凡欲以為致君有用之學，所著有《易學四問》《詩說解頤》《春秋私考》《四書私存》《說理會編》《讀禮疑圖》《孔孟圖譜》《廟制考義》《音律纂要》《律呂別書》《蓍法別傳》，總百二十卷……」。又論黃綰與修《明倫大典》「其於五經皆有原古。《易》以《先天》諸圖有圖無書為伏羲《易》，《彖》辭為文王《易》，《爻辭》為周公《易》……。《詩》以《南》、《雅》、《頌》合樂者，次第於先，退十三國於後，去《國風》之名，謂之『列國』。魯之有《頌》，僭也，亦降之為列國。《春秋》則痛掃諸儒義例之鑿，一皆以聖經明文為據。《禮》經則以身、事、世為三重。凡言身者以身為類，容貌之類。凡言事者以事為類，冠婚之類。凡言世者以世為類，朝聘之類。《書》則正其錯簡而已。」一收其書《五經原古》各序。

卷十四論顧應祥，則曰：「先生好讀書，九流百家皆識其首尾，而尤精於算學。今所傳《測淵海鏡》、《弧矢算術》、《授時曆撮要》，皆其所著也」。卷十五論萬表，又盛贊其「寓常平之法於漕運之中」。於王宗沐，亦稱其能修舉漕政，且講求海運，試之有效。

以上皆屬浙中王門。江右王門部分，卷十六說鄒德溥「所解《春秋》，逢掖之士多宗之。

更掩關宴居，覃思名理，著為《易會》」。卷二十一說陳嘉謨「不為分宜所喜。出任四川副使，分巡上川，南擒高酋，平白蓮教，平鳳土官，皆有功績」。卷廿四言鄧元錫「年十七，即能行社倉法，以惠其鄉人。……著述成《五經繹函史》」。

在南中王門方面，卷廿五引薛應旂語云：「義協則禮可以經世，不必出於先王；理達則言可以喻物，不必授之故典。」卷卅六又詳述唐順之之事功。於唐鶴徵則曰：「其道自九流、百氏、天文、地理、稗官、野史無不究極。」

以上皆王學中講經學、務博雅、重經世之例。其他學者，如卷三八甘泉學案載呂懷《律呂古義》、《曆考》、《廟議》。卷四二說唐伯元自題其書，名《醉經樓集解》，以經為聖經，批評：「解字者，得少而失亦少；解意者，得不償失，今之《章句》、《大全》是也。」又說誣經者，淫妖怪誕，侮聖逆天；擬經者，勞且僭，而無益於發明。於詩書易春秋孝經均有解。

似此之類甚多，不能具引。且本文也非明儒治經學或經世之學的通考，沒必要一一摘鈔。以上略事檢索《明儒學案》，主要只是想讓懷有刻板印象，覺得理學家都不治經學、都不講事功的人，知道根本不是那麼回事兒。

陽明本人就頗有事功，唐順之、朱節、萬表、陳嘉謨等也有事功，其餘立身剛正，能對抗朝廷惡勢力如嚴嵩張居正的更多。降而至明末，抗節而死或起兵與清周旋者，亦不乏理學心學中人。因此，理學心學絕非閉目搖手，獨自內證其心，不理世事的學問。否則東林與閹黨之爭便無法解釋，劉宗周黃宗羲先後抗清之舉亦難以理會了。

這是就史事上說，再由學理上看。

講王學者，如黃綰《春秋原古》序就說：「春秋者，夫子經世之志，處變之書」。這樣申言經世之學的人其實並不罕見，治經，甚或研究禮制、討論曆數、山川地理、漕糧兵農者，亦不乏人。可見講理學心學的人也不見得就反對道問學、就不談經世。關鍵在於談法不一樣。請看以下這幾段話：

吾儒主於經世學問，正在人倫事物中實修，故喫緊於慎獨。但獨處一慎，則人倫事物無不中節矣。（卷二十・王塘南・答郭存甫）

今世取自成者，務獨學；語及經世，輒曰此逐情緣耳。顧不識吾人睹一民之傷、一物之毀，惻然必有動乎中，此又孰使之者？愚以為離卻天地萬物而言性者，非率性之旨也（卷十六・鄒德溥・四山論學）。

工科郭興治言：「當此干戈倥偬之際，即禮樂潤色、性命精微，無裨短長」，先生言：「……天下治亂，繫於人心；人心邪正，繫於學術。法度風俗，刑清爵省，進賢退不肖，舍學，則其道無由」（卷廿三，鄒之標）。

後儒將止至善、做明明德親民到極處，屬末一段事。審爾，則顏曾並未出仕親民，止至善終無分矣。……今人但在天下國家上理會，自身卻放在一邊（卷三一，塗宗濬，證學記）。

這些言論都表明了當時儒者已面臨一種把治心和治事、修身和經世平天下分開的風氣。主張經世者，認為干戈倥偬，必須要講經世實務，以治國平天下。主張修身者，則批評講經世之學只是逐外緣而動，只理會天下而不重自家身心性命。

對此俗見，上述諸儒一致認為非本末一貫之學。學者發其本心良知，體現於一切人倫事物中，才是真正的經世，世也才經得好。因為世事之根本仍在人心，李材《大學約言》有言：「齊家不是兜攬家。蓋在家身，家即是修之事矣。治國不是兜攬國，蓋在國身，國即是修之事矣。平天下不是兜攬天下，蓋在天下身，天下即是修之事矣。故家、國、天下者，分量也；齊、治、均平者，事緒也」。從王學來看，修身與齊家治國平天下，不能打成內外或兩截，治國平天下當然事緒較雜、分量較重，但性質與修身一樣，不能誠意正心，身固然修不好，國又焉能治得好？反過來說，身、家、國、天下都是要修要治要平的，又豈能止於修身？如此說，才是本末一貫。

陽明本人即曾說：「道問學即所以尊德行也。晦翁言：『子靜以尊德性誨人，某教人豈不是道問學處多了些子？』是分尊德行道問學作兩作」（傳習錄，下），發展到劉宗周，仍是說：「良知與聞見之知，總是一知。良知何嘗離得聞見，聞見何嘗離得心靈？」（學言下）。

因此這個本末一貫、尊德行不離道問學、修身與經世不二的立場，乃是整個心性之學的基本性格。諸家雖多異同，但那是在這個格局中的歧異，若背離了這個基本型態，則根本就不會被承認，立刻會受到批判。

需如此看，才能發現明代講理學心學的人治經、博學、乃至講求經世者殊不罕覯。泰州學者趙大州「杜門著述，擬作二通，以括古今之書」，內篇就叫〈經世通〉，外篇為〈出世通〉（卷三三）。浙中王門季本「苦力窮經」（卷十三）；南中王門薛應旂批評「今之學者，離行言知，外事言學」（卷廿五），都屬其例。祁彪佳自訂讀書課程，亦謂：「非經濟、理學書，必不經目」（文集，山居拙稿）。可見在他們心目中經濟非另一路學問，講心性之學亦仍要讀《禮記集注》一類書。

把經世和修身治心分割對立起來，是反對理學心學者自己的觀念，然後反過來指摘理學心學只重治心修身而不能經世或不屑經世、只知尊德性而不能道問學。繼而一再揭斥理學心學在道問學上如何如何不夠精密、在經世實用上如何迂拙。爾後才能自謂其經學考證為樸學、其經世致用為實學，比理學心學高明。

然而，理學心學家未必不實。只不過他們的實踐性，並不著在社會實踐上，而是整個人的實踐。理學心學家未必不治經，但言經術必關聯於心術，亦與只從文獻史料去看待經典的人不同。

這兩種經學觀、經世觀、實學觀的對諍，明代本來就存在著。前引文獻批評當時人「但在天下國家上理會，自身卻放在一邊」者，即為此類質疑理學心學之風氣。復社陳子龍張溥等編《皇明經世文編》，慨然以天下為己任，亦可見風氣之一斑。其風因明末時代之激，當然越來越軒昂，以致於在清初蔚為巨觀。其後經乾嘉樸學等等之推闡，遂成了現今我們觀看明清思想史的主要觀點。

可是這種把經世和修身治心打成兩橛的態度，對理學心學來說，並不相應。以那個觀念框架去看，當然也看不見上文所述明代講理學心學的人同時也治經、也博覽，且講求經世致用之事實，不曉得不是反心學才能經世，心學本來也就經世的。

三、蕺山論治之實況

由於長期把治心和經世、理學和經學對立起來看，所以對劉宗周的學術性格便也無法掌握。

《劉子全書》分四大類：語類、文論、經術、附錄。其重經術，不是特別顯然嗎？其論經，固然仍以《周易》《論語》《曾子》《大學》為限，但他另有《禮經考次》，見卷廿一。言欲釐清經書面目，復孔子之旨；表彰儀禮，以見周公致太平之意。

《劉子全書》重訂者為董瑒，《姚江書院誌略》卷上所收董瑒〈書院規要六事〉就說：「朱子曰：『天生一個人，便須管天下事』，此安定經義之外所以有治事齋也。如《劉子全書》中於講學論道外，定變、行軍、治民、措餉，種種都是致知實際。《劉子年譜》中於讀書授徒外，擊璫鉏奸、保民禦亂，種種都是誠意工夫」。

董氏在劉宗周門下，頗以錢德洪之於陽明自比，編輯遺文，體會甚深，乃黃宗羲之外，對劉氏學術闡發最力的人。而他對劉氏學術之概括，就顯示了證人宗旨並非不講經世。恰好相反，誠意、致知，這些心學工夫就發顯於治民措餉、保民禦亂的事功中。

再就證人社之學風來看。崇禎四年辛未（一六三一）「郡中祁中丞彪佳、王文學毓蓍兄弟、山陰徵士王朝式、諸生秦丞祐等啟請劉子與陶石樑先生講學於陶文簡祠，已集陽明書院、間集白馬巖居，名證人社」（姚江書院志略・卷下・沈聘君傳）。證人社中諸君子，據祁彪佳《日記》載：「管先生（指管霞標）深有憂時之懷」，而王金如「則更有甚焉，真以社稷民生為己任」（文稿，棄錄）。董瑒也說王氏是「浙東子弟，其父祖嘗從劉子、聘君學者，至今言進退之勇，救世之切，尚思徵士」（姚江書院志略，卷下，王徵士傳），劉宗周〈祭王生金如〉則說他是「豪傑」。可見證人之會，本非只講心性修養而已。

又，彭紹刊所撰《儒行述》，以姚江書院為主，列舉沈國模、王金如、史孝威史孝復兄弟，謂：「儒之道，明三綱五常，經緯萬事」，以此為儒行，而此諸君亦皆為證人社友。

證人社，又非僅恃口舌講論而已，在救災賑濟等社會工作上貢獻卓越。日人馬進夫〈善會、善堂の出發〉一文，於該社與當時救災之關係，如設藥局、立掩骼會、議施賑等（京都大學人文科學研究所，一九八三）考之甚詳。足證證人社集也是頗具社會實踐力的。

據此可知：只把證人視為證心，而且是只重個人修養，「明道而缺乏實用、重內聖而輕外王，尊德性而不及道問學」（見前舉方氏書），是不對的。祁彪佳〈與施田明〉有曰：「蓋學問經濟，賦於天、成於人者，合併以出，始有徹內徹外之妙用也」（文稿，林居尺牘）。諸公之學，徹內徹外，今卻將之打成兩橛，謂其有內無外，豈不冤哉？

證人社集，後來歧為兩途，一部分較偏陶奭齡石樑，一部分較偏劉宗周。依黃宗羲描述：「證人之會，石樑與（劉）先生分席而講，又為會於白馬山，雜以因果、僻經、妄說，而新建之傳掃地矣。」（子劉子行狀）。是其不同，主要在雜於禪風，所謂「石樑門人皆學佛，後且流於因果」（明儒學案・蕺山學案），而非於理學大本有異。

且縱使是陶奭齡，亦仍是講內外一貫的。故祁彪佳〈山居拙錄〉丁丑（一六三七）閏四月初二載：「與鄒汝功、鄭九華入城，至王文成公祠。諸紳至者，陶石樑之外，有董黃庭、徐檀燕、倪鴻寶。主會者為王士美，舉『有用道學』為說，石樑先生闡明致知之旨」。問有用道學，而答以致知，正是陽明之旨，知行合一，非分做兩件。

又陶氏作〈遷改格序〉說：「遷改格者，證人社諸友，深信唯心之旨。以為片念之微，喘言蠕動之細，其邪正淑慝，皆足以旋轉乾坤，變易世宇。此實理實事，斷在不疑」。

《遷改格》乃秦弘祐仿袁黃《功過格》而做，陶序雖覺其言功過僅涉於功利之念，但覺得做為儒者進德之階亦無不可，所以用《易經》說利的方式，說正誼謀利、明道計功，功利云云，儒者所不廢。劉宗周則基於義利之辨，深不以為然。此為兩派之歧。但無論如何，陶氏的心學立場並未改易，仍是主張心若能改善，則可以旋乾轉坤，此亦徹內徹外之說也。

此類說法，還可以見諸劉宗周將出仕時，社友贈別之言，祁彪佳《日記》載：崇禎已亥八月，劉被召，欲北上，二十日「午後，與季超兄、文載弟出，送劉念臺北上，念臺詢以用世之學，餘大略以格君為言。要使主上敬而信之，斡旋自大，不在一二事之爭執也」。格君，用的正是陽明學的主張。《傳習錄》上：「格物，如孟子『大人格君心』之格，是去其心之不正，以全其本體之正」。君心若正，禮樂政刑才能舉措得中。此與石樑謂片念之善足以旋轉乾坤云云，何其相似！殆彼等共許之說，可無疑焉。

此類唯心之說，最常遭到的詰難，就是說它只是「動機倫理」，不知政治事物並非動念良善即可，還有許多禮樂政刑、錢穀兵農的事須要打理，豈能只講誠意正心即可？殊不知講心學的人並不是說只要誠意正心就可，而是說禮樂政刑等「治具」，若由不良善的心念操縱，其害不可勝言。因此內外一貫，講求治具之同時，亦需講治心。君主法治之良否，事實上即表現了他的心術。

以劉宗周《中興金鑑錄》七大卷為例。此書先述〈祖鑑篇〉。暢言朱元璋平陳友諒張士誠，北伐元朝，南下閩廣，西定巴蜀，弭平雲南之用兵方略；建國後，崇儒術，謹天戒，重民事，求賢納諫之政策；以及吏戶禮兵刑工六部所行諸切於中興之要的大政（如衛所制、禁宦官掌兵幹政、宗廟時享禮、學校教育及科舉制、頒大明律、定四川茶鹽之制等），為當代之鑑。

其次〈近鑑篇〉，講趙宋南渡後如何中興，強調進退君子小人為盛衰之徵。三為〈遠鑑篇〉，列舉東漢光武、東晉元帝、唐肅宗之中興方略，如光武如何退功臣、進文吏，明慎政體，減輕賦稅、興修水利等等。四為〈王鑑篇〉，說三代中興之主夏少康、殷高宗、周宣王之政績及歷史教訓。五〈帝鑑篇〉論堯舜禹湯周武王之業績與治法，且云其「治法」亦即是「心法」。

這是另一種資治通鑑，由近而遠，由粗淺到高深地講治國之道。但前後宗旨一致。論治國，首在「崇尚經術」，謂漢高祖不事傳書，唐太宗徒勤翰墨，唯明太祖推崇儒術，故能開明代一代文明之運。次為謹天戒，遇災思懼，遇祥亦思懼，以克永天心。三為重民事，國以民為本，民以食為天，才能祈天永命。四是求賢。五是納諫。這些治法，比戶禮兵刑那些措施制度，更為根本，亦更具原則性。

而這些治法又皆本於心法。因此他認為凡有志於治國者，須求端於「設誠之地」，明明德而修聖政。如何明德治心呢？他舉堯舜禹湯文武之心法為說，論釋甚繁，但基本上是強調君王應欽明文思、允恭克讓、克艱、以敬勝怠，以義勝欲，才能「百姓昭明，諧和萬邦」。

由這樣的論述看，劉宗周豈無經世之學？其「致知實際」與「誠意工夫」正在此等處，但非與誠意正心打成兩橛而說罷了。彼治心即是治事，治法即是心法，且論治首崇經術，並以史事闡明治法，以見中興太平之綱紀。後來黃宗羲辦證人書院時所揭櫫的方向，淵源具見於此。而劉氏本人這種學術型態，事實上也是早期證人社風之發展。

四、抑君申民之精神

蕺山論治語，除陳剩勇〈劉宗周《中興金鑑錄》研究〉、詹海雲〈劉宗周的實學〉二文所考以外，以《論語學案》為最要，茲略摘抄數則，以為前說之符證：

一、吾觀北辰，而得君道焉：大君無為而能無不為，故萬化自理。又觀北辰而得心學焉：心君無思而能無不思，故百體從令。

二、人主以一身托天下臣民之上，未可以機權控馭之也。奉天道之無私，以順民心而已。舉直錯枉，所以奉天道順民心也。

三、王跡既息，聖人之教衰。居上者往往暴以臨民，盡是苛急氣象，由此紀綱風俗一齊俱壞，行禮者縱慾以決防，居喪者忘哀以薄親（以上卷一）。

四、立政凡以為民耳。食以養民、兵以衛民、信以教民，而先王治天下之道不外是矣。……君子居恆，故嘗以信為兵食之本。而遇變，尤以信為生民之道也。「自古皆有死，民無信不立」，見國可滅、君可亡，而民心不可不立。此天理之所以長存而世道所以不墜也歟！

五、國貪則多盜，上黷貨也。上黷貨則廉恥不立、教化不行、民起爭心，況重以誅求無厭，民不堪命乎？盜賊公行，固其所也。余觀末世之政，貪穢成風，京官誅求郡吏，縣令掊剋小民，催科日巧，聽斷日濫，無所不至，真白晝為盜也。小民見吏，如逢劫手，每一供應，剜心吸髓，動輒破家。民窮財盡，盜賊橫行，官司知而不問，苟飽私橐，舍傳而去，後復如之。地方事日弊一日，真大亂之道也。

六、為政有體要，先有司、赦小過，寬大之體也。舉賢才，則輔理得人而政要舉矣。三者俱從廓然大公中流出，非私智小惠也。……如天地之化，物各付物，而已不勞焉。至於天下已治，而不知誰之為此，王道也。

七、窮經將以致用也，非其用之謂也，明體而已矣。無得於身心性命之間，而欲措之天下國家，無由矣。誦《詩》三百而不達於政、不嫻於應對，則亦章句之學而已。……夫六經皆經濟之道也。而《詩》三百篇是昭代精神命脈所寄，於當世之用尤切焉。是故本之二南以求其端，參之列國以盡其變，而民情土俗之變徵矣；正之以雅以大其規，而綱紀始亂隆汙之運著矣；和之於頌以要其正，而先王出身加民之道彰矣。此所謂達於政也。

八、三代而後，富強之術，代有舉之者，教則罔聞焉。此須人主躬行心術中來，非徒科條約束而已。夫民日有饑寒之困，而上之人方且橫徵厚斂以迫之，及其民窮盜起，又不務德教，而惟力任死刑以督奸宄，法愈煩而民愈亂。使天下重足而立，民有就死之心而無樂生之望，所謂人與之為怨家、與之為仇，而天下大亂矣。……時主勉之（以上卷三）！

第一、二、六則論君道，以王者無私釋「無為」，關鍵在於順民心、戒私慾。第四則強調立政是為了老百姓，故須讓百姓獲得食養、安全以及教育。且國可滅，君可亡，民心不可不立云云，更表明了政治的核心在民，而不在君與政權。第三、五、八則批評實際政治多違背了上述原則，立政不為民，只為君上。所以君上暴以臨民，苟飽私囊，老百姓則鋌而走險，流為盜賊，或視君上為冤家、為仇人，以致天下大亂。其立論頗針對「時主」，乃是劉氏針貶時局之言，明顯把流寇興起歸因於「上之人」的腐敗。第七則，再總論通經致用之道，申言章句之學無聊，窮經將以致用。

案：本來王學就有抑君申民之傾向，只是論述各有巧妙，如泰州王艮便說：「學也者，所以學為師也、學為長也、學為君也」「出必為帝者師，處必為天下萬世師」，若不然，「是獨善其身，而不講明此學於天下，則遺其本矣」（明儒學案，卷三二）。何心隱則對「君」字重新解釋，說君只是主宰義、只是中義，中才能均，均才能群，所以每個人都應該以心為主：「心於道，中也，堯則允執此中以為君。君者，中也，象心也。……惟中為均，均者，君也。……舜何人也，人雖未及堯之大，而亦足以君也……人必君，則人也。君必位，則君也。臣民亦君也。君者，均也。君者群也，臣民莫非君之群也，必君而後可以群而均也」（何心隱集，二卷，論中）。

王艮語率直，逕稱匹夫當為帝王師，抑且學即是學為君，足證其所謂學並非自治其心而已。何心隱則語多隱曲，藉著「允執厥中」諸語，繞來繞去說幾個意思：一、人皆可以為堯舜，所以人人皆可以為君。二、為君須符合君道。君道為何？心有主宰，合乎道，立乎中，這樣才能均，才能合群，才能當君位。三、君臣關係，是因為要群才有的。否則臣民亦君也，人人是平等的。因此做君的人必得要像個君，符合君道，乃能群而均。

這樣的言論，指明人人皆可為君，學即是學為君，在那個帝王專制的時代，其實都具高度的批判性與危險性。不是說皇帝人人可做；就是說現在的皇帝不懂得如何做皇帝，我來教你。這是泰州學派才如此激進嗎？不然，陽明說「格君心之非」是什麼意思？格君心之非，即是要教導、糾正國君，使其屏去私念，不以自己的權力、利益、好惡，亦即不從自己的立場去處理國事，而是從老百姓的利害來考量問題。劉宗周云君應無為無己，奉天道順民心；立政凡以為民，都是這個思路。

且此非徒托空言而已，一旦有機會面對君王，便不免如劉宗周告訴崇禎那般，說：「法堯舜之明目達聰，而推本於捨己，亟捨其聰明而歸之闇。非獨捨聰明，並捨喜怒、捨是非」（黃宗羲，子劉子行狀）。倘或君王仍不曉得該如何做君，不能使天下均、群，老百姓自然要起而反抗其統治，視君上為怨家、為寇讎。劉宗周那些批判時主的言論，不也就是孟子「君視民如草芥，民視君如寇讎」的翻版嗎？

黃宗羲秉承此一學風，故力斥理學與事功兩分之法。曰：「儒者之學，經天緯地。而後世乃以語錄為究竟，僅附答一二條於伊洛門下，便廁儒者之列，假其名以欺世。治財富者，則目為聚斂；開閫捍邊者，則目為粗材；讀書作文者，則目為玩物喪志；留心政事者，則目為俗吏；徒以生民立極，天地立心，萬事開太平之論調箝束天下。……遂使尚論者以為立功建業別是法門，而非儒者之所與也」（文定·後集·卷二·贈編修卞玉英君墓誌銘）。殊不知「事功、節義，理無二致」「事功必本於道德，節義必原於性命，離事功以言道德，考亭終無以折永康之論；賤守節而言中庸，孟堅究不能逃蔚宗之譏」（卷一·明名臣言行錄序）。

在這個立場上論治，當然他也要格君心之非，主張君應去私心：「有生之初，人各自私也，人各自利也。天下有公利而莫之或興，有公害而莫或除。有人者出，不以一己之利為利，而使天下受其利；不以一己之害為害，而使天下釋其害。此其人之勤勞必千萬於天下之人」（明夷待訪錄·原君）。君之所以為君，就是因他能不站在自己個人利害上考量，而能照顧天下人之利害。這樣的人，就要比誰都勤勞。

此一論斷，係由劉宗周語化出。劉氏曰：「學不究乎萬物一體之原，則臨政出治，未有能以身視民、家視事者，誠以身視民、家視事，則有先之而已矣、勞之而已矣」（論語學案三）。此語是解釋《論語·子路》「子路問政，子曰：『先之，勞之』」那一段。先之勞之，即范仲淹所說先天下之憂而憂，所以說：「先勞精神，帝王氣象」。當一位君王，要把老百姓的疾苦視為自己的疾苦，負荷既重，當然要比誰都多勤勞些。

君應該如此，可是現實中君卻常不是替老百姓服務的，而是要大家去供養他。用法治來箝束天下、以征斂來滋養自己，因此黃宗羲說其法皆非法之法，老百姓不須遵守；此君非君，老百姓也可以推翻他。「小儒規規焉以君臣之義無所逃於天地之間，至桀紂之暴，猶謂湯武之不當誅之，而妄傳伯夷叔齊無稽之事，使兆人萬姓崩潰之血肉，曾不異乎腐鼠。豈天地之大，於兆人萬姓中獨私其一人一姓乎？」（原君）。

五、民本政治的民主

黃宗羲的民本思想，是晚清以來闡述得較充分的題目。但，向上，對於他與晚明王學或縮小到與蕺山學的關係；向下，對於他與所謂浙東史學之關係，論析就非常不足且多誤解了。故本文於此著墨較多。

第一節說明甬上證人書院之學風，是本諸經術而參之以史，以闡發為政在民之旨。第二節辨釋此種學風與明代心學傳統之關聯。心學家也要通經致用，既講尊德行又講道問學，內外一貫，跟把治身和治國打成兩橛者不同。第三節就劉宗周證人社之師友辯論及劉氏著作，見其治世主張。第四節則論黃氏民本思想與上述治心治事主張之關聯。

本文主要內容，至此大抵已了。剩下的，就是對這一思路的評價。

對王學甚或整個理學傳統，歷來譏其無裨實際者，指不勝屈，甚至還有因覺得它無裨實際而起來提倡「實學」的風潮。我們也不否認理學中確實存在著偏於心性、靜攝一路。如黃宗羲所說，以為天地立心為生民立命之濶論鳴高者，比比皆是。但因此而「以為立功建業別是法門」，其實亦只是另一種偏頗，非儒學所應講。儒家之內聖外王，須是通貫地講，不能只說社會實踐而忽略身心實踐。割裂以言經世，既不符儒學精神，理趣也不高，其實還遠不及它所想批評的袖手談心性者！

當然，內外通貫地講，乃是心學的基本論述型態，內外之關係如何講得通貫、其心學工夫如何通之於世務，各家理論仍是千差萬別的。許多人雖亦理上見得如此，於世務之關懷卻未必切於個體生命，在實踐工夫上未必真能徹內徹外，於是經世思想成徒虛說，對經史博學亦無興趣，所以劉宗周黃宗羲這一脈，學風才顯得特殊。講求經術、參以史證，而發揮格君之義，用於生民世務之間，因有真實修證工夫，故有力量。

雖然如此，我還是不贊成把劉宗周黃宗羲視為王學之變。

除了上述心學與經學、治心與治世兩分之觀點外，另一路思想史解釋是當代新儒家提出的，自牟宗三、劉述先諸先生以降，漸把劉蕺山看成一個轉換點。說劉氏一方面是王學「歸顯於密」的發展，由良知進而講意；一方面則走向生活世界，講盈天地皆心、盈天地皆氣，工夫所至，即其本體，所以開了另一個方向。

其實王陽明本來就不會不重視生活世界，王學中重經學、重博覽、講經世者，亦不限於蕺山一脈。故解誠意、正心、致良知、工夫、本體等處，雖諸家各有不同，卻不能據此便推論謂心學本來即不講經學也不重經世，至蕺山梨洲乃一變。

且《大學》明言自天子以至庶人皆修身以為本，又言修齊治平，根據《大學》闡發義理的心學諸家，皆不可能迴避治國平天下之問題。對此問題，幾乎各家也都採取「返本」的論述：自天子以至庶人皆以修身為本，修身以治心為本；天下邦國則以民為本；首出庶物，萬國咸寧，物以人為本，人又以心為本等等。這樣的思路，難道僅限於蕺山梨洲一脈嗎？

如粵中王門薛侃，說：「義罔常在，利罔常行。尊周非義乎？以其為己則霸矣。好貨非利乎？以其同民則王矣」（明儒學案，卷三十），這不是論王霸，談主政者應好惡與民同之嗎？止修學案，又戴李材云：「家國天下，修身地頭也，此所以天子與庶人一也。說到性命上，所以學無差等；說到性分上，如何分得物我？真所謂天之生物也，使知一本矣，無二本也。」「本一也，為君在君，為臣在臣，為父在父，為子在子，與國人交在交國人。……所以歸本之學，隨所處而地異，地異而修同……雖日錯綜於人倫事物之交，亦日歸宿於根之命脈之處。……此經世之實學，而盡性至命之正宗也」（同上，卷三一）。其經世實學就重在歸本，本於人、本於心。

對此民本、人本、心本之學，歷來批評者多忽略其人本心本之意，只就民本去說。論民本時，推崇之餘，又不免頗申遺憾，謂其未發展出民主。

民本與民主的不同，在於民本只是講主政者要知道民為邦本、立政為民，而能與民同患，去愛民、親民，為百姓解決疾苦，民仍是被動的。民主則是主權在民，可以用權去制衡君王。民本雖也有革命論，可制衡君主，但革命之暴力對社會也會有重大傷害，社會成本太高，且實施困難。民主選舉，形成制度，其效益遠高於革命。再者，學者雖欲格君心之非，但講來講去，仍只能祈求君王自己做修身工夫，不比民主制度可用制度予以制衡。所以近乎與虎謀皮，罕有成效。

這些都是常見的批評，論調中洋溢著簡化的民主觀念和自以為比古人聰明的姿態。首先是對 Democracy 的誤解。此辭是承襲自日本人的翻譯，譯為民主。於是在中文語彙中便有與君主相對的人民當家作主之意，然而 Democracy 指的其實是民治，指政治事物由該團體中成員共同治理，或抽籤或輪流，團體中人人平等。這個理想的模型是希臘雅典。

但雅典小國寡民，民中又再區分出誰是公民誰非公民，公民人數又更少了。在此少數人中，實施民治，其實等於貴族共治或小團體自治。後世政治現實，也從來不採此一方式，而都是由人民中少數人組成政府來處理政治事務。於是政權和治權分開了，人民固然在政權上號稱「民有」，人人平等地擁有該國家該政府之主權，但運作這個政府，實施統治的權力卻不在人民手上。故號稱民治之政府，實質上遂行的，也全是治民而不是民治。

民被治，當然就不是民主。政府要如何讓人民相信如此治民即是民主呢？方法之一是政府之成立，須由人民選舉。二是政府施政可由民眾監督，且須依人民所定之法律去施政。此即選舉權、立法權及監督權。

可是，人民是龐多且散渙的，除非又是小國寡民，否則要全部聚起來討論涉及公眾事務之相關法案、政事，乃至監督糾察施政之良窳，根本辦不到。不用說國家，就是一棟大樓一個小區都難辦。因此勢必採用代理制，委任議員、委員、官員去行使選舉立法監督之權。受委任者，理論上代表人民，實際上當然代表他自己或是其所屬政黨、階層、團體。而且，他們與行政權之擁有者事實上又合起來構成了統治者，人民仍舊是被統治者，民主云乎哉？

若說人民對他們所任命的政府，若不滿意便可叫它下臺，仍可顯示人民作主的涵意，亦太天真了。人民在被統治的情況下，相關資訊非常貧乏，對政府施政之詳情根本難以判斷，功過是非，多半是聽有志奪權者說的。善於宣傳選舉之政客與政黨自能獲勝。老百姓之所謂民主選舉，時常淪為政黨與政治的啦啦隊或白手套，因此選出希特勒李登輝出來，毫不稀奇。

何況，選舉的規則，例如選區劃分、代表人制、相對多數勝或絕對多數勝等等，也都是主政者訂的，人民無權置喙。而就算選舉再怎麼合理，選舉所反映的，亦必是社會主流之意見。真正的弱勢者、真正被剝削者，哀哀無告，永遠會在政治考量中被犧牲。誰是弱勢者？農、工、婦、幼、鰥、寡、孤、獨、老、弱、病、殘、少數族裔，以及知識精英等等都是。

對於民治在實際政治處境中如斯不堪之狀況，西方政治學界之討論，早已汗牛充棟。因此我們絕不能仍停留在民國初年的水準，以為一旦建立民主，帝制之缺點便自然消失，並進而嗤諷古人光曉得講民本而不知道要建立民主制度。

復次，民本與民治，指的是兩個不同的政治原則。民治，是著眼於政治人物身分起源的正當性，掌權人的權力應來自人民之付託。但此一原則，同樣適用於君權神授、天命授予、血統世襲，或五德終始，不同僅在證明方式。人民認為君權是天授神授時，需要有些天啟證驗；人民認為統治者須由人民付託時，須要有選票。

民本，著眼的卻不是這種人身屬性原則，而是責任原則。《論語》載：魯哀公問：「何為則民服？」孔子答：「舉直錯諸枉則民服，舉枉錯諸直則民不服」。政治上，不管說治者是天授神權、血授、或人民授予他統治之權，老百姓要看的其實是政績。政績亂七八糟，反而去夸夸其談，說他得天下是如何如何有正當性，從人民主體之觀點看，越見其噁心而已。

由這個觀點說，唯有真正注意到、認知到，並在施政中體現出民本之精神，可令人民安居樂業的政治，才是民主政治哩！

二〇〇六，黃宗羲民本思想研討會論文

韓國陽明學者鄭齊斗的經世思想

一

對於韓國陽明學的發展，論者有一種說法，謂其偏於內聖一面，主知而不重行。論述大要，略謂：

韓國朱子學的強大攻勢，又使韓國陽明學繼續保持朱子學注重理論研究的特色，而使韓國陽明學也向學問研究方向發展。結果，陽明學在韓國的主要成就不是在發揮力主行動的陽明學特性，而是在於作為「家學」專心研究理論上，也因此在理論上獲得的重要成就。上海復旦大學吳震教授就曾說韓國陽明學的代表鄭齊斗，「把陽明學當作是一種學問，或者說當作是一種與朱子學不同形態的，同時又是與儒學基本精神相吻合的一種學術體系來掌握和理解的。至於通過對陽明學的義理闡發和歷史解釋，霞谷是否意圖向人們傳達新的觀念模式，以至於改變人們的行為方式，則並不十分明顯。

這與中國明代中晚期的大多數心學家在思想與行動互相結合的形態之下，積極參與社會活動，大肆宣揚心學理論的社會風潮有很大的不同」，他的這種見解是有道理的（韓國的陽明學與朱子學）。

吳震的論文，收入鄭仁在、黃俊傑編的《韓國江華陽明學研究論集》，一百一十一頁，臺灣大學出版中心。二〇〇五年九月出版。他們這種看法，如今頗成典型，可是我並不同意。本文就是要說明鄭齊斗的霞谷學根本不如此，乃是十分注重經世實踐的。

二

據上述論點，韓國陽明學之所以只能成為一種心學理論而不能發揮其行動力，關鍵原因在於朱子學勢力太大，故陽明學也不能不變成一種「道問學」式的做學問型態。此說預設了朱子學比陽明學更無實踐性，重知而不重行。此為我所不能同意，對朱子學的把握恐怕大有問題。

其次，韓國的朱子學固然勢力甚大，陽明學者如鄭齊斗等均不能正面攖其鋒，往往要強調他與程朱有關係或彼此相合相近。可是鄭氏拉上程朱淵源的方式卻也並不是扭曲自身的。其門人沈錥所作〈行狀〉，替老師辯護時說：「世人或竊疑先生為新建之學。而此於先生豈足為輕重哉？」頗足以代表。

這似乎是撇清鄭齊斗的陽明學淵源，而向程朱學靠攏，但他談鄭氏與程朱關係時怎麼說呢？曰：「居常誦味明道之言，為誦程門遺訓，註解《定性書》。蓋其慕悅也深，故言行之間，每多相契。……是以晚年氣象和粹高明、表裡洞然、坦蕩明白，其得於明道，有如是者矣。」這段話，就放在「世人或竊疑先生為新建之學」那句話前面，其論述策略顯然是跳開朱王之辨，把鄭齊斗推崇為明道。明道不但是朱學的源頭之一，其學亦與陽明較為接近。把鄭氏推崇為明道，不僅保持了自身學術的本象，無有委曲從人之弊，更可隱然壓倒朱熹，占居更上流。由這樣的論述策略，便可窺知當時陽明學者是如何維持本身之學術立場，謂其隨俗習染於朱學，恐厚誣古人矣。

再者，專就鄭氏學問本身看，它也不是不重經世面向的。〈行狀〉說他：「皇王帝霸，得失之辨既已瞭然若指掌，而必折衷於詩書六藝。名物度數、百家眾技之說，靡不洞究其精奧，而尤鄭重於國朝典章。體用具備、品條詳密，要可以發政施為，措諸事業」，即是特別針對它可以施於世用這方面說。

這是指鄭齊斗學問本身說的。這套學問後來並沒有施用於實事，僅託諸空言而已。但這卻也不是由於受朱子學影響使然，乃是：「逮乎末年，見黨論潰裂，私意橫流，則不復有所論說。每稱如今時弊，雖有美法良制，將安所施措耶？但能自將格言至誠開陳於君父之前，納約自牖於本源之地，此為第一義」。也就是說：其經世之法度措施，係因缺乏實施的時代條件，故鄭齊斗才不得不僅從事培元返本的工作。

這是針對鄭齊斗終於未能在經世實事上有所發揮的解釋。此等解釋，是否只是沈鍹美化了它老師的飾詞呢？

由《霞谷集》卷十一所載〈玉堂請勘悖儒疏〉來看，便可知當時朝中鬥爭確實非常激烈：「近來世道垂裂，黨議橫流，弦誦揖讓之地，便作橫拏鬨鬥之場，古今所無之變怪，層生疊出。神門揭書，已涉驚愕；朝紳墨名，充極駭悖。舊時名臣、先朝賢輔，亦多受汙，甚至辱及山林」云云，指出當時幾乎是像貼文革大字報般地攻擊對手，鄭齊斗就是被攻擊者之一，此文則是主張恢復其名譽的。唯其名譽固可恢復，心情恐已大受影響。如此時局，雖有經世之學，終究難以實踐，亦是不難理解的。

沈鍹說鄭氏認為此時雖良法美制亦無所用，只能培元固本，這也是有鄭齊斗自己的言論為依據的。卷二丁亥〈答崔汝和書〉說：「重病之人，內外百體，無不見危，雖有神丹妙劑，難以遽投，譬如今日之時勢也。唯可先固根本而已。上補君德以正化源，下聚群方以壯元氣，而後醫治之方可得而議也」。對此就講得極為明白。

三

綜合以上各點，可知鄭齊斗之學本合體用，足以經世，其所以未能大用，乃時世使然。

可是這也不影響時人對他學問的認知。除了沈錥明白揭言其學可以發政施為、措諸事業外，《霞谷集》卷十一〈請設書院儒書〉之再疏，亦備言時人推薦鄭氏的理由，在於鄭氏有「實學」。這實學一詞，跟清朝以後人所說之實學不同。清人與近人所云實學，專指一種反對宋明理學的思路，謂宋明理學家都是空談心性，其學無裨於實際，故倡實學以矯其弊。實對虛而說。可是宋明理學家本來就稱自己的學問是實學，不認為其學只是玄談，而是有體有用的。此處所云，即用此義，故曰：「窮至性、篤純行，實學也；表惇德、樹風聲、實政也」。實學發用即為實政。實政，並不只是表惇德、樹風聲這種人格典型式的影響，乃是確能作用於政治社會的，因此以此標準而備受推崇的鄭齊斗，乃被形容為是：「禮樂政刑，……以至六典五禮、祖宗繩尺，亦皆研究泰和，會通折衷，可以精義致用。舉而措之。先輩知德之論，咸以經世佐王之姿歸之。」鄭齊斗在時人眼中，正是這樣一位王佐才。

若說這只是虛辭誇譽，則〈記鄭先生淮陽治事〉記鄭氏在淮陽時：「荐離水旱、流亡相隨，屬先生便宜振之。政無申令，箠不及人，不出而化教洽於境。治三月，扶攜還業千餘人，皆曰父子相保，妻孥不相離」。可見其學亦曾施諸實事，有具體政績，情況類似王陽明。

四

鄭齊斗之所以能經世，或其學具有經世之用，當然還應由其學問本身的性質看。

卷一所收〈上宋尤齋問目〉丙辰有一條，問：「程之謂人心不可二用。……事務既不可廢，讀書講理亦未宜緩。而或專於此則不能專於彼，入於彼則不能入於此，紛紜作輟，非惟無以並專，將不無分精歧意，二用其心之患也。俱是工夫而相妨若此，則奈何？」這一問，是就程朱一派說做學問可由事上磨鍊，也可由理上推求而發，兩者皆是工夫，可是任事既多，往往就沒空讀書窮理；反之，花了許多時間氣力在讀書窮理上，也常成為不通世務、不能幹濟任事的書呆子。這是十分實際的問題，也是儒學自漢代以來就已出現的根本疑難之一。

先秦儒家講學，旨在治國平天下。秦漢以後，儒學兩歧，一種是經生，專力於讀書；一種是文吏，以儒學教養去從事實際政事。經生看不起文吏，覺得文吏學術不深；文吏瞧不起經生，認為經生光曉得讀書，不能辦事。王充《論衡》對此現象頗有描述。宋代理學出現以後，儒者除了讀書之外，還得窮理，但讀書窮理之儒，仍不能免於無裨實用、不能任事之譏。這種儒學發展結構中的困局，一直到清朝也沒解決，不斷反覆引起討論。鄭齊斗顯然是想從理論上彌合此一困難的，所以才有此一問。

宋尤齊的回答是：「程子於九思，有各專其一之訓。知此，則來諭所病，自知其藥矣」。各專其一，是說讀書講理時就專一於讀書講理；做事時就專一於做事。或讓人只專一於讀書講理，或專一於任事。如此固然不會「分精歧意，二用其心」。

但這麼說其實並沒有解決問題，鄭齊斗當然不會滿意，因此他另作按語道：「以事務為讀書之用，讀書為事務之源，互為之資，而亦隨其緩緊進退饒減，則二者又可相益矣。如或不察乎是而背馳焉，則雖欲不相病，得乎？」這是以體用關係來處理讀書與做事，希望二者能互為之資。此說即明確表現了鄭氏的立場。專力讀書，不能任事，自非他所願。

在這裡，就可以看出鄭齊斗學問的特點了。另一個特點則是他特別重視禮。

理學家一般都強調仁心仁德，對於禮制之討論較少。理學家又重天理性理，對於具體的人世之禮，關注亦不足。鄭齊斗卻說：「理者即禮也。禮即此心之本體莫不有條理者也。義即又此心本體之條理，於事無不得其宜者也」，把禮與理合在一起說。

禮，一般都認為是外在的。鄭齊斗此說乃是將之內在化，謂禮即此心本體條理化地外在顯現。這是禮理合一說，即心即禮。其說與晚明焦竑李卓吾等人相似，《焦氏秉乘》續集卷一，云：「禮者，心之體」「禮者，體也」，即是如此。李贄說得更明白：「今之言政刑德禮者，似未得禮意，依舊說在政教上去了，安能使民格心從化？」（李溫陵集，卷十八，道古錄）。禮刑等事，不能講成是一套外在的規範科條，若如此，它就變成只是一種束縛人的規矩，「驅天下使從禮，人自苦難而弗從」。只有把禮內在化、本體化，人之行禮才有內在的依據。故李贄以良知童心來說明：「由中而出者，謂之禮。由外而入者，謂之非禮。……由不學不慮不思不勉不識不知而至者謂之禮，由耳目聞見心思測度前言往行，彷彿比擬而至者，謂之非禮」（四勿說略）。

鄭齊斗並未見過焦竑李贄的論著，其立說之相似，正因彼此都是從陽明學發展出來的緣故。但他們也有些差異。

晚明王學將禮內在化本體化，重點在說明人只要本心發顯就能克己復禮，而不必如過去程朱學派中強調的那樣存天理去人欲。鄭齊斗則是說：因為禮就是理，就是心之本體，所以「聖人之道無他，唯是彝倫名教禮法之事也。故學問之事無他，亦惟在於日用人情事物之間而已」（均見卷九·存言下）。由禮就是理就是體，說到仁體即實踐於禮法事物之中。其方向實與焦竑李卓吾等人相反，要更重視事、禮這一部分。焦李的工夫，著在使本心良知發顯處，欲令其如太陽照耀而浮翳自清，自然便可克己復禮。鄭齊斗的工夫則在事物禮法的實踐上。故其重禮，實更甚於晚明王學。

五

嚴復在所譯孟德斯鳩《法意》一書的第十九卷十七章中有段案語說：「往者，湘鄉曾相國有言：古之學者，無所謂經世之術也，學禮焉而已。《周禮》一經，自體國經野，以至酒漿巫卜、虫魚夭鳥，俱有專官，察其纖悉。杜氏《春秋釋例》嘆邱明之發凡，仲尼之權術萬變，大率乘周舊典，故曰周禮盡在魯矣。唐杜佑《通典》言禮居其大半，得先王經世遺意。宋張子、朱子益崇闡之。清代巨儒輩出，顧氏以扶持禮教為己任；江慎修纂《禮書綱目》，洪纖畢舉；而秦氏修《五禮通考》，自天文、地理、軍政、官制，都萃其中。……非廣之於不可畔岸之域，先聖制禮之體，其無所不賅，固如是也。」此說甚要。點明了儒家所謂禮，並不只如今人所以為的是一種生活行為規範，而是大至體國經野，一切典章制度均包含在內。故治禮學，旨在經世。禮學之實質，就是經世之學，而這套學問，主要即表現於《周禮》《春秋》中。

禮學當然還有小範圍適用的，例如在個人修養、家居生活、宗族鄉黨方面，這主要見於《儀禮》《禮記》。鄭齊斗《經儀小錄》即衍此之緒，由經典中摘錄跟這方面有關的文獻，分成視、坐、立、步趨、拜揖、言語、衣服、飲食、授受、相見、升車、居處、少者儀，從儀、雜記、追輯諸目（卷十九），有點像朱子編的《小學》《家禮》可是適用範圍較廣，跟《禮記》《儀禮》的呼應程度較高。大約涉及內則、士相見、少儀、鄉飲酒禮各部分。

與此相關的是宗族之禮，卷二〈答鄭景由別紙〉論先祖廟遷不遷、墓祭禮、宗族聚會之禮、諸子弟宗會禮、會後讀約之禮等，所說均為此範疇。

以上這些，都與朱子頗有關係。如論坐，附了一條退溪語；論步趨，附朱子事、朱子語各一條；論拜揖，附朱子說一條；論相見，在禮見、燕見、往還、請召、進退、征遠、拜揖道途各部分，都各附朱子事一條；論升車，附朱子事一條。

該書整體上也可能受朱子《家禮》之類著作之影響，論宗法等也沿續著張載朱熹的思路。《正蒙．經學理窟》云：「管攝天下人心，收宗族、厚風俗者，使之不忘本，須是明譜系、世族與宗子法」，《二程先生書》卷一說：「古人有花樹韋家宗會法，可取也。然族人每有吉凶嫁娶之類，更須相與為禮」；或呂東萊的《宗法條目》都是鄭齊斗的淵源。

呂氏宗會法，對祭祀、忌日、省墳、昏嫁、生子、租賦、家塾、合族、賓客、慶弔、送終、會計、規矩、學規等，均詳細說明其行事規範儀節，與朱子《家禮》相發明，鄭齊斗的論說雖不如此細緻，但承此而做發揮，卻極明顯，謂：「自漢唐以下，大宗法不立，蓋諸侯不立國，大夫不世爵，則其道無由也。其本如此，則在下者不得與論。今日所議者，就大宗而行小宗法而已，法服制則不敢創制也。……欲令諸宗赴會於長，存祖先之節，以示其屬不絕之義。……禮之拘於王法者，雖不得擅立；義之申於敬宗者，自可以盡道。今此祭會之禮、尊宗之義，正可以表著」。皆是為民間制禮，以期整齊風俗、敦厚人倫。其規定十分詳細，錄一段，以見其定禮制之一斑：

今者敘拜一節：宗子當主阼階之，位南面之壽，而諸祖之長則不得主南面之位也。拜敘今擬其儀：若曰主人於阼階下揖，請諸祖父升。諸祖父由西階升，共為一列。立於西序，東向北上。主人升阼階西向。諸祖之次長者以下，轉向就兩楹之間。西向北上，再拜最長者一人。長者揖之。諸祖以下還就西序初位。主人遂西向再拜諸祖訖，諸祖遂權就北壁坐，南向東上。主人復降揖，請諸父升。諸父升北面再拜諸祖訖，退立於西序。主人西向再拜諸父，諸父皆坐。主人復降揖，升諸兄。諸兄升東上，北向再拜諸祖；又西向再拜諸父訖。諸兄進立於兩楹之間少西東向。主人再拜諸兄，諸兄揖之訖。諸兄趍就東序，立於主人之右少退北上。然後諸弟升，共為一列，拜諸祖拜諸父，又拜東序宗子位訖，退坐於東序諸兄之下，主人之左少退。諸子諸孫又以次升，拜如前訖。退立於南行西上北向。庶孽云云。於是諸祖先出，諸父次之，諸兄又次之。退避室中。遂行上壽禮。

諸子弟上壽。於是宗子就階東位南面，諸弟諸子上壽如儀。

復就坐，進食。主人還就阼階上位，諸父諸祖復就西序位。諸祖少前，諸父少後，間位不屬（如地狹則諸祖權就北壁坐）。諸兄弟復就東序位，坐定進食云云。

食畢行讀約云云。如攝行禮則不用阼階位，亦無上壽禮。敘拜時只於本行共列行禮，如諸兄弟又諸祖諸父，無退避一節，而仍就坐進食。

出約一節，不得以籍過至三。泛立科條，其告出告入，不宜如是煩褻。必如上條大段悖行然後可乃議也。必也使人觀感慕效，自然有鼓舞與起也。不得專以科條罰削，約束繩治，以起忿爭，乃為善耳。

所謂讀「約」，是呂東萊、朱熹所提倡的鄉約法。此法在有大宗族的鄉間，就施用於宗族聚會時，在沒有強宗鉅族之地則行之於鄉。乃是一種帶有倫理意涵的自治法，梁漱溟曾說：「現在的地方自治，是很注意事情而不注意人。換言之，不注意人生向上。鄉約這個東西，它充滿了中國人精神：人生向上之意。所以開頭就說『德業相勸』『過失相規』」，以人生向上提昇的宗旨，先約向善。地方自治則只是就單從人的生活、事情、欲望、權力出發，而成為一個政治的組織」（鄉村理論建設、乙部、第一章，第三節）。因此梁氏所構想的鄉村自治法，即是對鄉約之補充。鄭齊斗的讀約，似只用在宗族裡，還沒推拓於鄉（詳下文）。

這些地方，鄭氏與朱子學的關係都是很明顯的，這豈不與一般視鄭為陽明學者的印象不符了嗎？

是又不然。陽明在這方面也是十分注重的，如推許《家禮》，主張依之施用；論祠堂位次祔祭之義；倡行鄉約，均與朱子同聲相應，詳余〈王學經世：兼論其與朱子學和現代社會之關係〉一文（二〇〇七，國際陽明學研討會，餘姚）。陽明之不廢禮，且以推行禮制來經世，恐怕也正是鄭齊斗的態度。論者誤以為韓國陽明學在朱子學勢力籠罩下喪失了它的社會實踐功能，透過以上的分析來看，也恰好相反，鄭齊斗在家禮、宗族禮法上參據了朱子學，不唯可減輕來自朱學的壓力，更由此彰顯了它經世的態度和作用。

六

由家庭、宗族、鄉黨再進而至社會國家，鄭齊斗的論述便跨過朱子，直接與嚴復曾國藩提到的《春秋》、《周禮》掛了鉤。

卷三〈與閔判書書〉謂：「平壤井田遺址。千載之下，虞夏之制，遺法可見者，惟此耳。中國之所未傳，先儒之所未見，而我國獨能有其址。如有王者，必來取法者也」。此語不僅推崇了平壤的井田遺址，還表明了他「法先王」的立場，所以對井田法，主張「考諸遺文，訪之舊老，而案其圖籍。如有侵蝕耕罰者。果有其迹，則或立科條、或置守戶，隨其便宜而作禁護，永為後式」。古代典制，依他看，是該取來施用的。

本此心情去看《春秋》，重點自然就不在史事的考辨、書法的褒貶，而在其具體為後世制法的部分。故曰：「春秋本意，謂為王室之衰微者，非也，實為王之法變、王之道亡而發也，不獨為周天子也。所以為萬世作經者也」，又說：「春秋是正誼明道之書也。不是為記事，故事有首尾，不必相續；不主功利，故不必論成敗；不但為褒善誅惡而已，故人之行事不必盡見。只以天道王法，揭其大法，明其大義，扶天理、敘民彝、明禮義、正人心而已」。這在春秋學的傳統中，無疑偏於公羊一脈，具強烈經世意圖。

而他所認為的大義大法又是什麼呢？卷十六〈春秋劄錄拾遺〉云：

> 孟氏曰：「春秋，其文則史，其義則夫子稱竊取之。」其文則史者，曰編年也、曰正朔也、曰班爵也、曰名字氏族也、曰土田也、曰儀制也、曰錫命也、曰朝聘也、曰來如也、曰會盟也、曰用師也、曰征伐也、曰侵戰也、曰交際也、曰歸取也、曰出入也、曰田賦也、曰城郭也、曰蒐狩也、曰祭祀也、曰嫁娶也、曰刑殺也、曰田賦也、曰喪

紀也、曰國政也、曰災祥也、曰繼嗣也、曰崩卒也、曰薨葬也、曰弒君也、曰生子也、曰事實也。文之謂也。

其義之取之者，曰天道也、曰民彝也、曰大統也、曰君臣也、曰父子也、曰尊卑也、曰貴賤也、曰家國也、曰男女也、曰嫡庶也、曰中國也、曰夷狄也、曰經常也、曰制權也、曰王道也伯功也、曰仁義也智力也、曰禮法也僭亂也、曰內我也外誌也。

依他之見，《春秋》就是要藉征戰盟會諸事來彰明君臣尊卑王道禮法之義。說明此義時，他甚至認為歷來傳述諸儒都講不透徹。因一般只說尊王，對齊桓晉文之尊王攘夷亦大抵均有好評，他則說齊桓代表時代之變：「春秋之世，人道雖大亂，猶不離於王者舊制之中。隱桓之時，諸侯不過私相侵伐、私相好會而已，未嘗為公天下而合之。自齊桓以智力取勝而主天下之盟，功力遂為天下勝，先王之道，於是乎廢矣！」這便是王道亡而王法變，鄭齊斗即以此緬念古道而寄託其經世之懷焉！

七

講《春秋》，是為了明大義；具體說到治法便須溯諸《周禮》。卷二〈與崔汝和書〉曾談到：「蒙示《周官》書，正是舊本之有錯無疑。冬官之復，誠不是小功，亦見用力之甚勤。

深切仰嘆。其大司空職，乃遂人之復小司空，真是斷圭破壁之合，可喜一部冬官無以易之。其他可容量者，各以籤標，略付請於卷端，惟在裁教」。可見他與崔氏曾共同鑽研《周禮》。崔氏曾補冬官，鄭齊斗也對《周禮》有許多意見。這些意見今雖不可畢見，但卷二十二〈箚錄〉一文即可看出他與《周禮》的關係。

該文甚長，鄭氏體國經野、設官分職之構想，悉見於此。略謂治國者應下詔集一國之群策，集四方之賢才，洞開言路；盡理眾獄，伸平冤抑；罷出私人內侍，盡出內府私財，以付有司；盡錄各司物役，會納有司；官司屯田；焚軍籍；平私債；簡化朝儀；立甲長，五里各一；整戶籍，以知人口；絕僧徒；絕罷私賤所生；定士民業；定農民作編伍；恤五窮、正量田，罷免稅、限民田；正田賦稅，收雜稅；定山澤、移定貢物；正匠會官肆、禁屠宰、杜奢費；罷科舉、長官可以辟僚佐、庶賤漸通用、奴婢清消；立官久任；合州郡；遣將備海防倭；鄉里設塾；定士農工商、定雜業、分縣社……等等。其中所定官制，最能顯示他與《周禮》之淵源，例如：

天官：太師、左少卿（天時神祇醫藥）、右侍郎、太史（道術）

地官：大司空、左少卿（農田山澤）、右侍郎、度支（財賦囤用）

民官：大司徒、左少卿（四民牧養）、右侍郎、丁長（役御傳聯）

王官：都御史、左少卿（御史諫官）、右侍郎、侍從（尚書講官）

宰部：冢宰、左少卿〈選舉考課〉、右侍郎、統領〈差除爵賞〉

戎部：大元帥、左少卿〈城池士馬〉、右侍郎、內衛

禮部：大宗卿、左少卿〈禮教造士〉、右侍郎、朝儀

刑部：大司寇、左少卿〈邦制刑獄〉、右侍郎、官刑……。

內三輔：三郡

外八道：三十州六十七郡……

從結構上看，它就很類似《周禮》。其內容當然並非因襲周制，而是自出機杼，別有創制的。故於此之外，另設太公府，置左右相公；設中府、銓府、禮府、法府；設五部尚書丞，置士部、民部、財部、兵部、工部；設冑院、憲院、侍院、詞院；設西四班，置散、宗、敦、勳四館，以及三十州、九按使等，規制因韓國具體情況而施，跟中國歷代均不相同，可以看出鄭齊斗在此有殫精竭慮的考量。而且這一部分重重複複，當是不同時期的箚錄，是反覆斟酌的結果。

官制其實只是他整體構思中的一部分，對於田制、稅制、兵制、學制等，他也均有規劃，大抵皆以救弊除患為念，謂：「田籍不均，等教無定，常貧而不賂者，薄田為上等，所出不償其稅。故貧益貧、富益富，是弊之大者也。今極正田籍無弊」。幾乎對每一種制度，他都有類似的說明，足以徵其用心。

八

這些規劃裡面，很有些特點，具制度史上的意義。如規定人民三歲入丁籍，十五受丁帖如度牒，二十五歲以前不納稅，廿五以後始納丁布。女子則不入籍、不責役。丁分良賤，賤民另作丁籍，但丁入編伍就無良賤之分了。良民中，爵分五等：公卿、大夫、上士、中士、下士，這是民中的貴族，故曰：「大夫士為世族。世族立宗法。不入宗法，為鄉生。世族用宗法教之治之，選升於學校為仕。鄉士用里甲治之教之，選升於鄉校為士。其教以五倫德性，不以文詞」。

教育當然不限於士以上的階層，他認為農民也要教育之，只是不升遷罷了。因此他構想中的社會應該是上下垂直流動少的，較穩定的階層化結構。其主張罷科舉，一方面是強調教育應以德性為主，不以文詞為美，所以要罷科舉以「消躁競之風」；另一方面便與他這種閉鎖式社會的階層結構（closed-class society）有關，故曰：

> 庶孽賤人不必拘科舉，官久任而許自用，仕路狹而官久守。各官卿相以官為家，朝夕不離官。國學選士，其教塾之中皆學此學，無異學，禁其非。各牧守自辟門下士，如晉唐俗，以為幕客。可大用也，遂薦之朝，遂永為門士。三十州牧，終身專任，惟三事屬上司（田案兵籍板籍山澤案、貢稅米布、禮教），此外如教化詞訟刑戮治民制作

之事，皆自為之，如古諸侯。

基本上是以古代封建為典範而下採晉唐。君專於上，官皆世守，則仕路狹，又無遷移，中央便穩定，無朋黨爭權之事。下則州牧專任，類似諸侯，有點地方自治或彷彿聯邦的意味。民則區分良賤，重農重教而抑商，杜禁游手，使人各歸本業。這套構想，從政治學理論上看，當然問題多多。但其立說如此，恐怕跟他所身處的社會有關。因為當時朋黨嚴重、科舉噪競之風亦烈，故如此說，不能純從政治原理上論其是非。不過像「消奴婢」一類理想，仍是值得稱道的。

而這亦可看到鄭齊斗思想上的特點，是他一直把「經世」跟「王道」結合在一塊說。

他在論治道時最主要的討論對象，是崔汝和，兩人函札來往，所論多涉經濟。但崔氏與他就未必相同。鄭氏丙戌〈答崔汝和書〉有一則，說：「正風俗，當以鄉約為先云云。此事亦當從源頭理會。蓋朝廷正、綱紀立，然後民俗可正。不然鄉約何能獨行？若一朝先事鄉約，恐徒起紛紜。如何？」（卷二）崔是主張推行鄉約的，鄭卻認為應先從正朝綱做起。

同理，卷一〈答朴南溪疏草問目〉：「審王道云云。曰：王道則上下十二條，無不包括在中，當為一篇大綱，不獨為目而已。若曰審道術而論辨王霸貴賤之義，要以定其取捨，明其準約，以為當世立極，而為第一義。如何？」二答均強調「皇極」，以尊王、王道為綱，其餘治術為目。這是兩種不同的思路，崔汝和雖亦治《周禮》，但其正風俗，跟明代陽明學者類似，採取自民間道義相勸做起的辦法，由下而上。鄭齊斗則著眼於朝廷綱紀，故以王道經制為治世之第一義。這是他與陽明學頗不相同的地方。陽明及其後學罕治《春秋》《周禮》，或許這便是造成他們思路不盡相同的原因之一。

中韓陽明學者的經世思想，本來研究者就都不多，鄭齊斗的經世思想，歷來討論者更少，甚且對他頗有誤會，以為他缺乏這個面向。本文勾勒輪廓，以待世參。其中值得深論之處甚多，希望未來有人能做更多的探究。

《四庫全書總目提要·經部小學類》校文津閣本記

一、《總目》與閣本的關係

《四庫全書總目提要》為學海之津梁，重要性無待贅言，學者無不知之。其書初成於乾隆四十六年，數經修改，始於乾隆六十年付刊。所載提要，即《四庫》各本之總會，故卷首凡例稱：「分之則散弁諸編，合之則共為《總目》」。因此理論上二者應該是一致的，世人也一直以為如此，從來沒人懷疑過。

一九二〇年，陳垣先生因為準備景刊《四庫》，查驗文津閣本，才發現閣本提要和通行本《總目提要》並不一致。於是和闞澤、陶湘、尹炎武等人共同清校，發表了〈景印四庫全書原本提要緣起〉一文，載《中華圖書館協會會報》第三卷三期，一九二七年出版，倡議影印閣書提要，以與《總目提要》雁行，俾便學者考異。

可惜此一呼籲並未獲得重視，閣本提要與《總目》之異，學界迄乏研究。直到一九八九年，黃愛平《四庫全書纂修研究》（人民大學出版社），第十二章第三節〈四庫全書總目與閣書提要的比較〉才擴大比較了文淵閣本、文津閣本、文溯閣本與《總目》的差別。

據黃氏說，她比較過近百種提要，發現閣本提要與《總目》之不同，大略有下列幾種情況：一、潤飾文字；二、畫一體例；三、增刪內容；四、全篇改寫。因此她認為閣書提要還不很成熟，是屬於定稿過程中的一種狀況。

但黃氏具體說的不過十例左右，不足以反映全部情形。而且閣本提要與《總目》之優劣是非也並不能如此簡單概括。

舉幾個例子：《字鑑》，《總目》說作者「其始末則無考也」，文津本卻說：「蓋以弟子員著籍者也」。《漢隸字源》，《總目》只說：「宋婁機撰」，文津本就詳細得多：「機字彥發，嘉興人，乾道二年進士。寧宗朝累官禮部尚書兼給事中，權知樞密院事，兼太子賓客，進參知政事，提舉洞霄宮。事蹟詳《宋史》本傳」。這些都比《總目》加詳且有用。

又如《埤雅》，《總目》在介紹作者陸佃時，只說他「歷轉至左丞」，文津閣本就說得具體：「歷官至尚書左丞」。《總目》云佃於神宗時召對，文津閣本也記得較明白，是陸佃「預修《說文》，進書召對」。而陸佃的學術，《總目》以其書多引王安石《字說》，判斷他「學問淵源，則實出安石」。文津本不然，只說他「學問未嘗異於安石」。陸佃學術與安石不異，是現象的描述；若說其淵源出於安石，就推測得遠了，僅有解釋字義之法與安石相似，並不足以支持這樣的推論，須有其他的證據，故兩相比較，文津閣本均較優長。

當然這也不是說文津閣本就較好，而是說《總目》與閣本之不同，正堪比較，未可抹煞。其差異便是它的價值所在。縱使如黃愛平先生說它只代表《總目》在定稿過程中的一種狀況，也仍然深具價值。例如《總目》在卷首凡例中特別說明了宋賈昌朝《群經音辨》，原隸經部小學類二的字書之屬，後總纂官們再加審核，認為此書滙集群經音義「絲牽繩貫，同異燦然」，應該屬於訓詁類。所以才改隸小學類一，放在「《匡繆正俗》之前，《埤雅》之後」。可是文津閣本次序不同，是在《匡謬正俗》之前。讓我們知道當時對於這本書該放在什麼位置，是有斟酌的。

過去學者對這些不同，不甚留心。或是因聞見不廣，未知陳黃諸先生之提示；或由於四庫閣本深閉固藏，不易得窺，更休說要持相比勘了。我因機緣湊巧，各閣本均曾寓目，又發起重印文津閣本的工作，故於文津本與《總目》之異同，花了點小工夫對勘了一下。今輯出經部小學類的部分，抄撮於後，以供學界參考。

二、《總目》與閣本的比較

文津閣本與《總目》的差異，有不少是意義差別不大的字句，如鄭樵《爾雅注》，《總目》批評他堅持《爾雅》是江南人作，不免「偏僻之過」，文津本作「偏執之過」。《方言》

多訛脫，四庫館臣整理之餘，又「具列案語」以疏通證明；文津本作「具列案語如左」。《別雅》，《總目》：「以開卷東冬二韻核之」，核，文津本作覈。《說文解字》，《總目》：「其違戾六書者，則別載卷末」，載，文津本作列。這一類差別很多，但可說無關宏旨，大部分可以不出校記。

另一種不必一一敘明者為體例。《總目》的寫法，是先寫書名，次記卷數，再記採用底本，然後才作提要說明。說明時先敘作者名字爵里。若作者另有著作已收錄於《四庫》，則言明已著錄，以供互見。如「古音叢目五卷，古音獵要五卷，古音餘五卷，古音附錄一卷。浙江巡撫採進本，明楊慎傳。慎有《檀弓叢訓》，已著錄」。文津本體例不同，書題只作「古音叢目」，提要則以「臣等謹案」開頭，接著由「古音叢目五卷，古音獵要五卷，古音餘五卷，古音附錄一卷」講起。結尾則記載校寫時間，如這一本就是：「乾隆四十九年三月恭校上」。文津閣本大多均是在本年校寫，但也有少數在其他年份，例如宋邵伯溫《易學辨惑》寫於四十五年，鄭則中《周易窺餘》、都絜《易變體義》、趙善譽《易說》寫於四十六年之類。經部小學類中，除《爾雅翼》校寫於四十八年，《切韻指掌圖》校寫於四十六年外，均是四十九年校上的，因此也不出個別校記。

從價值上說，文津閣本不說明所採用的底本，是個缺陷，誤字顯然也較多。如《群經音辨》，提要談到揚雄《方言》，文津本誤作方能。《續方言》提要裡說「楚人名蔆曰芰」，文津本也把楚人誤寫為楚國。又《說文解字》說到呂忱《字林》：「忱書並不同於古籀」，文津本漏了一個書字。《五音集韻》提要謂作者韓道昭等韻之學，亦「深究要眇」，文津本作渺，都是這類抄錯的例子。四庫全書內廷四閣複校，是乾隆五十七年結束的。結束後，紀昀等人又對《總目》重新核校修改了一遍，乾隆六十年才校勘完竣。因此文字上的疏漏訛誤比閣本提要少是必然的。幸而文津本這類誤字，也極少嚴重到會影響文義的地步，因此也可說是無關宏旨。

較關宏旨者，是《總目》之案語，文津本多無之。案語本來就是考辨用的，一種是在提要末尾特出案語，一是在文中作考辨。如《說文解字》結尾附案語一大段，文津本無。《廣雅》最後則把案語直接續寫在文末，說：「考唐元度〈九經字樣序〉稱：『音字改反為切，實始於唐開成間。憲雖自隋入唐，至貞觀時尚在，然遠在開成以前，今本仍往往云某字某切，頗為疑竇』。殆傳刻臆改，又非憲本之舊歟？」這也是案語，文津本亦無。這類例子很多，大大增加了《總目》的價值。

但情況也不可一概而論。即以前舉《說文解字》來說，《總目》的案語長達一千多字，應該是極有價值的，可是胡玉縉《四庫全書總目提要補正》卻認為：「《總目》此語迂回不得其旨，段玉裁注極曉暢，孟《易》非壁中，尤足以破《總目》之惑」，似乎並不領情。然則文津本無此案語，似乎也算不上是缺點。

同理，《總目》定稿刊行在文津文淵各閣本之後，因而我們相信它增刪一定較好，校對也較精。大體言之，固然是如此，但相反之例卻也不罕見。

先說文字。《釋名》解釋兵器說：「刀室曰削、室口之飾曰琫，下末之飾曰琕」，文津本下字作室，就比較好。《急就章》，《總目》提到馮氏校本，文津本明言為馮舒，亦較好。《說文繫傳》，《總目》說徐鍇「直錄其兄鉉所校之本，而去其所附之字」，文津本作「新附之字」，也是比較妥的。《說文繫傳考異》，《總目》說：「因參以今本《說文》，旁參所引諸書」，下面一個參字明顯是涉上一參字而誤，文津本作「旁證」就對了。同樣的情況，是《附釋文互注禮部韻略》，《總目》的「嘉定中嘉定府教授」，下一定字亦涉上而誤，應依文津本作嘉興府。

這是文津本與《總目》文字不同而文津本較勝的例子。另一種是句段不同，但是可相參稽。

如《重修廣韻》的「潘耒序」，文津本作「潘耒《遂初堂集》亦有此書序」，語意較為完整。《增修互注禮部韻略》，《總目》只說：「宋毛晃增注」，文津本也說得較詳：「宋衢州免解進士毛晃增注」；「居正嘗作《六經正誤》」底下，文津本接著說：「又嘗校正監版九經，蓋以經義世其家者」；「是書因《禮部韻略》收字太狹」之下，文津本也接著說：「元祐五年，博士孫諤陳乞添收；紹興十一年進士黃啟宗更為補輯，猶未完備」。《總目》若真是後來刪訂之本，就不知它刪的道理何在了。

這樣的情形很不少。如《重修廣韻》，《總目》只說該書漫引草木蟲魚，「宜為丁度之所譏」，似乎丁度只譏其枝蔓。查文津閣本，才知丁度還譏了它別的事：「丁度譏其一字之左兼載他切，既不該盡，徒釀細文；又姓望之出，廣陳名系，既乖字訓，復類譜牒，其說當矣」。兩相比較，文津本不但較詳，且《廣韻》既是韻書，本來就會備載山川宮室、草木蟲魚之名，枝蔓雖是缺點，卻並非大毛病。一字之左兼錄其他反切，以及把文字訓詁之書當成譜牒來寫，才是大問題。《總目》不究心於此，而只就其枝蔓說，亦不知其刪削之故為何。

又，《廣韻》，《總目》的見解是說：「唐志宋志皆載陸法言《廣韻》五卷，則法言《切韻》亦兼《廣韻》之名」。此說，俞正燮《癸巳存稿》卷三曾駁之曰：「唐志實無此文，《廣韻》亦是增廣之稱，法言不應先有此名」。按理說，俞氏是對的，但四庫館臣的意見，《總目》所反映的只是一部分，另一部分就應看文津本，它說：「而陸德明《莊子釋文》亦引《廣韻》，則廣韻之名實在《廣韻》之前」。語意與《總目》是不同的。此即可以參稽也。

《九經補韻》作者楊伯嵒，文津本說他字彥瞻，《總目》說字彥思。《五音集韻》，《總目》說：「世稱以等韻顛倒字紐，始於元熊忠《韻會舉要》」，文津本作元黃公紹《韻會》，亦是此類。

考《韻會舉要》舊本提要，首題黃公紹編輯、熊忠舉要，則兩者合起來是一本書。《總目》以為不然，力言黃氏《韻會》別為一本，並謂熊氏書字紐遵金韓道昭《五音集韻》之法，部分又從劉淵之例，而以七音、四等、三十六母移易唐宋之字紐，使韻書為之一變者，便是韓氏。既如此，以等韻顛倒字紐，又怎麼會始於熊忠呢？《總目》自相矛盾，固不足信；文津本說此法始於黃氏，也一樣矛盾，因《總目》已說黃氏《韻會》乃是另一本書了。

句段不同最甚者，當然是通篇改作。這種例子也不少，如《欽定音韻闡微》、《欽定同文韻統》、《欽定叶韻彙輯》、《韻補正》等都是。大體上《總目》加詳加密，大勝於文津本。但文津本也有些好處，《總目》重作之提要不盡能包括。如《欽定叶韻彙輯》，文津本論吳棫、朱子、楊慎、邵長蘅諸家音學的部分，便不無參考價值。

《總目》在各閣本的基礎上增刪，大體上又是增多而刪少的，因此《總目》的提要常要比文津本字數多得多。這些多出來的文句，自然可讓我們明白當年增訂的經過，但刪的地方也不宜忽略，而且刪掉的部分也未見得就無價值。

例如《說文繫傳考異》，《總目》只說：「徐鍇《說文繫傳》四十卷，歲久散佚」。比對文津本，才知此處刪掉了以下這一大段文字：「鄭樵《通志》所載已亡三卷，李燾收訪，歲久僅得七八，闕卷誤字，無所是正。所作〈五音譜序〉，厥後雖有傳本，而其中第二十五卷迄不復得，據王應麟《玉海》，則是宋時已無完帙矣」。這段話，遠比一句「歲久散佚」清楚有用，不知何以刪去。

又，《干祿字書》，《總目》說它：「非復詭稱復古，以奇怪鈞名」。查文津本，這裡原是：「非復詭稱復古，非篆非隸，以奇怪釣名者比。元孫序曰：『自改篆行隸，漸失本真，若總據《說文》，便下筆多礙。當去泰去甚，使輕重合宜』。其言本諸《顏氏家訓》，可謂通方之論，非一隅之見矣」。這一段刪去，實在也很可惜。

至於《韻補正》的《總目提要》與文津本完全不同，或許是盡削舊稿，另起爐灶。但文津本看來也並不是因為錯誤故遭到芟棄，而是換了一個論述的方向與重點。凡此等等，均待學者細參。

我的校記，當然不可能逐條考辨，只能注明其不同之所在，由學者自行體會，並為使用《四庫提要》的人提供些幫助。校對的底本，《四庫總目提要》用通行本，並參考中華書局整理本，來跟文津閣本對勘；某些地方也略誌文淵閣的情況，以供比對。

三、小學類一（訓詁之屬）

爾雅注疏

一、文淵本附考證。

二、十卷，文津本作十一卷。

三、「晉郭璞注」後，文津本有「唐陸德明音義」。

四、「昺有孝經疏，已著錄」後，文津本全異，文曰：「昺字叔明，曹州濟陰人，九經及第，官至禮部尚書。治《爾雅》者，自犍為文學而下凡十餘家。璞薈萃為注，陸德明謂其洽聞強識，詳悉古今，為世所重。自是以後，為解義者甚多，《釋文》而外，傳者甚少。晁公武曰：舊有孫炎、高璉疏，咸平初，以其淺略，詔昺與杜鎬、舒雅等別著此書。前有曷序，詳注原委及奉敕校定之勤。然據程敏正以為此序見舒雅集內，題曰代曷作，則此注當亦廣集眾長而曷總其成耳。其後若陸佃之《埤雅》、羅願之《爾雅翼》，又因邢疏而廣之者也。明刻本不載《釋文》，今補入，又取鄭樵注本參校是正為多，皆乾隆四年奉敕校定本也」。按：《總目》本條文字甚長，然胡玉縉已謂其：「意在專論《爾雅》本文，故於注文及疏不暇舉其得失，轉近敷衍」，可見讀者於此，夙有遺憾。文津閣本則不論《爾雅》本經，專究郭注、陸氏釋文及邢疏之得失，與《總目提要》迥異。又，《總目提要》但云所據本為內府藏本，此則說明乃乾隆四年奉敕校定本。此本十一卷，或與《提要》所稱十卷本亦非同一本。

爾雅注

一、「鄭樵撰」以下一四四字，文津本作：「樵以說經者拘牽文義，多失本旨，乃掃除箋釋，以經解經，可通者說之，不可通者則闕之」。

二、「魚謂之丁一條，務牽引假借以就其〈六書略〉之說」後，文津本增：「據陳雨一字，謂《爾雅》作於《離騷》之後」。

三、「凡郭璞所云蜀語、河中語者，悉辨駁之，是則偏僻之過」以下，文津本俱無。

方言

一、文淵閣本題作：軒輶使者絕代語釋別國方言。

二、「邵序稱《方言》九千字，而今本乃一萬一千九百餘字，則字數較原本幾溢三千」，文津本作一萬二千九百餘字，誤。

三、揚雄及劉歆二書，文津本作一書，亦誤。

釋名

一、「《釋名》篇云：刀室曰削，室口之飾曰琫，下末之飾曰琕」，文津本下作室，是也。

二、「吳韋昭嘗作〈辨釋名〉一卷」至「未必盡中其失也」，文津本無。

三、「又《後漢書》劉珍傳稱」以下，文津本亦俱刪。

廣雅

一、《七錄》作四卷者，文津本作「錄作四卷者」，誤。

二、「考唐元度〈九經字樣序〉稱」以下，文津本無。

匡謬正俗

一、文津本列在《群經音辨》後。

二、師古名籀，文津本作字籀。

三、惟拘於習俗，文津本作：師古一代通儒而拘於習俗。

四、不能知音有古今，文津本下增：又不知齊梁以前無平仄四聲之別。

五、戒山堂《讀史漫筆》，文津本作論史漫筆，誤。

六、「鄭樵通志校讎略」以下，文津本無。

群經音辨

一、一字異訓，音從而異者，匯為四門。文津本作五門，誤。

二、卷七附辨字訓得失一門，所辨論者僅九字。文津本作：「凡九字，則附錄也」。

三、「為形容之辭」下，文津本作：卷三頁部所引乃其本詁，此乃單舉一典字訓為堅刃，殊乖古義。

四、「揚雄《方言》」，文津本作方能，誤。

五、「自序云」以下，文津本無。

埤雅

一、文淵本附音釋。

二、歷轉至左丞，文津本作：歷官至尚書左丞。

三、於神宗時召對，「召對」上，文津本增：預修說文，進書。

四、其學問淵源，則實出於安石。文津本作：其學問則未嘗異於安石。

五、「觀其開卷〈說龍〉一條」以下，文津本無。

爾雅翼

一、「據方回跋稱」至「並注釋焉」，文津本無。

二、與原跋互異，豈字畫傳寫有誤歟。文津本作：「疑原跋字畫有誤，或後人有所附益，非復焱祖舊本矣」，語意較完。

三、「後陳櫟刪削其書」以下，文津本無。

字詁

一、「如謂靂」至「豈漢音猶不足據乎」，文津本無。

續方言

一、授翰林院編修，文津本作翰林院檢討。

二、「惟是所引之書，往往耳目之前，顯然遺漏」，文津本作：惟是所引之書既及王應麟《急就篇補注》，則宋以前書皆當詳採，今即耳目之前，顯然遺漏者。較佳。

古今韻會

一、文津本作《韻會舉要》，為同一書。
二、楚人名稜曰芰。人，文津本作同，誤。
三、「太平御覽」至「吳人呼為鯽魚也」，文津本無。
四、凡此諸條，皆六朝以前方言，正可以「續揚雄之著」。文津本作：續揚雄所闕。較佳。
五、「而俱佚之」下，文津本增：則以其引書過隘故也。

四、小學類二（字書之屬）

急就章

一、文津閣本作急就篇。
二、馮氏校本，文津本說明為馮舒。
三、「舊有曹壽」以下，文津本無。

說文解字

一、按偶章句，文津本無句字，與殿本同，浙本粵本有。

二、忱書並不用古籀，書字，文津本脫。

三、文津本無按語。

說文繫傳

一、官至右內史舍人，文津本作：仕李煜為校書郎。

二、直錄其兄鉉所校之本，而去其所附之字。文津本作：新附之字。是也。

三、「如鉉本福祐也」至「何以證之哉」，文津本無。

四、「案是書在徐鉉校《說文》之前」以下，文津本無。

說文繫傳考異

一、「歲久散佚」下，文津本增：鄭樵《通志》所載，已亡二卷，李燾收訪，歲久僅得七八，闕卷誤字，無所是正。所作〈五音譜序〉，厥後雖有傳本，而其中第二十五卷迄不復得。據王應麟《玉海》，則宋時已無完帙矣。

二、「自明以來」下，文津本增：錢曾富於藏書，而《讀書敏求記》中稱為驚人秘笈。

三、因參以今本《說文》，旁參所引諸書。文津本作旁證，是也。

說文解字篆韻譜

一、皆慎書所附之重文。重文，文津本作書文，誤。

二、據李燾〈五音說文韻譜序〉，此書篆字皆其兄鉉所書，鉉集載有此書序二篇。文津本作「前後有其兄序二篇」。按：此乃同一事之分說。

重修玉篇

一、文津本題玉篇。

二、文淵本附玉篇及紐圖、玉篇分毫字様各一卷。

三、敷淺者仍事討論。敷，誤，文津本作膚。

四、「元陸友《研北雜志》稱」至「不必爭之於此也」一大段，文津本無。

干祿字書

一、「韭之作韮」上，文津本有「氏之作互」四字。

二、「以奇怪釣名」上，文津本有「非篆非隸」四字。

三、「以奇怪釣名」下，文津本全異，作：「者比，元孫序曰：『自改篆行隸，漸失本真，若總據《說文》，便下筆多礙。當去泰去甚，使輕重合宜』。其言本諸《顏氏家訓》，可謂通方之論，非一隅之見矣」。

五經文字

一、書於講堂東西廂之壁。文津本作講論堂，誤。

二、猶顏元孫《干祿字書》分正、俗、通之體之例，文津本無。

三、亦顏元孫所謂總據《說文》則下筆多礙，當去泰去甚，使輕重合宜者也。文津本亦無。

四、稱其常篆楊時踵〈息庵記〉。文津本漏一楊字。

五、此本為明萬曆中黎民表所刊，字畫頗為清晰，惟不載鑰序。文津本作：此本為明萬曆中黎民所刊，不載鑰序。誤。

六、蓋猶從舊本傳刻者也。文津本無此句。

班馬字類

一、「機，自彥發」至「事跡具《宋史》本傳」，文津本無。

二、考證訓詁。證，文津本作正。

三、末有機跋二則，辨論文字，亦極明析。文津本移在最末。

四、幾至刑措。文津本作刑致，誤。

五、一概捃拾，未免小失簡汰。文津本作：皆可無庸採錄，未免小失簡汰耳。

六、「又袁文甕牖閑評」至「故不失考古之津梁」，文津本無。

漢隸字源

「宋樓機撰」下，文津本有：機字彥發，嘉興人，乾道二年進士。寧宗朝累官禮部尚書兼給事中，權知樞密院事，兼太子賓客，進參知政事，提舉洞霄宮。事蹟詳《宋史》本傳。

六書故

一、文淵本題作《六書故》三十三卷、《六書通釋》一卷。
二、其法既用隸書。隸書，文津本作今文。
三、本音䍗，加宀。宀，文津本作門，誤。
四、「許氏解字引經」至「到此書為一厄矣」，文津本無。

字通

一、旁三點亦字類。文津本點字後衍一類字。
二、下四點內。內，文津本作類，誤。
三、回字收於中曰字類。曰，文津本作日，誤。
四、收於自字類。自，文津本作阜，亦誤。

五、「卷末別附糾正俗書八十二字」至「其或後人所竄入歟？」文津本無。

汗簡

王球，文津本作王楚。

佩觿

一、「宋郭忠恕撰」，文津本下有「忠恕，字恕先，河南洛陽人周廣順初召為宗正，兼國子書學博士。宋建隆初，貶乾州司戶參軍。太宗初，召授國子監主簿，令刊定歷代字書。蘇軾集有忠恕傳，載其始末甚詳」。

二、「此書卷備論形聲訛變之由，分為三科，曰造字、曰四聲、曰傳寫。中下二卷則取字畫疑似者，以四聲分十段」。文津本作：「上卷列造字四聲，傳寫三科。中下以四聲分十條」，較不明晰。

三、「曰入聲自相對」，其下文津本有「俱取字體之小異者，兩兩剖別」等字。

四、「不署名字，不知何人所加」，文津本無。

五、「可證師古之訛」，文津本作：與忠恕說同。

六、證之漢四老神位神胙幾名刻。胙，文津本作祚，誤。

七、忠恕所編，較他家精確多矣。文津本作：忠恕所據字，實為精確，非以意穿鑿者。

古文四聲韻

文津閣本無「惟斯書由雜綴而成」至結尾一大段。

類篇

一、「景定」癸亥，文津本作嘉定，誤，嘉定無癸亥年。

二、「然書後有附記」至「四年十二月本之」，文津本無。

三、然於是書特繕寫奏進而已。文津本於特繕之間衍一監字。

四、「三曰古義之不可知者」之下，文津本多「皆從其故」四字。

歷代鐘鼎彝器款識法帖

一、《宋史·藝文志》均作二十卷，與今本相同。文津本作：《宋史·藝文志》亦同，均與今本相合。

二、卷數直異。直，文津本作互。是也。

三、似傳寫脫二字。寫，文津本作訛，誤。

四、吾丘衍《學古篇》。文津本脫一衍字。

五、維揚石刻之出於古器物名。名，文津本作銘，誤。

六、「如考古圖釋蠆鼎云」至「其立說並有依據」一大段，文津本無。

七、文津本無案語。

復古篇

一、遼僧行均撰。僧，文津本作釋，誤。

二、殆皆隔越封疆，傳聞記載，故不免失實歟。文津本無「隔越封疆」四字。

六書統

一、事蹟具《元史》本傳。前有一「桓」字。

二、前有翰林直學士硯堅序，又有國子博士劉泰後序，而桓自序為尤詳。文津本無。

三、「於是，一指事也，有直指其事」至「以六書論之」，文津本無。

周秦刻石釋音

一、元吾丘衍撰，文津本作吾衍，誤。

二、要亦足廣異聞耳。要，文津本無。

字鑑

一、其始未則無考也。文津本作：蓋以弟子員著籍者也。

二、因輯《類韻》二十卷，文津本作三十卷，誤。

三、「他若《增韻》《韻會》諸本」前，文津本有「大抵皆精確，深得六書本意」句。

四、於小學深為有裨，文津本作：於小學實深有裨益。較勝。

五、康熙中朱彝尊從古林曹氏抄得。「朱彝尊」前，文津本有「秀水」二字。

說文字原

一、「是二書前有至正乙未國子監承宇文公諒總序」至「意其佚脫也」，文津本無。

二、瓊州黃芳為序，文津本作「迨後」。

三、「昔許慎《說文》凡分五百四十部」至結尾，文津本無之。

漢隸分韻

本篇提要兩次論及吾丘衍，文津本皆作吾衍。

奇字韻

「慎有《檀弓叢訓》已著錄。編際字體之稍異者，類以四聲，故曰奇字」，文津本作：慎既作《古音叢目》諸書，又別標字體之稍異，類以四聲，以成是編。

古音駢字

一、一卷，文津、文淵本均作二卷。
二、即以開卷東冬韻論之。文津本缺冬字。
三、「吳越春秋，越王無餘外傳」至「今詩為駿龐」，文津本無。
四、《史記·龜策列傳》亦作蠡門，文津本缺門字。
五、管子「內政篇」，文津作內業篇，是也。
六、末尾，文津本增：亦可云小學之善本矣。

俗書刊誤

一、明焦竑撰。文津本其下有：竑，字弱侯，萬曆乙未進士第一人，官翰林修撰。
二、若句婁之不當作岣嶁。婁，文津本誤為委。
三、第十二卷考字形疑似，文津本作：第十二卷論字易訛。誤。

字孿

一、四卷，文津本作二卷。
二、官至荊西道布政司參議。文津本作：以部郎出知開封府，進河南提學僉事，再遷荊西道參議。

三、孿子眉目髮膚雖無別，文津本無雖字。

四、如琴上加一。琴，文津本作瑟，誤。

康熙字典

一、文津本作：御定康熙字典。

二、本篇提要，文津本全異：康熙字典，聖祖仁皇帝御定，張玉書等修纂，自子至亥為十二集，集各分上中下，始一終龠，凡一百十九部，並以筆之多寡為次。前有總目、檢字、辨似、等韻，後附補遺、備考，俱不標卷第。今謹依原書次序，自子上至亥下，為三十六卷。前為總目、檢字、辨似、等韻各一卷，後補遺、備考各一卷，總四十二卷。字書之作，肇於許慎《說文》，而顧野王《玉篇》繼之。其分部各有義例。迨《字滙》《正字通》二書，始似今體筆數為次，取便檢閱。是書實因之，而詮訓簡當，可以訂《正字通》之繁冗；徵引博辯，可以補《字滙》之遺闕。於以釋經考事，析疑衷是，洵乎集千古字書之大成矣。

御製清文鑑

一、文津本題作欽定增訂清文鑑，補總綱一卷。文淵本作：補編總綱一卷。

二、本篇提要，文津本全異：乾隆三十六年欽定製序頒行。國書字頭切音之法，實備形聲之用。自聖祖仁皇帝定為《清文鑑》一書，分類編排，體裁大備而未有音切漢字。我皇上紹讚文明，國語左為漢字，或一字對音，或二合三合切音，毫髮不爽。其右列漢語，又其又音，以指授館臣，詳加增訂。每條標著國書，俾覽者皆可以成誦。其注釋並取日用常言，期於人人先曉，不致有拘牽傳會之失。而新定國語增入者，尤為詳備。於以昭示來茲，為萬萬世同文之準云。

御定滿洲蒙古漢字三合切音清文鑑

一、洲，文津本作珠，誤。

二、三十三卷，文津本作三十二卷。

三、始制契丹文字，文津本作大字，誤。

欽定西域同文志

一、乾隆二十八年奉敕撰，文津本作：乾隆二十八年，欽定大學士傅恒、劉統勳等編撰，以備西域諸部之字書。

二、「各注其釋語對音」以下，文津本全異：各以其語為主，餘取對音。每條俱於漢字下詳具訓詁名義，瞭若指掌，一展卷而凡絕域之方言皆得，尋音考義，洵為同文之極軌矣。

古來志外域者多出傳聞彷彿，文人傅會，未足徵信。我朝重洋所通，遠越前代，迨於西陲式廓，雁臣星（按：疑有衍文），使中外一如。編輯諸臣既得咨詢譯語，考求真實，而書成上進，復親御丹毫，指示更定。以故音義精審，略無遺憾，足以示信萬古云。

隸辨

一、「前」有自序云，文津本作原本。

二、「又每字下所引碑語，亦多舛錯」至「乃至采摭漢碑，其亦誣矣」，文津本無。

篆隸考異

一、二卷，文津本作四卷。

二、此考寧取其簡，無取其繁。繁，文津本作煩，誤。

三、析其是非，析，文津本作晰，誤。

四、至詳至悉，文津本悉作細，誤。

五、小學類三（韻書之屬）

廣韻

一、文淵本作原本廣韻，以與下之重修廣韻相區別。

二、一為此本。一，文津本作原。

三、則法言《切韻》亦兼《廣韻》之名。文津本作：「而陸德明莊子釋文亦引《廣韻》，則《廣韻》之名，實在《唐韻》之前」，語意與《總目提要》不同。

四、「郭忠恕《佩觿》上篇，尚引裴務齊〈切韻序〉，辨其老考二字左右四轉之訛，知三家之書，宋初尚存」，文津本無。

五、「又景德四年敕牒，稱舊本注解未備，明先有此注文簡約之《廣韻》也」，文津本無。

六、「惟新舊《廣韻》皆在《集韻》之前」以下，文津本無。

重修廣韻

一、宜為丁度所譏，文津本作：丁度譏其一字之左兼載他切，既不該盡，徒釀細文；又姓望之出，廣陳名系，既乖字訓，復類譜牒，其說當矣。

二、潘耒存，文津本作：潘耒遂初堂集亦有此書序。

集韻

一、「其書凡平聲四卷」至「今改正」，文津本無。
二、「東齋記事」至「知此四類亦《集韻》所併」，文津本無。

切韻指掌圖二卷附檢例一卷

一、文淵本題作：切韻指掌圖三卷、檢圖一卷。《總目》前者為二卷。
二、「考江南通志」至「或其祖籍歟」，文津本無。
三、「則元之遺民，入明尚在也」，文津本作：則明初人矣。

韻補

一、〈綠衣〉篇風音孚愔反之類，孚，文津本作為。誤。
二、故參錯宂雜，故，文津本作同。誤。
三、「至於韻部之上平注」至「皆亙古所無之臆說」，文津本無。

附釋文互注禮部韻略

一、「考曾慥《類說》」至「迨南宋之末不改」，文津本作：此書為宋代官韻，行之最久。
二、「元祐中博士孫諤」，文津本無。
三、嘉定中嘉定府教授，文津本作：嘉興府教授，是也。

四、「其間或有未允者」至「又經公論」，文津本無。
五、所載上起元祐五年，文津本作元豐。
六、下至紹興五年，文津本作紹熙。

增修互注禮部韻略

一、宋毛晃增注，文津本作：宋衢州免解進士毛晃增注。
二、「居正嘗作《文經正誤》」後，文津本多「又嘗校正監版九經，蓋以經義世其家者」等字。
三、「是書因《禮部韻略》收字太狹」下，文津本多「元祐五年，博士孫諤陳乞添收，紹興十一年進士黃啟宗更為補輯，猶未完備」諸字。
四、「然不知古今文字之別」至「亦足以備簡擇也」，文津本無。

增修校正押韻釋疑

一、文淵本卷首有校正條例一卷，《總目》未載。
二、「前載文序」至「皆列卷首」，文津本無。
三、「別本《禮部韻略》注文甚簡」至結尾，文津本皆無。

九經補韻

一、字彥恩，文津本作彥瞻。

二、「周密《雲煙過眼錄》載伯嵒家所見古器，列高克恭、胡泳之後，似入元尚在矣」，文津本無。

五音集韻

一、元熊忠《韻會舉要》，文津本作：元黃公紹《韻會》。

二、「考《廣韻》卷首」至「足為明證」，文津本無。

三、及丁度編定《集韻》，文津本作：《禮部韻略》編行。

四、未嘗與《集韻》錯立，文津本集韻作《韻略》。

五、亦深究要眇，眇，文津本作渺，誤。

六、未可以世不行用而置之也。文津本作：或以顛倒音紐之次第，過相詬病，非通才之論矣。

古今韻會舉要

一、文淵本有《韻母》一卷，《總目》不載。

二、三十六字母「移易」，文津本作顛倒。

三、子注文繁例雜，子，文津本作忠。

四聲等子

一、文淵本題作：四聲全形等子。
二、「內外轉攝振救正音」下，文津本缺：憑切、寄題憑切、喻下憑切、日寄憑切。
三、「江諧東冬，不諧陽、唐」，唐，文津本作剛。誤。
四、「又此書七音綱目」至「尚有未明」，文津本無。

經史正音切韻指南

不知何人割裂其文，綴於此書之後。文津本無。

洪武正韻

一、「陸法言〈切韻序〉始於隋文帝仁壽元年」至「何可盡掩其目乎」，文津本無。
二、「李東陽《懷麓堂詩話》曰」一段，文津本無。
三、「又周賓所《識小編》曰」至「是太祖亦心知其未善矣」，文津本無。

古音叢目

一、以今韻分部，今，文津本作全，誤。

二、「如《周易》渙六四」至「不得改封紅以入江也」，文津本無。

古音略例

一、我思肥泉，茲之永嘆。茲，文津本作思。

二、「《老子》，朝甚除，日甚蕪」至「而反取誅之別音為叶，他若」，文津本無。

毛詩古音考

一、「第有〈伏羲圖贊〉」至「古韻乃以益亂」，文津本作：第字季立，連江人，以諸生從軍，歷官至遊擊，自顏師古注《漢書》，創為合音之說，後人遂以意屬讀，茫無定律。至吳棫《韻補》出而龐雜割裂，古音彌失其真。

二、「雖卷帙無多，然欲求古韻之津梁，捨是無由也。」，文津本無。

欽定音韻闡微

一、欽定，文津本作御定。文淵本題作：御定音韻闡微十八卷。卷首有韻譜一卷。

二、提要內容全異，文津本作：音韻闡微十八卷，始輯於康熙五十四年，聖祖仁皇帝指授大學士李光地等承修，而告成於雍正四年，世宗憲皇帝製序刊佈。自來音韻之書，至為糾結。梁沈約撰四聲，繼之者隋陸法言撰《切韻》，唐孫愐撰《唐韻》，其書並佚。若宋祥符之《廣韻》、景祐之《集韻》，皆奉敕修，而《禮部韻略》獨列於學官。毛晃仍而增益之，劉淵復因而通併其部分，元黃公紹作《韻會》，亦仍劉韻而箋注特詳。明洪武中詔宋濂等刊修《正韻》，又以意刪併部分。要其翻切，輕重緩急之間，或因或改，均未能悉協。惟本朝字書，合聲切法，至為簡易，實開從來未發之蘊。是書翻切，並以上一字生音，下一字收韻，審辨精微，萬古不易矣。

欽定同文韻統

文津本全異：同文韻統六卷，乾隆十五年欽定莊親王允祿等修纂，以天竺西番字母音復分注反切喉齒唇舌之音於下一，一展卷而華梵音韻悉備無遺。真發從來未發之秘，昭垂永久不易之準矣。

欽定叶韻彙集

文津本全異，作：叶韻彙集，乾隆十五年欽定。前列今韻，悉以《佩文》詩韻為準，而語釋加詳，韻可通用者，連類相次，而載古音叶音於後。其獨用者，叶韻即附焉。如一東二冬本可通用，則並列於前，而東冬叶韻次之，三江獨用，則江叶韻次之，支微十一尤之類亦然。叶韻每字下博採六經子史及漢魏以來有韻之文以證之，俾尋聲考古者一覽而得其原本，洵乎致精極博矣。韻言肇於古初，而類編成書則始於齊梁。自後代有刪併，部分愈繁，古音漸昧。宋吳棫以四聲互用，切響同用二法，著為《韻補》，朱子取之以說詩。楊慎又因六書轉注之流別，足以方音叶音為《轉注古音略》，其說益備。國朝邵長蘅取吳楊兩家之說而增益之為《古今韻略》，搜採雖博，舛訛亦多，未足為藝林程度。是書體例悉稟幾餘指授，而徵引考核必精必詳，古今音韻之學，無出範圍矣。原本上平下平上去入聲各分上下帙。茲以篇頁頗多，謹依次分析，每遇叶韻處，輒別為卷。凡五十八卷。古音部分之概，亦略見於此云。

音論

一、「上卷分三篇：一、古曰音，今曰韻；二、韻書之始；三、唐宋韻譜異同」。文津本只有篇卷數，無每篇具體內容，「上卷分三篇」。中下卷敘述亦同。

二、李光地詩集序，文津本缺李字。

詩本音

一、「其書主陳第詩無叶韻之說，不與吳棫《補音》爭，而亦全不用棫之例。但」，文津本無。

二、「南宋以來，隨意叶讀之謬論，至此始一一廓清，厥功甚鉅」，文津本無。

古音表

「然變亂舊部」至結尾，文津本作：而論者終不能無異議焉。

韻補正

文津本全異，「《韻補》五卷」後，文津本作：陳振孫《書錄解題》亦同。其《叶韻補音》惟釋詩三百篇，《韻補》則氾濫無律，所採凡五十家，下至歐陽修蘇轍所用，亦據為古音，殊不足取。今已詳加駁正，著之於錄。後人不察，泛稱朱子作《詩集傳》尊用其說，遂不敢稍議棫書。不知朱子所據乃十卷之《叶韻》，非五卷之《韻補》。又不知朱子語錄有：「吳才老《補音》甚詳，然亦有推不去者」之說也。炎武精別古音，故獨摘其謬。然亦不辨棫有二書。世人以此冒彼，致誣朱子之誤，則尚未及詳檢耳。然其考據明確，以為篤信棫書者迷途之導，固不為無助焉。

唐韻考

一、文津本文淵本題作：孫氏唐韻考。

二、䰟、筠、囷、頵四字，文津本作五字，誤。

古韻標準

一、文淵本卷首有《詩韻舉例》一卷，《總目》不載。
二、每部之首，先列韻母。列，文津本作引，誤。
三、較諸家體例亦最善。例，文津本缺。

小學類附錄

六藝綱目

一、則誤從周伯琦《說文字原》之論，於制字之意反乖耳。文津本作：不特誤以象形為轉注，即字書中於此二字，亦從無側人側ㄩ之訓，此妄以意為之也。
二、「其始末則不可考」一句，文津本無。
三、文淵本附《字原》一卷、六藝綱目發原三卷，《總目》未載。

二〇〇七年六月十六日臺灣《書目季刊》四十一卷一期

《四庫全書總目提要校證》例說

清修《四庫全書》後，將所收各書提要匯刊為《四庫全書總目提要》，是數百年來讀書人最重要的門徑參考用書。但大家可能不知道：《總目提要》之內容與各閣本書前提要頗有不同，文淵、文津、文溯閣本之間也多差異，就是《總目提要》，殿本、浙本、粵本亦是不同的。我們現在作的《四庫全書總目提要校證》，就是一方面清校各本之異同，一方面把余嘉錫、胡玉縉等歷來諸家對《總目提要》的考辨補證綜合整理，繫入各條提要之下，提供給學界一個新而且較完整的本子。本文是對目前工作的示例說明，主要介紹工作內容及校勘所得。

一、為何作校證？

清代乾隆皇帝編纂《四庫全書》，又將各書提要另刊頒行，俾學者可由書目而尋提要，由提要而得全書。承學之士咸受沾溉，價值不待贅述。

但學界至今其實還很少人注意到：各閣本之提要，其實不盡相同；與已刊之《四庫全書總目提要》更多差別（例如《史記》，文津閣本一八七字，提要刊本八四〇字，內容差異甚大）。

邇來楊訥、李曉明根據北京文津閣藏本校勘文淵閣本，出版了《文淵閣四庫全書補遺》（集部，一九九七年）與《文淵閣四庫全書補遺》（集部·明代卷，二〇〇五年），浙江圖書館也零星出版了《文瀾閣四庫全書選粹》（一九九六年），遼海出版社印行《金毓黻定本文溯閣四庫全書提要》（一九九九年），均是有意識地彰明閣本間的差異，但提要之不同，則尚少人關注。

過去中華書局曾出版整理本《四庫全書總目》（一九九七年），嘗試將余嘉錫、胡玉縉、崔富章、李裕民等人的考據成果逐條編入，可以說是一大創舉，功在士林。可是此書收錄者遺漏較多。當時亦尚無人注意到《提要》刊本與閣本不同、各閣本之間亦多不同之現象。故完全未參校其異同。

我現在主持的《四庫全書總目提要校證》即為補此缺憾而作。

二、如何作校證？

校勘以《四庫全書總目》（殿本，臺灣商務印書館，一九八四年版）為底本，對校下列各本：

一、摛藻堂欽定四庫全書薈要書前提要——薈要本（臺北：世界書局，一九八五年影印）

二、《武英殿聚珍版叢書》書前提要——聚珍本（臺北：藝文印書館，一九六九年）

三、文淵閣四庫全書提要——文淵本（臺北：臺灣商務印書館影印，一九八六年）

四、金毓黻手定本文溯閣四庫全書提要——文溯本（北京：中華全國圖書館文獻縮微複製中心，一九九〇年）

五、文津閣四庫全書提要滙編——文津本（北京：商務印書館，二〇〇六年）

六、文瀾閣本書前提要，寫本，尚存二十六卷。現藏浙圖。

七、《四庫全書總目》——浙本（中華書局，一九六五年）

八、《四庫全書總目》——粵本（同治七年，廣東書局刻本）

另有各分纂官所撰分纂稿，以及《四庫全書簡明目錄》之提要。

參校諸本與底本互有異同，依次（包括不同校訂對象於句中出現先後次第和同一校訂對象援引諸本之次第）說明。

若全篇文字迥異，不便逐條出校，則全篇抄錄。

分纂稿與底本文字、內容、體例相去甚遠，且有分纂稿提要未見《總目》著錄者；《簡目》與《總目》非唯繁簡懸殊，內容或不一致。此皆不便稱引以條校《總目》，但以【附錄】形式附於《總目》各篇提要之後。《總目》未著錄者，則附於各部提要之後。

校記、辨證各自獨立。校記部分前標注【校記】，辨證部分前標注【辨證】。【辨證】與【校記】兩部分間空一行。

諸家辨證，但摘取結論，不引原文，表述為：某氏謂……（注明頁碼）；辨證或引前人說，亦撮錄之，表述為：某氏引某人謂……（注明頁碼）。

諸家辨證，內容淆雜：或訂《總目》之誤，或補《總目》之缺，或辨前人諸說之是非，此皆有裨於《總目》與四庫學之研究者，當摘錄之；或著錄原書之收藏（包括版本、版式、收藏單位等，**崔氏補正多有之**），或援引原書之序跋此類內容，皆不取。

辨證以摘錄諸家之說為主；若屬個人研究所得，則當出辨證全過程（包括依據、結論等），前加「某某按：」以示區別。

辨證資料：

一、余嘉錫《四庫提要辨證》（香港：中華書局，一九七四年）——余氏辨證

二、胡玉縉《四庫全書總目提要補正》（上海：上海書店，一九九八年）——胡氏補正

三、劉兆祐《四庫著錄元人別集提要補正》（臺北：中國學術著作獎助委員會，一九七八年）——劉氏補正

四、崔富章《四庫提要補正》（杭州：杭州大學出版社，一九九〇年）——崔氏補正

五、楊武泉《四庫全書總目辨誤》（上海：上海古籍出版社，二〇〇一年）——楊氏辨誤

六、李裕民《四庫提要訂誤》（增訂本）（北京：中華書局，二〇〇五年）——李氏訂誤

附錄資料：

一、翁方綱四庫提要分纂稿——翁稿（吳格整理，上海：上海書店，二〇〇六年）
二、姚鼐四庫提要分纂稿——姚稿（吳格整理，上海：上海書店，二〇〇六年）
三、邵晉涵四庫提要分纂稿——邵稿（吳格整理，上海：上海書店，二〇〇六年）
四、陳昌圖四庫提要分纂稿——陳稿（吳格整理，上海：上海書店，二〇〇六年）
五、余集四庫提要分纂稿——余稿（吳格整理，上海：上海書店，二〇〇六年）
六、鄒奕孝四庫提要分纂稿——鄒稿（吳格整理，上海：上海書店，二〇〇六年）
七、鄭際唐四庫提要分纂稿——鄭稿（吳格整理，上海：上海書店，二〇〇六年）
八、程晉芳四庫提要分纂稿——程稿（吳格整理，上海：上海書店，二〇〇六年）
九、莊通敏四庫提要分纂稿——莊稿（吳格整理，上海：上海書店，二〇〇六年）
十、佚名四庫提要分纂稿——佚名稿（吳格整理，上海：上海書店，二〇〇六年）
十一、四庫全書簡明目錄——《簡目》（臺北：臺灣商務印書館影印，一九八六年）

三、校證何所得？

四庫全書編成後分抄七部，本應只是一式七份，而其實頗多不同；《四庫全書總目提要》單獨刊行，理應也只是一書，而現存殿本、浙本、粵本三種版本卻也多有不同；它們跟寫在各閣本書前的提要，理論上應當一致，可是實際上也仍是很不一樣。這是我們本來就知道的，《四庫全書總目提要校證》的工作價值也就在這兒。但實際做了校證，對其版本狀況之複雜，仍要大吃一驚。

我們的工作，是把經史子集分開，各有一組工作人員進行校證（經部由王寧、李運富先生負責，史部由陳仕華先生負責，子部由楊寶忠先生負責，集部由韓格平先生負責）。四部之情況頗有不同，底下我以史部為例，略作說明。

各本互校之後，發現確有部分是完全相同的。例如《江南餘載》之提要，諸本皆同。《欽定勝朝殉節諸臣錄》的提要，僅一個字的文溯閣本有異文，也可說是屬於這一類。但可惜這類例子不多，大抵總有些差異。

差異大的，全篇提要皆不相同。如《周忠愍奏疏》的提要，文淵、文津、文溯三本一樣，浙本、粵本一樣，而殿本又自一樣。一個提要竟是三種寫法。《古今列女傳》也是三種，但是殿本一種、文淵本一種、文津文溯又一種。《卓異記》《敬鄉錄》《浦陽人物志》《欽定八旗滿洲氏族通譜》這類提要，則是兩種，殿本自為一種、文淵文溯文津一種。《杜工部詩年譜》的殿本也與文津文溯本不同，但與文淵閣本卻是一致的。《文襄奏疏》也是這樣。

還有是像《欽定蒙古王公功績表傳》這般，文淵閣本根本就缺了提要的。其文津、文溯本雖大體一致，但文津本在敘述蒙古阿巴哈納爾歸附之後，忽加了一句：「我皇上聖武遠揚，平定西域，回部亦咸為僕隸」。此語與蒙古王公歸附無關，想是謄錄提要者一時心意觸動所加的頌聖之言。此類抄手隨手之變，亦很不少，使得各本異文繁滋。

提要全篇不同，等於是另行起稿，或在原有稿件上改作。今存翁方綱四庫提要稿本最能看出這類情況。如《讀史記十表》，殿本提要約三百六十字，僅前面二十字與翁稿同，餘皆另作。翁氏建議此書列入存目，也未獲採納，仍置於正編。《革除逸史》二卷，翁稿也建議放在存目中，今提要亦不用其言，復另撰提要。且不僅文字不同，考證亦異。翁言《明史・藝文志》只有《遜國記》二卷，無此書，故此書雖未必即為信史，不妨存目。今《總目提要》則謂：「明史藝文志載睦契《遜國記》二卷，不載此名。然不容同記一事乃分著兩書，卷數又復相合，殆即此書之別名也」。文淵本作：「明史藝文志載睦楔《遜國記》二卷，當即此書，蓋其後所改名也」，更為簡潔。故可推斷翁稿應是初作，殿本文津文溯本或係二稿，文淵本則為三稿。

不過此一推測也很難說，因為理論上應是各閣本都完成後，《總目提要》才付排的，故殿本應在諸本之後，不應殿本既刻後，諸閣本還有修改。所以現在諸本校勘後，情況乃越加費解。

殿本之外，浙本粵本也有再予修訂的情形，最明顯的是《欽定蒙古源流》提要最末，浙本粵本有：「此書為外藩所錄，於例應入載記類中。然所述多元朝帝王之事，與高麗安南諸史究有不同，是以仍編於雜史」云云。這是補說為何編入雜史之故，蓋書成而讀者或有此疑，故補說釋之。這段，顯然比諸本更晚才作。

可是這段固然如此，其他地方又未必顯示浙本粵本就是最後之稿。因而情況仍然費解，尚待做更多觀察。

以上是大段差異甚或整篇差異的，這部分當然不比局部差異者多。局部差異的情況很複雜，首先是篇卷數目。如《欽定明臣奏議》，文淵文津文溯本均與殿本同，四十卷；但浙本粵本作二十卷。讀者若用的是浙本或粵本，自然認為書就是二十卷，不會想到四庫內部版本情況這麼複雜。

又，《潘司空奏疏》七卷，浙本粵本作六卷。為何獨與諸本所載者異呢？因為其中的兵部奏疏二卷，浙本粵本是一卷，所以總數只計為六卷。

此類差異較為普遍，如《華陽國志》十二卷，附錄一卷；文淵文津文溯本就都無「附錄一卷」字樣。《寶祐四年登科錄》一卷，文淵文津文溯均作四卷。《朝鮮史略》六卷，文淵文津文溯本均作十二卷。這都是閣本系統與《總目提要》系統不同的。

但閣本也不統一，如《楊文忠三錄》七卷，文淵獨云八卷。《安南志略》十九卷，文淵文津作二十卷。

凡此篇卷之殊，一部分是舛訛，應考四庫所收原書以論定是非；一部分則如《潘司空奏疏》那樣，屬於計算方式的差別；還有一部分，是編輯過程中抽換了版本形成的差異；再就是撰寫提要者重新考證而提出了不同見解之故。

讓我舉個例子：史部二十一史鈔類《吳越春秋》十卷。此本，文淵文津文溯乃至《四庫薈要》都作六卷，《總目提要》才改題十卷。為何改題？殿本有諸閣本都沒有的一段文字說：「《漢魏叢書》所載，合十卷為六卷。而削去此序并注，亦不題撰人，彌失其初」，引用的是該書書前舊序。諸閣本提要也引了這篇序，但未注意此序講到：「今存者十卷」，故依《漢魏叢書》題為六卷，殿本《提要》反對《漢魏叢書》的做法，因此重予說明，仍定為十卷。由於這是對閣本提要的改訂，因此對該書的評價也不一樣了。諸閣本皆說此書徐天祐注，「於事蹟異同頗有考證，其中季孫史越、子期私與吳為市之類，猶未詳辨也」，認為它雖有考證而尚未盡。《總目提要》改寫後變成：「雖猶有未及詳辨者，而原書失實之處，能糾正者為多。其旁核眾說，不徇本書，猶有劉孝標注《世說新語》之遺意焉」，評價就整個扭轉過來了。

撰寫提要，在著錄篇卷之後，即須針對該書狀況作一番敘述與考證。這部分，文字差異也頗大，《總目提要》看來自成一系，與閣本多異。如《南宮奏稿》五卷，諸異文都是文淵文津文溯各本一致而與《總目提要》異，評價也殊。《總目》謂此書：「其間牽合古義，附會時局者往往不免。然明代典章至嘉靖而一大變，史誌但撮舉綱要，不能具其建議之所以然。觀於是集，端委一一具在。錄而存之，亦議禮者得失之林，非謂其持論皆當也」，評價相當保留。閣本則說：此書「於一朝典禮……無不賅具。議論明達，洵可謂能折衷於古者。錄而存之，庶不沒言之所長。裨讀《明史》者，得與禮志相參考。於討論沿革，要不為無助焉」，顯然十分嘉賞。

又如《慶元黨禁》，《總目》譏其所錄偽黨五十九人，去取之故頗為難解。底下，文淵文津文溯本卻都有「然其中《宋史》有傳者不及十之三四，其他姓名官籍，史所失載者，多藉此以考見大略，於論古亦為有裨」等語，持論亦較能不沒其長。

又《弇山堂別集》，《總目》僅許其「頗為博洽」，文淵文津文溯閣本則都有：「俱確有可徵，迥非諸家耳食傳訛者比。且不敢自居筆削，第用說部之體，類聚條分，而以別集命名，深致謙抑之意。亦由其晚年境地益進，深知作史之難，故能斂晦如此。與當時略窺記載便奮然以史筆自居者，相去亦不啻霄壤」一大段，對王世貞此書的評價顯然也比較高。

這是閣本與刻本《總目》不同的。但刻本間，殿本《總目》似又與浙本粵本為兩系，浙本粵本轉有與閣本同者。如《垂光集》，殿本云其作者明周璽乃弘治丙辰進士，文淵文津文溯及浙本粵本俱作癸丑。《名臣經濟錄》「開國、保治一門」，閣本與浙本粵本均作二門，對的。「趙汝愚《名臣奏議》不遺丁謂」，丁謂，閣本與浙本粵本均作章惇。這些，都是浙本粵本與閣本相同的例證。

《兩漢博聞》，明嘉靖中黃省曾刻本，文淵文津文溯及浙本粵本俱作黃魯曾。黃魯曾是錯的，而諸本俱誤，就可能是一稿再抄之故。同例如《錢唐遺事》十卷。文淵文津文溯及浙本粵本及《簡目》皆作錢塘；《弇山堂別集》「其盛事奇事諸條，頗涉詼諧」文淵文津文溯及浙本粵本諸本皆作談諧，也均是一稿再抄使然。

比較這些不同，似乎殿本《總目》內容較多。這種現象很普遍，如《東家雜記》末尾一段：「錢曾《讀書敏求記》曰：『壬戌冬日，葉九來過芳草堂，云有宋槧本《東家雜記》，因假借繕寫。此書為先聖四十七代孫孔傳所編，首列《杏壇圖說》，記夫子車從出國東門，因觀杏壇，歷級而上，顧弟子曰：茲魯將臧文仲誓將之壇也。睹物思人，命琴而歌。其歌曰：寒暑往來春復秋，夕陽西去水東流，將軍戰馬今何在，野草開花滿地愁。考諸家琴史俱失載，附錄於此。詳其語意，未知果為夫子之歌否也』云云。按此歌偽妄，不辨而明。曾乃語若存疑，蓋其平生遵宋本之失。然曾云三卷，此本實二卷。曾云首列杏壇圖說，此本杏壇為下卷第三篇，且有說無圖，亦無此歌。不知曾所見者又何本也，其或誤記歟？」累累數百言，均不見於文津文溯本。

《晏子春秋》末尾一段：「案：《晏子》一書，由後人摭其佚事為之，雖無傳記之名，實傳記之祖也。舊列子部，今移入於此」，也是文淵文津文溯本都沒有的。似此者甚多，使得殿本《總目》之價值大增。

但也不乏殿本《總目》文字較少者，如《殿閣詞林記》，《總目》說：「卷九以下，標題皆作國子監祭酒黃佐、侍講學士廖道南同編，蓋道南採掇黃佐《翰林記》之文，不沒所自」云云，胡玉縉《四庫提要補正》因此批評說卷九以下應是道南、黃佐同編，而非採掇。可是你若看文津本文溯本的書前提要就很清楚了：「案，道南自序稱與泰泉黃佐纂《翰林雜記》

六冊，《明史·藝文志》亦載黃佐《翰林記》二十卷。蓋道南既成是編，又取佐書以足之。今佐書別有傳本，與此參校，其前後次序及文之詳略互有異同，疑道南又已有所刪掇。今故並存之，以備考云。」這類例子也很不少，足證諸本互相參校實在是非常必要的。

過去評補《四庫提要》的先生們，因無參校諸本之條件或認識，以致可能疑辨均費了不少氣力。除上述胡玉縉一例外，可再舉一例：

楊武泉《辯誤》，曾考《汝南遺事》，謂提要云該書元王鶚撰。鶚字伯翼，誤。考《元史》《新元史》本傳，俱作百一。蓋館臣總纂均不知其名字取義於鄒陽〈上書吳王〉：「鷙鳥累百，不如一鶚」。其實若檢文淵文津文溯諸閣本就知道閣本本來就都寫作百一，是刻本《總目》弄錯了，非館臣與總纂都不懂鶚鷙百一之義。

諸如此類，均可見校證《四庫全書總目提要》實在意義匪淺，許多問題，過去缺乏理解，經此梳理，發現了許多新的線索，可供繼續探研，對「四庫學」當有極大的推進作用。對於使用《四庫全書總目提要》做為入門津梁的眾多學人來說，此尤為必要之作。

一九二一年，倫明曾致函陳援庵先生，因援庵時正任教育部次長，故倫明先生希望能由教育部主持《四庫全書》之校讎，因該書訛脫頗多，不宜任其流布。此議後不果行。來新夏〈讀倫明先生致陳垣先生的信件〉一文論此而感慨：「近十年來，國內競相刊佈四庫，或一閣多版，或出版光盤，皆借以牟利，未聞有能聚清通之士，一一點勘者，不知何以對倫明先生」（二〇一一，中國文化，春季號）。

近年坊肆刊佈四庫，未必只為牟利；嘉惠士林，功德非細。但四庫全書確應校讎，則是不爭之事實。唯校讎全書，目前仍無可能，首先只能從《四庫全書總目提要》做起，聊慰績學宿儒之夙願而已。以上略示校例，粗陳梗概，或可見我輩工作之簡況。學界通人，幸垂教之。

辜鴻銘的中國精神論

辜鴻銘《中國人的精神》（原書封面中文題為「春秋大義」，英文名：*The Spirit of the Chinese People*）一九一五年即由北京每日新聞社出版，次年商務印書館再版，德國也已有了譯本。

可是因原書係英文著作，中文思想界對它其實並不熟悉。一九一八年杜亞泉所編《東方雜誌》對它的介紹，也由日文移譯而來，遑論其他！許多人誤以為辜氏其人其書均代表了五四運動之後的反動，而不知辜氏成名甚早，此書且出版於五四運動以前，良有以也！

五四運動以後，辜鴻銘長期被視為五四新文化運動的反面人物：蓄長辮、主張忠君尊王、替傳統中國社會之納妾制度辯護。據說還有金蓮癖，不揑著小妾的小腳就寫不出文章。談到他，除做為笑料外，大抵還是用以陪襯蔡元培「相容並蓄」之偉大。

其實辜氏之入北大，不僅因蔡元培之故。由其著作迅即出現德文、法文、日文等譯本，即可知他在民國初年，乃是少數擁有國際聲望的大學者。當時中國學者有此地位者不會有第二人。但牆外開花未必牆內香，辜氏批判西方社會、贊揚中國精神文化之言論，恰好跟爾後新文化運動所倡揚的態度相反，故其人頗遭「妖怪化」「小丑化」，其書亦遂乏人問津。《中國人的精神》，八十幾年後，也就是一九九六年才有中譯本（海南出版社，黃興濤、宋小慶譯，二〇〇七年修訂）。其出版，或許與那幾年小小的「辜鴻銘熱」有關，一時之間出現多種辜氏傳記，其舊作亦有若干彷彿出土文物般重被考掘出來，此書即為其一。

不過，迄今尚未見到適當的書評，可見學界對此終究還未給予應有之重視；對辜鴻銘思想言論之是非，也還沒真正展開討論。談起辜鴻銘，仍是奇人、怪傑、軼事、趣聞那一套。正因為如此，我這篇文章，或許可以給關心近代思想史的朋友一些幫助。

一、見識不明的漢學家

《中國人的精神》，英文版名《原華》，此書又稱《春秋大義》。內容分成兩部分：第一部分是三篇講錄：中國人的精神、中國婦女、中國語言。第二部分是：約翰·史密斯在中國、一個大漢學家、中國學（一）（二）。

前者顯正，正面解說他認為的中國社會與文化到底是什麼。後者破邪，批評西方人對中國之無知、漢學家之淺薄。文章非一時所作，如〈中國學〉早在一八八三年即已發表，故此書本是一冊論文集，只是文章彙總後再加上序言與導論罷了。今譯本附錄了辜氏〈群氓崇拜教或戰爭及其出路〉、〈文明與無政府狀態或遠東問題中的道德思維〉兩長文，又增列了〈東西異同論〉、〈什麼是民主〉二文，德、法、日譯本諸序跋及東西方文彥論述辜氏的資料，頗俾實用，足以窺辜氏一家之學。

前已說過辜氏此書主體可分兩部分，一顯正，一破邪。兩者的論述態度頗不相同，前者鄭重，後者則充滿了對漢學家的不屑、揶揄、挖苦、嘲諷。

依辜鴻銘文章的編排，〈約翰．史密斯在中國〉先批評那種自以為比中國人優越，且想以盎格魯撒克遜觀念來改造中國的英國人。這種人，大約即為接觸到中國文化的一般西洋人，把中國視為與西方不同的未開化怪物。辜以亞瑟．史密斯《中國人的特性》一書為例，說若對中國稍有認識，便不會如此看中國，舉翻譯了許多中國經典的漢學家理雅各來跟它對照。

但漢學家也靠不住。故接著就是〈一個大漢學家〉。大漢學家，乃反諷語。但他所譏諷的翟理斯，在西方也確實是鼎鼎有名的漢學權威。此文則譏此權威亦不過爾爾，能翻譯中國文句，卻不懂中國思想，對中國人物之重要性亦無判斷力。

這卻也不是某一兩位漢學家個別的問題，所以接下來就以〈中國學〉長文來說明歐洲漢學界整體的問題，以及他們不能瞭解中國的原因。

如此由個案到整體，編排及論次很見條理。不過我以為：就我們讀者看，卻要倒過來，得先從他對西方漢學整體的評價入手，才能明白他為何如此瞧不起個別的漢學家。

早先西方所謂漢學，是由傳教士、買辦、商人共同建立的，十九世紀才開始正式學術化。

一八一五年雷慕沙任法蘭西學院漢學講座、一八二二年發行《亞細亞學報》都代表了這種學術化的趨向，故一般輿論皆認為漢學已進入了一個新階段。但辜鴻銘不以為然。依他看，此時只不過比較能掌握中國語文知識而已，早期根本連字詞都不認得。

新階段的標志是威妥瑪《自邇集》和理雅各對中國經典的翻譯。辜鴻銘對他們的辛勤都表感謝，但認為理雅克譯文生硬，多生造之術語，且缺乏哲學理解。此後的偉烈亞力、翟理斯、巴爾福，情況也都差不多。辜氏甚至批評他們有些地方連字義都沒弄懂，「簡直就是胡譯」。只有當時在廣東的花之安牧師，他還頗有好評。然而花之安說中國人不懂系統的科學研究法，辜氏也很不以為然，說《大學》所云「定靜安慮得」「誠意、正心、格物、致知、修身、齊家、治國、平天下」之程式，外國人實應多加理解。

也就是說：辜鴻銘瞧不起漢學家，雖因漢學家多半文句理解能力有問題，但更重要的是他們觀察中國時的思維方式就有偏差，所以所論多不中竅。據辜氏之見，想瞭解中國，必須要對中國人的行為原則有基本認識，並觀察中國人如何運用這些原則到社會人際關係、家庭生活和政府行政管理上去。為此，他指出：

> 對民族性的研究，最重要且應注意者，不僅要關注該族人民的活動和實踐，更要關注他們的觀念和理論。要弄懂在他們看來何為好壞、何為正義非正義、何為美醜，以及怎樣區分智愚。……你必須懂得中國人的民族理想（National ideals）。

這是理解民族性的方法和原則【註1】。瞭解了該民族的基本觀念之後，還應再看這些觀念如何運用到社會制度、禮儀、風俗中。社會制度、禮儀風俗又是因時變遷的，故辜氏提醒研究者還應有歷史眼光及歷史知識。

他批評的漢學家，即是不具上述方法與知識的。藉由批評他們，辜氏所言觀察中國民族性之原則和程式，正是夫子自道，足以說明他自己觀察中國的方法【註2】。

二、陷於危機的西方文明

但我們還不能立刻就介紹辜鴻銘自己對中國的見解，而應先說明他對西方文明的看法。

辜鴻銘批評西方漢學家，其實只是他對西方整體批評之一環。他對西方近代文明是不滿的，對西方許多人自以為是，用近代西方人之心態、觀念看中國，深不以為然，所以才寫〈約翰·史密斯〉。漢學家當然比約翰·史密斯之流好得多，但仍然頗有隔膜，所以他又有那些批評漢學家的文章。這些文章，談的是西方的中國觀，可是批評者辜鴻銘之所以會要來談西方人的中國觀，底子卻恰好是由於他自己的西方觀。西方人之所以看重辜鴻銘，其實主要也是因他的西方觀對西方人來說，可視為另一面鏡子。

因此，德譯本奧斯卡·A.H.施密茨〈序〉就幾乎根本未談到辜氏如何描述中國人的精神、語言和婦女，只就辜氏對歐洲近代社會思想的言論來發揮。說辜鴻銘認為早期源於理性的自由主義思想，到現在已變成「講究實際的，沒有思想的英國人的實利主義」，以致「十八世紀歐洲的自由主義有文化教養，今天的自由主義喪失了文化教養。上世紀的自由主義為公理和正義而奮鬥，現代的假自由主義則為了法權和貿易特權而戰。過去的自由主義為人性而鬥爭，今天的自由主義只賣力地促進資本家與金融商人之既得利益」。這種墮落的文明，未來必將走上唯物主義和軍國主義。譯者對辜氏這一論斷，大表欣賞，且說：「每個德國人都只能贊同他的觀點」。譯本後面附錄的各報評論也呼應了譯者之說，均就該書可作為現代西方文明藥石之價值申論。

法文譯本的譯者，態度也相似。他不盡贊同辜鴻銘對西方的批評，但他覺得其中不乏深刻之見，且對西方社會有益。因為在現代工商業及民主制大獲勝利之際，社會上其實充滿了混亂：「濫施權力，權欲過盛，對奇異發明的野心、對財富的渴望、對利己主義的狂憤，……向我們展示了凶殘，暴力和不公正的實質」。故譯者說辜氏尖銳的批判：「對一個喜歡奉承和不時需要強有力道德引導的時代，這部書將會是非常有益的」。

他們的態度，顯示辜氏著作在西方語境中，有與一般我們中國人看辜氏迥然不同的視域。中國人看辜鴻銘，基本上把他看成一個對傳統文化的保守辯護者。認為他的著作以《中國人的精神》為題，是以闡揚中國人之國民性為目的，而未注意到他主要是一位對西方現代文明的批判者。西方人對中國人到底是什麼樣，或許也感興趣，但絕不如對他們自己的文化究竟走向該如何那麼關切，所以才會對辜氏評論西方之語深有觸會。

我以為這才是正確掌握辜氏思想的方向。

辜鴻銘生於馬來西亞。當時馬來西亞乃英屬殖民地。十三歲，辜氏就去了英國，十六歲入愛丁堡大學就讀並獲文學碩士學位。繼而又去了德國萊比錫大學等地遊學。故西學才是他的根柢，對歐洲文化及社會發展有入乎其內的認識。他後來回國，巧遇馬建忠，得聞中土聖哲妙諦，大為嘆服，固然是因中國古代文化內涵深邃，卻也因他本來就對西方現代文明已有所不滿，所以才會對中土文化大生契會，否則何至於如此？

明乎此，我們就會注意到《中國人的精神》有一篇特殊的序，以及兩篇很長的附錄。序文主要在分析當時歐洲社會與文化的危機，附錄一〈群氓崇拜教或戰爭及其出路〉、二〈文明與無政府狀態或遠東問題中的道德難題〉，表面上都跟「中國人的精神」沒啥關係，可是這正是他論中國人精神的根子：由於歐洲文明出了問題，所以他才要向歐洲人介紹中國文化。中國文化是做為他所認為的歐西文化之對照組出現的。要明白他欲如何向歐洲介紹中國，自須先知道他認為的歐洲有什麼毛病。

「在我看來，這場戰爭的根源，就是大不列顛的群氓崇拜（worship of the mob）和德意志的強權崇拜（worship of the might）」，辜鴻銘在序文中如此說。強權崇拜，亦即軍國主義，它又是由群氓崇拜中激發出來的，故前者尤為病根。因此辜氏云：「今日世界真正的、最大的敵人，是體現在我們身上的商業主義精神。……這種由自私與怯懦結合而生的商業主義精神，造成了群氓崇拜的泛濫。而又正是英國的群氓崇拜教，導致了德國的強權崇拜教和軍國主義」。

據他這樣說，商業主義又造成了群氓崇拜，故商業主義精神無疑即是一切之禍端了。辜鴻銘是檳城華僑商人世家出身，又在英國成長，可是他對英美資本主義社會絕無認同之感。為何如此，原因不得而知，但在當時中國知識分子普遍艷羨英國工業革命及其帶來之財富時，辜氏獨對此提出質疑，不能說不具特見。

辜氏認為：西方文明在羅馬時代是物質文明，現代歐洲則是更低級的機械文明，沒有精神性的東西，未以教育出更好的人為目的。同時，現代西方的社會建立在金錢上，人與人只是金錢關係，不像東方是道德名分關係。道德名分關係是「親親、尊尊」的，故尊敬父母，服從人格、智德比我們高的人。西方學者卻只能聽有錢暴發戶的。

在人生觀方面：西方人為運動而生活，東方人為生活而運動。西方人為賺錢而活，東方人為了享受人生才去賺錢。用孔子的話來說：「仁者以財發身，不仁者以身發財」，西方人為了賺錢連命都不要，正是不仁者【註3】。

機械文明，是人為物役；金錢社會，是人為財死。但僅僅如此，只不過是人喪失了他自己。依辜鴻銘的看法，禍害還不僅如此，因為這樣的文明還將造成戰爭。

因為：現代西方資本主義社會中的人，由於並未受到好的人格教育，故其性格只是自私與怯懦的。在他們只是烏合之眾時，尤其如此，陷於深刻的恐懼中。可是，因從小受的，是人性本惡的教育，故一旦有權有力量時，便又會濫用其力，侵犯別人。為了避免恐懼（即群氓恐懼），群氓乃漸漸走上後一條路。而現代西方，恰好又是三種人占了社會的主導力量，一是報社編輯（如他抨擊過的約翰·史密斯），二是商人、三是放高利貸者。這三種人，向民眾宣稱他們即屬於民眾黨，事實上也就是民眾之一夥，一同鼓動著戰爭。

過去，歐洲之所以能維持和平與秩序，是因敬畏上帝。但現代社會，舊宗教已式微，群氓恐懼已代替了對上帝的敬畏，形成了新的宗教。《尚書》上講：「罔違道以干百姓之譽」，現代西方恰好就是違道以干百姓之譽的群氓崇拜時代，故他有時又稱此為群氓崇拜教。

「今日歐美的群氓崇拜教，除非它立即被打倒，否則就不僅會摧毀歐美文明，還要毀掉全人類的文明」（群氓崇拜教或戰爭及其出路），辜鴻銘如是說。

三、應建立的新文明

群氓崇拜教，並不是民主主義。辜鴻銘是反對群氓崇拜、主張民主的。但辜氏所說的民主主義，又與一般所云云不同。一般所謂民主，即五四新文化運動所推薦的「德謨克拉西」。辜氏稱它為不合理的民主：「歐洲的那種德謨克拉西是未完成、不成熟的。同時必須強調的是：在目前這種形式下，它含有破壞性因素，所以是一種非常危險的東西」。原因是這樣的民主就會與群氓崇拜聯結起來。而其所以不合理，因素之一，即是「居住在大都會中奢侈腐化的商人、銀行家、財主等資本家階級」，在這樣的民主中起著絕大的作用。號稱民主的時代，其實根本不曾以農民老百姓為民主的基礎。

在辜氏看來，民主，理應是老百姓當家做主；每個人自立自主自治，可以自我管理；然後自治地管理公眾事務，形成一個完整的自治型政治實體。猶如《大學》所云：修身、齊家、治國、平天下。因此：

> 合理的民主政治基礎，既不是人民政治，也不是為民政治，更不是依靠百姓而成立的政府，而是自然產生的對權威的尊崇（以上引文均見〈什麼是民主〉，引同上）。

古代，人民服從的是神性的權威，敬畏上帝與貴族。後來則靠官僚的法治來維護社會秩序。民主社會卻不需要官僚的法律、員警的鞭子，人人都能自律，合乎禮義，過著一種「良民宗教」式的生活。

此說乍見離奇，但其實辜氏對資產階級民主的批評，有與馬克斯相似之處；他說人自主自治即可自然產生對權威的尊崇，也與康德論自律、道德權威等相近；對官僚法治之弊，亦鞭辟入裡，有一定之價值。

依他看，這樣一種理想的民主政治，乃歐洲文藝復興以後，想發展而尚未發展完成的。可是，在中國，此卻是兩千多年來一直保持著的狀態。晚清以降，論者抨擊、否棄此種合理的、真的民主主義，而歡呼迎接不合理、不完善的德謨克拉西式的民主主義，實在是顛倒之見。

自由的情況也一樣。他認為：「最近一百年來，在通常所謂的自由主義的名義下，歐洲一直滋長著一種新的道德修養意識，和一種大異於那可稱作古代中世紀文化和秩序的新社會秩序觀念。……那種理性胚芽，最終發展成為自由主義思想，它在上個世紀帶來了歐洲中世紀制度的徹底崩潰」。

新的道德理性意識怎樣異於中世紀呢？辜鴻銘說：

> 以往的道德修養主要訴諸人心中希冀或敬畏的情緒，新的道德修養則依賴人性所具有的整個理智力量：既訴諸人的理性又訴諸人的情感。在舊的道德修養中，那種關於人性的理論是性本惡（人生來就處在原罪中），即人的本性從根本上說是壞的。而現代道德修養的理論則認為人的本性從根本上說是好的（性本善），若它得到適度的發展並反求諸身，在世界上就會產生健全的德性和社會秩序（見〈文明與無政府狀態或遠東問題中的道德難題〉）。

中世紀是封建統治，新時代是理性民主政治，而理性民主之精神即是自由。每個人發揮自己的理性力量，建立一個有道德的文明社會。

此一精神，看來應說是自律，為何他卻說是自由呢？因人自治自立，不受外在權威之束縛，故曰自由。自由者所服從的，乃是：「它的法令不出自外在的某種強力或權威，而是像孟子所說的，出自人類生來熱愛仁慈、正義、秩序、真理和誠實本性的內在之愛」（同上文），也就是內在的良知、道德律或道德感情。

如此論自由，便與他論民主相呼應。放在中西文化關係中看，中國老早就具有這種自由主義了，歐洲卻還在努力建設它的階段。因此歐洲人不要以為自己生活條件好，就自以為比較文明，老是教導或教訓東方人；而應把東方文明（特別是儒家文明）看成是可以建立歐美新文明的資源。也就是說，歐美未來應走的方向，乃是中國文明的老路子。

辜鴻銘逝世後，溫源寧用英文寫了〈辜鴻銘先生〉一文，發表於《中國評論週刊》七卷三十五期，後收入 *Imperfect Understanding* 一書，有林疑今、南星兩個譯本，說辜氏：

> 只是一個天生的叛逆人物罷了。他留著辮子，有意賣弄，這就把他整個的為人標志出來了。他脾氣拗，以跟別人對立過日子。大家接受的，他反對。大家都崇拜的，他蔑視。所以他得意揚揚，就是因為與眾不同。因為時興剪辮子，他才留辮子。要是誰都有辮子，我敢保證辜鴻銘會先剪掉。他的君主主義也是這樣。對於他，這不是原則問題，而是一心想特殊。

此文流傳甚廣，談辜鴻銘者不乏採取這個角度，認為辜的言論只是立異以鳴高罷了【註4】。可是據我上文的梳理，各位就可發現溫先生絕非辜氏知音，對辜的描述，縱非帶有偏見之惡意，也是不能究其言行之底蘊的。辜氏蓄辮子、主張尊君，不是孤立的事，用以與時代立異，乃其整體中西文化觀使然。

依其文化觀，他視歐洲為發達較晚且不健全之文明。既如此，幹嘛要效其衣冠？至於君主，辜其實從未主張君主主義，他講的是自由主義和民主主義。

在真正的自由主義和民主主義中，人民自治自立，並不受君主及官僚之統治，更不受教會教皇所控制。在這種社會中，應該不必再有君王。但這只是從「統治」的角度看。辜鴻銘所說的自由民主社會的核心，卻不是一般政治學上講的權力與管理問題，而是道德問題。每個人發揮其善性，就能建立道德健全的社會和秩序。這時，人所服從的是內心的道德律。可是，這種道德律又是符合「王道」的，因此服從內在道德律的人，又會自然地服從王道。其次，人內在的道德律，在政治社會中有一個符應物，那就是君主。君主代表道德人格的典型，呼喚著人民從內在服從於道德規律，過著理性的生活。因此他說：

> 對於民主政治來講，君主的必要性，比對古代封建的意義還要大。……君主……擁有高貴的靈魂，他們都不依靠法律、憲法之類的無生命的東西來統治人民，而是依靠他們自身所有光輝的情操、靈魂來駕馭民眾的。在貴族政治下，不太需要作為靈魂的君主。但民主政治中，由於官吏不過是無生命的統治機器之一部分，故必須依賴活生生的、實在在的君主權威，即民族的靈魂來喚發民眾的精神（什麼是民主）。

喚發，黃興濤宋小慶的譯本用了「駕馭」這個詞，不妥。讓我替辜氏解釋一下：

辜氏的理論最好的說明，其實就是《論語》「君正，孰與不正？」一語。君主是做為典範、號召的存在，他並不治民，只使民自治。情況猶如我們為什麼需要聖人呢？依儒家理論，人只要發揮本心良知即可，那麼事實上也根本不必要有聖人。可是聖人的存在，可讓我們有榜樣，使我們也能被喚起，要令自己成就為像他那樣有道德的人。所以聖人或君主都不駕馭人。「君正」，他們顯現著正直高貴的道德人格；「孰與不正」，民眾自然就都端正了。

辜鴻銘主張君主制之原委如此。他所說的君主也不是西方的君主，而是儒家所說的聖王型君主。不能深入體會其立說之底蘊及整體理論，只認為他出於偏激立異之心理，並不公平。

四、新文明當以中國為模範

歐洲文明既出現了重大危機，暴露了它體質上的缺陷，自應改弦易轍，學習中國文明。在批評歐洲文明時，辜鴻銘已揭櫫了自由主義和民主主義的方向，並說明此一方向即中國固有的型態。但這種說明，仍只是從側面說，〈中國人的精神〉、〈中國婦女〉、〈中國語言〉才是由正面說。後兩篇較不重要，主旨多在第一篇。

〈中國人的精神〉縱橫博辯，主旨其實很不容易把握，連譯者都說：「篇中那種反覆申論、重複述說的『辜老太』風格，得到了集中體現。為避免譯文的冗蔓，起初我們在翻譯之時，曾做過一點合併刪節之類的簡單處理」（最新修訂說明），可見原文確實是頗為冗蔓的。但若順著我這篇文章的脈絡來看，而不是照著辜氏原文看，那就比較好明白了。

怎麼說？上文不是講中國文明即歐洲未來之方向嗎？辜氏書前導言〈中國人的精神〉即是要說明為何中國文明值得歐洲效法，而非著重描述中國人之國民性，中國國民性只是一個引子之說明，重點是要告訴歐洲人造成此種國民性的原因【註5】。

中國人精神之特質，若用一句話來形容，就是良民宗教（The Religion of Good-Citizenship）。本文副題即此語。何謂良民宗教？

西方的宗教，叫人信仰上帝、敬畏上帝。這固然也曾有效地克制了人的欲望、維持了社會的秩序；但現代社會中，宗教已無此功能。於是歐洲乃不得不代之以物質性的力量，如軍隊、員警或法律，以此逼迫人民服從，而亦漸漸走上軍國主義之路。可是在中國，自孔子以來就無軍國主義，人民也不需要靠信仰、敬畏上帝才能克制情欲、形成秩序。為什麼？因為中國人信的是一種良民宗教，他服從於自己內在的道德與責任感，守禮、知義，自己就會約束自己，故可得到真正的自由。辜鴻銘說：「要獲得自由，真正的自由，只有一條路，那就是循規蹈矩，即學會適當地約束自己。看看革命前的中國吧。那裡沒有教士、沒有員警、沒有市政稅和所得稅。總之沒有一切使歐美人民苦不欲生的東西」。一個人依自己良心的標準去作事，自然在社會上就可成為良民，這樣的國民還需要西方式的宗教嗎？他自己就信仰服膺著良心宗教呀！

在這裡，辜鴻銘依據的，顯然是孔子所說的「克己復禮」「導之以政、齊之以刑，民免而無恥。導之以德，齊之以禮，有恥且格」等。禮，在這兒，均不依俗說，解為外在的禮制規範，而是內心的道德律，義則是道德義務（所以辜氏說：在外國人，人們需用員警這類物質力量來保護自身利益，在中國則不用。因每個人都能得到他人出諸道德義務感而自發自願的保護）。

把禮解釋為內在的道德律，禮就兼含了仁的意義。禮不只是森嚴的、規律性的，亦是溫潤的、有愛和對人類本身的一種依戀之情。正是由於這種仁愛、同情，所以中國人才顯得溫良文雅。辜氏批評日本人的禮只是「排練式的禮貌」，中國則是發自內心的禮貌（La politesse du coeur），其涵義即在於此。因為：「禮貌的本質，就是體諒、照顧他人的感情。將心比心，推己及人。」

造就中國人擁有這種良民宗教型態的，當然是儒家的教化之功。可是「儒家並不是通過激發對孔子的崇拜、愛戴和狂熱的感情，來點燃人心中的熱情，從而使人服從道德準則」，而是以學校和家庭為教化機構。家庭和學校猶如西方之教會。教會要人熱愛上帝，中國的家庭則透過對父母的敬愛、對祖先的崇拜，養成了親親之仁與敬上之情。如孔子所云：「踐其位，行其禮，奏其樂，敬其所尊，愛其所親」。

因人人均能愛其所親、敬其所尊，故辜鴻銘說：此種教化即是忠於君主的基礎。能忠君的，當然就是良民。儒家教化人民成為良民，因此他又稱儒家講的道理即是尊君之道，要求人民有絕對效忠於君王的責任（忠誠的神聖責任，Divine duty of Loyalty）。

此種責任，辜氏稱為名分大義。他的書又名「春秋大義」，正在強調這一點。所謂名分大義，即名譽與責任的重大原則，指人人都應有榮譽感、名分意識、羞恥心，才能形成一種文雅、得體、有禮的態度。名分，類似基督教所說的「義」那般，乃對是非、凡事理應如何，那種無法名狀的感知與覺察。

例如一個叫做父親的人就該愛兒女，叫做兒女的人就該孝敬父親。父親是名，愛即是他該如此做的分內之事，故曰名分。推此而言，民之忠君亦是名分上的義務。

有此良民宗教與名分大義，中國當然就用不著歐洲的教會與員警了。在歐洲文明面臨危機而又尚未建立新秩序之際，辜鴻銘推薦這種中國「國家宗教」或「君子之道」，做為「醫治頑疾的靈丹妙藥」（見序文），還不止上述意義，因為他更要從根本上改造西方。他說：

中國的良民宗教，在每個小孩剛能識字的時候就教給他一句話：「人之初，性本善」。我認為：今日歐洲文明的基本謬誤，正根源於對人性的錯誤認識，即根源於人性本惡的觀念，因為這種錯誤的觀念……人民所以就範於秩序，主要依靠對上帝的敬畏和對法律的敬畏。這敬畏本身就意味著強權的使用（導論）。

歐洲在十八世紀以後，逐漸脫離宗教束縛，提倡人自己的理性力量，令辜鴻銘看到了歐洲新文明的契機。可是他覺得光談理性還不夠，還應該說一種富於想像的理性（imag-inative reason）。而這正是中國之所長，為中國精神之內涵，亦即既仁又禮之心靈。

五、對中國優秀文明的補充

中國語言的問題也一樣。西方人不瞭解中國語文，因西方教育僅重理性，而中國語文卻是種心靈的語文（確切說，乃是頭腦與心靈結合、理性與情感合一的優雅語文、詩的語文），故能用簡潔的字句表達深沈的感情，非西方語文所能及。〈中國語文〉一文，主要即講這一點。

中國婦女同樣也遠非西方婦女所能及。她們幽閑（羞澀靦腆）而有廉恥心、輕巧迷人、有禮而又優雅，成為中國家庭的中堅。而家又是良民宗教的基石，故婦女乃是中國精神的體現者與守護者。她們的形象，可以用觀世音來代表。西方女性的理想形象是聖母瑪利亞，相較之下，觀音終勝一籌。

一般都指責中國舊社會歧視且壓迫婦女，辜鴻銘贊成的姬妾制，更成為歧視且壓迫婦女之例證。辜本身是主張納妾的，但其論議不惟不歧視女性，反而推崇備至，如上文所述。對於姬妾制，他亦不以為是缺點，反而說可以此證明中國婦女具有無私的美德。

當然，姬妾制不只建立在女人的無私精神上，還有另外的原因：一、經濟原因。納妾的男子可養活無依靠的婦女。二、社會因素。西方男女結婚只基於兩個人的愛情，中國則是社會性的。女人的契約對象並不是丈夫，而是家庭或家族。男女洞房後三日「廟見」，才正式成為家族主婦之禮，最足以表現這一點。三、愛情觀。中國夫婦關係之具社會性，亦並不能說中國的夫婦就沒有愛情，或愛情在此間就不再重要了；中國男人納妾，也不見得就表示不愛妻子了。原因在於中西方愛情觀不同，西方愛情觀主要是性愛，中國則是一種深沈的「真實之愛」【註6】。

在這篇贊揚中國婦女並為姬妾制辯護的文章裡，辜鴻銘也不忘抨擊商業資本主義社會。他說：女人的無私精神顯示一位公民並不只為自己活，更為他的家庭活，通過這種方式，才能真正形成公民秩序。西方男女，對社會無此觀念，故現今之國家：

這樣一個設有議會和統治機器的國家，假如你願意，可以把它稱為一個巨大的商行。或者說，在戰爭時期，它簡直就是一群匪徒、海盜集團，而不像一個國家。……這種只關心那些大股東自私物質利益的大商行之虛偽國家觀念，這種具有匪徒合夥精神（esprit de corps）的虛假國家觀念，歸根結底，乃是目前正進行著的可怕戰爭之根源。

這樣的推論，你以為延伸得太遠了嗎？不，辜氏服膺的是儒家所云：「禮，造端於夫婦」。夫婦的型態不同，禮就不一樣，國家社會自然也不會相同，故由論婦女、婚姻而申言中國之美善、批評歐西之無良，正屬應有之義。

六、失敗的儒學論者

辜鴻銘雄辯的內涵及其持說之底蘊，大抵如此，頗有曲折，並不易瞭解。近百年中國思想界及社會意識，又恰好全與他相反，痛斥中國文化，欲以西法療我痼疾，對他當然更不能瞭解。以效法西方、自命進步的人士，遂諡辜氏為保守為落伍。一旦貼上這個標籤，似乎其所言便可放心地扔入字紙簍中去了，沒有人再真心想瞭解他。

相較起來，其說流通於國外，賞音遠多於中土。其說本為拯救西方文明而發，有此結果，或許辜氏也還可慶幸其道不孤。

不過，西方就真有知音嗎？我亦存疑。且看法國譯本古戈列莫·費雷羅（Cuglieno Ferrero）的序，雖盛贊辜氏思想深刻、表達清暢，卻未必贊成他對西方的指摘，認為他所認定的許多弊病其實是正確的東西：「例如作者把歐洲人對古代羅馬的膜拜，看成是引起世界大戰及伴隨戰爭而來一切問題的根源，即是如此」。讀者諸君看了我前面對辜氏學說的綜述，自然就會發現此公根本不真瞭解辜的講法。辜氏何嘗以為歐戰之根源在歐洲人膜拜羅馬文化？辜是說：歐戰之直接原因在軍國主義，遠因在群氓崇拜，再遠些，則是商業主義精神，最終是人性本惡思想。此公對辜氏所揭露的群氓崇拜及軍團主義弊端，雖很認同，卻未如辜氏一樣，再往深裡挖掘，故所云如此。

德譯本作者也同樣不能掌握辜氏著作之大旨，譯序說：「他希望從東西方文化新的接觸中，通過兩種文化的深入交流和彼此滲透，使得兩種文化分別得到促進。他是以實事求是的批判態度來對待東西方文化的」，完全講錯了。辜氏不是把東西方文化各打五十大板的人，他尊中國而抑西方；又不曾主張兩種文化交流互滲，乃是苦口婆心籲勸西方人改宗中國文明，謂如此才能讓西方文明得到促進。

德國還有一種評論，如一九一八年《東方雜誌》十五卷六號所刊平佚〈中西文明之評判〉一文，引述德人費蘭士語，謂辜鴻銘「視吾人為全然物質主義者……教吾人以內面的生活與精神的文化」。後來李大釗、陳獨秀談辜氏思想，均未睹原作，僅就平佚此文所引述者立論。故都以為辜氏真是如此區分東西，說東方是精神文明、西方是物質文明，然後便據此大加批駁。此不是一犬吠影百犬吠聲嗎？跟辜所說全不相干呀！凡此，均可見辜氏著作久乏知音，且久因誤解而有不虞之譽、不虞之毀也，哀哉！

講這種話，當然是在暗示讀者：只有現在我才讀懂了辜鴻銘，我才是此君之知音。這固然也是事實，但這又何足自矜？理解本來只是第一步，但聞人言，皆須善聽，唯有先弄懂了他在說什麼，才能進而討論之。

辜氏之說，可討論之處甚多。首先，他對西方文明的批判，正如德法大多數評論者所云，雖或偏激，未得全豹，但指斥弊端，極具價值。當時中國思想界的大環境，是艷羨西方現代文明。可是同時代西方思想界之主潮其實卻是反省批判現代化的。辜鴻銘的講法，看起來力反歐洲，實則正是整個歐洲思潮之一部分。所以他批判商業精神、功利主義、資產階級民主、說歐洲教育僅偏於知識、反對軍國主義、說工業革命或啟蒙運動後新的社會倫理並未建立……等，在當時歐洲思想界均不乏類似的聲音。馬克斯主義、非理性思潮、現代主義等，於此各有表現，可惜迄今還沒有人把它們拿來跟辜鴻銘之說互參。

其次，反省批判當代社會者，總要舉出一個「理想型」來跟醜陋惡劣的現實做對照。這個理想型社會，要不就上溯於往古，要不就懸想於未來。例如文藝復興時期是託古改制的，馬克斯就主張未來將有社會主義理想世界，辜則把這個理想放在西方以外的中國。

做為「理想型」來跟西方現實對照的中國，在論述策略上，本來就應是完善且值得效法的。否則何足以令人生起嚮往之心？

因此他的中國，本非現實性的社會描述，乃是理想性的理念型存有。雖舉出了許多中國人的行事狀態，例如守信用、用毛筆寫字、淳樸有禮，乃至個別的例證（如梁敦彥欲得官以孝親，一流氓竟能照料其友等），或一些社會制度（如姬妾制）來做說明，但基本上是遺形取神的，直就中國儒家之理想立說。

若欲反對辜鴻銘之中國論，自不難舉出種種社會現實之反證，如姬妾制度下女人受委屈的例子、君權社會中君不值得尊的情況、溫良文雅的禮教反而造成若干壓抑摧殘身心的事實。但如此抬槓，並無意義。因為並不相應，乃是另一路的論述。且中國現實上雖存在許多不盡如人意之處，亦無礙中國人精神上仍以儒家之理想為理想。

因此，若要討論辜鴻銘的中國文化觀，應探究的，是他對儒家君子國之理想，認識到底準確否。

辜氏描述的君子國，乃是人人均能發揮其善性，克己復禮，成就為君子的國家。其說依據的是孔孟所說的仁、本心、克己復禮、君子等義，基本是不錯的。辜氏又引進了西方「公民」「自由」等概念，於是個人倫理道德修養就有了政治學的涵義，合理地解釋了《大學》由「修身」通貫到「治國平天下」的歷程，持說亦極善巧。可是因整體論述是向西方人宣講，故處處須套著西方的思想框子和認知習慣講，對儒家的理想，其實是有選擇地介紹。

例如所謂「良民宗教」。選擇「宗教」這個角度來闡釋儒學，大概就非我們一般說儒家義理的習慣，而是針對著西方人之思維環境。先說中國沒有西方那種宗教，因為無此需要。為何？因儒家就提供了類似之功能。再說儒家也有宗教性，可稱為良民宗教云云。這種說明，完全是對比著西方基督教和近代國家管理而說的。不足以見儒家理想之深美閎約。

其中最大的問題就是尊君說。

前文第三節已說過，自治自立的良民，遵奉的是內心良知的律則，並非君王。故理論上不必設一「君」位，說奉行道德律的人不會作亂，即是體現著對君的忠誠。因為這只是對心（或心君）的忠誠而非對君之忠誠。辜氏必欲說君、說忠誠倫理，實與儒家仍要講聖人相似。

儒家不是說「豪傑之士，不待文王而後興」「人皆可以為堯舜」嗎？自治自立的人又何須有聖人來啟發他？但儒家終究還是要尊敬聖人、師法聖人，乃是把聖人看成榜樣，以喚發人的嚮往之情，讓自己成就為聖人。辜氏講君民關係即類似於此。

但問題是：君不都是聖王。就算君是聖王，人皆可以為堯舜、可以成就為聖人，卻不可能人人均可成就為君。因此這個理論框架並不能套用。辜鴻銘對此，非無自覺，但他必欲如此，其實是考慮到西方人與上帝的關係：

雖然信奉上帝不是人們服從道德準則的必要條件，但是信奉上帝對於使人的認識到服從道德準則，卻是絕對必不可少的。正是這種對宇宙秩序的認識，使得那些富於智慧的人們服從並遵守了道德準則。……因此，宗教所宣傳的上帝，不過是人們心靈的一種寄託和慰藉而已。……然而，此種避難所，此種宗教所鼓吹的對上帝的信仰儘管虛假、儘管屬於一種虛幻之物，但它確有助於人們遵從道德準則。

信奉上帝，本非必要，此理他豈不知？但基於這裡說的理由，他仍主張應該講上帝。而且以此型態去構想一個如西方人尊敬上帝般的儒家尊君理論：

在儒教的各種法則中，最高、最重要的，就是對君王的絕對效忠。就像世界上所有宗教均以敬畏上帝為最重要、至高無上的法則一樣。換言之，教會宗教（基督教）告誡說：「敬畏上帝並服從祂」；孔子的國家宗教（儒教）卻說：「尊崇君王並效忠他」。

此即可見他把儒家解釋為儒教，並大談尊君，均是類比於基督教的結果。批判西方、欲以儒學改造西方，而竟已先依西方之說改造了儒學，辜老先生可說是大大失算了啊！

附註：

註1：若想做到這一點，他認為最好直接讀正統文學，怎麼讀呢？一、應知中國文化本來就不同於歐美，故不能用他們的固有的觀念來理解中國，應找到中國觀念的確切涵義，不能以西洋觀念逕予類比。例如仁、義、禮譯為 benevolence、 justice、 propriety 就不恰當。二、不能孤立零碎地看，應整體、有系統地看。例如不盡能用孔子的言論去討論後世的文學，中國文學大抵皆形成於孔子以後；也不能隨便抓一本小說就來大談中國文學或文化如何，應該知道什麼才是優秀、該看該譯的。三、對中國文學的形式問題亦須瞭解，不同時代有不同時代之文體。

註2：辜鴻銘對西方漢學的批評，是針對他所處之時代。為幫助讀者瞭解，我這裡略為勾勒當時大勢。因為辜鴻銘的批評乃是整體抹煞而舉個別人物事例以為譏評。這恐怕令人產生錯誤的印象。

在辜鴻銘撰寫本書各文時，莫瑞遜（Robert Morrison）六卷本巨著《華英辭典》（*A Dictionary of Chinese Language*）早已出版。一九〇〇年戴威斯（D.H. Dovis）賽爾斯貝（J. A. Silsby）又有《中英上海方言辭典》（*Shanghai Vernacular Chinese- English Dictionary*），一九〇三年日本三省堂亦編有《漢和大辭典》，一九〇七年富善（Chauncey Goodrich）則有《富氏中英辭典》，一九一三年日本漢字會又有《大正漢和辭典》。這些大型辭典，顯示了漢學界對漢語之基本掌握能力已然具備，故在辜氏此書出版次年，日本服部宇之吉、小柳司氣太《詳解漢和大辭典》、久保天隨《最近漢和大辭典》

便同時出版了。這是迄今仍不廢江河之作。

漢語研究更有重要進展，一九一二年馬伯樂（Henri Maspero）出版《越南地區方言音韻發展史研究》（*Etudes sur la Phonetique Historique de la Langue Annamite*），此書雖非直接討論漢語之作，但它對高本漢（Bernhard Karlgren）頗有啟發。一九一五年高本漢便完成了《漢語音韻學研究》（*Archives d'Etudes Orientales*）這本巨作。此後數十年，高本漢和馬伯樂對中國語音體系、方言研究方面均產生了籠罩性影響；我國國內之音韻學研究，也隨之從傳統的聲韻學轉向這個新體系。

文字學方面，日本林泰輔於一九一四年就完成了《上代漢字の研究》。此書只比我國第一部甲骨學研究：孫詒讓《契文舉例》晚十年，但在甲骨學上的重要性卻不遜於爾後王國維董作賓之作。一九一五，林氏又作《周公と其時代》，連王國維都很稱贊，錢穆則於一九三一年譯出，由商務印書館出版，可見其水準。在歐洲，論述甲骨文字問題之著作，更早自一九〇六年美國的方法斂（Frank H. Chalfant）《中國原始文字考》（*Early Chinese Writing*），一九一一年還有沙畹《中國古代之甲骨卜辭》（*La Divinaton por Lecaille de tortue dans la haute Antiquite Chinoise*），金璋（L. C. Hopkins）《周代中國文字研究》（*Chinese Writing in the Chou Dynasty in the Light of Recent Discoveries*）等發表。通論中國文字者，則有日本高田周於一九〇六年出版的《漢字詳解》六卷本。

通論中國史，更有日本那珂通世於一八八六年出版的《支那通史》五卷本，是用中文寫的。夏曾佑因看了這書，受其刺激或啟發，才寫了我國近代第一本中國通史。一八九八年桑原騭藏亦有二卷本《東洋史》問世，後由藤田豐八譯為中文出版，羅振玉題字，王國維作序。

這個時期，事實上也就是日本東洋史學成立期，把中國和日本、印度各國整合起來研究，以與西洋史相對照。一九〇七年京都大學建立東洋史學講座，次年又成立南滿鐵道學術調查部，一九〇九年內藤湖南擔任東洋史學第一講座主任教授，開啟了近九十年所謂京都學派，以乾嘉考據方法，加上制度史、中國古文化史，形成極具影響之治史規模，不是當時國內史學界可以比擬的。

斷代史方面，美國夏德《中國上古史》，一九〇八年就出版了，也沿用至今。日本服部宇之吉《清國通考》二編，一九一二年內藤湖南《清朝衰亡論》，一九一四年稻葉君山兩卷本《清朝全史》也都優於國內學者之著作。內藤當時已預見清朝將亡，且將由共和制代替帝制；稻葉君山之書則是世界第一本清代通史。

宗教史方面，杜瑞（Hanri Dore）十八卷本巨著《中國的迷信與宗教信仰》，於一九一一年開始問世，中國本身也根本沒有相應的研究，遑論成果。辜氏著作出版稍後，一九一七年法國威格爾又出版了《原始哲學和宗教史》，以道教為主要研究對象。中國學者當時對這部分也甚為懵然。同一時期，英國派克（E. H. Parker）於一九〇五年出版了《中國人和宗教》(*Chinese and Religion*),一九一〇年德國格若柏(W. Grube)出版了《中國的宗教和祭祀》(*Religion und Kultus der Chinesen*)。辜鴻銘討論中國精神時,特別從宗教角度立論,可能也與那時這許多探討中國宗教的漢學風氣有關。一九一一年,威格爾還出版了《道藏通檢》(*Catalogue du Canontaoiste*),一九一三年再出版《道教的神仙世界》(*Les Peres du Systeme Taoiste*)。

思想史方面,一九〇〇年日本遠藤隆吉出版的《支那哲學史》,乃第一部現代意義的中國哲學史。一九〇三年再作《支那思想發達史》。一九一〇年高瀨武次郎則有《支那哲學史》,以宋明理學為主,亦均是我國國內相關著作之先導。

其他種種,不能殫述。總之,當時世界漢學界對中國之研究,不像辜鴻銘所說那樣乏善可陳。相反,許多地方且勝於或先於中國本土的研究。清末民初各種哲學史、文學史、中國通史之寫作,以及後來「整理國故」運動之興起,在方法、論述、框架、觀點、材料上,其實均深受影響,取資不淺。我人不能如辜鴻銘般輕藐它。

但辜鴻銘所描述的現象確也存在。而且人的感性認識並不同於我們這樣就文獻來看的認識,因為歷史留下的只是少數俊彥與名作,親身接觸到的卻是大多數庸庸碌碌之輩,這些人,便足以令辜鴻銘對漢學家整體喪失敬意了。就是一些俊彥,同時代人看,「近廟欺神」,往往也不覺得他有何了不得。辜對漢學家的這種感受與評價,在同時代羅振玉、王國維私人通信中同樣可以看到。

註3：均見〈東西異同論〉，一九二四年在東京之演講，收入日本《辜鴻銘論文集》，中譯本列為附錄。

註4：另詳張中行《負暄續話》，二〇〇六，中華書局，頁一〈辜鴻銘〉。張先生此文又說辜鴻銘的意思是西方近代只是物質文明，應改從中國人治心，重視精神文明。這也是誤解。

註5：辜鴻銘寫作這本書前後，是「國民性研究」正風行之際，後來魯迅對中國國民性之批判，咸信即是受到國際上這類研究之影響。一九二三年謝晉青《日本民族性底研究》、一九二八年戴季陶《日本論》、陳德徵《日本民族性》，一九三〇年潘光旦《日本德意志民族性之研究》等，則顯示國民性研究已在社會科學領域普遍展開。

國民性，又稱民族性研究，乃是探討一民族平均人格狀態、說明其共有之心理與行為模式，故又被認為是對一社會文化的深層結構研究。辜鴻銘談中國人的精神，無疑有此意味。他運用比較的方法，亦是此類研究中之通例。

不過，研究國民性，有許多進路，辜的路數，跟從社會結構和心理分析進入者不太相同，較接近所謂文化模式論。也就是說一個民族文化中有其支配力量，把許多行動和思考方式聯結起來，構成一個整體，不瞭解這個文化的內在精神，就無法瞭解該民族之行為。辜鴻銘對中國人精神的分析，當然也意圖告訴外國人這一點。

雖然如此，辜鴻銘其實旨不在做國民性研究，他只是透過對中國人精神之分析，提供西方一個解救西方的「中國式方案」罷了。

註6：見〈中國婦女〉。若要我替辜氏解釋，他說的或許可稱為「恩情」。

馬一浮國學觀及其特色

因近年國學熱而重被提起的馬一浮，以六藝之學為國學，現今頗受推崇。但其國學觀，在他那個時代，其實極為特殊，因而賞音也就較少。馬先生之洞見及其學術宗旨，亦正需由他如何與眾不同處才能看出。

本文從三個方面說明馬先生國學觀的特點。一、說明其國學不仿擬西學，也不取法於西人之治學方法，甚且認為西方在文化上存在著大問題。二、說明民國初年的國學運動皆依託大學，惟馬先生反對現代大學體制，獨欲以夏變夷，自辦書院，講說六藝。三、再說明歷來理學家較重四書，不甚治經學，故清儒倡言經學以反理學。民國時期講以科學方法整理國故的，也自認為繼承了清人治經之法，反對理學。馬先生卻是闡發群經大義的理學家，不只在當時無與倫匹，在整個學術史上也可獨樹一幟。

一

論民國期間的國學，馬一浮其實常是個被遺忘的名字。

舉例言之。桑兵《晚清民國的國學研究》，二〇〇一年上海古籍出版社。全書十一章，就沒有任何一節討論馬一浮。此書由「國學研究與西學」開端，謂西學東來，受其鼓盪，乃有國學。然國學貌若與西學相對，實則深受西學影響，有國際漢學的影子，最終並融入西方建構的近代世界體系。故第二章接著談近代中國學術的地緣與流派，大抵分為粵派、太炎門生、新文化派、北派南派等。第三章談大學史學課程之設置與學風轉變。第四章談五四新文化運動的國際反響。五章說東方考古學協會。六章論陳寅恪與清華研究院。七章續講陳氏與中國近代史研究。八章說陳垣與國際漢學界。九章考廈門大學國學院風波。十章述胡適與《水經注》一案。十一章總結：「近代學術轉承：從國學到東方學」。

這樣的論述，說明了從當代史學界的眼光看，整個國學運動，不過是一場中國學術模仿西學，進而將自身融入西學之過程。因此，在它初起時，頗以西人之東方學為典範，待逐漸發展到自認為「科學的東方學之正統在中國」（傅斯年，歷史語言研究所工作旨趣）時，國學運動既已達成使命，「國學」一詞也就可以不必再用了。

由這個脈絡看國學運動，馬一浮自然就不可能被納入視域中。當然，馬一浮講論國學的年代較晚，最早揭出「論治國學先須辨明四點」「楷定國學名義：國學者六藝之學也」等等，是在一九三八年的《泰和會語》中，桑兵書或不及論之。然文章要截止於何時，本來就是有意義的。就算桑兵再往下討論，恐怕仍不會談到馬一浮。一是因馬一浮的國學觀納不進這個論析框架；二是國學運動不是已達成使命，轉化成現代（西方）學術、納入現代學術分科體制中去了嗎？既如此，馬一浮之國學觀便只好暫置勿論，假裝沒看見了。

以此為例，旨不在批評桑氏書，而是由此突顯馬一浮論國學之特殊。

桑兵講得其實不錯，晚清民初論國學者，許多人不僅不反西學，更頗以西化為說。最早梁啟超即說：「使外學之輸入者果昌，則其間接之影響，必使吾國學別添活氣，吾敢斷言也。但今日欲使外學之真精神普及於祖國，則當轉輸之任者，必邃於國學，然後能收其效」（一九〇二、十二、十四，新民叢報，廿二號，論中國學術思想變遷之大勢）。

接著《國粹學報》諸君也在〈略例〉中說：「本報於泰西學術，其有新理特識足以證明中學者，皆從闡發」，一九〇五年八月廿日該報第一年第七期許守微還有一文〈論國粹無阻於歐化〉。後來新文化運動者更是逕以科學方法整理國故，胡適為北大《國學季刊》所作發刊詞說得十分明白：「我們現在治國學，必須要打破閉關孤立的態度，要存比較的虛心。第一，在方法上，西洋學者研究古學的方法早已影響日本學術界了，而我們還在冥行索塗的階段。我們此刻正應該虛心採用他們的科學的方法，補救我們沒有條理系統的習慣。第二，材料上，歐美日本學術界有無數的成績可以供我們參考比較，可以給我們開無數新法門」。

此後，整個學術界評價一位學者的成就，大抵也即以他是否能融合西學，是否有新方法、新材料為斷。

馬一浮卻是極特別的例子。他本人無疑甚通西學，但他瞧不起西學，論國學更深以比附西學為戒。《爾雅臺答問》卷一〈答程澤溥一〉即曾說：「足下既嘗師劉宥齋先生，……劉先生之書……好以義理之言比附西洋哲學，似未免賢者之過」。

《復性書院講錄》卷三〈孝經大義〉也批評用科學方法治國學：「天台家釋經，立五重玄義：一釋名、二辨體、三明宗、四論用、五判教相。華嚴家用十門釋經，謂之懸談；一教起因緣、二藏教所攝、三義理分齊、四教所被機、五教體淺深、六宗趣通局、七部類品會、八傳譯感通、九總釋經題、十別解文義。其方法又較天台為密。儒者說經尚未及此。意當來或可略師其意，不必盡用其法。如此說經，條理易得，豈時人所言『科學整理』所能夢見？」此語，是承認儒家治經缺乏條理，意見接近胡適。但胡適因而主張取法西方，他卻不以為然，認為可採佛家釋經之法而通變之。佛教原本也是外來的，但在他的觀念中，儒道釋乃中土之學，與西方現代學術別為兩途，故寧可由佛家處找靈感，也不願向西方科學方法取經。

這樣的態度，還不夠明確嗎？《爾雅臺答問》另有〈答張君〉者，曰：「來亦欲建立大同文化統系，用科學方法研究儒學，附來《我的儒家觀》及《大同叢書目錄簡表》多種，已經瀏覽。足下之志則大矣，而其所立體系則未免於揉雜也。……今時科學哲學之方法，大致由於經驗推想、觀察事相而加以分析，雖其淺深廣狹所就各有短長，其同為比量而知則一。或因苦思力索如鼴鼠之食郊牛，或則影響揣摩如猿狙之求水月。其較勝者，理論組織饒有思致可觀，然力假安排，不由自得。以視中土聖人始條理終條理之事，雖天壤未足以為喻。……今曰以科學方法研究儒學，將以建設新文化、組成大同文化之新流系，綜貫世界一切科學，此在足下之理想則可，若謂遂能建設、立求實現、未可若是其易也」。

此文批評以科學方法治國學，亦極痛切。直指張氏「為學方法則誤於多讀今書、少讀古書」，並謂今書所論科學哲學方法實遠不及儒學方法。但這裡說的儒家之法，跟上文論釋經之法非同一件事。這裡說的是做學問的方法，上文講的是說解經典的方式，性質與層次皆不同。

馬一浮所批評的，主要是經驗論哲學及與之相關的科學方法論，云其由經驗推想、觀察事相而予以分析，或建構體系。但因「類族辨物必資於玄悟，窮神知化乃根於聖證」，又「未有以得之於己」，故均不可靠。

這三點，一是說分析看起來客觀，實仍本於主觀之思力，沒有科學方法論者所宣傳或相信的普遍客觀性。二是說此類方法缺乏「聖言量」之印證。科學方法論者以此自負自喜，但從儒家佛家的角度看，這恰好就是它具戲論性質之處，故馬一浮批評它都是「力假安排」「或因苦思力索如鼷鼠之食郊牛，或則影響揣摩如猿狙之求水月」。第三點則指這些學問都是外在化的知識與體系，為人太多而為己太少，與自己身心性命之安頓無關。

最後這一點，同卷〈答王君〉說：「中土聖哲皆以宇宙為性分內事，象者象此、爻者效此，非謂心外別有乾坤。與時人所持西方哲學研究方法大異。若以此類方法求之，未免錯下名言，失其本旨」，可為補充。

這一則又談到：「易之『六位時成』，乃表陰陽、剛柔、消息、盈虛之理。……雜物撰德，非其中爻不備，中正不但是位，須以德言，不可以時空為說」「『中無定位』，以今語釋之，此乃詮表純理，不可以數學方法求之」，更皆是具體說明了外在化解釋跟內在化解釋的不同。

一般說來，西方近代哲學有經驗論和理性論之分。前者以培根、洛克、巴克萊、休謨為代表；後者以笛卡爾、斯賓諾莎、萊布尼茲為代表。前者謂科學知識，尤其是實驗科學，皆由經驗之分析歸納來，固如馬一浮所批評，不僅騖外求索，而且正像理性論者對它的質疑：經驗，特別是感官經驗，乃是個別的、偶然的，具普遍性必然性的科學知識豈能建立在這樣不可靠的基礎上？故其方法與其目的其實是矛盾的。

但理性論把科學知識之基礎推源於人的理性，事實上又必須先預設人有先驗的、與生俱來的、普遍的理性能力。此說，即類似馬一浮所云：「類族辨物必資於玄悟」。但玄悟之思，是否必為普遍的呢？從經驗上看，思辨力理性能力恰好人人不同；先驗之理性法則，又須由後天之思智推測而得，則仍是以智求智的「力假安排」，當亦為馬一浮所不許。

何況，就是理性論，溯求於人本身的理性能力，也不能就說已經返求諸己。因為理性未必能兼攝德性，欲以理性為基礎形成的科學知識，也偏於對世界的解說和利用，並不用在改善人本身的品質，馬一浮論《易》而反對以時空、數學去講卦德卦位，正由此故。

以上為對哲學與科學方法之總評，以下針對較具體之學說。

同上卷一〈答周君〉說：「作者於聲韻甚有研究，但中土文字以形為主，非如西洋文字以聲為主，故語根之名不可立也。形聲字從某聲者，聲亦兼義，義在形不在聲。如拓從石聲、道從首聲，須先識石與首之義，不僅依其聲而已。今曰文字之本音謂之語根，是以聲為主。六書之形聲字當改為聲形矣。且所從之聲不僅為部首之文，亦多為孳乳之字，必曰語根，亦不專屬文也。以聲類相通而求其義，本是古法，但聲依形立，不可略形義而專主聲也」。考其批評者，當是章太炎。

太炎先生的小學工夫，重在聲音，批評從前治文字學者，如王安石、王船山、王闓運等皆「刻削文字，不求聲音，譬瘖聾者之視書」。故他自己「作《文始》以明語原，次《小學答問》以見本字，述《新方言》以一萌俗」，《國故論衡》上卷小學十篇，談的也都是古今音損益說、古音娘日二紐歸泥說、古雙聲說、語言緣起說、成均圖等。為何如此？章氏說：「凡治小學，非專辨章形體，要於推尋故言，得其經脈」，因此創獲所在，獨在聲韻。

但因聲求義，本是清儒小學之特點，章氏這種研治小學的路數，亦是發揚清儒而已，它與西學又有何關係？是不然。馬一浮先生說得不錯，章先生的聲韻學之所以度越清儒，在於對西方語言學的參照和借取，語根語基云云，即是顯證。

太炎先生〈語言緣起說〉曰：「語言者，不憑虛而起，呼馬而馬、呼牛而牛，此必非恣意妄稱也。諸言語皆有根。先徵諸有形之物，則可睹矣！何以言雀，謂其音即足也；何以言鵲，謂其音錯錯也……」這是講語根。語基，則〈轉注假借說〉解釋《說文解字》對轉注的釋義說：「說文序曰：轉注者，建類一首，同意相受，考老是也。……何謂建類一首，類謂聲類也。……首者，今所謂語基」。根與基同意，稱「今所謂」即表明了是用現代語言學中術語，清儒並無此術語，也無此觀念，故解轉注假借皆與章氏不同。

依章先生說，同音之字，其義相同；文字之義，應從考察其聲而知。馬一浮反對，認為聲雖兼義，但不可略形義而專求於聲。此說一方面矯正了章先生說法的偏頗，一方面也點出了中國文字學不同於西方語言學的關鍵。章先生之後，中國的文字聲韻之學迅速地轉為現代語言學，以西方學科模型為框廓，廿世紀八十年代以後才對此展開反省，因此馬先生之見，不無孤明先發的意味【註1】。

另一涉及對現代學術之批評者為同卷〈答劉君〉，曰：「足下『惟欲』之說，或遠為東原所誤，近為西洋社會學家淺見所移。將來學如有進，必翻然悔之，望勿墨守以為獨得也」。胡適在解釋戴東原哲學時，把戴氏所說的宇宙為氣化之流行解釋為唯物論（Materialism）；繼而又把戴東原說人性中包含了「知、情、欲」，突出欲，說這是反對理學家的無欲論，以致劉君進而言唯欲論【註2】。

馬一浮批評劉氏，間接也就批評了胡適。胡適在《五十年來之世界哲學》中介紹的尼采，正是唯欲論式的，依胡氏說：「尼采說的意志，是求權力的意志，生命乃一齣爭權力的大戲。……生命的大法，是各爭權利，優勝劣敗」，此非唯欲論為何？

馬一浮對這些學說及治學方法的批評，表明了他對當時學風依傍、比附、取徑於西學的不滿，當然也隱含了他對西學的不滿。他強調中國學問與彼不同：「書院所講者，要在原本經術，發明自性本具之義理，與今日治哲學者未可同日而語。若以今日治哲學者一般所持客觀態度，視此為過去時代之一種哲學思想而研究之，恐未必有深益」（答許君）。

因此，做學問，不但應是主體涉入其中，不能客觀，更應引歸自身。因做學問不是對外在世界的理解與控制，而是對自己生命負責任：「象山有言：『宇宙內事，即吾性分內事；吾性分內事，即宇宙內事』，此語簡要可思。故不明白自己性分而徒以觀物為能，萬變侈陳於前，眾惑交蔽於內，以影響揣度之談而自謂發天地萬物之秘，執吝既錮，封蔀益深，未見其有當也」（答劉君）。

二

在學術上區分中西，不使揉雜，更不欲以夷變夏，是馬一浮國學觀迥異時流之處。依此區分，他也要分判書院和現代大學教育之不同。

馬一浮曾應蔡元培之邀擔任過教育部秘書長，但供職不及半月便辭去，杜門讀書。抗戰軍起，隨浙大師生流徙於江西，曾為浙大學生講說國學，又替浙大畢業生贈序、做演講，還撰寫了浙大校歌歌詞，應該說仍是跟現代大學事業有因緣的。不過，他在浙大一直自居客卿，故〈贈浙江大學畢業諸生序〉說：「僕於學校為客」，自視為來賓致詞。以竺可禎對他的禮敬，他都不肯成為浙大之一員，個中原因，實是因他對現代大學本無認同。因而進入四川以後，他就想法子另起爐灶，自辦書院。

馬氏辦復性書院，倡議本於陳立夫劉百閔等人。但議辦書院，他就欣然就命；要他入大學，卻偏要自居客位，此中便大有分別。《濠上雜著》二集《寒江雁影錄·復劉百閔》嘗明確說道：「外國語文、現代科學之研究，自有大學研究院之屬主之，不在書院所治。書院之設，為專明吾國學術本原，使學者得自由研究，養成通儒，以深造自得為歸。譬之佛家之有教外別傳，應超然立於學制系統之外，不受任何限制」。後來又另有數書，續與當道申論此義：

一、竊惟書院事，義與學校教育殊科。學校領於學官，故事有常程；書院則當付之士林，而毋無責其近效（致蔣公書）。

二、書院性質在現行學制之外，不當隸於教部。不唯與今之學校不同，亦與舊時之書院迥別。誠得政府加以扶植、社會人士加以贊助，當略如佛氏之有叢林，政府與人民同為檀越、為護法，如某者得自比方外，是亦足示國家寬大之美。……庶幾成就得少數人，使知中國異於夷狄，而不致以夷狄為神聖。……而或者乃比之大學文科哲學系、比之國文專修館、比之存古學堂，則為擬於不倫（致陳布雷）。

三、書院本現行學制所無，不當有所隸屬，願政府視為例外，始終以賓禮處之（致陳部長）。

後來〈復性書院簡章〉第一條，講的也就是「不隸屬現行學制系統之內」，可見此義為辦書院之第一原則。與執政諸君往復討論而終得實施，不能不佩服馬的堅持，也不能不贊嘆當時對學術的獎掖與寬宏【註3】。

然則，何以馬一浮要如此堅持？堅持在體制外，不受教育部管轄，才能真正擁有獨立自由自主講學的空間，是十分明顯的原則。除此之外，還在於他對整個現代教育體制不滿，恥與為伍。

〈與張立民〉說：「出於捐贈則可，出於請求、名為補助則不可。如郗鑒為支道林買山；梁武帝為陶弘景立館，遣太學生詣何胤山中受學，在當時極為平常之事，並不足矜異。至捨宅為寺、捨田供僧，蠲其租稅及置學田者，歷代多有之。今人但知求利，絕未夢見。其有出資興學者，亦只是俗學。學生入學，只為求出路，以學校比工廠，學生亦自安於工具，以人為器械，舉世不知其非」，即是對現代教育最深刻的批評。教育不僅隸於學官，受到國家政治力的管束，其經費亦受宰制，形成經濟力的管束。政府出錢，學校就成為政府貫徹其政治目標之工具；私人出錢，則學校又成為大老闆的工廠。學生入學，則亦無心學問，只以改善將來的政經地位考慮。這樣的學校，當然不辦也罷。且此等新學校，出於西方，他視為夷狄之教。要在學校之外另辦書院，才能使人「知中國異於夷狄，而不致以夷狄為神聖」。

大學只是西方文明的一部分，然因大學為學術所萃，故反對西方式的現代大學，事實上也就是反對整個西方現代文明。《泰和宜山會語》於此也有數則詳予言之：

一、從前論治，猶知以漢唐為卑，今人論治，乃惟以歐美為極。從前猶以管商申韓為淺陋，今日乃以孟梭里尼、希特勒為豪傑。今亦不暇加以評判，諸生但取六經所陳治道，與今日政論比而觀之，則知碔砆不可以為玉、蝘蜓不可以為龍，其相去何啻天壤也。中國今方遭夷狄侵陵，舉國之人動心忍性，乃是多難興邦之會。若圖存之道，期及於現代國家而已，則亦是自己菲薄（橫渠四句教）。

二、今講老子流失，是要學者知道心術發源處，合下便當有擇。若趨向外物一邊，直饒汝聰明睿智到老子地位，其流弊不可勝言。何況如今代唯物史觀一流之理論，其淺薄處，去老子簡直不能以天壤為喻，而持彼論者往往自矜，以為天下莫能過，豈不哀哉！（論老子流失）

三、近來有一種流行語，名為現實主義，其實即是鄉愿之典型。……此種人是無思想的，其唯一心理就是崇拜勢力。勢力高於一切，遂使正義公理無復存在。於是言正義公理者便成為理想主義。若人類良知未泯，正義公理終不可亡。不為何等勢力所屈服，則必自不承認現實主義而努力於理想主義始。因現實主義即是勢力主義，而理想主義乃理性主義也。所以要「審其所由」，就是行為要從理性出發，判斷是非，不稍假借……寧可被人目為理想主義，不可一味承認現實，為勢力所屈。尤其是在現在，吾國家民族才在被侵略中，彼侵略國正是一種現實勢力。須知勢力是一時的、有盡的，正義公理是永久的，是必伸的（對畢業諸生演詞）。

近代中國之所以要向西方學習，根本原因在於中國弱、外國強，被欺負了，因此痛定思痛，由師夷長技開始，進而效其禮樂政刑，努力將自己改造成一現代國家。然後再進行文化改造、國民性改造。這是近世文化變遷之大脈絡。馬一浮則直指這都是一種勢力性思維，猶如古代艷說漢唐，或以管商申韓為富國強兵之用。不知現實固然不能不顧，人類之生存，還有超乎現實勢力之上的公理正義與文化理想值得堅持。馬這一批評，當然仍針對當日時局而發，但對西方現代國家之不滿，亦顯然可見。《蠲戲齋雜著》另一篇〈希言〉講得更明晰：

方言愛國，而中國聖智之法視若無物，盛慕歐化，望塵莫及，豈非不愛其親而愛他人耶？古人言必則古昔、稱先王，今則言必則現代、稱夷狄，此謂他人父之類也。……西洋人有所謂國家學者，其言國家成立之元素有三，曰土地、人民、統治權也。在今日當更益以經濟力量及軍事力量。無論民主國家、極權國家，其汲汲皇皇，與接為搆、日以心鬥，皆有儳焉不可終日之勢。有強權而無公理、有陰謀而無正義，國際間只有利害，無復道德可言。社會觀感受此影響，於是人與人之間亦只有利害之結合，苟為求生，無所不至。

前一段批評近代以愛國救國為名而反傳統，進行文化改造的主流思潮。次段則講現代西方這種文化型態根本有問題，不足多慕。《泰和會語·論西來學術亦統於六藝》說：「諸生勉之，慎勿安於卑陋，而以經濟落後為恥、以能增高國際地位遂以為可矜。須知今日所名為頭等國者，在文化上實是疑問，須是進於六藝之教而後始有為道之邦也」，亦是此義。因此他接著說：

如西洋法律不許虐待動物，此有似於仁政，所謂推恩已及於禽獸而功不加於百姓者也。登公車，壯者必讓老者、男子必讓婦孺，亦有敬老慈幼之心焉。而父子、夫婦異財，恩義至薄，如賈誼譏秦俗好分異，兄借耰鋤，有德色，母取箕帚，立而誶誶，此真夷狄之道也。交際雖亦知重禮貌，而見利則爭。……彼之好戰勝攻取，糜爛其民而不知恤，皆由不知本孝弟之心以推之故，若秦人視越人之肥瘠，無所動於中也。雖亦言同情心，乃是煦煦孑孑之細耳。

這樣的倫理批評，在當時實甚罕見。辦書院自甘於體制外的馬一浮，顯然在舉世均「則現代、稱夷狄」的潮流中，亦自居於主流以外。主流學界對他這類想法向來不予理會，或譏其為文化保守主義。

但據今觀之，則其說在矯現代化之弊方面，反而確屬先知先覺。例如當年熱切的口號：「以科學方法整理國故」，現今誰都知道是行不通的。把科學定義為客觀普遍的經驗觀察與理性分析，也淺視了科學方法。如今科學哲學的發展，越來越強調主觀、相對、模糊、測不準、不可共量、詮釋典範的轉移等等。方法學的研究，例如詮釋學所言，也較接近馬一浮所說的：「類族辨物必資於玄悟，窮神知化乃根於聖證」。而知識論之作用與功能，也有由認識外在世界轉到用以改善認識自身品質及心靈狀態之趨勢。語言學方面，德希達欲解構西方語言邏各斯中心主義霸權，而覃思文字學。教育則各式教育改革方案都在走與馬先生類似的路：重德育、重古典、不以學校為工廠、不以學生為工具、不以人為器械。對於現代社會和國家，各式後現代思潮又都指明了它具有帝國主義的殖民性，因而在倫理上對人性頗有扭曲。……凡此等等，在「現代性批判」蔚為時尚的現在，重看馬先生上述論說，實在是感慨良深的。

三

馬一浮原本就認為西方文化將來必然也要走上他所揭櫫的東方六藝之路，因此若將他拿來與後現代思潮做番比較會通，一定非常有趣，也是應有之義。不過，本文尚不暇為此，因為我還想談談馬一浮論國學的另一個特點。

周恩來曾稱馬一浮為「我國當代理學大師」。馬為理學家，自無疑問。但談到理學，我們都知道理學家雖講儒學，但與經學家是兩路學問，歷來漢宋之爭，即因一講經學一講理學。清人復興漢學，實質內容便是講經學以代替理學。胡適那篇《幾個反理學的思想家》，以顧炎武居首，便因顧氏揭出「經學即理學」的旗子，批評：「百餘年來之為學者，往往言心言性，而茫然不得其解也」（與友人論學書），主張博學於文：「講九經自考文始，考文自知音始」（答李子德書），開啟了清代由文字聲韻去鑽研經學的傳統。直到胡適整理國故，用的依然是這一路方法，心態與觀念也仍是要反理學的。「科學與玄學」之爭，亦是經學與理學之爭的另一版本。可是，放在幾百年經學理學的區分與爭論脈絡中去看，馬一浮卻是個異數，他是理學家，但卻是大講經學的理學家。

先生所辦復性書院，係以「講明經術、注重義理，欲使學者知類通達，深造自得，養成剛大貞固之才」為宗旨，見其〈徵選肄業生細則〉。講明經術，並不是一句空話或門面語，翻開《復性書院講錄》，我們就會發現卷一〈開講日示諸生〉〈學規〉之後就是〈讀書法〉〈通治群經必讀諸書舉要〉，表明了在書院讀書主要即是讀經，且要通治群經。接著卷二為〈群經大義總說〉及〈論語大義〉，卷三為〈孝經大義〉，卷四為〈詩教緒論〉〈禮教緒論〉，卷五為〈洪範約義〉，卷六為〈觀象卮言〉，正是要講明經義的。

一九四一年，《講錄》講畢印出，教育部要書院填報講學人員履歷及所用教材要求核備，先生十分憤慨，致書教育部，責以違背當時約定，並辭主講，專事刻書。次年起，書院先後刻成：《繫辭精義》《春秋胡氏傳》《蘇氏詩集傳》《嚴氏詩緝》《大學纂疏》《中庸纂疏》《論語纂疏》《孟子纂疏》《易學濫觴》《春秋師說》《毛詩經筵講義》等，總名群經統類。其次才是理學家著作，如《正蒙注》《上蔡語錄》《延平問答》《盱壇直詮》《朱子讀書法》等。以刻書代講學，所刻之書自然也就顯示了他所重視的學問，而經義無疑又先於理學。復性書院結束後，隨即大陸易幟，先生少有學術著述，僅有之作，如一九五五年的《三易略義》等，仍致力於闡發經義。

事實上，一九一八年馬一浮就有〈與蔣再唐論儒佛義〉一文，主張「在六藝的基礎上儒佛互攝」，詩集《蠲戲齋詩前集》載〈舜水祠堂詩〉云：「躬被六藝澤，世嚴瞽宗守」，〈簡謝嗇庵五十韻〉云：「六經伊洛印，一發鄒魯傳」，〈答潘法曹〉云：「百家往不返，六藝炳常存」，也都談及他鍾情於六藝之學，時間也可上溯到一九一三年。一九二四年作〈因社印書議〉，則以為：「儒者以六藝為宗本，諸子亦原出六藝。……有六藝而無四部」。在一九三八年於浙大講學前，並已準備如鄭玄〈六藝論〉般，另作一部。可見宗本六藝以說國學，涵攝儒佛、總括諸子，乃其素志久定者，非講學於泰和宜山及四川時才揭立宗旨。

因宗本六藝，故其言國學，即指六藝學：「今楷定國學者，即是六藝之學，用此代表一切固有學術，廣大精微，無所不備，聖人何以聖？聖於六藝而已。學者於何學？學於六藝而已」（泰和會語），這樣的國學定義，當然與前此言國學者皆不相同。

在張之洞的時代，基本上是以「中學」跟「西學」相對起來說，如「中學為體，西學為用」云云。可是「中學」一者尚未名為國學，二者其內涵亦未確定。【註4】如梁啟超〈康有為傳〉稱康氏長興講學時：「以孔學、佛學、宋明理學為體，以史學、西學為用」，是把四部、儒佛、理學拆開來說的；光緒廿九年（一九〇三）部所擬〈奏定學堂章程〉則強調要讓學生讀經，「以免拋棄中學根柢」，可見是以經學為中學根幹的，彼此不一。

後來學者因受日本國粹主義之啟發，開始講國粹、國學，所指卻並不是經學或孔學，而主要是復興諸子學，儒學只視為諸子古學之一支。

到一九一九年，胡適作〈新思潮的意義〉又推薦國故一詞，說：「國故底名詞比國粹好得多。自從章太炎著了一本《國故論衡》之後，這國故底名詞於是成立。如果講是國粹，就有人講是國渣，國故（National Past）這個名詞是中立的」。而國故的內涵，則是：「中國的一切過去的文化的歷史，都是我們的國故」，因此國故學即文化史之研究，國學即國故學之縮寫。

但繼而也有人認為只能講國故學而不能講國學，國故學不等於國學，如曹聚仁〈國故學之意義與價值〉說：「國學一日不去，國故學一日不安」，理由是國故只指中國過去的歷史材料，國學則有做為一門獨立學問之意（收入一九二七，許嘯天編《國學討論集》）。此說雖若與胡適不同，但把國故學視為史學則同。

也就是說，楷定國學即是六藝之學，乃馬一浮之特識，與當時講國學者均不同調。勉強相近者為以經學為中學根柢一派。然叫學堂學生讀經以植中學根基，旨趣、內涵並皆不同於馬一浮，亦極顯然。

馬氏在楷定國學名義時，對時人國學諸定義皆夷然不顧，不曾提及，唯一講到的是以四部之學為國學內涵之說，云：「照時賢所講，或分為小學、經學、諸子學、史學等類，大致依四部立名。然四部之名本是一種目錄，猶今圖書館之圖書分類法耳。……即依時賢所舉，各有專門，真是皓首不能究其義」，因此他反過來，要以六藝總攝諸學。

這裡所批評的，主要是章太炎。太炎《國故論衡》上卷小學、中卷文學、下卷諸子學，表現的乃是上文我所說《國粹學報》以來的國學觀。但他後來講國學，如孫世揚等所筆記之《國學略說》就都採小學、經學、史學、諸子、文學的分法。馬先生不以為然，故別就六藝為說【註5】。

但六藝，一般都據《周禮》說是指保氏教國子以禮、樂、射、御、書、數，並不指六經。馬氏也跟大家不一樣，他不採此說，自謂：「依《漢書．藝文志》以六藝當六經。經者，常也，以道言之謂之經；藝猶樹藝，以教言謂之藝」。在這方面，唯章氏與他相同。章先生《國學演講錄》說：「六經者，大藝也，禮樂射御書數者，小藝也。語似分歧，實無二致」，以六藝為六經，與馬氏同，然章先生之意是學者當先究小藝，明書數小學，再深入六經大學。馬先生則根本以六藝為射御書數等為誤說。

如此說六經，又顯示了馬先生說經之特點。

因歷來所謂經學或治經，都是就經典說，是對聖人所遺留下來的經典做研究。雖說「文武之道，布在方策」，欲上求聖人之道，非詳細鑽研方策不可，但研究來研究去，工夫多花在書本子上，甚或只在想把書本文句搞清楚的語言文字上。所謂經學家，無論漢學或清學，均以能讀六經之書自喜自負，動輒譏諷理學家字都不認得怎麼可能理解義理。理學家則覺得經學家釋事忘義，光會在書本子上考來考去。馬一浮講經學，不逕說六經，而改說是六藝，正是要避免學者仍如過去治經學的人那樣，眼目心力只著在經典上。因此他解六經之經，並不說是六本書，而說是六種常道；六藝則是六經之教。

他採《禮記・經解》：「其為人也，溫柔敦厚，詩教也。疏通知遠，書教也。廣博易良，樂教也。絜靜精微，易教也。恭儉莊敬，禮教也。屬辭比事，春秋教也」云云，謂六經可教會人如此如此，故人之所以學於六經者，欲學而令自己溫柔敦厚、疏通知遠等等也。溫柔敦厚、絜靜精微等便是六經之大義。這樣，他就一方面把治經從研究書本子拉回到注重其義理，另也由空說經典之義理，拉回到學習者自身，由人讀經而有所受用處說。他是把六經分成「跡」與「本」的，跡是文字，六經之本則是心。如此說經，由人講、由心講，亦正是探本之論。

這是理學家立場的經學，自然與由漢學發展下來的經學大異其趣，重在從精神上總體地掌握經典對人的意義，而不耗力於文字聲韻篇辭文獻等細節。

但馬先生在文獻工夫上也並不輕忽，引文析義，十分嚴謹。如上文引述他批評語根云者，即可顯示他在文字學上是有見地的。論釋經義，採用佛教釋經之法，也使得章義、句義、字義較一般說經者醒豁明晰。且儒者治經，六朝隋唐之義疏本來就曾受過佛家講經法之影響，馬一浮的做法反而有近於六朝隋唐義疏之處【註6】。再者，馬歷來主張教、觀一致，曾有信〈致彭俞〉云：「譬如仁者嚮時治《易》，觀象、玩辭，決不偏廢。今欲習觀，加持密咒而廢教典，可乎？夫教觀一也。……有教無觀則罔、有觀無教則殆」。以此態度說經，當然在文辭文獻層面也就不會輕率略過。

他與一般理學家當然也很不一樣。前已說過，理學與經學對立已數百年。理學家固然也有如朱子這樣遍注群經的例子，但理學家所重畢竟在《四書》而不在五經；即使注經，亦常有「六經注我」之現象，不甚理會文獻。若說漢學家太黏著於文字，他們就又太不黏著於文字。而且理學家喜就天、理、心、性去辨析，馬一浮卻很少就此去做理論性的談說，都是依著經文去闡義。

與他同時代，講理學的馮友蘭、梁漱溟，對經典都不熟悉，亦無精研，馮且對六經無認同感。能談經者，僅一熊十力。熊著有《讀經示要》《原儒》《論六經》等書，用功於經義，雖較馬時間稍晚，但著《新唯識論》時已深契於《易》，於經義不可謂無所得。但熊之說經，頗有六經注我之氣味，文獻文字上多可商榷。又受公羊家影響，一云書已亡、詩樂半亡，唯易、春秋、周官為可據；二云詩有五際、春秋有三科九旨；三則信口說、非大義。此外，又好講王霸之略，頗用心於革命外王，說經多比附以言上述各點，因此他雖喜談經而於經學並不當行，與馬一浮甚為不同。【註7】

以上都是馬一浮論國學而以六藝經學為說之特點，這個特點還與他反對向西方學習有關。在舉世向西方尋找真理的時代，他是倒過來的，欲以夏變夷，不肯以夷變夏。認為應向西方輸出中國聖哲之學以教化西方世界，而西方文化將來也必漸趨同於中國聖哲所說的道理，所以說：「今日所名為頭等國者，在文化上實是疑問，須是進行六藝之教，而始為有道之邦也」（論西來學術亦統於六藝）。

這樣的國學觀，在當時既迥絕時流，與人殊科，其不獲欣賞、少有影響，自無足怪。但時至今日，重勘舊躅，我們就會覺得那個時代可惜走差了路子，馬先生的讜論，才更值得吾人注意。

附註：

註1：相關討論，另詳我《文化符號學》一書，一九九二，臺灣學生書局。

註2：胡適除了有《戴東原的哲學》外，一九三〇年另作《幾個反理學的思想家》，談了顧炎武、顏元、戴震、吳敬恆。

註3：在這一點上，馬一浮與熊十力便不同調，熊後來亦因此離開書院，另詳劉海濱〈熊十力與馬一浮：試論現代儒家的兩種取向〉。收入吳光主編《馬一浮研究》，二〇〇八，上海古籍出版社。

註4：章太炎於一九一三年寫〈自述為學次第〉時，回憶三十一歲，光緒廿四年（一八九八）見張之洞，張曾對他說：「國學淵微，三百年來發明已備，後生但當蒙業，不須更事高深」。似乎張之洞時已流行國學一詞，但其實這是太炎事後追述，撮其大意而說。

國學一詞之流行，事在一九〇二年以後，另詳龔鵬程《國學入門》第一章，二〇〇七年，北大出版社。

註5：我也贊成馬一浮以六藝之教總攝國學的說法，但我自己寫《國學入門》仍依章先生之法，分說四部，再加上儒道佛。著眼點與馬先生不同故也。四部誠為圖書分類法，但國學基本文獻及經史子集各部內中之問題不稍瞭解，如何下學而上達？馬先生之論甚為高明，但門下裁成則寡，我以為即與此總攝之教法有關。

註6：經學義疏受佛教說經之影響，梁啟超已有說，另詳我《孔穎達周易正義研究》第二章，一九七九，文史哲出版社。

註7：另參鄧新文〈馬一浮與熊十力的六藝論之異同〉，收入吳光主編《馬一浮研究》，二〇〇八，上海古籍出版社。

國學教育在臺灣

王麗（下簡稱王）：我們研究院為什麼要辦這個沙龍呢？我本人有一種感覺，覺得我們這個時代，雖然通訊越來越便捷，但人與人之間的距離越來越遠了。我認為，真正的友誼也好，真正的思想交流和碰撞也好，只有在現實的空間裡面才有可能實現。所以我一直想辦個沙龍。另外我覺得我們今天生活在一個大變動時代，尤其是中國教育面臨著一場大變革。這場變革最大的特徵就是民間的教育傳統正在復活。而我們每個人在這大變革中，如何去找到自己的位置、把握自己的方向，是我們每個人需要共同面對的問題。今天非常高興在沙龍一開辦的時候，有那麼多朋友前來參加。我要特別感謝為我們提供場地的周一方先生。我們找了很多很多地方。最後有一位朋友說你可以到南鑼鼓巷的樸道草堂去看一看。結果我跟趙鑫過來一看，發現這就是我們想要找的地方。而且我們非常幸運的遇到了這麼一位關心教育，有一份人間情懷的書店老闆。中國人做事情講究天地利人和，所以我有信心把這個沙龍辦好。

周先生：我也歡迎大家到我這裡來，剛才在院子裡跟人民日報趙先生在說的時候，我非常歡迎他這個沙龍在我這兒辦下去。為什麼呢？我倒不考慮什麼任何經濟利益的問題，我是說我希望所有那些能讓這個社會增添一份溫良氣質的活動都在我這兒辦，有更多這樣的人來這兒，這就是我的書店的氣氛，歡迎大家。

王麗：我們非常榮幸在第一期沙龍請到了龔鵬程先生。在座的朋友可能都知道龔先生的大名了。為了做好這個沙龍，之前我讀了龔先生的三本書：《國學入門》、《四十自述》、《為什麼讀經》

我讀完之後粗淺的感覺是什麼呢？就是龔先生是一位通儒。他不光是古今貫通，而且是中西貫通。第二，我感覺龔先生不是一個閉門著書的學者，同時也是踐行者。他創辦了兩所大學，擔任臺灣國文天地雜誌社的總編輯、中國晨報總主筆、學生書局總編輯等等這些職務。所以他既是出世，又是入世的。從二〇〇四年開始，龔鵬程先生移居大陸，在多所大學講課。還創辦了一個國學院，舉辦了四屆國學營，分別是在江西、山東、湖南，今年是在河南。

現在龔先生主要在北京大學講課。每年有三分之二的時間在大陸教書，有三分之一的時間在世界各地以及臺灣各地講學，我非常羨慕龔鵬程先生這種生活。

今天的來賓有媒體、學者，有正在辦私塾的校長，還有正準備在國學推廣方面有所作為的企業家。今天的主題是「國學教育在臺灣」，我把它分成四個小題。一是大陸最近幾年的讀經熱跟臺灣一九六六年的文化復興運動有何異同。二是臺灣文化復興運動在當時的學校教育中是如何體現的。三、大陸目前的讀經熱與臺灣森林小學有什麼區別。四、讀經對大陸當下的道德滑坡、價值真空有沒有救治的作用，以及對大陸社會進步、公平正義有沒有正面的影響。當然，龔先生您完全可以根據自己放開來講的。

龔鵬程：大陸的朋友對於海外的情況多少都有些理解。但人們的理解，往往來自一些刻板印象。這些印象跟實際狀況常會有若干落差。比如大陸很多朋友會說：你看新加坡是一個華人的政權，它之所以經濟發展、社會進步，乃是因為用儒家思想來治國的緣故。這就完全不符合實況了。新加坡跟儒家發展沒有任何關係，因為新加坡是一個連華文教育都沒有的地方。自它立國以來，一直是實施英文教育，政府運作則靠英國留下來的文官體制，文化上強調多元種族。所以中文只能在華人世界裡講講而已。後來華人集資自己創辦一所講中文的南洋大學，辦得非常好，可是後來卻被李光耀關閉了。直到現在，新加坡仍然只有一點點華語教育而無華文教育，但是我們常常會想像新加坡是一個華人的國家、是以儒家思想為基礎形成的現代社會。這個印象跟實際狀況真是差別太大了。

臺灣的情況也一樣。想到臺灣，大家也常說：大陸因為有文革，所以就國學傳統中斷了，臺灣的情況當然比我們好得多。其實臺灣的情況雖比大陸可能略好些，卻也是五十步笑百步，差不了很多的。我現在就要來說明一下臺灣的國學教育實況。我會儘量照顧著剛剛王麗提到的這幾個題目，但我想把它稍微拉長一點，有一點歷史的縱深。

因為想到臺灣，你不能只想到國民政府到臺灣去以後，帶著故宮的國寶及很多學者到了臺灣。不能這樣想！臺灣的國學傳統開發得很早。

臺灣跟大陸的關係其實極其奇怪。為什麼呢？你看琉球跟大陸，其實比臺灣距大陸更遠，但琉球和大陸的關係自古以來十分緊密，光是明朝，琉球就來進貢了五六十次，所以它很早就有孔廟。臺灣則不然，雖然跟大陸距離比較近，卻一直沒被漢人開發，更沒有朝貢關係。這是為什麼？因為臺灣海峽看起來雖然很窄，但是早期的船其實都沒有辦法橫渡它。你看中國的航海史就瞭解，像鄭和下西洋的船雖然能夠走那麼遠，卻到不了臺灣。為什麼？早期的航海技術基本上只是沿著大陸海岸線上下走而已，沒有辦法橫渡海峽。琉球則因洋流與航線的緣故，可以直接到達福州港。所以臺灣跟大陸的距離很近，可是自古以來中國就沒有開發過臺灣。

臺灣之開發，情況特殊。臺灣海峽的洋流，可以使船從日本到臺灣，再從臺灣往菲律賓下去到南洋。因此明朝的倭寇，常以臺灣為下南洋的中繼站。最早移到臺灣去的漢人往往也就是倭寇或是所謂的海上商貿集團。做生意，可是偶爾也可能打劫，他本身是有武裝的。臺灣的鹿港、新港這些地方，如果各位去，就可以看到「顏思齊登陸紀念碑」之類的東西。這顏思齊就是明朝鄭芝龍之前的一個大海盜。現在我們也許稱他為海上商貿集團領袖或什麼，但這類人在當時還真不少，包括鄭芝龍這個家族，他在臺灣有根據地，在日本也有，鄭成功的媽媽就是日本人。

漢人、日本人的武裝商貿集團，跟東南亞的關係極其密切。船隊縱橫整個南中國海，像現在泰國的大年港，也是海盜們移到那邊去開發的。這可以算是早期的開發。但這一期的開發談不上什麼國學，因為這些漢人除了有一點家鄉風俗習慣之外，沒太多文化知識。到鄭成功時期就不同了。鄭成功把自己當成儒生，這是很特別的。他將起兵抗清時，就是到孔子廟裡去祭拜，說我現在要代表漢人來反抗滿洲了。

研究晚明的人都知道，鄭成功跟柳如是、錢牧齋的關係本來就很複雜。其原因是鄭成功跟當時東南文士集團的關係密切。後來他北伐失敗，退守廈門。覺得一時之間要恢復中原，恐怕有所困難，廈門腹地又太小，於是想回取臺灣。說臺灣是我們老家，父祖曾在之地，我要重新回來。但這時臺灣已經不是當年他父親所在的時代了，荷蘭業已殖民臺灣。所以他必須先打敗荷蘭人。他當時是以破釜沉舟的決心在金門島料羅灣祭海，把所有金門的樹全部砍光了做船，所有的士兵全部下海，進取臺灣。

進攻臺灣，本來是很困難的，但當時天助鄭成功，本來港口水淺，大陸的大船根本進不來。沒想到，忽然潮水大漲，鄭成功的船隊全部開進鹿耳門港，荷蘭人措手不及，只能固守。之後荷蘭也從印尼派了援軍來，但戰艦到時，臺灣海峽的海象產生變化，使得他們的艦隊沒有辦法進入。荷蘭守軍只好投降了。

我剛才已講過，鄭成功本來就跟東南文人的關係極為密切。所以鄭成功那時到臺灣的，就有當時復社、幾社的文士，如沈光文、徐孚遠這些人。後世稱這批人為臺灣詩文之祖，就是因為他們到臺灣以後，仿照原先在江南辦詩社文社的法子，創立了東吟社等詩文社。各位讀過歷史，當曉得晚明詩社文字勢力很大，他們就把這一套搬到了臺灣。然後又開始在臺灣建孔廟、拓展文教。這才算是臺灣的漢人文教的第一步。

為什麼要從這裡講起？因為臺灣只是彈丸之地，大陸人又不免覺得它開發甚晚，可能文化粗鄙。實則臺灣的詩社、文社之多，在清代已超越大陸任何一個省。而且詩社文社傳統到現在沒有斷。很特別的。

等到清朝把臺灣收入版圖以後，又把科舉制度整個延伸到臺灣，在各地建孔廟、辦書院。為了要經營臺灣，為了讓臺灣的人心能夠對清政府有所歸向，所以錄取的名額還特別多。以致大陸上有很多人，比如說江蘇省文教本來就很興盛，僧多粥少，要考上很困難，所以就跑到臺灣來考，跟現在的高考移民一樣。因此臺灣科舉試中的很多，按人口比例來講，密度甚高。這是一般人想不到的。

亦因如此，大概在康熙到乾隆之間，臺灣社會就已經出現了一個主導社會的階層，那就是士紳。因為我們古代官制，不是由本地人當本地官的。你考上功名以後，派做官，一定要派到外籍去。故一個甘肅人到臺灣來做官，人生地不熟，搞不清楚，只能跟臺灣當地的士紳合作。

那這些士紳就起了主導臺灣地方上文教發展、修溝渠、建馬路、地方建設等等工作。這在乾隆年間就已經非常明確了。

甲午之後，把臺灣割讓日本。臺灣人當然無限悲憤。因為經過這麼長的時間，臺灣這些人完全把臺灣當成是漢文化所在地區，現在要它割讓出去，割給日本人，誰都覺得很悲憤，丘逢甲的詩「宰相有權能割地，孤臣無力可回天」，說的就是這個事。當時這些詩人都去從軍了。

當時我們對外，老是吃敗仗，唯有黑旗軍在越南跟法國打了一仗算是贏了。後來黑旗軍駐防臺灣，這批軍隊本來就是善於打仗的，悲憤之下，當然決定一戰，並宣佈獨立，建立臺灣民主國。因為中國不要我們了，我又不要成為日本的一分子，那怎麼辦呢？只能獨立。做了一個旗子，藍底的，有老虎，成為臺灣民主國。如果成功了，再回歸中國。所以它變成是亞洲地區第一個民主國。

但很可惜，當時我們的老百姓擋不住日本的軍隊。日本明治維新以後，他軍隊是很厲害的，所以最終仍把臺灣控制了。但是因為抗日戰爭非常慘烈，日本人也付出了極大的代價。所以日本人統治臺灣的時候，特別是初期，即採取懷柔的政策，儘量讓臺灣人不覺得是受異族統治。怎麼樣使你感覺不受異族統治呢？日本人派到臺灣的每一任的總督都是詩人，漢詩寫得很好、很有中國文化素養。來到臺灣，就跟臺灣這些士紳詩酒唱和，同時他也成立詩社和文會，也培養一些親近他們的人，大家都談中國文化。所以日本人到臺灣來以後，中國文化傳承並沒有切斷。

當然在這個時候，它在經濟上是控制的，實施剝削掠奪的殖民經濟。但是從思想跟文化上，它要努表示我跟你是一樣的，我們都是講中華文化的。正因為這樣，他雖然在臺灣廢掉了清朝以來的科舉制度，建立了一套現代化教育體系，但是漢文教育，就是原來中國人的私塾、書院，讀漢文四書五經等這樣的教育體系也沒有禁止。所以老百姓送小孩到學校讀現代小學中學。但是在家裡面還是照樣開私塾，辦學堂，辦書院。臺灣人稱這個為「漢書房」。

這等於社會上平行著兩個體系，一個是日本統治者建立的現代中小學體制，另外一個是漢文教育的系統。只有第二次世界大戰的最後的三年多，因為那個時候日本敗相已露，整個意識上近乎瘋狂要自救。其政策才開始緊縮，要求臺灣人全部要改成日本姓名。原來臺灣人除了政權、經濟上被壓榨等等之外，他思想跟文化上並沒有受太大的干預。但是最後那三四年情況就不同，要求臺灣人要「皇民化」，就是把臺灣人化成天皇的子民。原先是把臺灣人看成次等民族，是被殖民的，現在理論上好聽，說我把你提升，我們都是皇民了；但實際上臺灣人都要改成日本姓，思想意識形態也要調整，不能再談中華文化，而要改學日本文化。所以這是緊縮，緊縮了以後，就開始禁止華文的教育。

但這個時間比較短，而且華文報紙、華文雜誌並沒有完全被禁掉。所以光復以後，國民政府到臺灣，文化上還能夠接得上。否則，你想，它被日本統治五十年了，如果這五十年沒有漢文教育，光復以後，教育怎麼還能恢復？幾代人都受日本教育，只會講日文、只能讀日文書，中華文化怎麼傳承？所以這個背景很特別。

這個時期，詩社文社、士紳階層的發展仍很昌旺。士紳跟日本政府的關係是既聯合又對抗的。日本要統治臺灣，就要靠這批士紳，所以士紳跟日本之間，有某種程度上的合作，以維護他的世家大族經濟利益跟社會地位。但是這些士紳跟日本人又有對抗，所以梁啟超跟章太炎當時到臺灣，都是這些士紳請來的。章太炎在臺灣還為革命黨的《民報》當過主筆，寫了一段時間。

當時辛亥革命跟維新運動，臺灣士紳們都參與很深，因為他們希望大陸政治變好，只有大陸好了，臺灣光復才有希望。還有很多的臺灣的青年跑到大陸來留學。例如張我軍，到北師大來讀書，還專門去見了魯迅。因大陸的五四運動對臺灣有極大的影響，整個臺灣的文化發展跟大陸是完全同步的。大陸有五四運動，臺灣也要發揚五四精神。五四說要打倒選學妖孽、桐城謬種，臺灣也要打倒這些。魯迅發表《狂人日記》《阿Q正傳》，臺灣報紙雜誌也立刻轉載。

大陸詩人跟臺灣詩人更是彼此互相唱和。也有一些臺灣詩人移居大陸，比如我剛才講的丘逢甲。他的詩，蘇州大學錢仲聯在《詩壇點將錄》中評為及時雨宋江，可見其地位。你不要以為當時臺灣只是二流、三流詩人，不是的，很多人放在整個中國來看都是第一流的，只是我們現在大家隔斷了幾十年，大家不清楚而已。

大陸上流行的京劇，在兩岸隔絕的情況下，居然有五十多個團到臺灣，在臺灣巡迴表演。一巡迴就是三個月或半年一年，還有很多人留在臺灣。後來臺灣發展出一個新的劇種，叫「歌仔戲」。很多講臺獨的人都視為本土的象徵，跟京劇對比起來說。其實很多教「歌仔戲」舞臺動作的老師，原即是京戲演員，來臺灣後留下來了。臺灣士紳，覺得高雅的事是什麼呢？也就是聽京戲。像兩岸間辜汪會談時臺灣的代表辜振甫，最喜歡粉墨登臺唱戲。他自己家裡也有一個劇院叫新舞臺。這就是當年培養下來的習慣。

你要知道臺灣人是講閩南語的。這些講閩南語的家族卻喜歡唱京戲，而京戲團在閩南人的社會裡面居然能夠到處巡迴演出，你能想像嗎？這就表示臺灣這個社會的傳統文化氣氛是很特別的。

正因為這樣，所以它也跟中國內地一樣是個儒家型的社會，強調耕讀傳家，強調孝悌忠信。所以讀書人地位很高，很受尊重。我年輕的時候，你走到哪兒去，人家裡聽到你是教書的，無不肅然起敬說：「哦，先生啊！」這是臺灣延續傳統的部分。先生，即老師之意。

但日本統治時期，它還建立了一個新的體系，那就是現代教育的小學、中學、大學。日本的大學分好幾等，最高的叫帝國大學，如東京大學，京都大學、九州大學都是。帝國大學的規格跟一般大學不一樣，特別把人力物力集中起來辦。在臺灣的臺大，也是帝國大學之一。之所以如此，除了鞏固其殖民統治之外，還要以臺灣作為它前進南洋的跳板。而明治維新以來，日本也有若干學科比較先進，形成了臺大在日本統治時期的老傳統。例如臺灣土著的調查。日本人做調查，不是我們比得上的，後來就延伸到人類學部分。自然科學裡面，熱帶的動植物研究，比如說毒蛇血清，也居世界前列。醫學也很發達。

醫學在臺灣很特別。因為日本的殖民統治，雖然表面上跟你詩酒唱和，實際上人是分開的，日本人是日本人，臺灣人是臺灣人。大家都可以上學，但是臺灣人想要讀到大學卻非常非常困難。讀大學，只有醫科是有機會的，讀文科絕不可能。為什麼？統治者怎麼會讓你學文科呢？

我們現在很多人都說學文的沒出路，卻搞不清楚這是統治者不讓學文科的人數膨脹。文科一定要壓縮，讓你很小很小。因為被統制的人不能有思想，只要讓人能夠使用，能做事就夠了，這是統治者的奧秘。日本在統治臺灣的時候也是如此。所以臺灣人比較優秀的，只能想辦法學醫，他如果要學人文藝術怎麼辦？只有出國，不然就到日本留學。所以在臺灣從事文學思想的，很多人到日本留學。

臺大也有中文系。當時世界的漢學，除了法國之外就是日本。到臺灣，也都是非常好的學者，像神田喜一郎，前幾年北京大學還出過他一本《日本填詞考》，連我讀了都很佩服。他還是世界有名的敦煌學學者呢。像這種大行家都在臺大待過，可見一斑。

但我這裡要指出：現代化的教育體系跟國學是衝突的。而臺灣的命運跟大陸有一個奇妙的共同點，那就是臺灣是因為被割讓出去了，所以被迫將傳統教育體系改造成一個新式的現代體制。

大陸呢？異曲同工！因為我們同樣在光緒二十八年、二十九年間自動的改造了。放棄了從周朝以來的中國的教育制度，廢科舉立學堂，設置小學堂、中學堂、大學堂。我們學習西方的制度。大家常以為我們學的是美國，其實不是。我們學的其實就是日本。因為當時派出去考察的，像羅振玉這些人都向清政府分析說，我們固然要學西方，但西方的制度硬拿到中國來，未必適用，會水土不服，還要很長時間去適應，所以不如我們直接學日本。日本明治維新以後，西方制度已經過消化，較符合東方人的需要，而且它實際有效。與其跑到老遠去學西方，還不如直接學日本。因而我們整個大學堂、小學堂，中學堂的章程，包括教育部的學部章程，基本上就是把日本章程搬過來照抄的，中間略微改變了一點點而已。

為什麼我們的教育體制有點軍國主義色彩，道理就在這裡。當時我們學習的兩大典範，一個是日本，第二個是一次世界大戰之前的德國。跟美國沒有什麼關係，美國是根本沒有教育部的，我們的教育部這麼厲害，完全不一樣。

臺灣跟大陸雖然命運不一樣，但是在教育上卻有奇妙的一致性。臺灣是被日本統治的，大陸則學日本，所以一致了。

為什麼中國要效法日本來建立新教育體系？就是因為我們覺得傳統教育是不行的，非打倒不可。所以我們引進的這一套體系，不但跟中國學問沒關係，更是要打倒、取代傳統的。

整個學堂教育，都是以西學為主。各位回去查一下他們當時的課程表就知道，都是新東西，傳統學問幾乎沒有。後來很多人反映說學堂裡通通講西學，久而久之中國人忘本了，這恐怕不行。所以清朝政府下令：小學要保留一門經學，起碼讓學生可以知本。大學裡本來也有經學門，但其課程仍然大多是學西學，中國學問極少。而小學裡這一點點經學課，到了民國元年，辛亥革命成功以後，蔡元培當教育總長時也廢掉了。

許多人都把廢經學、反傳統的罪過歸給五四運動，其實五四運動是結果，不是原因。在五四運動之前，社會的總體意識與輿論，其實早已支持廢除傳統了。否則的話，廢科舉、立學堂，你看當時有反對的嗎？在今天，我們若要改變高考制度，甚或只要改變一個小小的計分方式，你看看還了得？一定吵死了。家長、學生都會說：我讀了一輩子書，科舉廢了以後可怎麼辦？我這一生完了。但是你看當時有人反對嗎？這就知道整體的社會輿論與氣氛是支持朝這方向改變的。所以民國元年就已經廢了經學。白話文之推行則更早，在清末叫官話。在白話文運動之前，官話教育在社會上推行已經很長時間了。五四運動的特別處在於結合了愛國主義，並在大學裡面做。因為大學跟中小學畢竟不同，在大學裡，除了趕走一批講舊學的教師之外，還改造了整個中國思想史、文學史的全套論述方式。

所以，通過五四運動，把新式教育的殘餘障礙去除掉，就容易繼續往下發展了。這個趨勢，在大陸不斷發展，一直走到文革。

當然在臺灣沒有文革，但國民政府延續的是同樣的思路，在這方面，共產黨跟國民黨是一樣的。

像國民黨的大老于右任先生，花了一生的力氣在做標準草書，為什麼？因為他認為文字要簡化。各位知道五四前後，很多人在講：中國民智未開，教育不發達，其障礙就是文字太過於繁雜，所以文字要簡化。還有些人更激烈，說簡化不夠，最好是廢除漢字。還有人講；最好是連漢語都廢了，我們改用世界語吧。到現在大陸還有個世界語學會。早期巴金這些人，都是推廣世界語的。這就是當時的思路，所以有很多簡化或廢除的方案。于老不贊成這些方案，覺得只要大家都寫草書不就簡化了嗎？不過，古代書法家寫的草書其實字都不一樣，甚至無法辨認。所以他要重新整理，定出一個標準來。還有個黨國大老，也是五四運動的健將，叫羅家倫。羅家倫到臺灣以後，也是一樣，繼續推動文字簡化。

而海峽兩岸共同的這個思路，就是現代化。什麼叫現代化？就是打倒傳統才能往前進入現代社會。國民黨、共產黨同樣在這個思路上做。

可是大陸走得比較快、比較激進，文革出現了。文革把臺灣嚇壞啦，這才開始改變，才開始有文化復興運動。換言之，文革救了臺灣。臺灣普遍的反應是說：太激進了吧！現代化，本來臺灣也在做，但需要激烈到這種地步嗎？其次，從政治上說，臺灣很小，憑什麼跟大陸對抗？又憑什麼凸現臺灣的不可替代性，顯示臺灣的重要價值？臺灣的價值，從制度上說，固然可說大陸是集權的，我則是自由中國。但這種判斷很模糊，不如從文化看。文化大革命既然要革掉中國文化的老命，那麼，臺灣跟大陸相對比，自然就得要保存中國文化。而且也唯有如此，才符合全世界華人共同的心願，可以獲得世界性的支持。

這個道理不難理解。你想想看，若打倒了中國文化，世界各地區的華人情何以堪。華人在很多地方生存困難，比如剛剛講的新加坡、馬來西亞。在那裡，華人流血流汗辦華文學校，想延續中華文化的命脈。為的是什麼？為的就是文化身分的認同。可是整個華文教育史是血跡斑斑的，政府會用各種方式來壓制你。對於這些華人，你能像在內地這樣，說中國人就是阿Q、中國人國民性有問題，中國文化全是吃人的禮教、傳統都是醬缸、中國文字語言都該廢掉等等嗎？這些話講得下去？

臺灣在這個時候，選擇強調復興中國文化，當然就有它政治上的考量。它要在在全世界做一個象徵，表示臺灣是中國文化文化繼絕存亡之地。這地方雖然小，但很重要。早期大陸恰好也不關心全世界，雖然講得好聽，說是要聯合第三世界國家、聯合全世界被壓迫的民族起來革命，但對世界華人的命運其實從來就不關心。所以那時海外華文教育只有臺灣在做，大陸基本上沒這一套。近年才開始大辦孔子學院，但又把它當成是宣揚國威、顯示中國崛起及國家意志的代表。

回來講當時的文化復興運動。它是在政治考量下提出來的運動，但緩和了臺灣在現代化過程中背離傳統的步調。這時候臺灣的基調漸漸調整為：政治經濟上繼續強調現代化，社會文化則要講中國的傳統。

所以在臺灣就出現了一個非常奇特的東西，就是我們的「三民主義」。臺灣的三民主義，跟國父當年講的「三民主義」並不一樣。它說：三民主義這個思想體系是延續中國文化道統而來的。道統是從堯、舜、禹、湯、文、武、周公、孔子、孟子往下傳承。孟子後面是誰呢？就是國父！國父之後是蔣公。這是中華民族的道統。第一是確立這個道統。第二，它說：中國文化是什麼呢？中國文化就是民主、科學和倫理。各位聽到這樣的講法，想必會感到很奇特吧。民主跟科學，是現代化所強調的價值，倫理卻指傳統文化的價值，它們怎麼拼湊在一起成了中國文化的內容了呢？可是當時的做法正是如此，要把傳統和現代結合在一起，而且是很生硬的結合。

這時，臺北附近的草山，已改名為陽明山。軍隊則要讀王陽明的《傳習錄》，並經常請學者到軍中講課。像我們軍中有一個部門，相當於大陸的宣傳部，叫政戰，政治作戰。這個體系中有一個書院，南懷瑾、方東美等先生都是導師。各位看過南先生的《論語別裁》這些書，他當時在什麼地方講，又跟誰講呢？就多是跟這些黨政高官講。

但是在政治經濟上，臺灣仍然繼續推進現代體制。教育當然也一樣，是個現代教育體系。傳統文化只是附加於其中。

可是要在現代化教育體系裡加入若干傳統文化內涵，其實非常困難。蔣先生他自己就寫過一本書，叫做《科學的學庸》。把中庸大學講成科學，今天看，實在笑死人了，不倫不類，但當時卻極流行。那時蔣先生成立了一個中國文化復興運動總會，他自任會長，其下又有孔孟學會等。文化復興運動委員會，簡稱文復會。辦刊物、辦演講、出書、聯繫各個中小學，在社會上也有很多講習班。總之就是用民間團體的方式來推動文化復興運動，但黨政人士介入頗深。如孔孟學會，後來很長一段時間都是由國民黨大老陳立夫先生主持的。陳先生寫的《四書道貫》最近也出了大陸版，但其實是很成問題的書。比如他講中庸的誠，不誠無物的誠，竟把它解釋成原子，走的就是《科學的學庸》的路子。

這是一條脈絡，文化復興總會下的一條脈絡。第二條脈絡是剛剛講的黨政軍的第二條脈絡。第三個脈絡才是正式的教育體系。在正式的教育體系，我們學校課本裡傳統文化的內容也有一些。

大概在小學三年級、四年級就開始讀文言文的篇章，包括詩詞。其後越來越多。陳水扁執政期間，把高中的國文的比例，由原來的65％降到45％，引起軒然大波。很多從事文化工作的人都起來反抗，成立搶救國文聯盟。其實45％、65％的比例中，都不包括詩詞及《紅樓夢》、《水滸傳》一類白話章回小說的節選。因此看起來比例還蠻高的。但所選有很多是蔣公嘉言，就是蔣中正先生那些能夠代表中國文化的一些文章。後來則是蔣經國的《梅臺思親》等具有中國文化、孝道情懷的篇章。

除了這些之外，還有一個特別的課程，叫中國文化基本教材。那是什麼呢？就是四書。要正式考試的。

當然另外還有很多活動，比如國學研習會。是每年大學生、高中生以夏令營的方式來辦。這是文化復興運動大體的情況。

但就像我剛剛描述的，文化復興運動內在是一個奇特的組合。整個社會要現代化，可是又不能丟掉傳統。而傳統和現代其實並沒有融合，也沒有解決其中的爭議。以致這個爭議就一直在社會中不斷發酵，就是臺灣從五〇年代到七〇年代，延續很長的爭論，叫中西文化論戰。包括徐復觀、錢穆、殷海光，還有年輕的李敖等人都為此不斷爭辯。這其實不是他們幾個人的爭辯，而是臺灣在文化體制上到底是要現代化，還是要傳統這個文化身分上的爭執。

從大方向來說，沒有人反對民主和科學，但是要發展民主跟科學時，傳統文化到底該是什麼位置呢？這裡面是有很大爭議的。像殷海光就認為傳統文化很多跟現代化是違背的，包括像柏陽、李敖等人也是這種觀點。柏楊說中國文化是醬缸文化，延續五四以後的國民性批判，說中國文化都是吃人的禮教、二十五史裡面都是吃人。李敖《傳統下的獨白》也說中國文化都是梅毒、小腳、吃人等等。

這是一個思路，覺得中國傳統文化一定要丟掉，不丟掉即不可能現代化。另外一批是認為中國固然要現代化，但傳統文化還是很重要的，應該發揚，像徐復觀等當代新儒家就是。

在爭論中，我們也不能簡單的說哪一派是政府所支持的。事實上這兩者政府都支持，因為政府既要現代化，同時也在復興文化。可是這兩派都覺得政府還不夠支持自己，而且雙方還有更深一層的顧忌。正如現在很多反對國學的人，不是反對國學，而是擔心主政者用封建傳統專制的這一套來統治。所以有人替中國傳統做辯護，如錢穆先生對中國傳統比較溫情，可是連徐復觀和張君勱都反對他。張君勱出了好大一本書來批評錢穆，認為中國傳統政治就是專制的，錢穆不該替它擦脂抹粉，而應把它導向現代的民主政治去。

此外，你講傳統講多了，重視現代的人很不滿；你講現代講多了，注重傳統的也很不滿，臺灣就處在這樣的一種矛盾之中。

這個爭論以後並沒有解決，而是問題轉移了。因為國民黨的一黨專政逐漸瓦解，民主化基本上已經確定了，所以就不需要再呼籲。反而是原來國民黨的政權是既要現代化，又要講中國文化。可是後來竟變成中國文化和臺灣本土意識的矛盾。在臺獨的人看來，提倡傳統文化就是用中國文化來壓制臺灣本土文化。

如教育，我們都要讀四書五經，歷史課本裡也都是講中國歷史的，地理課本當然也主要是中國地理。結果一個學生，對長江黃河、唐代宋代瞭若指掌，但是對臺灣有幾個縣，東南西北卻搞不清楚。臺灣的淡水河、濁水溪我也不曉得，卻對長江、黃河甚為熟稔，這樣對不對呢？所以八〇年代中期以後，先前的問題就逐漸變成了這個問題。

另外我們還要注意：現代教育體制裡雖然加進了不少傳統文化內容，像語文課本裡幾乎占到70％。一個學生，從小學到高中，光是讀課本，就已經讀上一兩百篇最好的文章了，為了考試，這些文章更是讀得爛熟；可是畢業以後，隨便寫一個便條都不會。你想想看，有幾百篇美文佳句爛熟於胸，何至於一篇文章都寫不通呢？

這就與現代的教育特點有關了。學生讀得很熟，可是考完試以後就全忘了。在文化復興運動期間，臺灣的國學教育看起來很好，每個人都讀過四書，可是考完試以後基本就扔了，沒啥效果。一個受過教育的人，並不像是個有文化教養的人。這就是現代教育的特點，並不是只是國學如此，整個教育都是有問題的。

何況當時的文化復興運動，本身就有政治性。主持文化復興運動的大員，像陳立夫陳先生，他對於儒學到底認識如何，很是難說。有一陣子教育部用他的《四書道貫》為框架，到中學裡面去教。結果引起很大的反彈，後來才把這個教材廢了。

可見用政黨的力量、政治的方式來推動教育，是有問題的，必不長久，也不能真正紮根。這是我們當時文化復興運動的問題所在。李登輝先生之後，情況又有許多變化。而且李先生講中國文化，大家看了都哈哈笑，覺得不像，所以最後他也乾脆算了。把中國文化復興運動總會改成文化總會，不再復興中國文化了。

文化復興運動就此無疾而終，不了了之。文復會在各地方的影響力，還有孔孟學會等等，也都隨著國民黨勢力的衰退，而逐漸退出社會舞臺。可見靠政治力量來推動文化，也必隨政治力量的興衰而改變，是不能長久的，所謂「飄風不終朝，驟雨不終夕」。

正因為這樣，所以文化復興運動基本上是不成功的，而現代教育體系又有濃厚的反傳統色彩。整個大學體制，講中國文化的只集中在文史哲科系。其他的科系呢？比如說經濟系，講中國經濟史都很少很少，很多學校根本不開這個課。社會系、政治系本來就應該談中國社會思想史，或中國政治思想史；數學系則應該研究中國數學思想，任何科系裡面都應該這樣。但現在不是。整個大學跟中國文化沒什麼關係，有關係的只有兩三個科系。

這兩三個主要的科系中，哲學系基本上是西洋哲學，講中國哲學的學者多在中文系。臺灣中文系的結構包括辭章、義理、考證等等。所以中文系實質就是個傳統的國學系，什麼都有。講國學，大體只在中文系。中文系裡，臺大自認為延續了北大的傳統，亦即胡適以來整理國故之風；而像師大這些講中國傳統文化的，則主要是延續清朝的樸學考證方法。

正因為在現代教育體系裡，國學教育很微弱，力量不足，所以才會有很多人想在體制之外從事傳統文化的教育。臺灣遂就有另外一個民間的系統。

但民間國學教育的私塾很少。臺灣的義務教育非常普及，所有小孩都到學校去，很少人在小學之外做私塾。而大陸的兒童讀經，卻基本上是在體制之外發展起來的，在臺灣不然，臺灣的小學、幼稚園幾乎沒有一個不讀經，兒童讀經本來就在學校裡面。

國學教育在民間主要是高端的，比如說有一些人覺得在大學裡教書沒有什麼意思，就自己開講堂。在臺灣這種人很多，最典型的是毓鋆，臺灣文化界都稱他毓老，因為他確實很老，現在已經一〇五歲了，但他還在講，比我們還厲害。

王麗：是不是家塾的形式？

龔鵬程：對，他自己開了一個，每天開課。他是滿族人，曾跟溥儀到過偽滿洲國做官，後來來臺，在文化大學教書，再又出來自己辦講堂，已經講了幾十年《史記》《公羊傳》《論語》等。

王麗：對象是成人？

龔鵬程：有大學生、中學生、成人，而且很多人周而復始地聽。

王麗：收費嗎？

龔鵬程：收費，因為他要維持他的講堂，收一點費用。他講幾十年了，精神抖擻，我們講兩小時已經不行了。

王麗：還在嗎？

龔鵬程：還在，還講呢。

王麗：我下回去拜訪一下。

龔鵬程：他也不接受媒體採訪，不曝光，但是文化界的人都知道他，很多人都在那兒上過課。

王麗：你也去聽過課？

龔鵬程：我沒有，但我很多朋友曾聽過，這是很典型的例子。另外像錢穆錢先生，本來在香港辦書院，後來他不想待了，蔣先生就請他回來。名義上是文化大學教授，可他從來不待在大學。所有學生都到他的素書樓去聽講。所以還是等於一個私塾，愛講什麼就講什麼，跟大學沒太大關係，有一些黨政要員也在旁邊聽。這一類講學的還蠻多。

王麗：現在還多嗎？

龔鵬程：我解釋一下。雖然某些人可能也在大學教書，但在大學之外辦一些班，大家會覺得在那裡聽，搞不好是有點真學問。這種文化講堂，原來我辦《國文天地》時，就辦過一個，講《老子》、《易經》、《論語》等。後來新儒家團體，如牟宗三先生弟子們辦的《鵝湖雜誌》，也請牟先生在那邊開講。

女：最興旺的是哪個年代？

龔鵬程：最興旺的是八〇、九〇年代。九〇年代中期以後，就慢慢衰落了。因為整個中國文化在臺灣被污名化。尤其在兩岸開放以後，臺灣經歷了一個很奇特的身分轉換；原先大陸是封閉的，與世界不太交往，那時臺灣理所當然就代表中國了。大陸不講中國文化，臺灣當然更能代表中國文化。後來大陸面向世界，於是變成了它才代表中國，臺灣則只是臺灣，不再能自稱是中國了。所以臺灣有文化身分的錯亂。在這錯亂裡面，在臺灣講中國文化，就常被說成是在壓制臺灣本土文化。以致中國文化不再是一個被人所嚮往、所提倡、所發揚的事，所以就只能改變。早期我們在民間講中國文化，帶有一種使命感，認為學校裡面你沒有辦法真正把中國文化講透，所以才要在民間講，在民間辦講堂。

除了自己有擔當、有文化使命的學者出來講學之外，臺灣還有另外一個大陸沒有的體系，就是宗教。大陸的宗教不能出來傳教也不能發展宗教組織。我可以到廟裡去燒香、拜拜，但是不能出去宣教，或發展我的信徒組織。臺灣不是，宗教自由，所以宗教團體都很大。我們辦南華大學、佛光大學，花費動輒幾十億，全部都是信徒捐的。當時有上百萬人來捐助這兩個學校。而你要知道：募款容易，收錢卻難，一百萬人捐錢給你，你怎麼去收款？我們本身有一個龐大的系統，這個系統使得我們辦活動時，根本不用在報上登廣告，也不用到電視上宣傳，隨便就能動員幾十萬人。這是臺灣宗教體系的特點。

臺灣傳統宗教的力量很深厚，所以佛教道教都有自己的教育系統，例如佛教，不同的宗派、不同的寺廟，就有自己的佛學院。而且這些佛學院跟大陸的佛學院不一樣，大陸佛學院是針對出家人，以培養僧才；臺灣的佛學院則是面向所有人，你對佛學有興趣就來上課，它就是一種民間講學。而且寺廟也不只辦佛學院，還辦各種文化工作，比如編《大藏經》、整理文獻，辦出版社、書局、電台、電視台、讀書會、合唱團、老人長青學苑、社區大學等等。

佛學院畢業的學生，也不用安排他工作，因為他是有興趣來的。他畢業以後，有些出家進了寺廟，但大部分仍是一般社會上的人士，參與社會上的各種工作。每個佛學院都很興旺，各自有各的宗旨，自己養自己。一九八八年我自己也辦了一個，叫做國際佛學研究中心。除了開藏文、梵文、巴利文等班，還編了《世界佛學譯叢》，也辦了很多學術研討會，出版論文集。

在臺灣出書是最簡單不過的事了，出書跟在路邊賣燒餅差不多。又不用登記，愛出就出，也沒人管。臺灣最嚴格的時候，禁書也只能是事後禁。

女：出版了以後？

龔鵬程：對，你有本事事後來查禁，但是事前你不能不讓我印，我要把它印出。就是在這樣的環境裡，教團發展出一套自己的教育體系，所以它有自己的講師，自己的一套學術論證的方式，要講什麼就講什麼。

一九八九年我還創辦過中華道教學院。那是全世界第一所把道教知識公開教育的機構。道教跟佛教不同，法師講經、道士畫符，念咒捉鬼的法術向來都是密傳的，由父子相傳或師徒相傳。正因為如此，故道教越傳越少，佛教越傳越廣。越傳越少就衰微了，所以要改造，把密傳變成普傳的系統。我辦了以後，香港青松觀跑來取經，大陸也來看。所以大陸現在也有道教教育體系了，像中國道教協會底下就有道教學院。但仍只是配合宮廟做道士的培訓，跟我們不一樣，我們是向社會開放的，大學生對道教感興趣，也可以來讀。現在辦了二十年。

王麗：道教學院是幾年制？

龔鵬程：三年。我建立了一套學制，然後聘老師，教內丹的、教畫符的、教壇法的，分門別類。

還有很多其他的民間宗教。從一九四九年大陸禁止反動會道門以後，大陸的朋友對民間宗教可能就不太熟悉了。傳統中國社會，除了儒道佛之外，還有很多宗教團體或類別，如孔教會、萬國道德會、紅萬字會、同善社、金幢教、羅教、龍華會、黃天道等等，還有民間一些勸善、講道德的，有點宗教意味的善堂。

女：是地方性的？

龔鵬程：有地方的，也有全國性。共產黨要建立自己的組織，把黨支部一直建到村裡面去，所以把他們消滅了。可是臺灣現在都有。這裡面最惡名昭著的就是一貫道。國民政府在大陸期間，就曾禁它，說它是邪教；民間則俗稱它是鴨蛋教，說他們專門吃鴨蛋，教徒都幹壞事，密集聚會，男女混雜。跟現在罵法輪功一樣。

解嚴以後，才發現一貫道也不怎麼邪，人家挺正常的，現在還有幾百萬的信徒呢，在東南亞也很盛行。而一貫道在龐大的壓力下，怎麼能發展到幾百萬人呢？就是因為它在大學裡成立了國學研習社，講國學。講國學你不能說不對，不是文化復興運動嗎？為什麼叫一貫道？一貫道就是夫子之道一以貫之，是講《論語》的。

王麗：真是這樣來的嗎？

龔鵬程：是的，過去把它妖魔化，等到解嚴以後，才知道人家很正常。現在它有時會自稱中華聖道，認為它才是繼承堯舜禹周王文武孔子儒家的這一套。它也講三教合一，三教貫通。海外華人世界裡這類宗教很多，如真空教、三一教、龍華會、瑤池金母、慈惠堂、儒宗神教等多得不得了。

王麗：他們有沒有那種觀、廟等的建築？

龔鵬程：當然！有廟宇、有道壇、有講經的地方。有一年，有一個民間宗教團體，叫天帝教。是從道家發展出來的，它的前身叫天德教，其傳教靠氣功，號稱空手可治百病，以此吸收了很多教徒。它的道理很簡單，主要是二十字真言。這二十個字，很像佛教密宗中的大明咒，說你碰到妖魔鬼怪，就念這真言，最後一切妖魔必退，比念南無阿彌陀佛、觀世音菩薩等都有效。

這二十個字具有這麼偉大的，神秘力量，到底是個什麼字呢？其實非常簡單，就是「忠恕廉明德，孝義信忍功、博愛仁慈覺、節儉真禮和」，這一聽就知道都是儒家的東西。它後來在臺灣又發展出一個天帝教，在臺灣有幾十萬信徒。有一天，有個信徒是電子企業的老闆，賺了錢以後，要捐給教會。教會拿這筆錢也不知道幹什麼好，請我吃飯商量。我就建議說我們來講學好了，於是辦了一個講堂，取名華山講堂。因為他們教主說是在華山得道的，故以此為名，然後開了《老子》、《易經》、《孟子》等班。王財貴先生去了以後，認為大人都已經朽木不可雕了，還不如跟小孩講，所以就發展了兒童讀經。兒童讀經的背景就是這麼個淵源。

臺灣的另一個宗教，你聽起來更怪的，是靈乩協會，由乩童組成的。古人迎神的時候，神下降附身於人，那個人就是乩童。神要指示我們什麼事兒，皆由這個人來說話。另一種就是扶乩。用一個沙盤，然後拿一根有分杈的棍子，一人抓一邊，棍子底下插了一根筆，筆擱在沙盤上。接著念咒請神，神下降了以後，棍子就動起來了，筆在沙上寫字，旁邊人抄完了，把沙抹平，又寫，又抄。最後出來一首詩或一篇文章。這就叫做扶乩。

他們這些會起乩，神附身或能請神下降的，都是有點感應的人，他們也有一個團體。後來我也幫他們成立一個尋根文化研究中心，也辦班，講傳統文化課。如果你覺得這還不稀奇，我再講個故事。我在讀大學時，學校有個社團，我在這個社團裡聽了《老子》、《黃帝內經》、《莊子》和《易經》的課。這是誰辦的？是一個叫軒轅教的教團。我白天聽老師在課堂上講，晚上就去聽他講這一大套。所以臺灣的國學，有一個很奇怪的體系，這個體系是大陸沒有的，它最有活力。第一它有錢，信徒捐了很多錢。其次它又不是正式體制，所以它想怎麼做就怎麼做，它想開什麼課就開什麼課，政府也根本管不著。

因為宗教本來就是要宣講，而他們講傳統文化，也是政府所支持的。講傳統文化，而不要怪力亂神，亂七八糟的去騙人，豈不甚好？像慈惠堂，是拜瑤池金母的，道場從南到北有上千個，而各道場都講這些課。所以臺灣的國學，未必是什麼大儒來講，這些大儒、學者主要是象徵，他來講是一種文化上的號召，而真正深入民間的卻是這個系統。

這個系統你不要小看它，比如佛光山曾經推動過世界佛學會考，就是佛學知識普及。怎麼普及呢？全省小朋友有一個基本教材，讀了後就去會考，後來還辦成世界佛學會考，跟大陸的高考一樣。在各社區、各地方都組織起來，借了好多小學來推動這個會考。考完後，發一張參加過這個會考的證書。

類似於這樣的有很多，我還幫忙辦過一個大學。就是所有的江湖術士，總括起來，只有五個體系，第一叫山，指看風水巒頭、來龍去脈、藏風聚水的。第二叫醫，就是民間的中草藥、針灸、按摩、點穴、收驚等民俗療法。第三叫命，就是紫薇斗數、四柱推命子平術等算命的。第四是相，指手相、面相、骨相，摸骨等。最後是卜，各種占卜，如鳥占、龜卜、易卦、金錢神課、梅花易數、鐵板神術等。所有江湖術士無非這幾套，而我即協助他們辦了一個星命大學。因為你不能只是說這些人都是騙人的而禁止他們，這是他們的衣食所寄，社會上的人又有趨吉避凶的渴求，禁也禁不絕，所以還不如把他們找來，好好教他。我這裡面也有學士、碩士、博士。博士畢業也是有一襲袍子，給他一個證書。

找正規的老師來教，學完了還有證書。有證書，消費者就知道你這個人是培訓過的，還有點道理。不會像現在大陸，隨便哪一個人都會跑來跟我講，說我今天碰到某某大師跟我講了一套什麼什麼，而那些基本上都是胡說八道，黃帝啦，伏羲啦的亂扯。

諸如此類還很多，時間有限，我再講最後一個形態。就是把民間這種力量再導回來，予以改造。

剛剛講的形態，其實是各行其是。就像我白天在大學裡上課，晚上去參加社團，各行其是。但怎麼樣把這些講中國文化的力量導引回來，進入體制，而且對體制有所改造呢？這就是我曾經做過的一些嘗試，就是我在臺灣辦的大學。

現在大陸上大家到佛寺裡面去燒香，上高香，一柱香多少多少錢，或是燒紙錢，事實上就是把錢燒掉了，還造成污染。臺灣的廟是不燒香的，也不燒紙，這些錢都捐到廟裡來。寺廟把這些錢，除了做善事，修橋、補路、救濟之外，還常出來辦學。所以幼兒園、小學、中學、大學、技術學校都有，光是佛教辦的正規大學就有五所。

我們辦大學，基本上就是這個思路。因為把錢燒掉當然是愚蠢的，社會慢慢發展以後，救濟也沒有太多可以救濟了，而且很多人在做。我們應該讓它更往上走，對社會更有幫助，那就是把這個力量導引出來辦學。

其次，我辦的學校也不一樣。佛教辦的五所大學，有兩所是我操辦的。我的嘗試，就是把傳統書院精神、制度或者想法，融入到現代的大學體制裡面去。因為佛學院或道教學院，政府還是不承認的。我要辦一個政府承認的大學，但它又跟其他的大學不一樣，有濃厚的中國傳統文化的特徵，包括它學制的設立、老師的聘請，還有整個學校的符號系統，它都有濃厚的的特徵，是傳統書院精神的再現，或者是融合現代，發揚了中國傳統書院精神。

這樣的學校，不只是復古的，它也開創了很多新的學科，是原先臺灣幾百所大學都還沒有的。例如人文管理，像生命學、生死學、未來學、出版學、美學、藝術管理、環境管理等等。

而它的課程也與眾不同，其中最重要的，就是把經典教育貫徹在通識課程裡。學生進來，前面兩年全部都是通識教育，通識教育的核心就是讀經典。東西方經典各選二十種，然後在這兩年四個學期中各讀完八本。老師則是帶著他們讀，不是我們開課講《孟子》《文心雕龍》那樣講一大通，而是帶著你讀。考試的方式也是千奇百怪的。比如說讀《金剛經》，考試可能就是讓你寫一個偈語。也有很多是跟老師對談的。因此它不是那種僵化的考試制度，是老師對這書有興趣、有研究，而且有感情，帶著學生讀它、品味它，上課的方式也不僅僅限於課堂。我們的教室、建築，還有整個學校的環境設計，包括課桌椅都跟一般大學不一樣。

我辦的南華大學與佛光大學，在臺灣的教育評估中，十多年來都是新設學院中最好的。可見它既符合現代大學的體制，也比一般大學辦得更好，因為更能體現中國文化精神。這是把民間的力量引進高等教育裡面的一種嘗試。

綜合以上所說，可知臺灣的國學，從清朝，日據時代，到光復以後，在現代教育體系裡面其實是越來越淡，就現在的教育制度裡面國學的味道其實是越來淡了。中文系甚至已經有一半以上分化，或改名為臺灣文學系了。剩下一半則奄奄一息，因為沒有奮鬥目標，不知為何而戰，只是做一個學究似的工作。學究這類工作，其實是尸居餘氣的。倒是民間對傳統文化還是有高度熱情，也有它的體系來做。所以臺灣也跟大陸一樣，還是寄希望於民間。未來希望能對民間的力量再做一些整合，對現代教的體制能夠再有一點衝擊，我想簡單講這些，謝謝大家。

王麗：剛才龔先生給我們介紹了臺灣關於國學教育以及整個中國文化傳承的這麼豐富的

內容，為我們做了一個梳理。聽了以後，我的理解是臺灣的國學教育現在分成兩層。一層是在學校體制裡，越來越淡化；另一個是在民間，它像河流一樣，依然是源遠流長，根深蒂固。那麼對照我們今天大陸的讀經熱，我個人有種感覺，跟臺灣有相似的地方，又有不一樣的地方。比如說一九九六年前的臺灣就是由蔣介石，或者說由國民黨來主導推行的中國文化復興，它是由上往下，但是我們今天讀經熱，好像還是由下而上。

龔鵬程：它由上而下，其實跟文革差不多。是用國家意志和國家機器來推動一種國家意識形態。只是它內容不一樣而已，方法雙方差不多，都是以搞運動的方式在做，名稱雖叫文化復興運動或文化大革命，實質都是政治運動。而正因為它是政治運動，所以不久長，做不下去。現在在大陸，你要注意，我們在民間推動國學教育的朋友，其實都有一個憾恨，憾恨政府都不支持，以致推動國學總像在對抗這個國家機器，推動得很辛苦。因此這些朋友都具有些文化的悲壯感，認為政府如果能夠像過去臺灣那樣推動文化復興運動不是很好嗎？

女：有一個積極的態度。

龔鵬程：搞錯了，政府來做運動怎麼可以呢？做文化大革命當然不行，復興文化運動就行嗎？現在的危機在哪？危機即在於大陸政府正準備發動文化復興運動。

但是國家來推動是不可能成功的。為什麼呢？回想過去用多大的力量來推動馬克思主義？請問結果是中國有多少真正的馬克思學者？在全世界的馬克思研究裡，我們的地位如何？有什麼真正的學派嗎？有國際上舉足輕重的學者嗎？現在在歐美，馬克思仍然是個非常重要的學術流派，很有活力，整個後現代的思潮基本上都跟馬克思有關係。可是中國呢？過去用這麼大力氣來做，最後的結果當然就是這樣。因為常常是最爛的學者才去做馬列研究，就跟臺灣當年沒學問、開不了課的學者只能跑去教三民主義一樣，很少在政治學上能夠立得住腳的三民主義學者。

所以我們的危險不在於環境的惡劣，而是當它變成國家意識形態的時候，你才要提防，真正的危機才來了。現在推展兒童讀經的人，都抱怨說正規學校裡面都不做，所以我們只能在外面做。但請問兒童讀經若忽然要開展到所有學校去，你師資在哪？就像我們現在社會上一窩蜂的讀國學，什麼國學總裁班，這個班那個班，好不熱鬧。但教國學這些人，有的根本早期就是對國學大力批判、罵孔子的。還有一些人，根本就沒有受過什麼樣的國學系統教育，一知半解，或者就只摸了一兩本書，拿西方哲學管理學套來套去，然後再去騙那些更不懂的人，這就是我們現在的亂象。為什麼如此？因為民間有大量需求，而學術界根本沒能力提供。

王麗：我可以這樣說，就是在大陸五〇年代以後出生的人，基本上都沒有接受系統的中國傳統文化經典訓練。我就是一個例子。

張宇新：我是《人民日報》的記者張宇新，是聽過王財貴教授在北師大的演講以後，我覺得講得很有道理，但同時我又很矛盾。我原來是學中文的，對國學，我是一九八八年上大學的，也是經歷過一些事情。現在教兒子讀經的時候，有時候也很矛盾，就是我們的國學跟現代化，跟我們宣導的民主科學，公平正義，它是一種好的作用呢？還是一種壞的作用，我現在搞不清楚。剛才您說的這個危機我所贊同的，就是一個國家來把它作為一種運動去搞的話，我想它是有危機的。但是我覺得根本的危機不在這兒，根本的危機就是在於我們國學的精髓，它對我們人的發展也好，對整個國家的現代化也好，是有益的還是無益的？當然可能很難簡單的來歸納，我想聽聽您的意見。

龔鵬程：我瞭解您的問題，我們糾纏在這個問題上已經很久了，一百年了。但它是個假問題，庸人自擾。怎麼說呢？一、現在人根本搞不清楚國學的內容是什麼。二、我們一直在談國學是不是違背了現代化，又該怎麼樣跟現代化結合。可是你有沒有想過現代化是對的嗎？

王麗：或者現代化是個什麼東西？

張宇新：龔先生，現代化可能不對，現在的社會制度肯定不對，肯定有問題。

龔鵬程：現在的制度有問題，所以我們要做的就不是讓國學與現代社會結合。首先，我們現在對於傳統並不瞭解，到底傳統講了些什麼，我們要先去理解。其次，我們反省、批判的對象，主要是現代社會。因為我們就活在現代社會，要解決的是現代社會的問題。回頭去罵傳統有什麼意義？該談的，應當是我們現在社會要如何改造。過去很多人，其實想要批判現代社會，但又不能批，所以才繞著彎去罵傳統，說現代之所以這麼差，是因為傳統有問題等等。

可是你注意看看西方現代思想家，誰會回去批他們的傳統如何壞，如何要跟現代結合？

他們總是在討論我們現代出了什麼問題，該如何改造。而改造它，有很多傳統的資源可來幫助我們，因此又從傳統資源中發展出了一些新的視點、新的方法。這才是一個健康思路。

張宇新：我跟您有點不同的看法，我們中國的社會跟歐美社會是不一樣的，我覺得差別非常大。因為我們沒有經過所謂的現代文明也好，人的尊嚴，我覺得我們國家是沒有的。或者至少這個階段非常短，或者這種東西非常不發達。而且我們的現在這種社會你也清楚，我想各位也清楚。

龔鵬程：為什麼我不建議你從這個方面去想，因為你要麼就討論現在社會它有哪些問題，不要關聯到傳統，因為你對傳統是不認識的。你所以為的那個傳統是整個社會教育告訴你的。

男：不是，魯迅那個時候，他也沒有受共產黨教育。

龔鵬程：他那個時候的思潮導引他走到這個路子。可是這個思潮已經經過一百年，它有歷史意義，但現在我們再來講這些有什麼意義呢？何況魯迅那一代人對於傳統的認知本來就大有問題，他們是基於一個特殊心理跟特殊的處境來發言的。很多東西也根本不懂，比如說魯迅講中國的根柢都在道教，國民性有問題皆因道教教人迷信之故。可是他懂道教嗎？他一本道經都沒讀過，能談什麼呢？這樣不懂就亂批判，造成了惡劣的影響。

男：魯迅只是一個代表，那為什麼出現那種思潮？中華文明輝煌了那麼多年，到了清朝的時候是那麼一個沒落的結局是吧。

龔鵬程：你所有的問題我都不贊成。中國延續這麼久，從來都是世界最好的，最強的，最後這一段時間才有問題。

男：為什麼？

龔鵬程：為什麼？我們為什麼不問為何前面都是最好的？為什麼幾千年領先，只這兩百年有問題，就要整個否定中國文化？再說，現在有問題，是我們自己亂搞。晚清有晚清的具體社會問題、現在有現在的具體問題，難道現在的腐敗和極權是孔子教的嗎？所以我們要針對問題來思考。而且我可以告訴你：人在沒辦法的時候，就都怨天、恨地、罵爹娘；等到發達了，就又修族譜、又蓋祠堂、又歌頌祖先。其實原先沒辦法是你自己不行，但人往往牽怒爹媽，認為都是爹媽的錯，所以把我生得醜、生得笨、又沒錢、又沒地。等到現在，中國號稱崛起了，才又修族譜、又蓋宗廟，整天自誇中國文化了不得。近百年的思想史，不是這樣嗎？這實際上是人最可笑的一個狀態。在這種可笑的狀態下，我們去想了很多好像很有道理的大問題，而其內涵無非只是怨天恨地罵爹娘而已。實則，如果是因為你爹娘把你生壞了，所以那時候不行，為什麼現在又搞好了？因此這其實是我們自己的問題，把路子走錯了，現在換一個路子可能就變好了，而不需從前面找爹娘的罪過。

男2：我問一個細節問題。我在香港，碰到一個孔教學會。他說是聯合國正式宗教，在香港議會也跟道教基督教有同樣合法席位，你認為它是一個宗教嗎？

龔鵬程：是的。在香港、東南亞、臺灣還有很多地方都有孔教。當初康有為到南洋去募款，設了很多孔教會。辦學、出版雜誌、刊物。印尼排華的時候，不准講中文，也沒有華文教育。中國人怎麼辦呢？就說我們是信孔教的，有風俗、有禮儀、有節日等等，在政府准許宗教自由的情況下，還可以過一個中國文化式的生活。在香港，孔教會則辦了很多的中學、小學，做了很多社會慈善工作。香港52％中小學都是宗教團體辦的。佛教、道教之外，孔教也辦。因為是正式宗教團體，在聯合國有活動，所以聯合國承認它。

蕭雪：我想問一個關於民間國學的事情。我先自我介紹，我就是剛才王老師說的，現在辦私塾的校長，我還是有這個需要瞭解一下。我以前是一個少兒讀經機構的義工，做了一年多。現在我跟幾個朋友出來做私塾教育。我們對私塾教育，沒有您瞭解的那麼廣泛，滿足大人小孩。我們主要是傾向兒童十三歲之前的教育，我就是覺得現在很多兒童讀經教育，可能是受到王財貴教授的影響，他恨不得八九個小時，每天都在讓孩子讀傳統文化。我們說一些自己個人的看法。我覺得這樣的話，可能對於孩子的成長、發育，或者說他將來跟社會的普通教育的一個銜接，可能會存在問題。尤其像剛才趙先生也提了，中國的體制還是很厲害的，不是你輕易能夠，就說你不跟它銜接，你能夠搞定的。我想因為剛才您也提到了，您大學能夠跟普通的那種大學，它是能夠得到認可、學制各方面能實現的，然後是還能夠把傳統文化貫穿進去。其實我覺得像我們這樣一批人，最多的困惑就在於怎麼樣把傳統文化教育跟現在的教育體制、及將來的社會等等全方位的跟現代生活銜接起來，讓他們更好的適應以後的社會，怎麼樣才能既有良好傳統文化精神，同時還有應對社會的能力。

龔鵬程：兒童讀經，不僅僅限於王先生這個思路。王先生推廣讀經很有成果，但我知道很多人有不同的意見。不同意見來源於大家對經典、對傳統文化有不同的認識。多元化，我覺得是好事，也不要覺得就是跟它作對。應該鼓勵多元化，大家可以根據自己的體會、自己覺得怎麼樣做才能更有效的推動。第二，兒童讀經並不能涵括傳統文化教育，甚至在學校裡面推展傳統文化教育也是很有局限的。為什麼呢？它基本上只在於語文教育這一塊，不論讀經典或讀詩詞，基本都在語文教育這一塊，再加上一部分公民道德課。覺得小孩讀了經就比較乖、比較有道德、比較有教養、好管理。這是很狹窄、很局限的。我們對傳統文化的認識，不能光是靠經典背誦，它還有一些東西是可以融入到現在課程裡的。

比如說我們的數學課為什麼都是這樣教呢？所有小孩讀數學都沒興趣，而且讀了以後全忘了，完全浪費時間。那麼我們的數學課本，乃至物理、化學課本不該改造嗎？不可以讓它跟傳統文化教育結合嗎？中國的數學史上的故事，或者化學課中道家煉丹的故事，若把它貫穿在裡面，完全可以跟我們的現代課程銜接。這樣，全面的在每一科目上都跟中國文化是有關的，而不是單獨的只在語言文字上來背誦。

第三，除了讓孩子記憶之外，還要培養孩子的理解能力。可是我們現在中小學教育是沒有理解活動的。在臺灣，曾經推動過兒童哲學，讓小孩子懂得去想，比只讓他背誦要好些。也不能說背沒效，因為小孩子記憶本來就很好，要掌握這一段時間。但是小孩子的思辨能力從小是可以培養的，這個部分卻沒有引進到我們的兒童教育裡去。我記得我小時候讀《孟子》

就覺得挺好玩的，不是只有背誦。因為孟子在辯論時，都有一個思辨的過程。我們便可以依這個過程，帶著學生去設計、去討論，可以辯論經典，也可以通過小型的辯論會，或者細緻討論問題的方式，帶著他們去想問題。

假如這個小孩既有語文的涵養，又有思辨能力，未來他的發展就應該會更好。我覺得這可能是值得嘗試的方向。

李慧珍：我是《人民教育》雜誌社的。我剛才聽到龔教授講到臺灣的國學教育，雖然中間有一些起伏，但還是延續下來了，各種形式都留下來了。那麼我想瞭解，就是說您覺得在臺灣這種國學教育對社會有沒有一些作用，有沒有效果。剛才龔老師說，以運動的方式可能它的效果是有限的。可是在我們的印象裡，由於對臺灣不是特別瞭解，總感覺臺灣的國學教育還不錯，你看從臺灣出來的這些文化名人都很有涵養，底蘊也很深厚。而大陸現在則很少能再出現這樣的人物。所以感覺臺灣的國學教育比大陸好。

龔鵬程：我剛剛已經介紹了，臺灣的國學傳承，在正式體制裡是失敗的，效果並不理想。中學生固然都讀過《論語》，可是跟他身心性命多半沒關係，只是應付考試。他們的讀法，跟大陸高中教學是一樣的，雞零狗碎地去背字詞解釋、語法分析等等。這有用嗎？考完試全忘了。這樣讀經典成果很有限。如果臺灣的人讓你覺得有點文化，那應該說是一種來自社會的涵養。在社會上，儒家的倫理畢竟還是個正面的東西，並沒有把儒家的倫理妖魔化。

大陸呢？它曾經提倡過一些人格形態，卻是跟傳統文化不相容的，甚至把傳統文化鄙視的部分、不好的東西拿來發揚。比如現在我們的語言，已經沒有敬語了，沒有尊卑長幼，而且語言甚為粗魯。包括很多提倡讀經的校長，我聽他講話，一開口就說：我們要把這活動搞上去、要抓學習、要打虛假等等。提倡讀經運動的校長，講起話來竟這麼粗鄙。為什麼？因為我們早已習慣了粗鄙的語言。而且他說話的態度就是沒教養的態度。在傳統文化中，當然會覺得這是不行的，一個人溫文爾雅是應該的，尊重別人也是應該的。我們過去有一段時間，張揚自我、打倒高雅、學得許多土氣、兵氣、匪氣、草莽氣，所以如此。

在臺灣，儒家的影響越來越淡，人情味或傳統倫理觀越來越薄，在大學裡也不教，師生關係越來越知識化。而且社會越來越現代化以後，人與人之間愈發疏離，冷漠變成了普遍現象。所以儒家倫理也在逐漸消退，但是畢竟沒有經歷過一個把它妖魔化的過程，故它可能還潛藏在人的一些基本素質裡。在正式教育中其實看不出來如何受儒家思想影響的效果。

女3：像你提到高中的課本裡面文言文的比例達到65％，還不包括詩詞，我覺得這個比例是相當高的，跟我們這邊的比起來的話。

龔鵬程：但是也不能保證臺灣的人的語文能力就特別好，因為教法有問題。教法只是記憶結合考試。背誦、考試、背誦、考試，周而復始。

女3：這可能是兩岸相似的。

龔鵬程：周而復始的背誦與考試，考完了以後都忘光了。因為這是敲門磚，敲過門以後，還記得幹嘛呢？更糟糕的是用分數。用分數是最簡單的辦法，但最容易造成錯亂的人格。以致於所謂好學生，就是把別人都打倒的學生。我們現在所謂社會成功人士也是這個意思。所以每次我帶學生出去比賽的時候，都會感覺優秀學生組成一隊，特別難處。因為外國常是要合作共同解題，而我們則是越是優秀的學生越沒有跟人共同解題的習慣、不能跟別人合作的，這個是我們現代教育的問題。我們要改善這樣的問題，否則再讓他讀經也是沒用的。臺灣的小孩讀經也讀了很多，文化程度是不是更好，我還是存疑。

女3：倫理道德是不是更好？

龔鵬程：有一陣子，臺灣的政治人物、社會名人都口無遮攔，亂罵人，一塌糊塗。所以有些大學校長就發起一個口德運動，提倡口德。但道德問題僅僅靠運動，或編教科書來教，是沒用的。道德一定要結合在生活中，才能懂得跟人相處。

女：靠教化。

龔鵬程：靠教化，而不是說要讀要背。像八榮八恥的條目背了很多，有什麼用？

女3：你們有一些宗教團體在辦大學，這種傳播，對社會教化有沒有作用？

龔鵬程：它是兩種，一種是辦佛教的佛學院，它是傳教的，講佛學。但是佛教辦大學，並不是佛教大學。宗教是社會的一個團體，它從社會中得來很多善款，這些善款就要用到社會有益的方向上去，而這個有益卻又不只是利己。所以宗教出來辦大學的目的不是為自己弘法，它是要替社會提供一個理想，來改造現有的大學體制，所以它是貢獻給社會的一所大學。

女：佛學院比我們這邊要繁榮吧？

龔鵬程：對，因為佛學院道學院可以自己辦，而且社會各方面的人都可以來讀。還有些宗教團體把自己改造成為學術團體或教育團體。例如有個香光寺，它全部都是尼姑。但至少都是大學畢業，60％以上是碩士、博士，程度很高。它的佛學圖書館，資料非常齊備，電子資料庫也做的很好。定期還有各種佛學班。所以它既是一個寺廟，又是個學術研究機構，尼姑其實都是學者，同時又找很多學者去幫她們開課，繼續進修、研究。

女：我感覺臺灣的那種民間辦學是非常活躍的，而且他們的色彩也很豐富。有些是很難拿大陸這邊的一些情況去比較的。

龔鵬程：對，因為體制不一樣。大陸對宗教現在還是很敏感的。我不知道你體會到沒有，我們寫書，只要談宗教，出版社都另外要送宗教局審，或者找專家重新審查。像研究伊斯蘭教的文章幾乎都沒辦法發。不過體制不一樣，就應該有不一樣的做法，現在大陸社會也不是什麼都不能做，我們還可以想到許多辦法的。

蕭雪：我想探討一下。您剛才提到，可能政府重視國學以後，各個學校，中小學，大學可能都會把國學課給加進去了，類似於臺灣。可是小學本身已經有讀經課了，私塾還興盛不興盛？

龔鵬程：小學私塾不興盛。

蕭雪：是不是受到這種影響呢？

龔鵬程：是，因為不需要另外設。小學這些課都有，孩子本來就都讀了，沒有必要另外再讀一遍。中學也讀了，也不需要另外再讀。到大學以後要讀，則是基於文化心理內在的需要，開這種班也才有價值。我剛剛忘了談，臺灣的成人教育做得比較落實。其中有很多也是宗教團體辦，因為臺灣有各種社區大學，開各種各樣的課。很多教師，若在大學裡面想開什麼課沒法開，就可到社區大學去開。社區大學是什麼呢？他們利用原來的學校，比如說高中或大學，晚上教室常是空的，正好用來上課。有的則是借用寺廟來辦。這種課，收費低廉，有些根本不收費。民眾愛學什麼，就開什麼課，千奇百怪，非常方便，什麼人都可以去。所以其實也等於是一種民間講學，同時又是政府鼓勵的。現在大家在講要建立學習型社會、推廣終身學習，但是現在大陸要發展到一般老百姓都可以自由的去上很多課程的程度，還是不容易。最多只有國家圖書館，或者什麼單位定期辦一些講座等等。但是仍不是這種選課的方式。

蕭雪：現在的私塾，其實讀經也只是課程的一部分，但學生每週都住校，就有這樣的一個環境。孩子們整個的生活規律和相處的一些方式，比較能按照孔子因材施教的理念去落實。在普通學校只是一刀切，這個年級要讀什麼。國學只是其中五堂課或十堂課而已，它不會落實，跟生活的融合也不是很好。所以就形成像您說的，比如說臺灣那種中文課60％、70％都是讀經典。可是並不一定能做到身體力行，或者寫文章的水準就能提高。在這種情況下，私塾有必要性嗎？

龔鵬程：國學經典在臺灣中小學已經學了不少，所以私塾的空間很小，家長也不會覺得小孩要學些什麼新的東西，所以沒有開拓的空間，做的人也不是很多。我剛才講的基本都是大人，成人。

蕭雪：從這個必要性上，您個人的看法，主要是大陸？

龔鵬程：大陸當然還是必要的。

蕭雪：但是現在國家已經開始重視了。據我所知，廣州，還有好多省市已經開始在小學的課本裡專門出教材，教這一部分了。未來是不是中國也會像臺灣那樣私塾空間會很小？

王麗：關於這個，我可以告訴妳一個最新的消息，教育部發佈了一個關於要在全國十四個省市進行中華經典誦讀的試點學校的通知。參與的學校可能就數以千計。從地域分佈上來說，是山東最多，還有江蘇、遼寧，這三個省，幾乎全省的小學都是經典誦讀的試點學校，而且教育部還要對這些學校的誦讀情況進行跟蹤指導，包括教材建設、教師培訓等，它有一系列的措施來跟進的。所以我覺得這個動態是非常重要，而且也有點出乎我的意料之外。

龔鵬程：現在這個旗號已經打出來，馬上就要這樣做了。所以現在私塾其實就面臨新的問題。進入新的時代，一種辦法就是繼續發展一種體制外的教育，而且一定要聯合起來。現在大家都單打獨鬥，而且辦兒童讀經的朋友過去幾十年的經驗，都是各搞一攤。但是現在情況不同了，一定要互相聯合、互相呼應，這樣我們才能形成一個民間教學的體系。

第二種方式就是進入體制，打著紅旗反紅旗，上面有資源我也可以利用，有課程要做，但是我教法不一樣，或者我增加一些什麼、做一些什麼，都不一樣。進入體制後把我們原來有的一些精神融進去，創造出一些新的模式出來。這也可以嘗試看看。

蕭雪：也可以辦一個民辦的小學，然後得到國家認可。

龔鵬程：對，但具體教學不一樣。

周先生：我首先感謝龔老師。跟我想像不太一樣，我過去聽國學的老師都是一種很燥熱的聲音，在龔鵬程先生這兒聽了是很溫良的，確實是個講國學的人。我有很多朋友從事國學教育，都強調國學工具論，國學可以救世、可以挽救道德、對這個社會的淪喪有作用。這個我覺得非常可笑，美國人沒學國學，好像也差不到哪裡去。再者，不同文化，你看臺灣很明顯，因為不同的宗教、不同的團體各種各樣，大家都活的很舒服，你信你的教、他信他的，互不干涉，這就像篕街一樣，大家吃飯館子，精神食糧，你願意吃這個吃那個，隨便，反正別吃出問題來就行。政府應該最起碼不管你開什麼飯館。而是保證你合法經營，第二保證你不能在這裡摻加毒素、保證你的衛生標準，這才是政府該幹的事情。現在政府幹什麼呢？全國推行川菜，川菜進入各大飯館。就像現在，很多國學推廣者都說國學很崇高。這就非常可笑，孔子崇高，難道外國不讀孔子的人就沒有文明？我覺得健康的社會是允許各種文化生態存在的，有些人信國學、愛孔子，隨便都可以。就像一個森林，森林它一定是多元的，有鮮花、樹木在生長，同時在它的根部有很多腐植質，很多寄生蟲，很多糞便，很多蛆蟲。

文明是什麼？文明是保證不在它們之間建立任何崇高性。說我吃花的就是高尚的，吃大糞的就不能活了。如果一個森林裡的蛆都不能生存，那怎麼還是森林的生態呢？如果森林只長一種花，那能叫森林嗎？所以我認為「任何的優越感和崇高感都是可恥的」，文明應該更多的從它不同的文化形態的縫隙去尋找，如何保證各種文化形態得以良好的存在。現在居然國家來干涉這種事情，給我的感覺就像國家來賣川菜，或政府來鼓勵川菜，這是非常可笑的。

王麗：今天非常感謝龔先生，通過龔先生的介紹和闡述，對臺灣國學教育的基本面貌和歷史脈絡，都有一個比較清晰的瞭解。

兩先生【註1】

一、關於兩先生的研討會

王邦雄曾昭旭兩先生要七十歲了。淡江大學擬舉辦祝壽論文研討會，通知我參加，令我悚然：真是歲月堪驚吶！

曾老師王老師感覺上是不會老的。總是三四十年前那般，風格穩定、風采如昔。不料原來化雨春風如斯年歲矣！歲月可念，而兩先生之功業未圓，難道竟要退休了嗎？

帶著這些感傷與疑惑，陸續接到會議的相關資料，曉得研討會已經調整為論新儒家與新道家；替兩先生祝壽之旨，僅成副題。這當是向政府申請經費所致，其實毫無道理。

既謂新儒家，即是以儒家思想為核心去處理、看待諸般學說和物事的人。儒與道、法、名、墨等等，不能平舖並列地看待。如平列地看，則王老師還精研法家之學呢，何能以儒道為限？曾老師談藝論文，亦一大家，又豈能只談其哲學【註2】？可見現代社會以錢為邏輯，枉道屈儒，令人慨嘆。

再說，新道家是什麼意思？近年新儒家師友亦頗有頭腦不清者，偶爾以此張目。此等語，聊為談資，取便自謔，誠無不可。因為新儒家這些年確實漸有點暮氣昏惰了，不如昔年青春警動，奮然能擔荷天下之重、具開物成務之想。應世既已無功，或可以道家超然物外自飾自解乃至自嘲。若以此開宗，另樹新幟，則於儒門事業，不啻自叛，實為智者所勿取。

且近年學界已不乏另有標名為新道家者：或如陳鼓應先生等，本即對反於新儒家，謂中國文化當以道家為主流；或如大陸葛榮晉等道教研究者，欲效新儒家，發揚固有義理以對治現代社會。國際上，又以李約瑟、湯川秀樹、卡普拉、曼紐什、艾斯勒等人為當代新道家【註3】。新儒家則自唐先生牟先生以降，亦均能精研佛老；但講佛老，是為了發揮、證成、補益儒家。本末賓主，十分清晰。故唐牟諸先生終為新儒家而非新道家或新佛家。雖然牟先生本人生命型態或生活型態，許多人認為也許更近於魏晉名士，可是決不宜稱他為新道家，於理甚明。新儒家而自附於反對新儒家或效法新儒家之新道家，當然更非所宜。

二、關於兩先生的入世行化

開端即論此，非罵題，亦非不恤主辦者之苦衷。恰好相反，舉此即可見處在今世，論學實難。要想講點正理，先就要枉道屈儒，進入這個社會的邏輯中，否則事即辦不成，研討會也開不了啦！觀世音菩薩欲度化世人，往往要先去污泥裡打個滾，或變身為乞丐殘跛，乃是不得已的。

王老師曾老師之講學，我以為即類似於此，也有其不得已處。

兩先生成名甚早，在學院講，在社會上也講，裁成無數。具體指點迷津、化難解惑亦無數【註4】。這不是一般學院書齋中學者能做得到的。但學院中人，對兩先生之評價卻很曖昧，一方面很欽敬，一方面又或不以為然，對其哲學未必認可。

因為兩先生所使用的往往不是哲學語言（概念清晰、定義明確、邏輯嚴謹、推論程式井然，且有高度抽象化傾向之所謂哲學語言），而是日常語言。文章又往往類似隨筆雜俎，有短論，有時評，有感懷，有抒發，多不似學術論文。缺乏腳註，不拘格式，更少東抄西引，所以往往不符合學院規範。所談內容，則更多屬於世俗話題，如緣與命、愛情、人生等等，不是存有論知識論、現象與物自身、邏各斯、意向性、他者、現代性、東方專制主義、後殖民、女性主義之類學院哲學家所津津樂道、聒絮不休之話題。因而頗有人以為兩先生題旨庸俗、文字通俗、理趣平俗，未能深造。

尤其臺灣之哲學界夙以西洋哲學為主流。治中國哲學，自唐牟以來，亦皆以中西會通為祈嚮。流波所屆，乃以能用西洋哲學濬發中國物事為高，下焉者就不免於附會曲從，文字尤其類似極爛的譯文。兩先生於西學未甚精研，論事析理，直抒胸臆，絕無比附，文字又極暢達明練，本來是極大的優點，但在此風氣中乃竟因而減價。是故成名雖早、物望雖隆，在哲學界其實常遭了低看。無數人在研究著新儒家中壯年一輩如杜維明、劉述先、成中英等等，卻幾乎沒人研究曾老師王老師。

然而我每諦思：王老師曾老師不會寫、不能寫所謂的學術論文嗎？以曾老師來說，出身數學系，入國研所後，碩士論文即作《俞曲園學記》，博士論文則為《王船山研究》。邏輯訓練，固其素習；漢學門徑，亦極熟悉。即使治宋明理學，著手處也不選擇簡易直截之陸王一系，而是選擇了擘積重重，有經學、史學、文獻氣的王船山。則徵文考獻、博示腹笥，又怎能難倒他？他終不做俞曲園王船山那類學問，乃是吸收了俞曲園王船山的精華，以做他自己。故船山論史談經之作雖宏，曾老師所取，端在於其易學。船山「乾坤並建」之說，被他運用得宛轉關生，遠軼船山，此豈可為不知者道？

且歷來治哲學者，其實大多是替東西洋古人作輿儓，以闡述疏解別人之見解為職事。能讀別人之哲學而讓自己也成為哲學家者，向來極少。因此講邏輯而自己頭腦不清者頗不罕見。曾老師王老師，卻是我們這個時代中少數的哲學家。

而這樣的哲學家為何不愛寫哲學論文，也未將自己的哲學勒成體系化的專著，僅以隨筆散論，應機逗說見長呢？這就可能與我上面談到的情況有關了。

哲思訓練，目的一在安頓自己的生命，再則欲修己以安人。王老師曾老師之修己工夫，冷暖自知，我不能妄議妄贊；其安人之力，則世所共見。他們為何不談知識論、存有論、語言分析、現象與物自身等等？因為那跟一般人的生命較遠。

現今人世所不安者，其實並非政治民不民主、社會自不自由、思想科不科學。這些固然也都令人不滿。但會為政治不民主自殺者少；會為愛情不如意、家庭不幸福自殺者多。只因這些才會觸動真正的生命傷痛，令人生命真正底不安。故現今時世之哀，正在此人倫日用之間【註5】。

或曰：「人倫日用之間所以會有哀、會不滿，原因即來自政治社會不完善。所謂貧賤夫妻百事哀。人倫之哀，肇因每不在人倫本身，而在其社會條件。」這是騖外逐物之思路，雖不能說沒有一丁點兒道理，改善社會也屬必要，但非探本之論。貧賤夫妻固然多哀，豪門巨室更鬧得凶哩！男女相處、夫婦相待，如何方得貞定，本身就是一大問題。此一問題，現今比任何時代都嚴重。情傷情死者，比比皆是；離婚率、單親家庭比率、不婚失婚者的比率俱創前所未有之新高。人心不安、人倫道苦，只是知識界仍假裝不曉得罷了。男女之愛、夫婦之情不得安頓，家庭自然也就大生問題。老人及小孩首當其衝，老無所養、幼無所長。

曾老師早年頗致力於「新孝道」之研究，其後專力開發「愛情學」，正是面對這個時代的真實問題，欲有以安頓之。

王老師除《老子哲學》、《韓非子哲學》等專著外，《緣與命》、《再論緣與命》、《當代人的心靈歸鄉》、《向生活說話》、《做個出色的人》、《人間道》、《生死道》、《人生關卡》等一大批作品也都是直面人生的，不再只替古人言語做詮析。

相較於曾老師側重於男女夫婦與家庭，王老師顯然較重「人間世」。但他並不只是政治社會性的路數，更重在處理人行走於人間世時如何安頓自我心靈的問題。據他看，人生在世有兩大關卡：一是我們存在的形軀；二就是人間世。形軀有限，既會老、病、死，又會疲累會感傷，對人生會有承擔不了的時候，而且性向才情天生不平等，各有局限，因此失意與挫折，不可避免地環繞在我人周遭。可是如此不完善的我，還得投入人間世去碰撞去闖蕩，自然也就難成果。天生的形軀我，他稱為「命」。此命落入人間世則形成其「緣」。人如何知命，且創造善緣，便是他教給現代人的智慧。

人生關卡、緣與命之難局，也是人人都會碰到的，令人生命為之不安。王老師遂亦如曾老師奔走南北，宣揚愛情福音，為千百男女解惑那般，四處去講說，教人如何面對生命的磨難。以自我的重新探索，衝破生死名利大關。三四十年來，兩先生任職固在大黌，講堂則遍在山巔水涯、社區行會，乃至茶寮藝舍、廣播電視聲影中。這在哲學界，是很罕見的。

哲學界，向以玩弄光影、做概念遊戲見長，故不能真正面對上述人心不安處。因此也瞧不起這些婆婆媽媽的問題。男女情愛、夫婦恩怨、家庭勃谿、婆媳詬惡、生老病死、憂愁軟弱、惡緣苦業，凡此人人生活生命中觸處都有問題者，皆以為庸俗塵鄙，不屑談也不能談；乃轉而去談形上學、本體論、知識論等屬於上帝才能明白的學問。或以勇於介入生活之姿態，熱切討論個人根本不能解決的政經社會共業問題。

由於彼類問題如此高玄，不能解決亦不必解決，故才保障了他們繼續鑽研、肆情講論的權利。否則都如曾老師王老師他們替人安心那樣，須是要見真章的，躲閃不得，那可還怎麼混？

譬如一對男女，相處出了問題，請教於你。你的哲思，能不能無厚入有間，庖丁解牛，化滯通疑，這就見出本領了。若讓對方反而打了起來，或儘講些不相干、不著邊際的話，雖廣引康德、黑格爾、聖多馬斯、上帝、佛陀、海德格，又何益哉？而不幸哲學界之所長，恰好不在這兒。

然而，哲學界或許確實未盡力於此現實人生問題之處理，我們社會中卻並不少兩性專家、社工社福學者、婚姻顧問。談緣論命，尤多名嘴，成天在街上或電視上騙人。心理輔導、意義治療，既有學科，更有機構、媒體長期耕耘，與哲學界分工。曾老師王老師也不過與此類人做著同樣的工作罷了，並無出奇之處。

是的，相較於哲學界之冥心玄遠，抽象化、概念化，社工、社福、心理、家政、幼教等科系務實得多。但其路數一種是客觀性的研究，一種是具體的事務性處理。

前者，例如做「我國青少年自殺之研究」，收集資料，進行調查，設計問卷、建立模型，分析研究一番之後，形成論文一篇，刊於 SSCI、CSSCI 或什麼什麼唉期刊，獲得國科會獎助、評上高級職稱之後，論文就束之高閣，以便取得若干引用率，如此一切就功成圓滿了。其研究，雖亦可能會對手足無措的當事人進行訪談，對傷心欲絕之家屬聊示慰問，但旨趣是利己的，研究方法是科學的，態度是客觀的。如秦人視越人之肥瘠，焉能安人之心？

後者，是發現某青少年有自殺傾向，趕緊聯繫家長安排輔導，具體瞭解其有何不滿或有何需求。而從人際關係、生活照顧、社會條件、組織制度等方面去設法處理。此等協助，歷年確實挽救了不少人、不少家庭，改善了許多不良體制、促進了社會祥和，功不可沒。相關機構，如張老師、生命線、蓮花線、觀音線及各宗教團體、義工組織，也都令人尊敬。

但宗教團體從事這些事，說穿了，固有其人道關懷，卻是其宣教布教行動之一環，是他們爭取信眾、擴大影響之策略。所提供的安心方，說來說去，無非就是該教的教義。

社工社福團體、青少年輔導機構，雖講究協商技巧、重視溝通，也能處理具體事務，但缺乏義理內涵，不能提供人生價值方向，故亦並不能真正解決問題。哲學界小看此類工作，覺得理趣不高、意義也不大者，殆非無故。

由於上述各項工作，並不真能解決問題、令人安心，所以社會上才會另有通俗心靈導師生存之空間。這個大師那個大師，講靈修講智慧，或開光、或加持、或論命、或批流年、或看星盤、或排命柱、或言星座、或調風水、或教你養生、或教你理氣、或讓你練瑜伽、或導你修藏密。還有自己把情感與婚姻搞得一團糟的所謂兩性專家、婚姻顧問、心靈導師。夸夸其談，財源滾滾。

此為現今社會亂象之又一亂，有識者當然對之大搖其頭。這時，看到王老師曾老師亦廁身於其間，與此類導師、專家同伍，自然會有「卿本佳人，奈何作賊」之感，認為他們亦已媚俗去了，所以才會大談愛情、電影、婚姻、人生、企業、心靈、智慧，以博俗世之聲名。

實則，正如我上文所云，觀世音欲渡化凡俗，往往要落入凡塵，體驗著凡人的痛苦，用凡人之語言，以凡人之方法，使凡俗能漸次轉俗成真、化俗為雅。王老師曾老師之所為，之所以異於坊間庸俗心靈導師者，端在於此。

他們相較於這批野狐禪，顯然學有本源，義理端正。相較於宗教團體，又不偏於宗教教義，非傳教佈道性質，只是教人如何做好自己，自修自救。相較於心理諮商、輔導團體，則亦顯然可提供它們所不能提供的價值方向與人生意義內容。這是兩先生講學民間的功績和意義所在，可惜學界與民間睽隔太甚，以致此點尚不盡為學界所知賞，而繼起者則尚少也！

三、關於兩先生的開宗立派

王老師曾老師在學界另一不甚被認可之原因，是學派所限。

王老師曾老師的學派，不用說，當然就是新儒家。

說他們開創新儒家，而不說他們隸屬於新儒家，自有我的理由。

學界一般論新儒家，遠的，從賀麟、馮友蘭、梁漱溟、熊十力、馬一浮講起；近的只稱港臺新儒家，以張君勱、唐君毅、牟宗三、徐復觀為主。譜系上溯，不數馮、梁，主要繼承自熊十力，跟馬一浮的關係也很淡。與唐先生學業事業有關之方東美、錢賓四則屬旁及，是否計入，當事人與後學各有主張。

如此談新儒家，就有第一代、第二代、第三代之分。例如以熊十力為第一代，牟先生為第二代，牟先生諸弟子便是第三代。王老師曾老師和劉述先、杜維明、蔡仁厚諸先生乃因而常被稱為新儒家第三代之代表人物。

關於新儒家興起之原因，目前學界基本上採取旅美學人張灝的「意義危機」（the crisis of meaning）說，謂近代中國社會文化轉型，造成了道德迷失、存在迷失與形上迷思，而形成了意義的危機，新儒家乃應機而生。新儒家所形成的這個思路，也不是孤立的，屬於在劇變時代偏向文化保守之一路，故為文化保守主義之一支。

如此分析，或對新儒家學脈的掌握，自有其理則，但我不甚以為然，且認為用在臺灣尤其不適切。

港臺新儒家，香港與臺灣的情況就不盡相同。臺灣的新儒家，更不宜泛泛由五四新文化運動所造成的文化轉型和意義危機說起。此所以五四以後講東西文化的梁漱溟在臺灣可說毫無影響；與唐、牟、徐諸先生簽署文化宣言，標幟著新儒家陣營正式建立的張君勱，在臺灣也與牟先生一脈殊途。因此不容混說，宜分別觀之。

新儒家在臺灣，可分兩期。前期是牟宗三、徐復觀在臺灣講學、辦刊物、與人打筆仗的階段。文戰不勝，教學亦無功。雖有講會及少數學生，但這些學生或出洋（如劉述先、杜維明、王孝廉），或背教（如韋政通），或散居校園，未能蔚為流派（如王淮、唐亦男、周群振、蔡仁厚），徐先生牟先生遂先後均去了香港。

要到一九七五年，唐君毅先生才到臺灣大學任客座教授。該年七月，《鵝湖》月刊恰好創立，遂於該年十一月邀請唐先生擔任該社第一次對外學術演講會的主講人，次年唐先生《病裡乾坤》一稿亦在《鵝湖》發表。可是這一年唐先生就病了，入住臺灣榮總。隔一年即過世矣。

牟宗三先生一九五〇年曾在臺師大前身之師範學院執教，一九五六年轉至東海大學，六〇年即往香港。一九七四年曾短暫回臺，在文化哲學所講康德。七六年以後，來往港臺才較頻繁；到一九九四年新亞退休，始移至臺灣定居。

換言之，《鵝湖》創刊時，唐先生、牟先生並未參與，他們與《鵝湖》的關係，是後來接上去的。隨著牟先生教學及生活重心漸漸轉到臺灣而重加深，但最初卻是獨立創發的。

曾老師王老師在此之前也都未曾受教於唐牟諸先生，師承另有脈絡。唐先生、牟先生或徐先生之書，雖然也在臺灣一直銷行不輟，王老師曾老師亦均讀過這些書，但所取法者廣，未必僅以唐牟之衣鉢自許。

因此，我不認為曾老師王老師這批臺灣後來被稱為新儒家的人應放在熊先生以降這個譜系中去看。其崛起，乃至辦《鵝湖》，其實另有與熊先生、唐先生、牟先生他們不一樣的時代社會脈絡。

熊先生那個時代喪失意義的危機，或唐先生他們在香港辦新亞書院，發表文化宣言時的「花果飄零」之感，七〇年代的臺灣當然仍有，但這不是《鵝湖》月刊創辦之機。《鵝湖》之機，我覺得生於當時學習中國文化、講中國文化的那些大學生的具體生活場域中。

王老師曾作〈我所認識的中文系〉一文，描述了他就學期間在中文系所遭遇到的境況：

外有大陸之文革，內有國府之戒嚴，學人或如魯實先先生那般狂傲以應世，或如林景伊先生這般建閥閱以為高。考據訓詁，又不能滿足學生對辭章與義理的渴求，故後來他即轉往文化讀哲研所，而且自修接上了熊十力以來論文化出路的這一脈。

當時情形，確乎如此。我曾作〈文字逸旅〉一文，對當時風氣之變，有與王老師類似的觀察：

> 在深厚的小學經學考據風氣底下，造就了不少人才。但樸學之樸質繁瑣，畢竟非人人所喜。於是反質尚文者轉趨於文學一途、貴道賤器者祈嚮於義理之域，漸就起而抗爭了。
>
> ……太炎先生之後學，依本乾嘉，以為訓詁明而後義理明。然訓詁之業既永無止境，義理乃不暇講求。他們又不像章太炎、劉師培有西方思想及佛道之解悟，於西學宋學皆無工夫，於佛老更乏瞭解，以致徵實有餘，難以談玄，未盡能饜當時好學深思的學生之脾胃。
>
> 另外，整理國故一路，重點本不在思想，誤以為拼湊資料其義自顯，故除了講其科學方法之外，如何治思想義理之學，本無方法。……所以當時在臺灣，小學經訓之風越盛，對其治學方法之疑惑便越甚，急於另尋義理之途的心情也越急迫。

……這是我們的現實，但也是我們的機遇。因為義理與辭章在那時正碰上了發揚之機，勢必要與考據爭衡了。

發揚之機是什麼呢？辭章方面，是七十年代比較文學之興起，帶動了方法意識及方法之革新，文學研究也開始有了全球視野。

面對挑戰，中文系自然就會有一批年輕人欲起而回應，一面反省舊方法是否有所不足，一面探索中國還有不有值得開發的資源，再就是想師夷長技以制夷。這便使得辭章之研究空前活絡，充滿了生機。

反省舊方法，主要是對考據與小學之批判；探索舊資源，主要是整理傳統詩話和文論；師夷長技以制夷，則是比較文學在中文系開始廣泛傳播，用西方理論解析古典主義文學蔚為風潮，而卻仍有點中國本位文化主體的堅持，常欲表明洋人或外文系教授們的解析並不準確。三者之合力，遂創造了一個沈謙先生所說「期待批評時代來臨」的時代。

義理方面，情況不同，主要不是外來的挑戰，而是傳統內部發酵起來的競爭。

清代樸學本因反對宋學而生，故號稱漢學。然自漢學之旗號張立起來以後，宋學便一直與之抗衡。除方東樹《漢學商兌》之類理論上的爭辯外，士大夫之制行，亦多如曾國藩那般仍以宋明理學為依歸。民國以後，整理國故者，標舉乾嘉；章黃又以樸學為世倡；新文化運動，如魯迅者流，更以程朱理學為「吃人禮教」之代表，宋學之勢力才漸衰。

可是，宋明理學雖在社會及意識形態領域吃了虧，在學術上仍是強勁有力的，不斷挑戰乾嘉、挑戰五四、質疑新文化動向。

如熊十力、馬一浮、梁漱溟、張君勱、錢穆等後來常被稱為「新儒家」的一批人，思想之根均在理學。而且這時的新理學也學會了五四新文化運動者的策略。新文化諸賢援引西學，把乾嘉樸學比附為科學方法，又高揚民主科學之大纛以改造中國；新理學也同樣援引西學，用康德、黑格爾、柏格森等等來說明中國義理不僅可與西方會通，且有殊勝之處，非西方所能及。新文化諸賢高揚民主科學之大纛以改造中國，新理學則宣稱中國傳統本不礙民主科學，自己也致力於科學民主之現代建設。中華民國第一部憲法之草案，事實上就出自張君勱手筆。徐復觀在香港也辦有《民主評論》，著名的〈中國文化敬告世界人士宣言〉即發表在該刊上。故在民主立憲方面，新理學之表現一點兒也不遜於新文化運動者，甚且猶有過之。在吸收消化西學方面更是如此。胡適、魯迅等人之西學，均甚泛泛，遠不能跟後來的唐君毅、牟宗三等相比。

因此，新儒家與五四運動以來的所謂自由主義，分歧不在自由民主科學這部分，而在彼此對待中國傳統的態度：自由主義者反傳統、批孔孟、斥理學、以乾嘉漢學比附西方科學方法，均是新儒家所反對的。

在臺灣逐步現代化的社會現實中，新儒家的傳統氣息當然顯得保守，不如自由主義有現代感。現代大學及科研體制也掌握在五四後的現代學人手中，新儒家缺乏陣地與舞臺，僅能藉著報刊雜誌傳播理念，希望在空氣中感受到回聲。再不然就是參與論戰，讓社會上聽到他們的抗辯。

這原本微弱的力量，卻因復興中華文化運動、退出聯合國、保衛釣魚臺等一連串事件而逐漸在青年心中激化澎湃起來。覺得中國人該走自己的路、該重視自己的文化根源，現代化固然值得追求，但對中國文化無知，實是可恥的。

這種心情與需求，在業已現代化的大學科研體制中，卻又難以饜足。因為包括哲學系歷史系都早已西化，中國哲學、中國史學方法，在其中均屬邊緣。哲學系主要講西方哲學，歷史系則借鑒西方之社會及行為科學，在做社會科學方法轉型。因而此種需求似乎僅能讓仍在講著中國文化的中文系來提供了。

中文系這時依舊賣弄其乾嘉考據、圈點批校，碎義逃難，說文解字，當然就要大大引起反感了。

七十年代初，師大開始有香港來的僑生，原即受教或聞風興起於新亞書院者，與本地學生共同提倡唐君毅、牟宗三、徐復觀諸先生之學。時錢穆先生亦已返臺，安住於其素書樓，毖講儒學，撰《朱子新學案》。熊十力、馬一浮、梁漱溟諸先生之書則一時盡出，風氣遂有沛然之勢。

《鵝湖》創立時，主要人力多來自師大，乃是由對師大國文系學風的反省自救，擴而及於整個中國文化的自救。因此早期本也不限於新儒家，甚且不限於哲學，如雷家驥談史學、王文進講詩，都是與熊牟唐諸先生無甚關聯的。

我那時還在淡江大學讀大三。曾老師與戴璉璋先生分別擔任大四中國哲學史兩班之教席，曾老師尤其轟動，每節課在宮燈教室都爆滿。走廊全排上椅子，仍有人站在窗外聽。到我那一年，戴先生有事辭去，廖鍾慶先生來教，教至下學期亦辭去，由王老師來續講，並鼓勵我投稿。我遂寫了〈由鮑照詩看六朝的人生孤憤〉、〈從華山畿談起〉、〈青溪與小姑〉、〈詩話李白〉等文，刊於《鵝湖》。

當時少年盛氣，其實卻還不太會寫文章，因此曾老師當主編很頭痛。有次替我改稿，教我標點符號該怎麼用，我還大不以為然，去信抗辯。記得曾老師回信有云：「略示商榷，而竟遭逐條痛駁，唯有苦笑而已」，令我好生愧恥。

由此舊事，即可見當時《鵝湖》真有師友講習之樂。而取徑廣大，文史哲兼涵，並非新儒家一家一派之機關報。即使哲學部分，西洋哲學、士林哲學，凡講中國文化者，似乎也不排斥。

那些年，王老師曾老師趁著去各校講學之便，一方面發掘人才、結合同道，一方面也推銷雜誌。學生們受其感召，畢業生後執教於中學，拿到薪水，往往撥出若干，匯訂雜誌以示支持。在學讀研究所的窮學生，則去雜誌社幫忙，包裹郵寄。我至今還記得某次去永和社址，袁保新盤腿趺坐在客廳地上講西洋哲學。去幫忙的，或坐聽，或討論，或熱切而緊張地貼信封、寄包裹。我很喜歡這種氣氛，它象徵了一種清新的學術自覺力量，是一種新型態的學生運動，未倚傍門戶，也尚未標示門戶。

可是《鵝湖》的學術門戶屬性本就在那兒，亦並不模糊。曾老師王老師雖皆另有師承，但私淑唐牟，確有心得。曾老師尤近於唐先生體驗自反的進路；王老師善於由人生病痛處切入，亦有得乎此。《鵝湖》其他諸君，如楊祖漢、岑溢成、廖鍾慶，較曾老師王老師更親近唐牟，以致唐先生物故，歸葬於觀音山，《鵝湖》竟成為臺灣幾乎唯一經營其葬祭的團體。

俟牟先生返臺講學後，這層關係就愈加緊密了。牟先生的體系與其名言系統，本身就具有強大的統攝力。後學不易脫出其籠罩，彼此關係既密，此種統攝力就愈形表現於此後《鵝湖》師友之言談議論中。《鵝湖》亦遂漸漸成為新儒家之代表性刊物，甚至是「牟門」的刊物了。

可是，由歷史看，應該說這是新儒家在臺灣後期的發展。這種發展，並非新儒家本身創立或形成的，乃是王老師曾老師遭逢時會，當其機而創。然後再接引已出走的新儒家重新回巢，開花結果。此一事功，殊堪紀念。

新儒家得《鵝湖》而棲，因以開花散葉，真正形成為一學派，是學界的幸事。但對《鵝湖》來說，又未必甚幸。

因為當初受王老師曾老師感召而認購《鵝湖》的青年，受感動的，是生命之安頓與文化的發揚。《鵝湖》後來越來越像是哲學學報；牟先生的康德、物自身，道德主體性、逆覺體證等名言系統充斥於其間，令人久而漸厭，覺得已成窠臼，無法饜足所需，是以後來漸漸就無當初那般在青年學生中的熱情了。學界視之，又以為此乃一門一派之陣地。同聲相應、同氣相求者固然望門投止，相濡以沫；不欲依門傍戶者便望望然而去。宗旨微有異同者，則遙見旗桿，就以為來了槍炮，頗多誤解腹誹之言。

新儒家在臺灣本來就沒什麼力量，否則就不會歌筵小歇、移往香港。後來因《鵝湖》之故，重新站穩，而局面又如此。對牟先生這等人自亦無傷，一代宗師，毀譽早已無損其地位，但王老師曾老師便不然。他們是創辦《鵝湖》，曾掌門戶的人，外界把他們看成新儒家之代表，揶揄貶損新儒家，或隱然敵視新儒家時便常以兩先生為目標。所以我認為王老師曾老師在學界的聲望其實頗受學派所限。

在臺灣，新儒家的敵論可多呢！自由主義、新士林學派、分析哲學、邏輯經驗論、孔孟學會、馬克思及新馬主義、現代及後現代主義，都不以新儒家為然。此處姑且舉一個新道家的例子來看看：

臺灣有個講老子學的團體，以「老子神學院」為網站名，把老子說的道視為天道，然後以奉行天道為宗旨。痛恨新儒家，謂其尊儒貶道；自詡為「天道唯一的砥柱、孤身對抗新儒家褻瀆的聖學書房」。他們說：

> 現在新儒家的逆流橫行於臺灣，他們用新的手法、新的包裝，打著學術的旗號，作的卻是毀老滅道的事情。
>
> 在學術界我們沒有辦法和他們對抗，因為我們沒有資歷，我們沒有資源，我們沒有辦法進到任何一個校園，去和能夠運用政府資源的新儒家做公平的學術對抗；我們也沒有辦法向學校裡的任何一個學生，解釋老子聖學絕不是新儒家所說的那般不堪。
>
> 但是我們從天道而來的力量是強大的，將要強大到令新儒家畏懼，強大到令新儒家的徒孫們後悔他們曾經說出褻瀆老子的話，他們要為他們流傳在普世冒犯老子的著作而悔罪哭泣。

這批人大罵王邦雄，對其不滿，猶在牟宗三之上，說：「**其中最令聖學書房不恥而集大成者，就是中央大學哲研所的王邦雄教授**。他寫《老子的哲學》這本爛書的目地，就是妄圖把老子抹黑為儒家永遠的反對者，讓自己的新儒家成為學術界的正統派，藉以攫取學術利益。……王邦雄無論如何就是想要把老子貶成一個儒家永遠的反對者，或者成為社會永遠的邊緣人，好讓自己的新儒學成為正統當權派；這點王邦雄在中央大學確實成功了，恭喜中央大學」。

此派人講道，與陳鼓應先生亦不同，乃是吸收了羅教、先天道一類說法。所以講度劫收元，屬於一種道家型新興宗教，故亦與一貫道不同，不講彌勒、濟公、禪修，有《天道復臨指歸寶卷》等書，講：「我靈真常真信不虛空，修好我靈返道鄉，聽道召，聲聲喚，淨我心，開我門，接靈光，得靈藥，烙我魂，醫我心，復我命，死後生」云云。

持論如此，而欲反新儒家，看來有些娛樂效果。但此等新道家反對新儒家而集矢於王老師的情況，不難讓人體會他做為臺灣鵝湖派掌門的代價。

四、關於兩先生的生活儒學

其實曾老師王老師無論在人格型態、學術路向、哲學見解上都與牟先生頗為不同。他們雖創立了一個新儒家團體與世代，本身藝業，實非熊唐徐牟諸公之舊徑。在新儒家陣營中，可說牟先生是完成了熊先生以來的工作；王老師曾老師雖嘗親近唐牟，但卻非順著牟先生之路往下走，而是另開了新面向。

此話怎講?我先介紹幾個牟先生卒後新儒學的發展思路,再繞回來談曾老師王老師之學。

林安梧曾發表《儒學革命論》(一九九八,學生書局),以「後新儒學家哲學的問題向度」為副題,呼籲儒學應加強其實踐性。這種實踐性,不同於以往新儒家所說的心性論式的道德實踐。他批評以往儒家的實踐,只是境界的、宗法的、親情的,將對象、實在與感性做一境界性的把握。這樣的實踐,他認為並不充分,因此他建議走向生活世界,進入整個歷史社會總體之中。不僅止於內在主體的實踐,而要將此內在主體的實踐動力展現於生活世界。

這樣的工作,主要在兩個方面:一是對於儒學傳統進行哲學人類學的解釋,說明「傳統儒學所強調的『人格性的道德連結』是在如何的『血緣性的自然連結』、『宰制性的政治連結』下所形成的」「不再以『良知的呈現』做為最後的斷語,來闡明道德實踐的可能。而是回到寬廣的生活世界與豐富的歷史社會總體之下,來評述『性善論』的『論』何以出現」(第三章第七節)。

其次,他也並不完全僅以釋古為滿足,而是希望能「參與全球現代化之後所造成人的異化之問題的處理。這也就是說它不能停留在原先儒學傳統的實踐方式,它亦不能只是空泛的要如何的去開出現代的民主、科學,它更要如實的面對當代種種異化狀況,作深刻的物質性理解,才能免除泛民主的多數暴力,免除科學主義式的專制」。

由於林教授把這種革命理論宣稱是牟宗三之後的「批判的新儒學」或「後新儒家哲學」,而這個「後牟宗三時代」,會讓人誤以為他就是代表,故在新儒家陣營中引起不少爭議。或謂他是要欺師滅祖、批判牟宗三、革新儒學的命；而「後新儒家」之說，亦未令人明其所以，故至今尚在討論階段。

雖然如此，林先生的呼籲已深受矚目，陳鵬《現代新儒學研究》（二〇〇六，福建人民出版社）第九章即專論其說。方紅姣《現代新儒學與船山學》（二〇〇六，中國社科院博士論文）第四章，亦專論之。近幾年，我未及查，應該還有。

出身於香港的吳汝鈞，則另闢蹊徑，要建立一套新的體系，稱為「純粹力動現象學」（Die Phänomenologie der reinen Vitalität）。

林安梧曾主張後牟宗三時代的新儒學應該往上回返至熊十力。可是吳汝鈞的思考正是由對熊先生的反省開始。他認為熊先生在《新唯識論》中建立的是一種實體主義的哲學，此亦為當代新儒學之基本路數。當代新儒家皆持實體主義，認為形而上的實體具有常自不變的善的內涵（Inhalt），但具有動感（Dynamik），能創生宇宙萬事萬物。而且超越的實體創生事物，自身的內涵亦貫注於事物中，而成就後者的本性。

但本體又有運轉、變化之功能，因此才能翕闢成變、化生萬物。熊說：「宇宙開闢，必由於實體內部隱含矛盾，即有兩相反的性質，蘊伏動機，遂成變化」，即指此言。

然而，本體如能還原出較它更為基要的因素，本體便失卻終極性（ultimate）了。其次，本體是終極原理，是理、是超越性格。陰陽則是氣，是經驗性格。以佛教的詞彙來說，本體是無為法，不生不滅。陰陽則不論是陰氣也好，陽氣也好，都是有為法，有生有滅。熊十力把陰陽二氣放在本體觀念中來說，視之為構成本體的複雜成分，是不能成立的。再者，實體或本體，作為具有實質內涵的絕對存有，必有它的一貫的、不變的質料，謂質體性（entitativeness）、質實性（rigidity）。這性格有使絕對有集中起來、凝聚起來的傾向以至作用，而產生所謂凝滯性、固結性，最後滅殺絕對有的動感（Dynamik）。動感不足，便難起創生的大用，或只能作有限的創生，不能作無限的創生。

因此，吳汝鈞覺得熊先生或整個新儒家之論體恐怕都成問題。可是，吳汝鈞也不贊成佛教的非實體主義。因為無體如何起用？面對此等困難，佛教後來提出佛性、如來藏自性清淨心等觀念，也不能解決這個難題。這些觀念只能說功德，但它們還是以空寂為性，本性還是空的。不是實體，因而亦不能真正發用。中國佛教也不成，天臺宗說性具，說中道佛性；華嚴宗說性起；禪宗說自性，都不能脫離空寂的本性，都不能是實體。

柏格森在《道德與宗教的兩個根源》（*The Two Sources of Morality and Religion*）中把宗教分成靜態的宗教（static religion）與動進的宗教（dynamic religion）。認為真正的宗教應該是動進的，應該具有濃烈的動感（dynamism），才能具有足夠的力量以教化、轉化眾生，改造社會。他視基督教為動進的宗教的典型，認為佛教缺乏動進性或動感。吳先生也認為佛教雖然在精神層面影響世人甚大，但在經濟、科學、政治，以至具體民生方面，貢獻卻極微。其原因顯然由於它的動感不足，不能發出具體的、立體的、有效的力量以推動政治、社會、科技的巨輪向前邁進。而動感不足，是由於它不能在哲學上確立精神實體，不能由精神實體強出強有力的精神作用以改造社會所致。

吳先生在一九九九年發現得了癌症，手術與電療後，在家養病，一日散步中忽悟要解決佛教體用問題的困難，必須在實體主義和非實體主義，或絕對有與絕對無之外，建立一終極原理，這原理必須是一種活動，而且是純粹活動，無任何經驗內容。這種純粹活動，是絕對有與絕對無這兩終極原理之外的第三終極原理，它能同時綜合絕對有與絕對無的殊勝之點，如絕對有的精神動感，絕對無的自由無礙。又能同時超越或克服絕對有與絕對無所可能發展出來的流弊，如絕對有可能發展出實在論傾向的自性見或常住論，以為一切都是常住不變的；和絕對無可能演化成完全消極的虛無主義，以為宇宙一切都是空無，一無所有。且這純粹活動既是一種活動，則它本身便是力，便是用，憑其本身便具有足夠的力用去積極地教化、轉化世間，不必在此活動之外求一精神實體。因此，在純粹活動中，用便是體，體便是用。體、用都是同一東西，都是這活動。他把這種活動，稱為純粹力動（reine Vitalität）。其詳可見《純粹力動現象學》（二〇〇五，臺灣商務）。

此說主要是形上學式的處理體用問題，但其說本來就是在病中所創；對佛教的批判，基本上也是針對佛教在經世致用、開物成務上的不足，而籌思在體用關係上予以改造。而其改造之所以未回到熊先生那種實體主義，則又與他的苦痛現象學（Phänomenologie des Leidens）有關。

苦痛和一般的事物或法一樣，都是緣起的性格，因而是生滅法。它既是緣起，或依一組條件掇合而成，就不可能具有常住不變的自性。具有自性的東西是不可改變的。沒有自性的東西，才有可能轉化或消解，例如疾病若有自性，病就永遠存在。故緣起說，吳先生認為絕不能取消。在緣起性空的觀點下，中觀派認為要滅除業煩惱或苦痛，才能得解脫。《維摩經》與天台佛學則持另一說法，認為不必一定要消滅苦痛。因為苦痛亦如其他事物一樣，是緣起的，空無實體。因此它是可被轉化的，可由負面價值轉化成正面價值。

換言之，真正解決死亡的辦法，是要從生存與死亡的二元格局中超越上來，在精神上達到無生無死的境界。生與死是相對的、有限的；無生無死則是絕對的、無限的。只有超越生死的相對關係，從這關係中翻騰上來，才能免除對死亡的恐懼，徹底解決生死的問題。

吳先生這樣處理生死問題，我認為是新儒家在面對傅偉勳開創「生死學」之後的呼應與發展。傅先生當年就我之聘，返臺開辦南華大學生死學研究所。雖於一九九六年即去世，但生死學已被我建立為正式學科，產生了不小的影響。一九九九年我又在這個學科上開展出另一個新學科：生命學。二〇〇五年以後還辦了個臺灣自然醫學學會。

生病與死亡，都是人生活上會碰上的大問題，新儒家回到這種具體經驗上來展開其關聯於生病與死亡的倫理學形上學思考，實比過去只就道德主體、知體明覺、寂感真幾、大德流行等處說生命要切實得多。由生死學、生命學發展出來一些關於殯葬、臨終關懷、悲傷處理、民俗治療等等的討論，更都是過去新儒家所未觸及的領域。

與由生病與死亡處展開思考可相比觀的另一路，則是曾昭旭老師所開創的「愛情學」。

曾老師認為傳統儒學是通過忠道（君臣倫）、孝道（父子倫兼及兄弟倫）、友誼（朋友倫）以行仁顯道。但三者卻都是有距離或媒介的人際關係；君臣間有法律制度，朋友間有道義信諾，親子間雖不責義，亦超越法（故若瞽叟殺人，舜唯負之而逃），但仍有禮為介質，且有不宜責善之消極限隔；都不如愛情關係之為生命覿面相見，其間全無媒介與距離，遂亦全無保護與緩衝，而只能訴諸生命感情之純以為保證。換言之，其他關係尚多少可以有外在力量（禮、義、法）的支持與保護，愛情則以位階超越法律與道義（以情、理、法三分而言）之故，既不需要法律道義之保障，法律道義實亦無能保障，而只能直訴諸仁，亦即獨立自由、真誠剛健之人格。

所以，以仁道之實踐而言，愛情關係其實才是位居最核心或最高階的型態。當然因於其四無依傍、獨立自證，所以也是最難以圓成的型態。此所以須要雙方都有真誠懇摯且自強不息的工夫修養以支持。針對傳統儒者的工夫修養偏於獨知自證，愛情學或愛情道（相比於忠道、孝道、友道）可說是一種雙修互證的型態。

可惜傳統儒學對此注意不及，以致中國傳統的男女關係，在森嚴的禮教之防中，扭曲成兄弟倫中相敬如賓的家人關係而僵死；僅能在禮教夾縫中以才子佳人的傳奇方式乃至狎匿邪僻之行來略為透露。

而西方文化由於以知識法治為首出，相對缺乏生命內部的修證之道的緣故，使得他們的愛情經驗一直停留在第一步；他們的愛情觀念也一直停留在剎那閃現的浪漫境界以及由此境界之發生而引動的激情，而不知如何持續。

故依曾先生看來，愛情學理應是儒學或心性學的最新一階段發展或最新形式。此其中即涵有「新」的成分（創新的儒學）與「儒」的成分（歸本於身心性命之源的愛情）。只有當行有不得（兩情不能通）之時，反求諸己，去疏通自家生命的內部鬱結，照亮心中的幽暗角落，治癒歷史殘留的創傷，讓生命恢復健康統整、光明和暢，才有可能秉其真誠自信去開放自己（直），也歡迎並相信對方也會秉其真誠良善來進入我心（諒）。原來愛情之路所以難通，所以易於傷人，都因至少一方的生命受傷未癒；由此凝成愈形嚴密的自我防衛機構，以阻絕情意之交流所致。

由此看來，愛情之路的暢通，需要預設整套的身心修養工夫，也完全可以接上己立立人、己達達人的忠恕之道。

曾先生愛情學之大凡，大抵如此，細說則因機因境，甚為繁賾。處理的是現代社會中青年男女或夫婦的感情問題，也是儒家心性論的再開發【註6】。

對此學問，曾老師頗溯源於唐君毅，謂唐先生具先驅地位。在《愛情之福音》一書中，唐先生便是強調所有愛都是宇宙靈魂的分化，男女之愛須從道義結合到生命結合，且求彼此精神人格不斷進步上昇到最純粹，以幾於宇宙靈魂之永恆。約言之，即是一種「以性貞情」或「以道貞情」的路數。

其實這只是曾老師的託古改制，唐先生未能有意識的發展出愛情學的本體論與工夫論，甚至也根本未有建立以心性論為內涵的愛情學之想【註7】。

王老師同樣也常借用牟先生「生命的學向」這一話頭，講人應如何做生命之安頓工夫，但兩人其實也大不相同。

牟先生談的，是生命原始之無明、氣稟、自然生命陰闇面的問題，謂人應針對自己這種習累私欲墮落的部分，做逆覺體證，以發顯良知純明善淨的一面。以此為道德實踐。

王老師講的卻是世俗意義的人生。人生少年有成長關，中年有創業關，老了有休閒關。人生在世，又有命有義：命，如父子之命；義，如君臣政治體制中之義。這些，都有危險在：成長關，戒之在色，謂人常被情愛所卡所困；創業關，常被名利所縛；老了則可能被寂寞所苦。此時就需將負面障礙轉為正面動力，情愛可以支援成長，名利可以激發創業，寂寞可帶動休閒。至於命與義，既是人生在世所無從逃避的，那就應切實面對，以義處之，安之若命。最後則還要面對生死關，飛越生死執念，成就自我價值。

如斯云云，其所謂生命的學問，其實指的是人生處世之道，與牟先生顯然不是同一層面之事。牟先生之說，究極、深刻，但聖賢克己工夫，踐之於內；對世俗而言，僅是一種原則性的道德提醒。此等工夫，具體實踐於人生、家庭、社會等不同場域，生、老、病、死等不同階段時，到底應怎麼做，實乏指明。命的問題亦復如此。指的是人「在人間世過活」的緣與命應如何貞定，而不是教人反省生命自身的私欲無明，予以澄化昇進。

因此王老師並沒有像唐君毅先生那樣分析心靈為九層境界，以說明主體性之動力與結構；也不像牟先生那般，一再以「一心開二門」為說，謂心為無明汩沒即入生滅門，能提撕之則轉真如門；同時他也不似徐復觀先生那麼著重憂患意識，欲人由憂患意識引發對人自身的發現與昇進。

諸先生之哲學，都在心的性質及其如何把持上做了許多探討。王老師於此，實非所長，因為方向其實迥異。心體與性體究竟如何，非王老師所欲詳究；才性正偏，亦非他所欲問；道德實踐，更非孤立地面對自己生命中之私欲無明，而是要在人際互動中顯其情愛溝通，以共成一人文世界。

故此乃生活的儒學之進路。林安梧所稱後牟宗三時代之儒學，實早已萌發於曾老師王老師此類論述中。其大旨，是由牟先生所云「生命的學問」向「生活的學問」轉化的【註8】。也就是說，在牟先生返臺定居，大宏教法之際，一個新的儒學方向其實已悄然確立，走得比牟先生更遠了。牟先生卒後，學界才開始談儒學應如何經世、儒學應如何面對生活世界、儒學應如何對現代人生的總總異化現象。實則王老師曾老師長期講論，所欲探問者正屬於此。只是他們是在一種與唐牟諸先生有溫情有繼承的情況下開展其新路的，故令人不覺而已。茲特拈出，以與世參。兩位老師對我之放言無忌，早已習慣了，想必莞爾！

附註：

註1：題目仿傚葉聖陶〈兩法師〉。該文談的是印光與弘一兩沙門。

註2：曾老師的文學理論、電影評論，在文學批評、電影學領域，都是極重要、不可忽視的，可惜少人研究。

註3：另詳董光璧〈當代新道家：道家超越理想的科學闡釋〉，二〇〇四，甘肅中國傳統文化研究會編《國學論衡》第三期，蘭州大學出版社。

註4：曾老師曾以「街頭哲學家」自稱。是自詡抑或自嘲，聽的人可以自己去想。

註5：王老師論民主、法治、政治社會體制的文章也不少，較曾老師更注意人間世，但其大傾向仍可如此說。

註6：曾老師對其觀點講得最清楚的，當是以下兩文：〈心性學與愛情學〉，收入二〇〇三，臺灣商務《存在感與歷史感》；〈愛情學之本體論與工夫論〉，二〇〇六，淡江大學中文學報，第十四期。

註7：林安梧〈開啟意義治療的當代新儒學大師唐君毅先生〉、〈邁向儒家型意義治療學之建立：以唐君毅《人生之體驗續篇》為核心的展開〉等文，也同樣是這種託古改制。收入一九九六，明文書局《當代新儒家哲學史論》。此乃新儒家特殊的託古改制型態：在牟先生強大的統攝籠罩之下，欲突破，就常要借徑或藉口唐先生，通過對唐先生的重詮釋來打開意義空間。而新儒家以外同情儒家者，則又多借徑於徐復觀先生。

註8：王老師曾老師也是十分會享受生活的人。王老師善品茗、喜打網球；曾老師善於書畫游藝，尤具文士風流瀟灑之趣。

儒學復興年代的隱憂

中國大陸發展的道路，在上世紀八十年代充滿了爭論，主潮似乎是要繼續五四運動以來的現代化，以奔向蔚藍色的海洋。九十年代後，情況丕變，傳統文化愈來愈受重視，各種被描述為「國學熱」、「儒學復興」的社會現象，目不暇給。既有學院中競設國學院所、爭開國學班之狀況，也有社會上遍是文化講壇、兒童讀經班，乃至出現國學辣妹、漢服運動之類。各地又或祭孔、祭三皇、祭五帝，或大講姓氏文化、尊祖報本，或抬出鄉賢名儒，號召儒商。凡此等等，無法殫述，形成新時代最特殊的文化景觀。

這種文化現象之形成，原因複雜，此處無法分析。分析也沒什麼用，因為事實已然發生。因此現在我要談的，乃是對它的一些反思。

不用說，我對大陸的儒學復甦是贊賞的。我在臺灣成長，當年之理想，便是風雨如晦、雞鳴不已，期待儒學能在神州復興。如今美夢成真，不勝雀躍。看見孔子重被珍視，聖經賢傳又復炳炳琅琅於人口，一本于丹講《論語》而竟可銷行數百萬冊，全球且遍設孔子學院，不禁飄飄然又有文化大國國民之感。

然而，儒學復興或許又來得太快太輕易了。學術界還沒準備好、社會條件也不足，以致所謂儒學復興不僅頗見亂象，真實內涵亦頗堪疑。

例如學界到處辦國學院、國學班，可是國學中斷或停滯了幾十年，如今通曉國學的人有多少？師資何在？教材又在哪？過去講馬列、批判孔子的人，如今俯徇時尚，轉來講儒學，當然沒什麼不好，但真正的研究又如何？八十年代，通過對港臺新儒家的介紹與對話，並整理章太炎熊十力等早期儒者的文集，儒學研究確實奠定了點基礎，也培養了若干人才。但新時代儒風大盛，儒學研究卻其實並無進展。沒有新學派，也無新理論。從前留下來的學術問題，看來也沒人在意。因此雖然社會上儒學彷彿熱得很，我們內行人卻很明白：儒學研究目前甚是蕭條。新意無多，學術社群也沒什麼活力。

而就在老成凋謝、中壯輩瀕屆退休、青年學者又還不成氣候的這個時候，社會對儒學之需求卻是空前巨大。要學界提供各式講員、寫各種書。學界根本無法應付，出版社遂只好大量翻印老書或出版通俗講論（如張居正、南懷瑾及各大學各名師的講記），以應時需。這類書，在盜版市場上更多，足徵社會需求之殷。但通俗講論本來粗淺，內中且多錯誤。出版社大出特出，無非圖其方便，找個人講講，錄音整理即可成書，不用等學者十年磨一劍。

印老書，當然好，可是也往往欠缺學術考量。如胡適《說儒》原只是一篇小文章，但現在配了圖，包裝成了一本大書。該文本是有爭議的，就一本書而言，其內容亦顯單薄。可是學界現今並沒什麼總說儒家較好的著作，出版社這麼做，恐也出於無奈。

學界無以支應社會需求外，社會條件也不足。社會條件是什麼呢？實的是制度，虛的是文化心理。

制度方面，大陸的孔廟、書院、朱熹王陽明黃宗羲章太炎等名儒故居及舊址，現在大都不屬於教育與科研體制，而是隸轄文化部門或旅遊部門，不講學、不做研究，只是闢地做生意，兜攬遊客上門。正式教育體制中，大學文科的系所、經費、資源皆遠不及理工商管吃香，學生報考文科的熱情也正逐年下降。中小學教材的傳統文化部分則比重不足，也未能如臺灣般將《四書》納入課程，對於以私塾方式實施國學教育的機構還頗思取締。大學裡的國學班國學院雖辦得熱鬧，國學卻迄今仍不被教育主管官署視為一正式學門。儒學同樣也非正式學科，只能掛在「哲學」底下，做為「中國哲學」的一個分支。可是儒學的歷史面社會面等等，均非哲學所能涵括。此類制度的社會條件若未改善，國學或儒學云云便只是虛熱鬧，很難落實。

社會文化心態方面，則是浮囂、躁動。感覺傳統文化好、感覺需要補充文化知識，便一古腦發起勁來，很有群眾運動的架勢。這個工程、那個大典，洶洶然好不熱鬧。若究其實，卻多是空乏無底氣的。學術性不足，而普及化太早，有點兒本末倒置。

這不僅是發展儒學才如此。好日子沒過上幾天，飲膳品味根本還沒提升，已嚷著要吃粗食吃土菜，說是厭珍饈而貴螺蛤了；生活上根本還沒學會規矩，不太懂得文明禮儀，已大喊要掙脫禮教了；人文與藝術，根本還不嫻熟法度，對中西傳統不識之無，已然高談創新，要把自己建立為典範了。此等浮囂的文化心態，使得大家熱衷於放焰火或看煙火表演，而吝於注意埋水管的工作。媒體與社會聯手打造著文化明星、追求轟動效應，卻並不關心上述儒學發展之體制問題，也未必支持學術。令人沈思的儒學內涵，遂往往在此情境中被簡化成一客速食，或一品點綴快樂生活的巧克力霜淇淋。

在所謂儒學復興的這個年代，恰好又逢著經濟成長，全民「向錢看」，朝野上下交征利。以致儒學發展頗受經濟利益之驅遣，商業炒作、時尚風潮，構成一幅奇異的風景。

各級地方政府，常以傳統文化為名目，辦祭典、祀先賢，或打造族譜村、姓氏大會，建中華文化標示城，並把孔廟、書院闢為觀光旅遊景點。但文化搭台、經濟唱戲，旨不在宏揚文化，而是藉此發展經濟，帶動地方建設，招商引資。有些城市喜談儒商傳統，或設法建立新的全球儒商關係，其意略同。

這些地方的官與商，都豔稱儒學，但據我親身體會，大抵對儒學是既不懂也缺乏敬意的。他們辦的典禮、召開的學術研討會，通常皆無什麼學術價值及文化意義，無非搞活動以吸引人潮與錢潮罷了。儒商問題，本來在九十年代是非常有意義的課題，可以做許多理論挖掘與歷史探索，但如今也被庸俗化了。

儒學與企業管理的問題也一樣，原本值得深論，可是目前各學院與人才培訓機構所談中國式管理、易經與決策模式、由歷史看管理、中國謀略學、帝王術等等，乃是功利實用導向的。讓儒學與現代企管勉強鈎合，以媚時俗，很少人去闡發儒學對人逐利競名的批判態度。

前一陣子李零所寫《喪家狗》一書，在我看，便是對上述現象的發牢騷。他說：「古人云：『衣食足而後知榮辱』，其實衣食雖足，亦未必知榮辱。」這就是指現今的社會。他又說：「學《論語》有兩條最難學，一是『三軍可奪帥，匹夫不可奪志』，二是『不義而富且貴，於我如浮雲』。現在，哭著鬧著學《論語》的，不妨先學這兩條，試試看」。前者謂儒學強調獨立之人格，不當隨時俗轉移；後者指儒學貴義輕利，富貴名利均應以義衡之，絕不是如今人般苟逐名利不擇手段，然後以聖賢言語塗飾之、附會之。學界中人助紂為虐，曲學阿世，無怪乎為他所鄙視。其語或嫌尖刻，但時尚化、媚俗式地發展儒學，難道不該批評嗎？

造成這種現象的原因之一，是整個社會仍在現代化的進程中。

我國社會的現代化轉型轉了上百年，現在還在持續發展其現代性。現代化的基本態度，便是要掃除傳統。這種文化態度，七十年代以後雖替換成「傳統與現代結合」、「取其精華、棄其糟粕」、「創造性轉化」等說詞，看起來不那麼斬截、對立，但實質上並沒什麼改變。而這種社會，正如 Peter Berger《飄泊的心靈：現代化過程中的意識變遷》一書所述，是要奇妙地消除史蹟、遺忘歷史的。

我們過去的現代化歷程不就是如此嗎？如今看起來好像業已不然，可實際上現代化仍是我們這個社會的主要發展動向，人們仍對現代化表現著正面期待，為社會意識之主流正價值。儒學或傳統文化是放在這個現代化框架中被接納、被重新認識的，儒學必須符合現代化期待才能獲得社會認可。

然而，我們不要忘了：既要講現代化，又要發揚儒學，在某些時候是會精神分裂的。現代化的清除史蹟，與尊重歷史文化的意識，本來就相矛盾，現在我們是採分裂認同或囫圇彌合的方式勉強安頓之，可是衝突是不可免的。儒學復興、讀經運動、國學熱，都一再引起現代化人士之質疑與批判，謂為「保守主義復辟」或「走向蒙昧」。此類爭論，不是某些人對儒學特具敵意使然，而是在現代化進程中發展儒學必有的衝突。衝突的結果，看來是儒學越來越盛、讀經活動越辦越暢旺，實則是儒學以向現代化妥協告終，強調復興儒學無礙於現代化或可讓社會的現代化更好些、更快些。

如此強調，本身就充滿了現代性，具有工具的、實用的、現世的思考。認為儒學可有助於我們的工作、管理，可幫我們成功、快樂或提高社經地位，增強競爭力。擴而大之，更可強化國家的「軟實力」、號召全球華人之精神認同、建立全球化格局中新的文化身分等等等。

對於現代社會中人天破裂的精神處境、機器化的理性態度、科層化的社會及其思維，西方當代思想家頗有評析、儒家思想中也不乏批判現代性之資源。但在我們這兒，這些往往都被掩蓋或忽略了。社會上仍在喊：「科教興國」、「科學技術是第一生產力」。談儒學的人，則也許仍是冬烘老學究，徒抱遺經，以護存文化為職志，而對此現代化情境漠無感知，無從應對；也許隨順情境，以獵時名；也許求同存異，勉求儒學發展之機。總之儒學還是不能真正復興的。

推展儒學的人，不僅要面對這等現代化情境，他尚有體制化的猶豫。因為目前一部分困境肇因於儒學還不能進入體制，故尚不能成為主流意識或國家意識型態，以主導社會進程。是以亦頗有學者倡言「政治儒學」。

政治儒學，在現實環境中，看來很難實踐，因為可能動搖黨政結構。這姑且不論，只說在學科組織、科研項目、教育體系這些層次，儒學就還沒充分體制化。想推展儒學，自然頗有困難。但體制化一定好嗎？這又不免令人猶豫了。

前文已說過，近年不只地方上熱衷儒學，政府亦以孔子為國家文化符號，在全球廣辦孔子學院、在各地祭孔、強調民本思想、送《四庫全書》去日本、大談中華文化。此亦頗令講儒學者振奮，且有被體制收編的誘惑。可是，儒學做為申張國家意志的工具，或利用傳統文化來強化民族主義好不好呢？

由歷史看，儒學之衰，不正是由於它被帝王所用嗎？儒者活在一個朝野都提倡儒學的時代，或許比在一個壓抑、反對儒學的年份，更要危險。一是誘惑比壓力更難抗拒；二是經世致用的理想、成為「帝王師」的抱負，會讓人把擴張個人私欲和推廣文化的公心混為一談；三則是體制化了的儒學往往也就喪失了它的民間性與批判性。故在此當如何拿捏，頗費躊躇。

過去的儒學，並不是因帝王提倡了才興盛的，它有一個較穩固的社會基礎：由家庭而宗族祠廟，而鄉里社學，而書院，而鄉約自治。生活團體與倫理實踐團體、講學團體大致合一。故帝王雖或焚書、禁講學、毀書院，也不能使儒學不在老百姓的生活上起作用、不能讓老百姓不依儒家的倫理去過生活。這個社會基礎，在現代化過程中被摧毀了，所以儒學才變成抽象的理論、無驅體的幽靈。如今若欲招魂，恐怕使之重新被立為國家意識型態，不如從生活場域的重構來得實際。

但重構生活場域談何容易？現代社會的特徵之一，就是家庭型態的變革和家庭結構的不穩定。現代人在面臨科層體制之壓迫（例如工作壓力、強制退休等）時，既無田園可歸，又無家庭可以退守，而現代社會工作與行動的漂移又強化了人們的無家感，這是現代文學與藝術中經常談及的現代困境。人人都想改善，可是被現代化裹脅了的現代人，哪這麼容易就能掙脫現代生活型態的樊籠？連重建家庭在倫理生活場域中的地位，皆如此困難，遑論宗族、鄉里、學校、社會？

何況還有大眾消費文化的問題。消費時代，大眾不是接受文化之教養，而是消費著文化。傳媒及文化產業推波助瀾，追求消費的數量與鈔票，一如政客追求著選票。故阿多諾（Theodor Adorno）形容媒體是「把啟蒙的可能，變成了野蠻化的可能」，不只敗壞趣味，更遲鈍感覺，為集權主義舖路。在這個時代，推展儒學，可能亦只如推銷一種新的文化產品。擅於包裝與行銷者，自會在其間利用話題傳播、區隔市場、異業結盟諸術，銷行其產品。大眾或分眾購買此等產品，其心態亦類如買維他命補品。膠囊一粒，輕鬆入口，便蕲能健身益神，並不感覺儒學是要真正在日常生活上從事「學」與「思」並做倫理實踐的。

所以，為儒學復興而歡喜或憂傷的人終將明白：原來只是空歡喜與虛擔心，儒學並未真正復興，在現今這種體制和社會中也不可能復興。

那要怎樣才能使儒學復興呢？儒學應以何種形式重返中國？答案其實就隱藏在我前面的批評中。生活場域的重構或許困難，但生活儒學，即以儒學介入生活仍是可能的嘗試。

不過那是另一篇文章或一批文章才能談的事，在此我反而覺得也許先不要談那麼多。遊談無根，是古代文人之通病，而於今為烈，知識人的實踐性都實踐在嘴皮子上，以言說為真實。現在發展儒學，首先不是在方向路線上爭辯，而是沉潛下來好好讀書。連四書五經都沒通覽，卻在那兒辯說該不該讀經，豈非可笑？在浮囂的社會風氣中，知識人首先要靜定得下來，覃思熟慮，做點理論的突破或文獻的掌握。根深自然葉茂，深入了才能淺出，要做社會推廣，先得努力鑽鑽象牙塔。社會大眾呢？則也該知道體制和社會結構問題若不改善，儒學發展就難，我們自己存在的困境亦無法改變。為了我們自己的未來，我們不該掠影浮光地把玩古人的智慧，而當崇本務實，更關注生活情境的完善！

向古人借智慧——讀中國文化經典

一、人文主義的傳統

向古人借智慧，是我在大陸出版的一本書名。二〇〇五年百花文藝出版。原本是在臺灣一家廣播電台談讀書方法的紀錄。暫時借來做為今天演講的題目。

看到這個題目，來聽講的朋友大約已心裡有數，是要說中國文化如何博大精深，我人應當好好讀書，向古人借智慧云云。

但我未必想再講這些陳腔濫調，且讓我從一個故事說起：

從前美國哈佛大學有位校長威廉·愛略特（Charles William Eliot，一八三四～一九二六）在一八六九到一九〇九年間，擔任了四十年校長，對哈佛的校風影響深遠。他曾與紐約一出版社合作，編印過一套《哈佛經典叢刊》（*Harvard Classisc*）。從希臘至近代，凡百餘種，合為四十九卷，他自己一卷《序文、導讀、索引合編》，合起來五十冊，排起來剛好佔書架五呎寬，所以又被稱為「架上五呎叢書」。銷行不衰，直賣到現在，上百年了。另外，愛略特又輯了三十二部小說，合為《哈佛經典小說叢刊》，共二十卷，也很受歡迎。出版社賣書給讀者還牛得很，付了款後，書店一次只寄幾本來，隔一兩月再寄若干。意思是教你仔細讀，讀完了他們才肯再寄。讀者要花幾年才能把書購齊，也就是把它讀完。

本講從哈佛大學提倡讀經典的這一類故事講起，是有原因的。過去，吳宓留學哈佛，受教於新人文主義大師白璧德（Irving Babitt，一八六五～一九三三），便服膺其說。返國後，即於一九二二年一月創辦《學衡》雜誌，大申白璧德之教。《學衡》創辦時，吳宓在東南大學，因此學術史上常以《學衡》代表南京之學風。至少在跟北京相對比時是如此認定的。

白璧德與愛略特同時而稍晚，因此他可說是繼愛略特而起，伸張人文精神的代表人物。他所主張的人文主義，強調的是人如何完善的問題。素樸的人，通過人文教養之教育，逐步提高，故與浪漫主義著重自我之申張，塗轍迥異。既講究人文教養，因此閱讀經典便是必須之事。經由閱讀經典，特別是文學經典，人才能學到標準與紀律。人文主義又常被稱為古典主義，道理正在於此。在這方面，他和愛略特的主張恰是合拍的。

但白璧德所主張的「新人文主義」，並不同於在歐洲文藝復興以後發展起來的人文主義。他認為舊的人文主義頗有流弊，因為人文主義者強調研讀經典，其弊乃導致人文主義學者以鑽故紙堆為高，流於玩物之自鳴得意，摩挲古典以為樂，以此優遊歲月。對此，他主張研究古典亦須與現代相聯結。如何聯結？他提出比較與歷史方法。比較古今，吾人所研習之古，乃能對現代具有比較及啟發之意義；歷史方法，則是觀察中古發展至今之軌跡。因此，白璧德並非古典主義者，他所謂的新人文主義，重點實在「中和」。例如古與今之中和，不執古之道以御今之所有，亦不站在科學進步觀的角度，貴今賤古。

在一九〇八年出版的第一本著作《文學與美國的大學》中，白璧德言道：

舊人文主義……在某些方面已過時且不足以適應時代之需。……它會導致超美學的（ultra-aesthetic）享樂主義的生活態度。即退回到自己的象牙塔中，在古典文學中尋求精緻慰藉的那種傾向。……未能以更廣闊、有機的方式將它們與當代生活聯繫起來。因此，古典文學注入新生命和興趣，不可能指望藉由重振舊人文主義來達成，而是要在研究古典文學時更廣泛地應用比較和歷史的方法。……這些方法必須為觀念所滲透，且通過絕對價值感（a sense of absolute values）而得到加強。……每個作者的作品，……應把它們當作古代與現代世界一脈相承的發展鏈條上的環節而予以研究（第六章·合理的古典研究）。

現在不妨總結一下我們尋求人文主義定義的成果。我們發現人文主義者在極度的同情與極度的紀律及選擇間遊移，並根據他調節這兩個極端的情況，而相應地變得更加人文。……正像有人告訴我們的那樣，聖法蘭西斯融合了他身上老鷹與鴿子的品質：他是個溫順的老鷹。……就最實用的目的而言，適度，乃是人生最高的法則（第一章·

什麼是人文主義？）【註1】

第一段就是區分新舊人文主義，強調古今應聯繫貫通起來，「古典人文研究，將通過日益密切地接觸現代人而獲益匪淺；同時，就崇今者來說，他們也只有徹底承認古人的前導之功，才能厠身人文學科的行列。古典以現代為前景，就不會有枯燥呆滯之弊；現代以古典為依託，則能免於淺薄和印象主義之弊」（第七章．古與今）、「一名古典教師應履行的最高任務，就是運用想像力，去將過去的東西重新闡釋為今天的東西。……我們既缺乏對現代有充分觀察的古典教師，又缺乏具有足夠古典背景的現代文學教師，這是實現人文方法復興的主要障礙」（第四章．文學與大學）。

既要古又要今，就是第二段所說的中和原則。他認為人文主義最核心的精神，在於人不走向極端，能夠「叩其兩端」、「取兩用中」。其修養工夫所在，即在其藉平衡調適兩端，而讓自己得到較高的品質，讓一切極端均能中和。在人身上體現出適宜適度適當的性質。因此他說：「再沒有比走向極端的多元論（pluralism）更不具人文或人文主義特性的了。只有那種同樣走向極端的一元論（monism）才可與之相比」（第一章）。

中和的原則，不僅表現在古與今方面，也表現在傳統與創新、個人與歷史、自由與限制、理性與感情、民主與貴族、人與自然等各項對立極端之中和。用白璧德的話說，此即人之律（Law for man），在一與多之間保持平衡。而其所以能平衡者，則由於人內心「高上意志」

與「卑下意志」之對峙中，人對自己內在的制約（inner-check）力量。（見其《民治與領袖》*Democracy and Leadership*，一九二四。吳宓的譯介見《學衡》卅二期，一九二四年八月）。

【註2】

人文主義一詞，自其拉丁文辭源觀之，最初之辭意就是「信條與紀律」，因此它原本確實是貴族而非平民的，重理性而非如浪漫主義那麼感性。但白璧德所主張的新人文主義，講究的卻是「正確的平衡」。此即他與歐洲舊人文主義大不相同之處。

順著這個區分，白璧德非但不滿於舊人文主義之「在古典文學中尋求精緻慰藉」這種享樂主義生活態度，更不滿當時流行的德國式古典研究方法。他的新人文主義，主要特徵，或其立說之主要目的，就是要反對當時流行的德國式「嚴格的科學研究方法」（streng wissenschaftliche methode）。他說：

> 在中世紀那個極端時期，人類精神（the human spirit）……沈迷於超自然的夢幻中。現在，它又走向另一個極端，力圖使自己和現象界合為一體。這種科學實證主義傳播甚廣，它使人與自然日趨同化，特別是對教育影響巨大，某些教育機構正成為科學大工廠（第四章）。
>
> 就語言受制於「事之律」而言，它是文獻學；若它表達了「人之律」，則它是文學。……
>
> 今天，我們所知道的文獻學家，並不會因為有了「促進人類進步」這個培根主義的捧

場，就與他們的原型：（古羅馬）亞歷山大語法學家有何不同。……跟出色的老式語法或考證（textual criticism）相比，大量時下流行的 Quellenforschung（德文：來源研究）實處於較低水準。……今天的學生，往往把一切都當成文獻考據，把文學、歷史和宗教本身都變成「一串故事」。沒完沒了的收集資料，可是面對這些材料卻無法從中提煉出恆久的人類價值。……我們的大學亦因而陷入了文獻學的獨裁統治之下，現行學位制度，對好學深思之士毫無促進作用，只鼓勵在研究工作中展示出嫻熟技術的人。……古代經典研究的德國化，不僅對經典本身是毀滅性的打擊，就整個高等文化說，亦是一大災難（第五章，大學與博士學位）。

依他看，德國化的學風「鼓勵人放棄一切自發的思考，僅在某一小塊知識領域當別人觀點的紀錄或倉庫」、「情願把自己的心靈降低到純粹機械功能」（第六章）。其毛病，一在只重視材料，運用考證去達成知識之累積。二在專業分工，造成切割，且又服膺「事物法則」。這些批評，至今看來，仍是非常準確的，今日學風仍有此弊，而且愈來愈嚴重。

二、人文主義的挑戰

依白璧德之見，美國的大學中，人文精神已遭遇到功利主義自下而上的威脅、專業化由上而下的威脅，以及幾乎無法阻擋的商業化和工業化之威脅。特別是數量化的時代，白璧德認為大學更應認識「質」的重要，培養有品質的人。

因此，在他的想法中，更關注的乃是專門性大學（college）而非綜合大學。他《文學與美國大學》一書所指的大學，就是college。這個字一般都稱為學院，但白璧德之所以用college稱大學，而不用university，正所以表明他心目中實施人文教育之場所，乃是college而非綜合大學。College在時代洪流中應當格外捍衛人文主義的傳統與標準。他所期望於這些小學院的，乃是「在自由文化精神的激發與指導下，教授為數有限的幾門標準課程」（上引書，第四章）。他說：

> 這些小學院若能認識到自身的優勢，不陷入自然主義之謬誤，而把人文意義上的發展和單是擴大規模相混殺；又不讓自己被規模和數量所震懾，那麼這些小學院就幸運了。儘管全世界都醉心於量化的生活，大學卻必須牢記自己的任務，是讓自己的畢業生成為高品質的人……力求在老舊的世襲貴族和新興的金錢貴族之外，培養我們社會所需的性格與智力貴族，以資抗衡。

大學假如不培養金錢貴族，自然就不會以職業出路為教育目標。白璧德反對專業化，也反對讀書只為了某個特殊的功利目的。故若一名學生未廣泛閱讀，只一心專注於他的論文，以求寫了畢業，獲得學位，最令其鄙視。他所強調的「學術的閒暇」或「高雅的業餘者」（elegant amateur），類似中國古代所謂：「君子不器」或「遊於藝」之類，多識前言往行以自畜其德，悠遊澡浴於學問之海，並不自限於某一知識領域，也不把自己當成一名處理知識問題的職業技工（詳見其書第九章）。而這種理想，他以為已不可見於德國的學術研究風氣，亦不可見於美國之新型大學，只可求諸英國劍橋、牛津等校：

也許只有在英國，那種高雅的業餘者之理想，才得以倖存且延續至今（第四章）。

……這種學術閒暇的傳統和舊式的人文主義，在英國的大學中尚有一定的保留。但即使在牛津與劍橋，人文主義者和閒暇者也正受到專門的科學家和忙碌的人道主義者的排斥；在我們美國的大學教師中，這種情況就更多了（第九章）。

白璧德的想法，當然有他的時代背景。人文主義者通常溯源於文藝復興；但文藝復興固然提倡了人文精神，其人文精神卻主要是建立在理性上的。理性的弘揚，漸漸就促進了科學的發展，並使人越來越重視科學、相信科學，而形成了科學主義。要求人文學、社會學都得效法科學，或成為科學。教育上，也就出現了科學主義的大學觀。代表人物，就是白璧德所大力抨擊的培根。

培根認為社會之發展需要科學，科學人才之培養必須以科學教育為內容，大學則為承擔此一工作內涵及使命之地。其所謂科學，又專以通過歸納法獲得的知識為準。因此大學就成為教導學生使用科學方法去掌握知識，以貢獻於社會之機構。十九世紀初，英國就開始為大學到底應維持古典人文教養教育，抑或發展科學教育而產生了論戰，斯賓塞（Herbert Spencer）、赫胥黎（Thomas Henry Huxley）等都主張科學主義教育，以致一批重視科學技術教育、旨在培養各種實用科技人才的新型大學在各主要工商城市湧現，老牌的古典大學，如牛津、劍橋，也增設了自然科學系科，開始培養科學人才。此風於十九世紀後期傳入美國，與其功利主義思想結合，迅即蔚為洪流。自然科學與技術實用學科地位日高，人文教育備受冷落，白璧德之感嘆，即為此而發。

三、經典教育的實踐

不過，白璧德並非孤軍奮戰。在他之前，十九世紀有托馬斯·阿諾德（Thomas Arnold）、梅修·阿諾德（Mathew Arnold）、紐曼等人，主張大學教育旨在培養紳士。二十世紀，白璧德稍前，有愛略特一類人，後則有薩頓（George Sarton）、赫欽斯（Robert Maynard Hutchins）等人依然倡導推動人文教育，且影響深遠。

薩頓乃科學史家，其說亦號稱新人文主義，但目的在實現科學的人文化。認為科學固然重要，但我人應注重科學的人文意涵，讓科學重新與人文聯繫在一起，從而建立一種建立在人性化科學上的新文化。他稱此為新人文主義。

赫欽斯主持的芝加哥大學，則主張發展理性、培養人性，是教育永恆不變的目標，大學就是針對此一目標，促使學生理性及道德能力充分發展健全而設的。為達此教育之永恆目標，赫欽斯建議設立一套永恆學科。謂此學科「紬繹出我們人性的共同因素，因為它使人與人聯繫起來，使我們和人類曾經想過的最美好事物聯繫起來，並因為它對於任何進一步的研究，和對世界的任何理解都是重要的」。此學科由兩大類科目構成，一是與古典語言和文學有關的學科，學習之途徑就是閱讀古典著作；另一類，可稱為「智性課程」，主要包括文法、修辭、邏輯、數學等具有永恆性內容的學科。這些學科，不但配合永恆的教育目標，也與那些因時代需要而設的應世諧俗學科不同。那些學科常隨時代需要而枯榮，當令時，至為熱門；過時了，就毫無價值。【註3】

赫欽斯是美國學術界的奇才，三十歲就擔任芝加哥大學校長，名震一時。他在一九五一年編成了一部大書，足以與《哈佛經典叢書》後先輝映，叫《西方的經典》（*Great Books of the Western World*）。次年由大英百科出版社出版。

書凡五十四卷，第一卷導言，二、三卷是索引，其他五十一卷便是經典文本。包括七十四位作者，作品四四三種。跟我們的《四庫全書》相似，它也用封面顏色來分類，文學類黃色；歷史、政治、經濟、法律類藍色；天文、物理、生物、化學、心理類綠色；哲學、宗教類紅色。但所選的很多作品其實不定屬哪一類，故這也只是大略分之而已。所收的全是一九〇〇年以前的書。

這一大套書，期望中的讀者是大學生或具大學程度的人。當然，經典越早讀越好，可以及早受用。但他並不希望大家囫圇吞棗地讀，他希望讀者能按次序，一本一本讀下去。如果自己無法有效地讀，那麼，他又替大家擬了一個閱讀計劃，特意編了十本導讀書，讓大家每年根據一本導讀去閱讀那些經典，要讀原文，一年一本，剛好十年讀完。每本導讀，內分十五課，以第一冊為例：

一、柏拉圖《自由》及《克利圖》。
二、柏拉圖《共和國》卷一、卷二。
三、莎孚克利斯《伊地帕斯王》及《安提岡妮》。
四、亞里士多德《倫理學》卷一。
五、亞里士多德《政治學》卷一。
六、普魯塔克《希臘羅馬名人傳》四篇。
七、聖經《舊約·約伯記》。
八、奧古斯丁《懺悔錄》卷一至卷八。
九、蒙田《論文集》六篇。
十、莎士比亞《哈姆雷特》。
十一、洛克《政府論》第二篇。

十二、綏夫特《格列佛遊記》。
十三、吉朋《羅馬帝國衰亡史》十五、十六章。
十四、美國獨立宣言、憲法及聯邦論及。
十五、馬克斯恩格斯《共產黨宣言》。

以上所舉每一本書，都說明卷次與頁數，從容帶領讀者優遊於經典之中。導讀著重指出古代思想和現代的關係，尤具啟發性。而且真是導讀，不是灌輸或教訓，表現了赫欽斯所強調的「自由教育」之精神。另外，不知你注意到沒有：它第一課是從柏拉圖開始的。其實他每一冊的第一課都從柏拉圖開始。西方人本來就有一切哲學都是柏拉圖的註腳之說，本編亦是此意。一切回到柏拉圖，也就是一切皆從源頭上去找答案，由古人的智慧中探索真理的可能。

導讀之外，二、三卷的索引也十分有價值。它把西方文化的基本思想分列為一百零二項，其下又臚列為兩千九百八十七個題目，讀者若想知道西方對某一個問題有何主張，利用這個索引，可以一索即得。

編這樣的索引，不唯嘉惠讀者，更可以顯示編者的功力。從前梁實秋先生就很推崇他這套書，認為：「與其讀所謂的『暢銷書』，不如讀這一部典籍」（梁實秋．〈西方的典籍〉，《白貓王子及其他》，臺北：九歌出版社，一九八〇）。

哈佛、芝加哥這兩大套經典叢書及其教育理念（包括與之相配合的課程設計），在美國可謂典範。其他學校沒有如此大規模的編輯項目，但也不是沒有類似的做法，只是規模可能略小些罷了。例如《莎士比亞全集》，舊版最著名的是劍橋大學編的，九大冊，一八六三年開始刊行，一八六七年二版，一八九三年三版。牛津大學也有另一個版本。一九二一年開始，劍橋又推出新版三十九冊，出到一九六六年才出齊，長達四十五年，慢工細活，極為矜審。美國耶魯大學所編的則為四十冊本，為在美國通行之版本。其他投入古代經典整理的項目極多，就不一一介紹了。

四、閱讀經典的批判性

在我們中國，介紹西學的人，大抵只注意人家一些新東西。覺得西方總是求新求變，新觀念、新理論，不斷推陳出新。殊不知西方傳統之堅韌，初不因現代化而瓦解。反而是在面臨科學主義、商業化、數量化、功利取向時，不斷有人申張人文主義傳統，力圖矯正之。而一些著名的大學，就在此扮演了中流砥柱的功能，不斷呼籲人們應該回去細讀古典。

近年後現代、多元文化、後殖民、女性主義等理論甚囂塵上，同樣引起了這樣的批判。十年前曾任哈佛講座教授的布魯姆（Harold Bloom）出版的《西方正典》（*The Western Canon*），即為其中一例。

此公在該書中選了貴族制時期的莎士比亞、但丁、喬賽、賽萬提斯、蒙田、莫里哀、米爾頓、約翰生博士、歌德；民主制時期的渥滋華斯、珍·奧斯汀、惠特曼、狄瑾生、狄更斯、普魯斯特、喬哀思、吳爾芙、卡夫卡、波赫士、聶魯達、斐索等廿六家之作，謂其為西方文化中之「正典」（the canonical），認為現今我們對語言比喻之駕馭、原創性、認知力、知識、詞彙均來自它們。

其次是：他不僅力陳經典的價值，更把矛頭伸向正流行當令的女性主義、馬克思主義、拉岡學派、新歷史主義、符號學、多元文化論等，合稱為憎恨學派（School of Resentment），謂此類人憎恨正典之地位及其代表之價值，故欲推翻之，以便遂行其社會改造計畫。打著創造社會和諧、打破歷史不公之名義，將所有美學標準與大多數知識標準都拋了。可是被他們另外揭舉出來的，也並不見得就是女性、非裔、拉丁美裔、亞裔中最優秀的作家；其本領只不過是培養一種憎恨的情緒，俾便打造其身分認同感而已。此等言論，逆轉了攻守位置。讓一向善於藉著批判傳統、顛覆這顛覆那，以獲得名位者有些錯愕。

這些學派自然也立刻反唇相稽，說布魯姆所稱道的正典，只是歐洲男性白人的東西，甚且只是英美文化中慣例認可者，並不適用於女性、多元文化者或亞裔非裔。

但此類反擊，除了再一次訴諸身分、階級意識型態之外，畢竟沒有說出：為什麼正典必須擴充或改造？其美感價值與認知，為什麼不值得再珍惜？因為：此類文論家原本就不太讀也不能讀原典，文本分析恰好就是他們的弱點；捨卻文學的藝術價值不談，正是其習慣。如此而欲反抗正典說，豈非妄談？讀者根本不曉得何以必須放棄莎士比亞而偏要去讀一些爛作品，只因它是女人或黑人寫的，或據說其中有反帝反對封建的抗議精神？過去，讀者基於道德感正義感，以社會意義替代了審美判斷，跟著此類文論家搖旗吶喊，如今一經戳破，乃始恍然。故「憎恨學派」之反駁，非特未將布魯姆消滅，反而令質疑文化研究者越來越多。

當然，此亦由於布魯姆立說善巧。以往，倡言讀經者，輒採精粹論立場，不是說經典為文化之核心精粹，就是說經典之價值觀可放諸四海、質諸百代，乃萬古之常經、今世之權衡云云。布魯姆卻不如此。

他本以《影響的焦慮》一書飲譽學林，論正典亦採此說。謂經典之所以為經典，自然是因它們影響深遠，但所謂影響，並非只是後人信仰它、欽服它、效法它、依循它，而是後代在面對經典之巨大影響時存在著嚴重的焦慮，故藉由反抗、嫉妒、壓抑去「誤讀」經典，對它修正、漠視、否定、依賴或崇拜，這些創造性的矯正，也是影響下的表現，因此後代縱或修正或擺脫經典，仍可以看出經典的價值與作用。

同時，正典亦因是在影響的焦慮中形成的，所以它們都是在相互且持續競爭中存留下來的，文本相互激盪，讀者視野不斷調整，正典本質上就永遠不是封閉的，一直是互為正典（the inter canonical）。簡單說，反對經典，正是因為經典重要、影響大。而反對者對經典之誤讀或創造性矯正，又擴大了它的影響、豐富了它的意涵，故經典永不封閉。

由這樣動態的關係去看經典，才可以避免反對者所持的各種理由，什麼古典不適今用啦、何須貴古賤今啦、經典只代表著一階層之觀念與價值啦、文藝貴乎創新啦等等。

但不論布魯姆或愛略特，任何提倡讀經典的人，也都無法說服那些反對的朋友。蓋此非口舌所能爭。經典的意義固然永不封閉，但它得有人去讀，其意義是由閱讀生出來的。倘若士不悅學，大家都不愛閱讀，視閱讀為畏途或鄙視之，僅以談作者身分、膚色、階級、國別為樂；或廢書不觀，徒逞遊談，則正典之生命便將告終。

而現在的學府正是這般可能埋葬經典的地方。學者要著書立說、要升等、要申請項目經費，自須別出心裁，立異以鳴高。今日創一新派，明日成一理論，方為此中生存之需，乖乖讀點正經正典，既無暇為之、不屑為之，亦無力為之。

如今大學講堂中，高談多元文化、女性主義、後殖民、拉岡、傅柯者，車載斗量。可是能好好閱讀講說如莎士比亞、塞萬提斯、米爾頓、狄更斯的，卻著實稀罕。博士碩士們，找些理論、看點論文、上網抓點資料，手腳倒也勤快，作品可沒讀過多少，更莫說那些不厭百回讀的經典了。對於這些人、這樣的機構來說，提倡讀經，其實就是要求改造學術倫理，重新界定所謂的學術價值到底是什麼。

五、在中國讀經典

可是，閱讀經典的這種批判性，恐怕更應該施於中國。不是嗎？美國本有閱讀且悅讀經典的傳統，已如上述。主流大學帶頭做起，校長本身就是古代經典的大行家，校內重要學者則著書立說以昌明讀經典的重要性，課程設計更是環繞這個精神而展開（影響臺灣通識教育極大的哈佛「核心課程」與芝加哥「經典教育」，便是其中之一環）。因此其學府雖也有應世諧俗的科系，但其世俗化、功利化，哪有中國這麼嚴重？中國有這樣的大學、這樣的校長、這樣的經典叢書、這樣的課程嗎？

目前我們的大學，有白璧德、赫欽斯、布魯姆等人所批評的一而切毛病，而且既踵事增華，又變本加厲。故他們所說之所有經典該讀的理由，我們都適用，抑且比人家還要迫切，還應更加緊地讀。

然而，我們想讀經典卻也不易。梁實秋先生在介紹赫欽斯編的《西方經典》時，即曾感嘆東方人也有東方的經典，而期待我們也能參照他們的書，編出一套《東方的經典》來，並希望中文版之外還有英文版。但我們都知道：目前我們可是甚麼也沒有呀！

沒有書，也沒有讀者。個別的人喜歡找點古書看，當然也是有的，但我說的是我們缺少經典讀者的社會。社會不支持讀古書，讀經典的人也構不成普遍的社會群體。大家讀八卦雜誌、讀暢銷書、讀明星起居注、讀時尚報導、讀考過試以後就扔進字紙簍的教科書、讀一切無聊圖文垃圾、上網聊天打屁，可就是不讀經典。

想要讀古書的人，則總是會碰到龐大的壓力，問你為何要讀、讀了有甚麼用、現代人何必鍾情老古董、古書裡面有毒素怎麼辦、經典為何只能是古籍、那些東西跟我的專業有何關係、對我們未來事業能有什麼幫助……等等等。他要自己先說服自己，跟這些亂七八糟的問題糾纏一通，找出一個勉強自己去讀讀看的理由；然後再一一應付別人對你居然讀經的詢問，和沒完沒了的質疑。身心俱困，口敝唇焦，經典還沒讀呢，什麼興致全沒了！

當代大學生尤其不是經典的讀者群。能考上大學，本身就是讀教科書參考書好手的明證。讀那些東西把時間都佔滿了，故通常沒機會讀其他的書；讀教科書把腦子讀壞了，於是也不再能讀什麼經典；受限於專業體制，更不會去讀與專業無關的韓文、杜詩、孔孟、老莊、《金剛經》《紅樓夢》。

因此我們莫說比不上哈佛芝加哥，對早年在南大提倡人文精神的吳宓等前輩，亦當有愧。當然，我在這裡講南大的老傳統，無非是因地制宜，便於取例而已。其實那時的大學生，無論南北，都具有遠比現今通博的精神，不為專業體制所限。

傅斯年在北大讀國學，去英國卻讀心理學，然後到德國再從文科讀起，但地質、蒙學、藏學、相對論，什麼都學。趙元任留美，先學電機，後讀數學，再轉哲學，獲博士後再轉研究語言。金岳霖去美國，先是學商，轉學政治，得了博士後，又去英國學哲學，回國替趙元任教邏輯課，最後才以邏輯名家。聞一多在美國本來學美術，後來則以文學著稱。馬寅初，在哥倫比亞大學以研究紐約市財政獲博士，後來則以人口學聞名。

看來專業云云，對他們只如笑談，根本視若無物。就是博士學位，也不看在眼裡。聞一多、陳寅恪、梅光迪、陳衡哲、梅貽琦、任鴻雋等，都不是博士，吳宓也不是。難道憑陳寅恪、梅貽琦這些人的學問，還拿不到學位嗎？當然不是。是他們根本不把學位當一回事。就像魯迅兄弟在日本讀書多年，從來也沒想要拿個學位一樣。讀書、做學問，就是讀書做學問。讀書不是工具，學位不是目的，什麼專業更是無關緊要。《論語》曰：「君子不器」，又曰：「學而時習之，不亦樂乎」，此之謂也！古人的智慧，即體現在他們的具體生活中。這類事例，不知還能給現在的大學生一些啟示嗎？

附註：

註1：見白璧德《文學與美國的大學》，二〇〇四，北京大學出版社。張沛、張源譯。我在譯文方面有些改動。

註2：吳宓之譯介，張沛、張源認為他用「理欲關係」來解釋高上意志跟卑下意志，乃是誤讀。見注五所引書，附錄。

註3：另參劉寶存〈科學主義與人文主義大學理念的衝突與融合〉，《學術界》二〇〇五年第一期，總一一〇期。

二〇〇九年十月在南京大學演講

讀經的爭論

近年大陸的文化熱點之一，即是國學。電視上大開講壇，品三國、論孔子、說紅樓，其出版品亦往往熱賣。學校則開辦各式國學班，或融歷史於管理之中，或擷取古人智慧以供商戰之用。流風所及，民間人才培訓機構也大談中國式管理。青少年部分，青少年發展基金會中華古詩文經典誦讀工程，據云已有七百萬人參加。依國際儒學聯合會的估算，以各種途徑普及儒學的青少年超過一千萬，其背後還有二千萬家長與教師參與。這種推估，證諸各城鎮縣市林立的私塾、兒童讀經班、才藝教室，可說毫不誇張，人數只多不少。

文化現象上的熱點，其實常伴隨著爭議，而此中爭議最大的就是兒童讀經。二〇〇六年胡曉明所編《讀經：啟蒙還是蒙昧？》收集了五十三篇爭論，網路上的帖文還不知有多少。到底讀經是啟蒙還是蒙昧呢？不只知識分子在爭辯，家長和從事教育工作者也很頭疼，大家都想知道這個答案。

「國學熱」中其他問題或許更值得討論，但論者集矢於讀經，鋪陳理據，申說然否，除了因涉及兒童教育，易於牽動關懷之外，這個論題還具有總攝所有國學現象的作用。因為：

假如讀經根本不必要也不可行，那麼其他各種國學活動也就都不用辨了，這不是去批評誰說《論語》行不行那一類爭議所能比的。

同時，這個論題不只涉及眼前。傳統文化與現代化的恩怨情仇，糾纏了一個世紀，碰到新世紀的讀經現象，當然會再度爆發。現在的爭論，其實正呼應著歷史上曾有的讀經之爭。

早在清光緒二十九年（一九〇三）學部所擬《奏定學堂章程》中就已經提到當時社會上已瀰漫著一股廢經滅古的風氣：「唯恐經書一日不廢」。政府對此風氣深感憂慮，故規定：「中小學堂宜重讀經，以存聖教。」古代中國人自幼受教，無不讀經，讀經從來就不是個問題。可是晚清的局勢，使人體會到再讀這些老古董，恐怕即要亡國滅種了，欲求富強，唯有廢經。喔，不，準確地說，乃是拋棄舊經，改習新經，向西方尋找真理，開始讀洋經。當時大家就多覺得：讀洋經、學西方，才是進步的、開明的；繼續讀中國經典則是保守落伍。如清政府那樣，規定中小學讀經，便是保守勢力對新趨勢的反撲。

這種讀經與廢經的爭論，此後便一再反覆上演。宣統三年四月，初等小學的讀經一科即已廢了。民國肇建，頒布《普通教育暫行辦法》更明令小學廢止讀經。民國四年袁世凱任大總統時，雖提倡孔教，恢復讀經，但袁氏垮臺後，其《教育綱要》就遭撤除了。直到十四年段祺瑞執政時，章士釗擔任教育總長，才又決定讀經。可是章旋去職，此案亦未實施。民國二十年南京開國民大會時，也有提案主張列經書在課本中，然也沒結果。倒是湖南、廣東等省，下令中小學讀經，一時蔚為風尚，頗令主張讀經者鼓舞。唯人亡政息，乃亦不了了之。

隨後中華人民共和國建立，以馬列思想與無產階級革命為號召，讀經之議，自然也就偃旗息鼓了。

綜觀整個歷程，我們可以發現由晚清到上世紀末，中國的總體動向是求新求變以救亡圖存。因此反對讀經者占了主流優勢，民國及中華人民共和國政府也附和或主導這個趨向。認為中國救亡圖存亦不可因而忘本的人士，在形勢上居於劣勢，在語言上也頗吃虧，因為他們往往也反對白話文，故其主張讀經的論點不僅讀來缺乏新鮮感與時代氣氛，也難以喻眾。

不過民國二十三年前後，情況略有不同。前文說過，民國二十年國民大會已有人提案主張讀經了。二十三年中央通令全國恢復孔子誕辰紀念，且派人親臨曲阜祀孔，又重修孔廟，優待聖裔。這代表原先支持新文化運動的氣氛及其相關政治力量有了些改變。

二十四年一月，薩孟武、何炳松、王新命等十教授發表〈中國本位文化建設宣言〉，更可顯示社會上對於「向西方尋找真理」這個路向已有成氣候的批判力道。這個宣言，馮友蘭曾猜測它是國民黨授意的。這當然未必，不過國民黨確實已從本來支持廢經的立場轉而向讀經傾斜，當時主持文宣工作的陳立夫，就比較支持讀經，整個黨也較傾向〈宣言〉的態度。

形勢如此，二十三年七月，許崇清發表文章反對中小學讀經，他在廣東省政府中省府委員的職位就被撤掉了。二十四年一月，胡適去香港接受學位時，因在演講中反對廣東省政府規定中小學生讀經，結果原先在廣東已約好的演講也被迫取消了。中山大學教授古直還通電聲討胡適，請求廣東政府課以極刑。因此可說這是晚清以來讀經與廢經雙方最勢均力敵，足以對抗的時代。

在這段時間，有一部文獻，甚能突顯這種對比的張力，而可供今日吾人參考。那就是二十三年（一九三四）何炳松主持商務印書館《教育雜誌》時，發函給學界專家，諮詢對於讀經的看法，並將意見七十餘篇編輯成的專刊。（《教育雜誌》廿五卷五期，一九三五年十月出版）

何炳松本身的專業是西洋史，但我說過，他的文化立場乃是中國本位的。因此他編這個集子，雖貌若多元，將所有回函分成贊成、反對、相對贊成或反對三大類，並提倡開放、平心靜氣的討論；可是在分類之前卻引了一大段國民黨大老張群對他說的話，謂中國幾千年來都受到儒家思想的影響，故一直有中心思想。晚清與西方接觸後，這個中心思想才動搖，新文化運動更是摧毀了它；唯摧毀了舊的，卻沒建立起新的，西洋思想紛至沓來，弄得大家徬徨歧路，至為煩悶云云。這段話，其實就表示了何氏自己的態度。

雖然如此，卻不影響這個專輯的內容。專輯裡的論者，涵蓋了當時教育文化界各派意見領袖，因此所論不管正反各方均極具代表性。贊成讀經與反對讀經的理由，跟今天也差不了太多，有不少還講得較今人持論深入，故至今仍甚值得參考，不僅因它具有歷史意義而已。

例如由各文章所敘，我們可以了解到當年讀經之爭的對立有多麼嚴重。古直等人想把胡適殺了，以儆效尤，反對讀經者又何獨不然？錢基博說他於民國二十一年去上海的高等教育問題討論會時，因提案尊孔讀經，大受與會諸大學校長揶揄，謂其「不成話說，不意今日而尚有此不成問題之提案」，對之嬉笑怒罵。可見反對讀經者視提倡讀經者為頑固、保守、落伍；主張讀經者認為反對讀經的人是數典忘祖、斲斷民族命脈，彼此都瞧著對方極不順眼。這樣的態度，其實到今天也沒什麼改變。反對讀經者，說提倡讀經是「走向蒙昧的文化保守主義」（薛湧，《南方周末》，二〇〇四年七月九日）；主張讀經者則痛批一九一二年廢除讀經是「經書之厄，甚於秦火」（蔣慶《中華文化基礎教育誦本》後記，二〇〇四），所以要對兒童重新啟蒙。

情況之所以如此，在於大環境結構類似。中國基本上仍處在追求現代化的進程中，可是在經歷過摧毀傳統式的激進方法後，社會上又出現了應正視傳統文化的呼聲。這跟當年的情境是頗為類似的。二〇〇四年許嘉璐、龐樸等人發表的〈甲申文化宣言〉，不就恰好與十教授〈中國本位文化建設宣言〉論調相似嗎？

當然這也不能說幾十年來我們還在兜圈，跟當年一樣，沒啥進步。而是透過這些論爭資料的對比，我們才能真正深刻地認識到我們的歷史處境；在讀經爭論的歷史對照中，也更能看清自己的位置，並思考爭論的出路。

如昔年的讀經爭議，背後其實一直有著政治力量的角力。清廷倡讀經，國民黨便廢讀經；反國民黨的勢力乃又倡讀經，如袁世凱、孫傳芳及上文提到的湘粵各省都是。反對讀經者輒譏諷這些人根本不配提倡讀經，或直指他們是軍閥，批評主張讀經者依附政治勢力。但實際上，反對讀經的人靠不靠政治力量呢？一樣也靠。當時周予同說：「現在我們實際上是在反袁的政治系統的國民黨統治之下，我不知何以又有讀經的必要」，正透露著反讀經人士倚國民黨為奧援的心理。

擴大來看，這也是昔年推動文化工作者十分普遍的思維或現實，須藉某一政治勢力才能成事。如梁漱溟辦鄉治，原先就依託廣東的李濟琛。李濟琛不就因推動讀經而備受自命開明的反讀經人士之譏嘲嗎？廣東政局改變後，梁又去河南，在韓復榘支持下辦村治學院。中原大戰後，韓氏轉任山東主席，梁亦轉往山東辦鄉村建設研究院。若按反讀經人士之邏輯，這豈不是一直仰賴著軍閥的勢力嗎？

但問題不應如此看。壞人亦可能幹了好事，論事析理，不當以人廢言，亦不能以人身攻擊來轉移問題。其次，當年想做點文化上的事，沒有政治上的支持，恐怕是不成的。此理，放在今天看，大概也是如此。再從政治角度說，一個政黨或政治勢力，雖說主要靠合法或非法的暴力，也就是槍桿子來維持，但赤裸裸的暴力並不足以確立其合理性。因此它都需要有文化政策與文化施為來塗澤說明之。每一政治勢力，皆需假借一套文化語言來表述自己，就是這個緣故。政治勢力支持某一文化立場，而反對另外一些主張，遂亦成為實際上必然發生之事，避也避不開。文化人因勢或趨勢，以推動自己的文化理想，因而也是必然的，無可厚非。

不過，水能載舟，亦能覆舟。政治勢力不盡可恃。有些時候，所依憑的政治勢力垮了，文化事業遂也付諸流水，搞不好還要做為代罪羔羊，挨批挨整；有時候政治利益改變，政治勢力所支持的文化政策及措施便也會幡然改途，令文化界訝今是而昨非。如認為國民黨將一貫支持新文化運動、反對讀經的人，發現國民黨已轉而提倡中國文化本位，必會感到錯愕那樣。近年的例子，更是不用說了。

因此，通過當年這些論辯，足以讓我們看清知識界文化人在推動文化事業時應有的分際，避開運用政治力以達致理想的魅惑。

其他作用還很多，不過讀者看看也就能明白了，不須我繼續饒舌。這個專輯的原編者是何炳松先生，我和商務編輯部同仁只做了些檢校的工作，不敢掠美，特此說明。編末附錄了龍小立〈讀經討論的思想史研究：以一九三五年教育雜誌關於讀經問題的討論為例〉一文。我這篇文章沒談到的部分，該文大抵均有交代，謹供讀者參考。

儒家生態思想的現代性批判——一個 STS（科學技術與社會）的考察

STS（科學技術與社會）研究領域中的環境議題，雖然談論者多，但往往缺乏實際行動，很少顯現在政策行為中。本文以臺灣和大陸的實例來說明這個現象。認為這是由於整個社會發展、都市建設均以現代化、科技化為指標，故對環境議題漠然視之；其次是對科技過於樂觀，盲目崇拜之，甚少反思其中所蘊涵的社會問題，遂使人民淪為「環境難民」而不自知。

要正視這種困境，就必須在思想上進行現代性批判。反省現代人遭科技裹脅的情況，對現代性中個人自由主義精神、科學理性觀念、機械自然觀、以機器為結構模型之本體論與認識論等等，都應重加檢討。

對現代化社會及其思想狀況做這樣的反省，在西方已有不少成例。希望能尋找一種新的普世倫理。這種倫理思索的總體方向，是反抗現代性以尋求人與自然連續而融合的新關係；這種探索新方向的努力，則是哲學的生態轉向（ecological turn）。西方思想家在進行這種轉向時，當然會回溯其傳統，尋找異於十七世紀以後自然觀的思想資源，來建構其論述。可是我們發現：東方的自然觀倫理觀，尤其是儒學，或許更能提供這方面的資源。而這也是東亞社會進行 STS 研究時最應著力之處。

一、STS 領域中的環境議題

由中國社會科學院科學技術與社會（STS）研究中心和陝西人民教育出版社組織編寫的《科學技術與社會》叢書，是這個領域在大陸最早的一批叢書。于光遠先生為它寫的序文，充分顯示了這個學術領域初被倡導時的設想，他說：

> 「科學技術與社會」是一個新興的、綜合性的交叉學科領域。STS 是其英文名稱 Science, Technology and Society 的縮寫詞。STS 是研究科學技術和社會之間的關係問題，它包括一般的理論研究和具體的應用研究。在理論上，可以在豐富的實踐經驗基礎上，把 STS 分解排列為各種關係來研究，如 S 與 T（科學與技術）、S 與 S（科學與社會）、T 與 S（技術與社會）、S+T 與 S（科學技術與社會）等等。除了一般問題外，STS 還有非常廣泛的具體問題要研究，不僅有像如何利用科學技術促進改革開放和發展市場經濟這樣的 STS 問題，而且還有科學技術與各種社會文化生活這樣的問題。

這是對此一新興學科的概括說明。然而，在這麼大的研究內容裡，于光遠最關注的，乃是科技與自然的關係。他說：「在科學技術與社會（STS）研究中的一個重要問題，是人與自然的關係問題，即人如何利用科學技術既開發自然又保護自然，真正造福於人類的問題」。

但是，于光遠所談的，卻是科技與社會這個議題中最複雜的問題，也是最容易被忽略的部分。

讓我舉個例子來說。

一九九三年大陸國務院即明確指出要「將北京建成現代化國際城市」。隨後，北京市委、市政府遵照中央的指示發始進行城市經濟問題研究，以制定經濟發展戰略。於一九九八年一月市政府在《政府工作報告》中正式將發展首都作為北京城市的經濟發展戰略規劃。希望把北京由以工業為基礎的經濟向以知識為基礎的經濟的轉換，由粗放型經濟向集約化經濟的轉換、由一般性城市經濟向國際資訊城市經濟的轉換。而所謂「國際資訊城市」是要讓北京成為全球城市體系中的國際政治中心、經濟管理控制中心、貿易中心、國際旅遊中心、對外交往中心和文教科研中心。總之，要成為國際的交通樞紐和資訊網絡樞紐。

北京有這個條件嗎？

據陸軍《城市外部空間運動與區域經濟》一書第十一章，對北京成為國際資訊城市的SWOT分析，認為北京的優勢在於：第一，北京是我國最早發展國際電子商務服務的網絡中心。第二，北京已經基本具備參與國際資訊經濟循環的城市經濟規模和綜合實力。第三，九○年代以來，國際資本集團和各跨國公司陸續在北京設立地區總部或代表處。第四，北京是全國最大的文化、教育和科研創新中心。第五，在交通和對外交往方面，北京是全國最大的國內和國際民用航空樞紐。第六，中關村已經成為新經濟的策源地，成為北京高新技術產業的「孵化器」。

至於北京的缺點則是：第一，從對外貿易依存度指標來看，北京參與國際經濟分工合作體系的水平較低，與國際信息城市的基本要求存在顯著差距。第二，北京作為國際金融中心的城市職能發展遲緩。第三，在成熟的知識經濟社會中，第三產業（尤其是生產服務業）非常發達，占城市 GDP 的比重一般在 70％左右。而北京一九九六年第三產業的增加值比重為 52.6％；一九九七年該項指標的實際值為 54.5％，僅相當於世界主要國際城市六〇年代的水平。第四，北京的國際交往功能發育緩慢（二〇〇一，中國城市出版社）。

這樣的優劣分析準確嗎？為什麼在分析中忘記了自然環境的問題呢？

北京真正的弱點，正在於它的環境生態。第一，鋼鐵和石化等重化工業，占北京城市工業總產值四分之一。這些高污染、高能耗的產業每年占用北京工業新增用水 37.7％。北京市人均水資源占有量為三百立方米，只是全國和世界平均水平的八分之一和三十二分之一。從總量指標看，平水年北京地區可用水資源僅為三十八～四十立方米，故北京屬於嚴重缺水城市。像從前城裡固然有北海、南海、中海、後海、太平湖等，水勢可觀；城外命名為海澱的區域，連接到萬泉河、頤和園、圓明園等處，亦是湖泊水道泉湧不斷，現在卻連圓明園的池塘都長期乾涸著。

其次，北京交通壅塞、城市空間污染嚴重。早在二〇〇〇年，北京城市空氣污染中，39.1%的一氧化碳、74.8%的碳氫化物和 46.2%的氮氧化物，都是由汽車尾氣排放造成。加上其他空氣污染，北京空氣有 40％的時間屬於中度污染。空氣中一氧化碳、二氧化碳以及可吸入顆粒物的含量高於其他城市水平。北京市區空氣中懸浮微粒的含量，更是世界更生組織規定標準的八倍。據統計，一九九七年北京烟霧日為一百一十天，不利於大氣污染物擴散的天氣占43.8%。而沙塵暴等重度污染和災害性天氣的頻率又日益上升。另外，北京城市污水處理率僅為 20％，城市污水處理能力低於 3％。對每天產生的 1.5 萬噸城市生活垃圾的無害化處理率則不足 50％。城市環境質量下降、污染嚴重等問題嚴重影響了城市社會經濟發展和城市居民的正常生活，故早已被世界更生組織列為世界十大污染城市之一。可是汽車卻仍在急速激增中，交通堵塞日趨嚴重，廢氣排放愈來愈多，跟十年前相比，污染規模又大了不知多少倍。

第三，北京的大規模組織建設，使得城市建成區占地規模巨大，土地利用的集約化程度低，導致城市盲目擴大新徵地規模。九〇年代以後，三十多個經批准的工業開發區，規劃用地面積達一百多平方公里。工業用地需求規模之擴張，與城市土地短缺的矛盾日益嚴重。

這些問題，陸軍都在書中其他地方談過，但在做 SWOT 分析時卻都絕口不提，完全忘了。不幸的是：這十年來，北京的「建設」正是霸王硬上弓，加大力度落實國務院的規劃，對歷史文物古蹟、生態環境愈來愈粗暴、不在意。故城市表面上愈來愈「現代化」、愈來愈光鮮亮麗，而人文生態與自然生態問題愈不可問。

假如連北京市在做規劃時都不能正視這些問題。這豈不正足以顯示所謂生態環境云云，做為一般討論時固然大家都會談到，可是一旦涉及政策實踐時，它往往就被忽略了嗎？

二、科技崇拜中的環境難民

忽略這些問題，另一個原因是對資訊技術太過樂觀，以為把北京從以工業為主的城市轉換為資訊技術為主的城市，就能將這些生態環境問題自然消弭於無形了。殊不知資訊科技固然是新時代的利器，但僅恃資訊科技豈即能達成生態環境之完善乎？

坊間大多數談資訊科技、資訊社會、資訊經濟、資訊戰略的著作，大多都是有這種單一角度的高科技樂觀主義。奈思比特稱這種現象為「科技上癮症」。患了這種病的人，以為城市資訊化了，城市人民的生活就變好了，一切問題就都會解決了。一如有的人相信科技能治療社會病態，對科技處方抱持極大信心：以為每間教室都有可以上網的電腦，學生功課就會進步；以為改造人體基因，可以消除疾病；以為作物經基因改造，可以餵飽全世界。縱使有不少人，例如教育心理學家如席莉（Jane Healy）就曾警告經常使用電腦，可能對孩童的大腦生理機能產生有害的改變，造成普遍的注意力不集中以及沮喪症候；其效果與軟體開發者所聲稱者大相逕庭。因為電腦遊戲會阻礙任何類型的反省、對未來的思考以及內心的自我對話。但這類意見，一般並不被人重視，一般人相信的仍是科技的承諾。科技的承諾聽來甚是悅耳，大家願意相信只要買下什麼科技，就自然解決了問題。

因此，奈思比特說：「科技以愉悅、以承諾引誘我們，我們上了癮，不去注意科技可導致的副作用，因此不明白何以前途看來不可逆料。鮮少有人清楚了解科技在我們的生活中、社會上佔有怎樣的地位（或應該佔怎樣的地位）；更糟的是，少有人知道科技到底是個什麼東西。我們給予科技特殊地位，彷彿它是自然法則，有不可褫奪的權利。我們的日常生活、人格形成經驗，甚至自然世界，都注定要由日益精密的軟體來『管理』。科技與我們的經濟齊步前進，我們則只能插上插頭、上網、瀏覽、剪貼、把零碎資訊拼湊起來。我們覺得有點不對勁，但沒法下達指令作任何修改」（奈思比特《高科技·高思維》，一九九九，時報出版公司，尹萍譯，導論）。

對新興高科技持簡單化的樂觀態度，即屬於奈思比特所說因科技上癮而形成科技崇拜的迷信現象之一。但我們不必扯得太遠，仍回到生態問題來看。

迷信新興高科技而對生態問題不甚理會，並不只大陸如此，臺灣也一樣。在二〇〇二年十二月五日臺灣國科會公布了《永續臺灣的願景與策略白皮書》。其中指出，依照目前狀況，到民國一百年，未妥善處理的垃圾將超過四億噸，相當於整個臺灣每平方公里必須容納一萬一千噸垃圾，使臺灣變成「垃圾島」。未妥善處理的有害廢棄物雖然「只有」一千五百萬噸，可是造成的環境衝擊，卻是一般廢棄物的數十倍以上。

河川污染也是嚴重問題。《白皮書》指出，近年來臺灣嚴重污染河段比率，一直在12％

左右，沒有明顯改善。北港溪、二仁溪、急水溪等，嚴重污染比率甚至超過90％。主要污染來源是生活污水，反映我國污水下水道比率嚴重偏低。到二〇〇〇年五月為止，普及率僅百分之七，比菲律賓、墨西哥還要落後。

《白皮書》中也提到地層下陷的問題。主因是政府過去對地下水的開發利用採取放任政策，現在臺灣地層下陷面積已達八百六十五平方公里，這樣的規模對海島臺灣而言，是非常嚴重的土地資源流失。

《白皮書》中更直言，臺灣經驗的另類寫照是「賺得全世界卻失去臺灣」及「窮到只剩下錢」。為了解決這些問題，達到永續發展目標，《白皮書》中提出十項行動方案。最重要的主張是調高水資源及能源價格，總量管制開發行為及污染排放，並適當調高水電價格，以凸顯其珍貴性。認為政府應對土地、能源與自然資源的開發及各類污染排放，進行總量管制；在開發海岸、山坡地、水資源、道路及設置工業區、新市區、畜牧事業前，應執行「政策影響評估」。否則臺灣就會逐漸走向「不永續的境地」。

做為「環境難民」的臺灣人民，對於這種境況，其實並不甚在意，也很少以此要求政府改善。政府雖做了這本《白皮書》評估，但在經濟發展等政策行為方面，卻也並未將改善環境納入思考。

三、現代性情境反思

為什麼明明知道環境生態已經非常惡劣了，大家卻毫不在意，或故意漠視，反而一再宣傳新科技、高科技能帶給我們美麗的未來？

事實上，現在的環境災難，就是當年我們所相信的新科技、所歡迎的新生活所造成的。那些新科技，在做宣傳、做科技承諾時，其實都沒有告訴我們它可能產生的環境災難是什麼（老實說，因為是新科技，因此通常也不曉得它可能造成什麼後果）；要到我們對某些科技已經依賴極深並與生活融為一體時，才發現我們業已淪為環境難民。

可是發現以後，我們其實因為已做了「過河卒子」而無法回頭，只得拼命向前。例如用電，何等便利！但要電就得造水庫發電，或燒煤造電。這都是會污染或破壞環境的。雖然如此，電還是不夠，那就只好用核能發電。核能發電在世界各地雖引起極大爭論，但除非我們不要電，誰也不能絕對不用核能發電。

這種遭科技裹脅的情況，其實也就是「現代性情境」之一例。

所謂現代性情境，是說整個現代化進程實即是以資源消耗、破壞生態為代價的，越是現代化的國家資源消耗越嚴重。以當今美國為例，占不到世界二十分之一的人口，卻消費著占全球五分之一以上的石油資源。而在整個西方世界進行現代化的早中期，這種人口與資源消費的巨大比差更為驚人。也就是說，西方現代化的過程是以犧牲整體人類生態環境的巨大代價，才得以獲取其文明進步這一結果的。後來學習西方、爭相步入現代化進程的亞洲國家，也學習了西方的辦法，犧牲生態環境以謀所謂「進步」。

這也就是後來西方開始反省現代性、開始呼籲環境保護、要求亞洲國家勿捕獵野生動物並推行環保運動時，普遍惹人反感的原因。許多人都質疑：為什麼西方社會享受著現代化的文明成果，而我們卻要為此承受犧牲生態環境的代價？現代化的進步可以是西方的，但生態環境和自然資源卻不歸屬於任何一個單一的國家或地區。又為什麼西方已經現代化之後才來要求我們節制現代化速度？再者，目前西方世界仍是地球上最大的資源消耗區，故環保、生態最急迫的地區與問題其實是在西方而非其他地域。

更根本的質疑，則是對現代性的批判。

由於所謂「現代性」其實包含了幾項基本元素：市場經濟、政治民主、科學理性和作為西方現代社會之基本文化價值理念的自由個人主義精神。現代性的這四個基本元素都是值得人類社會珍視的，但它們同樣也都無法免於生態倫理的批判。

其中自由個人主義，更具有這種兩面性。一方面，它是現代西方社會的革命旗幟和現代啟蒙口號，具有個性解放的精神力量。因此，它確實成為了市場經濟和政治民主的價值基礎。但另一方面，自由個人主義與人類中心主義有著一種深刻的內在親緣關係：它們在倡言「人格尊嚴」之際，共享著某種同質的價值觀念。把人類視為特殊而高貴的生命，將一切非人類的生物和生命看作是實現人和人類目的的純粹手段或工具。任何人或人類群體，都可能以人類正當利益的名義為他或她或他們破壞生態環境的行為辯護。

換言之，西方「現代性」道德價值核心的自由個人主義，與其整個社會的現代性理想一樣，都沒有充分考慮人與自然的關係，更沒有給予人類寄居其中的自然環境以充分的尊重。故社會學家吉登斯（Anthony Giddens）批評：自由主義的思想構架沒有也無法容納有關生態倫理或環境問題的主題【註 1】。各國在推動現代化時，也都忽略了生態倫理的一個重要方面：人類並不只是自然資源的消費者，也是自然資源的生產者和保護者。作為一種理性的生命存在，人類不僅是欲望的存在，而且也可以成為合理實現其欲望的道德的存在。

此外，支配現代化社會運動的根本文化，乃是一種基於現代科學理性的進步理念。以致現代人過分迷信現代科學理性，誤以為人類的道德生活必定會隨著現代社會科學技術的進步和整個社會物質生活的進步而改善。知識或技術理性、工具價值的評價尺度被無限放大，使得康德所謂「實踐理性」完全隱匿不見，只成了單一的技術理性或工具理性，其中原有的目的理性或目的性價值意義，被現代唯科學主義和技術主義洗蝕無踪，漸漸消失在現代人的價值視野之外。在這種狹隘的工具理性或技術合理性意義上，人們或可認為現代社會確是「進步」了。然而，這種進步僅僅是「單面的」（如馬爾庫色的用語）、畸形的，它所消耗的代價卻極沉重。如果人們願思考一下當代人類所面臨的生態環境倫理問題、生活意義的困惑問題、以及浸透於現代人心靈和現代世界文明進程中的實利主義，就不難意識到這一點。

再者，現代性的種種問題，或許還與西方存有論、認識論的發展有關。西方自十七世紀中期以後，出現了新的機械哲學，根據一個新隱喻（機器）來追求宇宙、社會和自我的重新統一。這種思想由法國思想家伽桑狄和笛卡爾提倡，因緣際會，漸漸取代了西方傳統的萬物有靈論、有機論，而蔚為主流，影響及今。

在機械的世界中，秩序被重新定義為：在規律的理性決定系統中，不但強調人應可對自然、社會和自我進行理性控制，更要借助新的機器隱喻以重新定義存有。

作為科學和社會的統一模式，機器徹底滲入人的意識，以至於我們今天很少人會質疑它的合法性。自然、社會和人的身體均由可相互替代、可從外部修理和代換的（原子化）部分組成。所以我們可以「技術的手段」修補生態失調，也以用干預主義的醫學方式，用新製成的心臟代替有病的心臟。

這種機械自然觀，是目前西方大多數學校的教學內容。人們不加思考地接受為常識的實在觀，認為物質由原子組成、顏色由不同長度的光波反射而成、物體按慣性定律運行、太陽是太陽系的中心。整個自然，均是由無主動精神的粒子組成，並由外力而非內在力量推動。因而，機械論本身也令操縱自然的行為合法化了。

這其中便蘊涵著權力的概念，Carolyn Merchant《自然之死》一書曾批評道：

機械主義作為一種世界觀，其最光輝的成就，是它圍繞人類經驗中兩個最基本的成分——秩序和力量——重新安排了實在。秩序可以通過對服從數學定律的不可再分部分的運動之強調，通過否棄變化的不可預測的非物質原因來達到。力量則通過現實世界中直接起作用的干預達到。培根的方法支持通過手工操作、技術和實驗實施對自然的威權。故機械主義作為世界觀，也是一種概念化的權力結構（第九章，一九九九，吳國盛等譯，吉林人民出版社）。

這種權力概念，直接導致人對世界的支配意識。久而久之，人自擬為上帝，可對宇宙重新揑塑。而整個本體論和認知結構，遂也因此發生變化。是以 Carolyn Merchant 才接著說：「作為本體論與認識論之結構模型的機器」，使得：

> 正在興起的機械論的世界觀，奠基於物理定律的確定性和機器的符號力量相一致的關於自然的假設之上。儘管有許多替代的哲學可資使用（亞里士多德哲學、斯多噶主義、神祕直覺主義、隱修主義、巫術、自然主義和萬物有靈論），但歐洲占統治地位的意識形態還是逐漸被機器性質和經驗力量所占據（同上）。

此一新的本體論及認識論，包含了一些關於存有知識和方法的預設，使人可以操控自然。例如：1. 物質由粒子組成（本體論預設）。2. 宇宙是一種自然的秩序（同一原理）。3. 知識和資訊可以從自然界中抽象出來（境域無關預設）。4. 問題可被分析成能用數學來處理的部分（方法論預設）。5. 感覺材料是分立的（認識論預設）。在這五個關於存有的預設的基礎上，自十七世紀以來的科學被普遍地看作是客觀的、價值中立的，關於外部世界的知識。此外，正如海德格所指出；自笛卡爾以來的西方哲學，最基本的關切在於力量，「現代技術的本質在於座架（enframing）」。也就是說，在於表明自然使它成為被支配物。「物理學作為純粹理論，架構自然並使其顯示自身」，且「誘使」自然「成為可計劃的力的有序結構」【註2】。

四、相互依存的人與自然

（一）

對現代性做這樣的批判，把當代漠視生態自然的原因，追究到個人自由理性以及存有論認識論等等去，看起來扯得遠了，其實不然。不做此類探本之論，「科學技術與社會STS」的討論，就僅能涉及一些技術性枝節問題或僅流於和稀泥。而且，透過這樣的討論，我想說的，正是整個生態倫理，或舊的現代化普世倫理之後的新普世倫理所應該走的方向。

正如Holmes Rolston Ⅲ在《哲學走向荒野》一書中所說：現代社會的一個要求，就是人類要發現自己的獨特性——線性的歷史【註3】、創造性和不斷進步。人類就是靠著這些獨特性而越來越成為自然的主宰，用自然為自己服務，並根據自己的意願改造環境。與此相反，現在生態學的基調，則是要我們再次認識到人與自然的關聯性，認識到我們與生物共同體的固有聯繫，從而肯定我們的有機性本質這樣一種智慧。

他認為當代哲學家在探索新社會的新倫理時，必須反抗現代性，重新尋求人與自然的關係，即人與自然的相關性。重新發現這種關係，他稱為「哲學的生態轉向」（ecological turn）。並認為現今已有不少人致力於此，例如，「伊恩．L．夏克哈格主張：『我們必須認識到：自然包含了一個內在的價值體系。』在一篇用了〈生態：物理規律與道德抉擇〉這樣引人注目的標題的文章中，保羅．B．西厄斯寫道：『但在今天，道德涉及到一種負責任的與自然界規律的關係，因為我們也無可逃避地是自然界的一部分。』羅杰．里維萊和漢斯．H．蘭芝伯格在為一部有名的著作寫的序中說道：『對於我們對環境的關注，科學有另一種更深層的意義……那就是它能建立概念與自然規律的結構體系，使人類認識到自己在自然中的位置。這樣的認識，必定是道德價值的一個根基，將會指導著每一代人履行我們作為地球這艘宇宙船的乘務員的職責。對於這個目的來說，生態學……是核心的。』……。」

這些嘗試找出新方向的學者，憑藉的思想資源是什麼呢？Holmes Rolston Ⅲ說道：生態學家想到的是另一種哲學遺產。西方思想在對自然的看法上是矛盾的。不同於現代人想法的一些先哲用了不同的邏輯去面對自然，發現自然有著比人類更偉大的智慧。例如由浪漫主義運動所體現出來的哲學遺產。浪漫主義運動的思想家那種對大自然的愛，曾經感染了自然保護運動的先驅者中的很多人。例如愛默生在同樣也很經典性的一部著作中，就堅信自然產生商品、美、智慧與紀律。如果把詩與神秘主義跟科學結合在一起，我們更能看到自然育化了人們的性格，並可作為價值的試金石（第三章，二〇〇〇，吉林人民出版社，劉耳等譯）。

也就是說，西方當代思潮在處理人與自然這問題時，為了批判反省十七世紀科學革命以來的觀念，往往回溯其古老傳統，從其思想遺產中找到與現代西方不同的自然觀來做為思想資糧，建構新的普世倫理。

可惜這些西方當代生態哲學家不諳東方哲學，否則他們應更能由東方的自然觀和倫理態度中找到思想的資源。

例如人與自然非斷裂的連續關係、循環式歷史觀等等，都是中國哲學中最明顯的東西。一九九三年，六千五百位人士曾在美國芝加哥召開「第二屆世界宗教會議」，並發表了〈走向全球倫理宣言〉。中國或東方這種天人和諧的自然觀，事實上正好與西方所急切想要重新正視的思想淵源合拍，足以做為新的全球倫理基礎。

(二)

相對於西方現代以人利用機器剝削、開發自然資源，中國儒家的「天人合一」思想最值得稱道。

天人合一，解釋的人太多了，以致大家常以為是陳腔濫調，其實其義蘊還遠未被發掘出來。尤其後世之解釋多受孟子「窮理盡性以知天」之說影響，重在由個人主體心性講，說人可以內在地超越以合天。如此，天人合一就成為一種人的心性修養境界。整個宋明理學思路下的基本講法均如此。近年當代新儒家所引生的「內在超越」理論爭議，亦由此而發。

但天人合一之涵義並不止於此，它還指人應有參贊天地之化育的行動。《中庸》指出：「唯天下至誠，為能盡其性，則可以贊天地之化育。可以贊天地之化育，則可以與天地參。」參，指人應參與到自然之中，依循其道。《易經》中講人如何仰觀俯察、取象天地；董仲舒講人之起居動作應如何「循天之道」等，皆屬此。

贊，指襄助、翊贊，令天地之化育更為和諧周到。荀子曰：「大天而思之，孰與物畜而制之？從天而頌之，孰與制天命而用之？望時而待之，孰與應時而使之？思物而物之，孰與理物而勿失之也？願於物之所以生，孰與有物之所以成？故錯人而思天，則失萬物之情」（天論篇）等言論即屬於此。

民國以來，受西方現代思潮之影響，多將荀子這類說法比附於現代思維，說荀子跟孔孟不一樣，是戡天役物的。不重天，重人，發揮了「人定勝天」的精神，而大予贊美之。殊不知這是特定視野下的誤讀，藉著講荀子來宣洩我們想主宰萬物、戡天勝天、追上西方的心情。荀子哪是這樣的呢？

他的意思是天生人成、天人相與。不能只講天那一面，而人啥事都不幹。光思天、頌天、重視物之所以生的部分，遠遠不夠；還應就天所生之物、所命予人者，去利用它、成就它。因此，他才會說：「錯人而思天，則失萬物之情」。

這是荀子不同於莊子處，也即是儒家不同於道家處，他批評莊子「蔽於天而不知人」，正緣於此。道家也講以人合天，但以儒家看，它人文化成的工作少了些，著重在「大天而思之，望時而待之，因物而多之，思物而物之」，故未能開物成務。

而荀子說的「應時而使之，理物而勿失」等，是屬於人的部分，卻也不可以根據人自己的私意來亂搞的。天人不打成兩截。原則乃是「天行有常，應之以治則吉，應之以亂則凶」。人應依循著天道，所以人自己做不好，乃逆了天常之故。「天有其時，地有其財，人有其治，夫是之謂能參」。如何能參天地化育呢？

「順其類者謂之福，逆其類者謂之禍，夫是之謂天政。暗其天君、亂其天官、棄其天養、逆其天政、背其天情，以喪天功，夫是之謂大凶。聖人清其天君、正其天官、備其天養、順其天政、養其天情、以全其天功。……則天地官而萬物役矣。其行曲治，其養曲適，其生不傷，夫是之謂知天」。荀子說的這些話，許多人都以為那是講天人之分，實則這是講人如何「參」。

顯然依此說，天人關係既不偏人，亦不偏於天；既重天，又重人。儒家之學，有「執兩用中」的特點，這便是明證。凡執著一偏而說，俱不中竅。

荀子天人之學，在近代遭誤解最甚，故以上略依其所說，稍釋儒者論天人之義。

其實此義亦非荀子獨創，乃是儒者自來之態度。陸象山即曾說過：「聖人備物致用，立成器以為天下利。……上棟下宇以待風雨，而民不病於居。服牛乘馬、剡舟剡楫，而民得以濟險。弦弧剡矢、重門擊柝，而民得以禦暴。凡聖人之所為，無非以利天下也。二典載堯舜之事，而命羲和授民時、禹平水土、稷降播種，為當時首政急務」（卷廿四，策問）「世儒恥及簿書，獨不思伯禹作貢成賦、周公制國用、孔子會計當、〈洪範〉八政首食貨，孟子言王政亦先制民產、正經界，果皆可恥乎？」（卷五，與趙子宜）。講的都是儒者該開物成務的事，且推其傳統於上古三代，而批評後世儒者不能綜理庶物，光曉得成己，不能成物。

可是儒者之開物成務，又是要「其養曲適，其生不傷」的，其道在於順天。用現在的話說，可云依循自然的法則、規律或性質，勿斲勿傷。這是總原則，具體的做法，則首重天時。

儒家〈月令〉之學，講的就是人在一年中之作息云為均須依著天時來進行。如《禮記·月令》說：孟夏之月，「毋有懷墮，毋起土功，毋發大眾，毋伐大樹」、「命野虞出行田原，為天子勞農勸民，毋或失時」、「驅獸毋害五穀，毋大田獵……」等都是如此。

儒家的政治理論也最強調「使民以時」。其精義是孟子提出的「親親而仁民，仁民而愛物」朱熹注：物，謂禽獸草木。愛，謂取之有時，用之有節（《孟子集注》盡心上）。

經濟上，亦是如此。《荀子·富國》：「春耕、夏耘、秋收、冬藏，四者不失時，故五穀不絕，而百姓有餘食也；汙池淵沼川澤，謹其時禁，故魚鱉優多，而百姓有餘用也；斬伐養長不失其時，故山林不童，而百姓有餘材也。」「今是土之生五穀也，人善治之，則畝數盆，一歲而再獲之；然後瓜桃棗李一本數以盆鼓，然後葷菜、百蔬以澤量，然後六畜禽獸一而剸車，黿、鼉、魚、鱉、鰌、鱣以時別一而成群，然後飛鳥、鳧雁若煙海，然後昆蟲萬物生其間，可以相食養者不可勝數也」。雖然天地生養萬物足以食人，但也不能對自然界進行掠奪性開發；相反，「必謹養其和，節其流，開其源，而時斟酌焉」、「群道當，則萬物皆得其宜，六畜皆得其長，群生皆得其命。故養長時，則六畜育；殺生時，則草木殖」（王制）。

和孟子說「斧斤以時入山林，則材木不可勝用也」同個意思。

這些思想資源，均是我們在進行現代性批判時極為重要的，與西方當前生態思潮適可互相濬發。因此，我們的做法應該是兩頭的。一方面要從現代性批判的角度去重讀儒家經典，體會並發掘其生態思想，以貢獻於世界，強化西方生態主義的論述，以扭轉現代化的路程。另一方面，我們談儒學，也要由過去偏於內聖、個人道德主體性、內在超越的講法，擴及開物成務的部分，由「窮理盡性以知天」，進而兼至經天緯地、參贊化育的天人之道。

附註：

註1：（英）安東尼．吉登斯著：《第三條道路》，第一章，鄭戈中譯。北京大學出版社、三聯書店二〇〇〇年共同出版。

註2：Martin Heidegger,"*The Question Concerning Technology*"（New York: Harper & Row, 1977）, pp.21-23。Heidegger,"*The Age of the World Picture*",in The Question Concerning Technology, esp. pp.127-36 馬笛卡爾和現代科學世界圖景。M. Heidegger,"*The Principle of Identity,*"in Identity and Difference. Trans. J. Stambaugh（New York: Harper &Row, 1969）, pp. 23-41。

註3：線性的歷史（linear history），與循環式歷史（cyclic history）相對，指社會有向前、向上發展的趨勢，而非在某幾種歷史階段間不斷地循環往復。

雅樂復興的意義

想在當今社會中重建禮樂文化，必須在兩方面同時進行，一是實際去制作禮樂，並通過政治體系與社會組成之運作而予以落實；二是由理論層面，對禮樂文化做更精確的闡釋，說明重建禮樂文化的正當性及必要性，並揭示重建之方向。

前者「見於事實」，後者「託諸空言」。研討會當然是屬於託諸空言的這一類工作，但我想結合過去見諸事實的一些經驗，來說明雅樂復興或在現代社會中重建文明禮樂的意義。

一、創制新禮樂

一九九三年我應臺灣佛光山教團之邀，籌辦南華大學，一九九六年開學。開學時，我注意到現今大學世俗化以後均不再舉行開學典禮了，學期結束時也沒有個儀式。學生來了，上課；學生走了，放假。毫無節度，完全不能顯示來此讀書成德、師友講習的意義。因此我便設計了一個開校啟教典禮。

典禮開始時，先以北管音樂前奏，再擊鼓靜場，然後請創辦人星雲法師及貴賓入席。待大家入座已定，即奏佛號，請創辦人致辭，闡述建校緣起與經過，並致送校長聘書給我。此時，奏《殿前吹樂》。然後由校長說明辦校理念，再介紹貴賓，請貴賓致詞，勉勵來學者。這是「開校禮」，表建校之因緣、示未來之軌轍。

其後則舉行「啟教禮」。啟教禮由校長上香、上果、祭獻先師；學生代表奉戒尺，尺上寫著「戒若繩尺」。校長則授簡，把竹簡刻成的一卷經書交給學生，奏《和鳴樂》，禮成。

根據《禮記．學記》：「大學始教，皮弁祭菜，示敬道也。小雅肄三，官其始也。入學鼓篋，遜其業也。夏楚二物，收其威也」。並說這些都是「教之大倫」。可見開學時應行「釋菜」禮，學生穿著禮服，以蘋藻之菜，祭祀先師，表示尊敬道術。肄業練習演唱《詩經．小雅》中〈鹿鳴〉〈四牡〉〈皇皇者華〉三首詩歌，代表學習開始了。上課前，則要擊鼓，召集學生，然後才打開書篋，表示對學問很遜敬。與西方大學，因為是由教會修院發展而來，故上課以鐘聲為號令者相類似。夏，是苦茶的枝子。楚是荊條。都是用來鞭策學生，以整肅威儀的。以上這些禮度儀節，均極重要，蘊涵深意，所以說是教之大倫。

在我們的儀式中，典禮開始，擊鼓靜場，衍「入學鼓篋」之意。啟教禮，獻果上香，存「皮弁祭菜」之儀。學生奉戒尺，以示受教；教者授簡付經，以表傳承，亦為古禮「開篋」「施楚夏」之遺風。

至於典禮前，舉行佛教「灑淨」儀式，則因本校係由佛光山教團及十方佛教善信所創辨，為本校建立之本源，故〈學記〉曰：「三王之祭川也，皆先河而後海。或源也，或委也。此之謂務本」。

這樣的儀制，後來經媒體報導，甚獲好評。但都以為我們是恢復古禮。其實不是，這是我們根據古禮之儀節與精神而重新創造的新神聖空間。讓所有參加的學生、家長、教師以及一萬多名來賓重新體驗並含咀教育的意義。

這次嘗試，證明了許多文化意義及價值體認仍是可以在現代社會中獲得的，但不能只讓學生去死背硬記〈學記〉〈樂記〉。所以第一學期結束時我們又設計了一套結業式，結合成年禮來辦。把古代冠禮的精神，以新的方式來體現。學生們上山下鄉，唱歌仔戲、泡茶、靜坐、打拳，也禁語禁食，享受與自然、與他人、以及與自己的內在對話。同時，古冠禮「棄爾幼志、順爾成德」「敬爾威儀，淑慎爾德」的精神，也因此而得到體會。

此等典禮，當然只是學校教學活動之一端，但它可能還有超出校園的意義。

二、批判現代性

現代社會的基本特徵，就是世俗化及形式化。意謂現代社會不再如從前那樣重視倫理、道德、宗教、意識形態等實質理性，而較重視形式理性，例如現代民主政治及法律，都以程式的合理性為第一優先考慮之事。這兩個傾向，依社會學家帕森思（Talcott Parsons）的看法，又表現出了一種普遍意義的權利制度。他曾分析現代資本主義社會法律制度的特徵，認為主要有下列四點：1.法律的形式理性觀念、2.一般普遍的法律標準、3.程式的合理性、4.司法及法律團體的獨立。並謂：

這種法律的一般形態……是現代社會最重要的標記。它的重要性可以在工業革命發生於英國看出來。我想把英國式的法律制度看成工業革命首次發生的一個基本要件，是完全適當的。【見 Persons，Structure and Process in Modern Societies（《現代社會的結構及程式》)P.44-46(1960)·Evolutionary Universals in Society, in Sociological Theory and Modern Society P.514（1967）（社會進化的要件），收入《社會學理論及現代社會》】。

也就是說：工業革命後的現代社會，與古代的禮樂文明之間，有一個截然異趣的轉變。「禮文化」變成了「法文化」，凡是講禮的社會，逐漸以法律來規範並認知人的行為。生活中的具體性，變成了法律形式的抽象性存在。一個人行為是否正當，非依其是否合乎道德、倫理、禮俗，而是依其是否合乎法律條文及行事程式而定。一個人，即使劣跡昭著，若係法律所未規定，仍然只能判其「無罪」。同時，人與人相處，不再以其位置來發展人對自我的關係，乃是依一套獨立自主、且自具內在邏輯的法律體系來運作。老師與學生、父執與晚輩，和漠不相干的人之間，用的是同一套普遍性的法律標準，權利義務關係並無不同。因此「義者，宜也」，亦即在禮文化中，凡事講究適當合宜的態度，現在亦已改為法律規範下的權益觀念。

諸如此類「禮／法」「義／權利」「實質理性／形式理性」之對比，都顯示了現代社會不同於古代的徵象。現代社會中，師儒禮生日少，律師司法人員日夥，即以此故。

而伴隨著這些的，則是契約、財產、職業，在我們生涯中的分量日益增加；情義、價值、生活，則越來越不重要。生活的品質、生活裡的閒情逸趣、生活本身的價值，漸漸依附於契約、財產和職業之上。權利意識及價格觀念，掩蓋了價值的意義，或者代替了它。因此，財貨的爭取，遂取代了美感的追求。

面對這樣的現代社會，重建禮樂文化，就需要在反形式化方面著力。

反形式化，是說人生不是抽象的形式理性邏輯系統所能籠罩限定，人生是一場場具體場景中存在的境況，一個個具體生命間的照面。沒有普遍的權利標準，只有相對的權利義務關係。因此不能只強調形式理性甚或工具理性。

其次，抽象的形式，排斥了具體的形式，使得現代社會中一切用以表達人際親和及禮儀效果的形式都逐漸減少了。見人不必打招呼、遇尊長不必敬禮、飲食無禮節、會聚無禮秩、說話沒大沒小，書函用語不辨親疏輕重。大家都不喜歡儀式，批評它形式化。其實這是具體的形式。具體的形式，其中尚有倫理、道德、宗教、意識內涵等實質的東西在。抽象的形式，則僅是抽象命題與邏輯推理的體系。而運用此類形式者，亦往往非實質理性，僅是工具理性而已。故若不能重新讓人體驗儀式與典禮，人文美感世界便不可能再現，人與人的疏離感反而會不斷地加強。

疏離，是現代社會的病癥之一。文學上的現代主義，對此已有無數篇章予以探討，藝術上反省或反映現代疏離之病者尤多。對於這樣的社會，禮樂文化之重建豈能以「復古」視之？

現代社會的另一大特徵，就是世俗化。從工業革命以降，新的世界與文明，往往被理解為是因擺脫神權迷信而得。Toennies 形容這就是從「社區」到「社會」，Durkheim 形容這是由「機械」到「有機」，Maine 形容這是自「地位」到「契約」，Redfield 稱此為「鄉土」到「城市」，Becker 則謂此乃「神聖的」與「世俗的」之分別。

世俗的現代社會中，人所關心的，主要是世俗社會的活動與價值，例如高度參與、社會成就取向等等。對於神聖性的價值與生活，則較不感興趣，也較少參與，甚至會經常覺得陌生，難以理解。

當然，在許多場合中，神聖性並未完全消失。例如醫院。人在醫院中，態度自然會敬謹起來，面對醫師，立刻表現出敬畏與期待的情緒。醫院中也常保持有祈禱與祭祀的空間及設施，安排宗教人員參與「安寧照護」或「臨終關懷」之工作，以撫慰患者及家屬的心情。因此，這便成為現代社會中的一種神聖空間。

可是社會上大部分機構都不具有神聖性了，學校即是其中最明顯的一種。

學校，無論在東方或西方，自古即被視為神聖空間。西方的大學，係由宗教的修道院發展而來。除非是現代新建的學校，否則一定瞧得見這些校園中高聳的鐘樓、矗立的教堂，也一定可以發現神學及神學院乃是彼等整體架構中的核心。在中國，則古代的大學「辟雍」向來與宗廟「明堂」合在一塊兒。州府所辦學校，亦必鏈接著孔廟。私人書院，建築中則一定包含著先師殿、先賢祠、奎星閣之類。因此它是教育場所，同時也即是一處神聖中心。春秋兩季舉行「釋奠」「釋祭」禮，或供奉先賢，兼祠土地，均充分體現了它的神聖性。故其教育本身，也是具有神聖性的。民國二十八年曾創辦近代著名書院：復性書院的馬一浮先生即曾說道：

古者射饗之禮於辟雍行之，因有燕樂歌辭燕饗之禮，所以仁賓客也。故歌〈鹿鳴〉以相宴樂，歌〈四牡〉〈皇皇者華〉以相勞苦，厚之至也。食三老五更於大學，必先釋奠於先師。今皆無之（《泰和宜山會語合刻》附錄）。

他最後所感慨的「今皆無之」，指的就是光緒末年以來成立的新學堂已久不行此等禮儀了。現代的學校，在建築上放棄了文廟、先賢祠之類祭祀系統，改以行政體系為建築中心，有一度還以政治人物代替了先師先賢的地位，塑了一大堆銅像。建築本身也與一般世俗功能之辦公大樓、商社、工廠無大差異。其行政方式，則亦與一般行政機構無大不同。在禮儀上則放棄了燕歌燕饗釋奠釋菜這一套，而改之以唱國歌、升國旗、向領袖致敬等等。服制方面，既無青衿，亦非皮弁，盡是一般街市中之日常服裝，如T恤、牛仔褲、拖鞋球鞋等。世俗化如此之徹底，學校教育工作所蘊含的神聖莊嚴之感，遂蕩然不復存焉。教師以教書為一般職業，學生也不以為來校上課是什應該莊遜誠敬的事，以輕率為瀟灑、以懶散為自由，對學校、教師及知識均乏敬意。

這種情況，比許多現代社會中的專業領域還糟。例如法院裡的法官、律師，在執行其業務時，必然披上法袍，甚至載上象徵司法傳統的假髮。醫師、牧師、法師，乃至廚師亦然。

那是因為要在世俗的現實社會中創造出神聖性來，就不得不從幾個方面去做，一是從時間上，區隔出某些時段，予以特殊化，認為那幾個日子具有特別的意義，可以成為具神聖性的節日。二是從空間上區隔或建構出神聖性的場域，如紀念碑、某某公園。三則是利用反世俗、違異世俗生活一般樣態的服飾、飲食、動作、語言、儀式來表現神聖性。醫師律師等披上法袍醫袍，即屬於這種型態。唯獨同被稱為「師」的教師，上課授業仍只著一般世俗日用之服裝，上下課也常沒什麼儀式，其世俗化遠甚於其他專業領域。

由此神聖性淪喪及世俗化傾向講下法，我們就會發現當今教育發展的許多問題均與此有關。

三、建立神聖感

因為神聖性所蘊涵的是一種價值的觀念，對某項職務、某種工作，覺得非常特殊，具有與眾不同的意義與價值，值得或應該敬謹從事之，才能形成神聖感。所以許多時候我們要借助儀式，來表示這是件不尋常的事務，由現在開始，得專心誠謹、以敬請事神明般的心情來行事了。電影開拍前、工地動工時，為什麼需要拈香祝禱？不就是這個道理嗎？一旦神聖性喪失，對工作便也喪失了專誠敬慎之心，不能體會出正在進行的事具有什麼價值。以教育來說，教者與學者就都會相率嬉惰、苟且散漫下去。

不但如此。倘若我們對於教育本身缺乏神聖性的體會，則亦將常以其他的世俗化目的替代了教育的意義。許多人去擠大學、去讀書，哪裡是由於感到知識有價值、教育很重要？只不過是為了混張文憑，以便謀取金錢與地位等世俗目的罷了。教育變成了工具，其本身便不再被視為神聖之事。

可是，人生其實仍應擁有許多超越世俗與現實的東西。例如我們讀《三國演義》而欽仰關公，讀〈正氣歌〉而贊佩文天祥，或誦〈出師表〉而嘆服諸葛亮。這些人物，從世俗現實觀點來看，都是失敗者。所志不遂，徒存悵憾，他們的事業並未成功。但它所提供給歷史或人類的，卻是偉大的忠義正直等典型，獲得廣大民眾的敬仰與膜拜，或尊之為神、或稱其為聖。對他們的敬愛，遠超過那些在歷史上一時成功的人。為什麼？因為人生畢竟不只需要世俗性的東西，更要尋找永恆的價值、探索真善美的世界。現實俗世，也唯有依憑著正氣、忠義、仁愛、因果等具有神聖性的價值，才能引領我們，鼓舞我們繼續走下去；或者，在現世的不義和屈辱中，撫慰我們的靈魂。

因此，假若我們在教育中，不能讓人體會到這些神聖價值，人就不可能具有超越性的嚮往。於是，社會便如我們今天所看到的：現代化科技文明不斷進步，人人熱衷社會參與，具有社會成就取向，可是忠義、仁愛、正直、孝順等精神卻日趨漸滅。

當然，我們在中小學乃至大學教育中，也曾不斷灌輸這些精神價值給學生，各級國文教材也都翻來覆去選講了忠愛誠悃的〈出師表〉、離俗性的〈歸去來辭〉〈桃花源記〉、正氣磅礡的〈正氣歌〉……等。學生背課文、背注釋、背解題、背作者生平，可說是背得滾瓜爛熟了。但誰都曉得，那些文章所表達或體現的精神價值，並未被學子們理解、認同，更未成為他們的人生信仰。

問題出在哪兒呢？問題在於我們的教育工作者只把這些東西當作語文來教，一字一句，字詞解釋、翻譯、背誦。一切工夫都只落在文字表層，以致文化價值體會的事業，竟只成為在文字層面吹求的工作。考究字形多一筆少一筆、該橫該撇，爭論字音是否應該異讀，討論文法詞性變化，探索修辭方法格例，成為整個工作的重點。這樣的語文教育，能讓學生體會並認同具有神聖性的文化價值，而起嚮往之心嗎？何況，一傳眾咻，整個社會都呈現出反神聖趨世俗的態度，單是用幾課課文，解讀字句，便想使學生具有超越性的精神，也太奢求了吧！

那麼，怎麼辦呢？我的建議有二：一是調整目前文化教育的方法，放棄這種僅從文字上吹求的辦法，注意到文化教養並不同於文字教育，全面修正教材與教法。其次，讓所有受教者重新獲得一種神聖空間的體驗，在具體的情境中體驗神聖性的價值。

這就像現代社會中仍有許多人有宗教性的神聖信仰。具此信仰者，有些是因對宗教的教義已有理解及認同，接受了這些神聖性的價值。但大部分人則是因為親身參與宗教儀典，而在其中感應或體會到那些精神，乃因此而生起信心，形成信仰。對於古代文化精神，我們也當如此，方能使現代人重新獲得認同。

仍以學校為例。單是在講堂上教學生讀背默寫〈學記〉〈樂記〉有什麼用呢？為什麼不能設計一套新的儀典，讓學生參與其中，而體會感受之？我們上述一些嘗試即是屬於這一類的。

四、弘揚古樂教

開校啟教以後，我又在校內闢一處設了「通藝堂」。通藝，本來指的是希望學生能身通六藝。但「六藝」之教，禮樂居其中，最為切要。古之大學，名為成均。均即韻字，可見古時教育實以聲樂為核心。我把學校興建的第一棟主樓取名「成均館」，表明了是要紹繼這個中國教育的傳統，成均館中又豈能無禮樂之教？「通藝堂」就是具體實施禮樂教化之處。

當時規定所有學生都要參加「通藝堂」的課程，屬於通識教育之一環，由林谷芳、周純一兩先生主持，同時也就成立了雅樂團。

整個通藝堂「樂教」之內容，其實不只雅樂，也教鼓樂，也製琵琶，也斲古琴，洋洋乎盈耳，好不熱鬧。我有些文章略述其要，如：

〈通藝堂製琵琶記〉：昔者黃帝張樂於洞庭，鍾期知音於流水，焦木斫琴，冰弦寫心，雅奏不嫌幽賞，古調何妨獨彈。今則禮樂道廢，流風委絕，鳳尾霓裳之曲久罷，石槽鐵撥之譜勿傳，後生覽古低迴，曷勝棖觸！丙子秋，佛光大學開校啟教於嘉義大林，欲黜俗從雅，撥亂返正。林君谷芳與周君純一乃為立通藝堂，敷禮演樂，以存墜緒而振逸響焉。故黌舍之中，講貫之頃，弦歌不輟，洋洋乎若盡善且盡美也。又鑿木製器，為琵琶若干，曰覺有情、思無涯、一江月、獻仙音、千秋樂、春鶯囀、繞殿雷、雲自在、可銷魂、水月鏡、默默、散花、大和、太一、春波、秋水、聲禪、破魔、綠腰、幽蘭云云。夫琵琶乃古樂器，魏晉而後，改稱阮咸，別以為西方傳入者為琵琶。其五弦者傳自天竺，四弦者傳自波斯。然出塞明妃之曲，江州司馬之淚；銅琶鐵板，或喻坡翁之詞；古調新腔，尚存敦煌之譜。故亦邦人舊物，足徵典型者也。二君析律辨疑，制器尚象，遂使漢唐音旨，乃至三代風雅，皆仿佛若見。余甚感念之，謹為之記。丙子歲杪。

〈通藝堂古琴記〉：漢陽有琴臺，為鍾期鼓琴處。道光間，宋湘嘗書草曰：「萬古高山，千秋流水，壁上題詩吾去矣。」蓋清韻久杳，徒留想望，故僅能悵悵然而去。漢晉以下，廣陵散絕；隋唐音旨，幽蘭獨存。至於白石道者之歌、句曲山人之律，尚考

> 其技，疑義仍多，甚矣琴道之忽邈難蹤也。然而，七弦十三徽，一唱三歎，吟猱注綽，豈無其人？戊寅仲夏，吳文光先生來校，率諸生操縵撫弦，從容指授。南風之薰兮，水仙之操兮，歌附朱絲，居然雅奏，足覘夙昔。周君純一復剖桐調律，教製古琴數十張，環佩生於九霄，遺音徵諸太古，欲制器而尚象，非得意遂致忘言。故雕鑿大樸，協和七聲，旋陰陽以轉調，叩寂寞而求音。余嘗佇思聽之，仿佛若登彼琴臺，妙響接迹於前修，弦歌如復見於武城。因漫誌之，以抒感焉。

諸位由這樣的文字中，應不難看出我們當年對於音樂的熱情，音樂在我們整個大學中的地位可以概見。近百年教育史上，相信也沒有哪個普通大學能夠如此。後來我們陸續辦的冠禮、射禮、鄉飲酒禮、殯葬管理培訓等等，也都是禮樂結合而見古風的，在社會上產生了不小的返響。

而我們所重視的音樂，卻又不是一般社會流俗音樂或各現代學校教習的西方音樂。為什麼？特別是後來我們雅樂團經常出外演示，大家更常問這個為何要復興古樂的問題。

研究音樂史的朋友都知道：周代雅樂早已淪亡，若能恢復，自然有重大文化價值；要恢復，也須花點氣力。我在大學時期，白惇仁老師正在寫《詩經音樂文學研究》，我常與聞緒論，深知雅樂考古之甘苦。這時主持校務，自也樂於在此著力。但考古復古，使其可以彈奏可以演出，卻不是我這個時候最主要的想法，我想恢復的不是音樂，而是樂教。

五、重建樂世界

前面已說過，古代教育以音樂為中心。《尚書．堯典》說舜命典樂以「教胄子」。到周朝時，小孩子十三歲即「學誦詩舞勺成童舞象」（禮記．內則）。又有大司樂「掌成均之法，以樂德教國子：中和、祗庸、孝友。以樂語教國子：興道、諷誦、言語。以樂舞教國子：舞雲門、大卷、大咸、大磬、大夏、大茫、大武」（周禮．春官）。

這時，樂並不只是音樂演奏，乃是以音樂為中心，發展成一個完整的教育體系。所以音樂配合儀式禮制，而有樂舞（如舞勺、舞象之類）。配合歌詠誦念，而有樂語，如言語、諷誦的部分。音樂蘊含倫理精神，亦足以教化青少年，使其改善氣質，如《禮記．經解》所云：「廣博易良，樂教也」。孟子談到子夏問樂，有「聞其樂而知其德」（公孫丑上）之說，講的也是這個道理。《周禮》說教國子以中和孝友等樂德，即樂教之目的。

音樂在上古生活中即是如此居於關鍵或核心之地位，祭、喪、征、伐、歡慶、燕飲、嫁娶、豐收、感恩、辭別，無不以音樂來表現。後來儒家講到樂，總是把它跟「禮」併在一塊談，即顯示音樂常是與典禮、制度有關的。墨子論樂，把樂視為一切藝術的代名詞，包括「刻鏤文章之色」「芻豢煎炙之味」「高臺厚榭邃野之居」，所有雕刻、烹調、建築都可用樂來概括。也表明了樂除了具有禮制的意義外，還可以包括或涵蓋所有藝術。音樂也就是一切藝術的原型或核心。

但周室微而禮樂廢，樂章、樂儀、樂容，乃至樂器，已都無法保存。《論語·微子篇》記載周朝的樂師帶著樂器流散出走的情況，就鮮明地顯示了這一頁音樂淪亡史。

禮崩樂壞的原因，在於社會組織變遷、政治權力結構重組、貴族凌夷、王權式微，故禮制及以音樂為代表的文化體系，也同時發生了變化。

但這也只能說舊禮舊樂已然沒落，卻不能說已無禮樂。一個社會，無論其結構如何，總有其禮制典儀；無論其音樂之型態為何，總不會沒有音樂。故春秋之際，雖周室微而禮樂廢，但其時自有其禮樂也，焉能說此即禮已崩而樂已廢？

這個問題的關鍵，在於禮樂的意義及其社會地位已發生了改變。禮在西周，不僅是一套典儀制度，更是一種倫理價值與生活規範。樂也一樣，包含禮制舞容，又具有中和只庸孝友等倫理意義。但這種樂，逐漸與其他文化內涵分離，變成只是音樂、只是聲音組合的「一種」藝術了，既不具有高度的倫理價值意涵，也不再能統攝其他文化表現。

從樂的角度說，這其實是音樂獨立了，也發達了。音樂不再是與禮制等各種政治社會等結合而成的「文化叢」，它可以只是一些聲音。是由聲音組織成為有韻律節奏迴旋變化，且足以使人聞之快樂的樂音。

樂一旦只以音律為節時，它自然就會不斷朝聲音組織之精密化發展，儘量使聲音能窮盡其組合、呼應、搭配、徐疾、馳驟、揚抑、起伏、變化之美。這個發展，與那早期較為古樸，且與儀式、典制相結合的音樂相比，當然就益顯其「文」了。

然而，繁巧華美，文飾太過，從孔子的角度說，即不免嫌其淫麗佞巧。所以他說：「鄭聲淫」（衛靈公篇）「惡鄭聲之亂雅樂也」（陽貨篇）。

鄭聲之淫，非指詩意淫蕩，乃是指其音樂過於流美。《左傳》昭公元年載：「煩手淫聲，慆堙心耳，乃忘平和」，正是對此淫聲之批評。據劉炫《疏》解釋：「不以後聲來托前聲，而容手妄彈擊，是為煩手。手煩不已，則雜聲並奏也」，又據明朝朱載堉之觀察：「世俗琴有吟、猱、綽、注等聲，笙有彈舌聲、管有顫聲，如是之類，名為淫聲」。淫是過度的意思。聲而以淫來形容，即指聲音太過繁雜，表現太多。

從音樂的發展史來說，本來這乃是萬物由簡單趨於繁複的普遍狀況。但從更高一層來看，音樂越趨流美複雜、越來越好聽之後，同時也就越會使得人流連忘返於其間，足以「慆堙心耳」。情緒受音樂鼓盪，亦不再能中正和平。於是樂德之中和只庸孝友，不復存在；樂教廣博易良之旨，亦難落實。聽樂者逐物不返，流湎無歸，其實等於玩物喪志而已。此乃孔子及其後學之所憂也。

當時不但儒家如此說，老子云：「五音令人耳聾」（十二章）也是同樣的想法。莊子則有「喜怒哀樂慮嘆變慹姚佚啟態，樂出虛，蒸成菌，日夜相代乎前而莫知其所萌，已乎！已乎！」（齊物論）「以巧鬥力者，始乎陽，常卒乎陰。太至，則多奇巧。以禮飲酒者，始乎治，常卒乎亂。太至，則多奇樂」（人間世）「五聲不亂，孰應六律？」（馬蹄篇）「悅明耶？是淫於色也。悅聰耶？是淫於聲也。……悅樂耶？是相於淫也。……乃始臠卷傖囊而亂天下也」（在宥篇）等語。而最激烈的，乃是墨家。

墨子〈非樂〉上中下三篇，從古代帝王「徒從飾樂」而亡、「啟乃淫溢康樂」而亡講起，昌言「習為聲樂，足以害天下」。其說後來也得到不少呼應，像管子說：「大明主不聽鐘鼓，非惡樂也，為其傷於本事而妨於教也」（禁藏篇）、韓非說：「不務聽治，而好五音，則窮身之事也」「耽於女樂，不顧國政，則亡國之禍也」（十過篇），都足以證明法家也是反對音樂的。

音樂之所以令墨家、法家如此擔憂，是因它太過好聽，足以使人耽溺。子夏曾對魏文侯形容：「鄭音好濫淫志、宋音燕女淫志、衛音趨數煩志、齊音敖辟喬志，此四者，皆淫於色而害於德」（禮記·樂記）。魏文侯自己也承認他喜歡聽這些新聲流行音樂，若聽古樂雅樂便只想打瞌睡。文侯這類的態度，必然更會引起論國政者的焦慮，認為世俗好樂之風非好好地矯正一番不可。

於是，音樂看起來是越來越發達、越來越有其獨立之地位、越來越動人了，其文化價值卻是越來越小。儒、道、墨、法諸家都表反對，連雜家《呂氏春秋》也不例外。

這時，儒家也由「立於禮，成於樂」轉而變成由禮文統攝音樂，或禮與樂分。原先儒家講禮樂，在理論上是混一或並提的，至少應該同等重要，然而到後來，〈樂記〉只是《禮記》中的一部分。整個〈樂記〉也並不是以音樂為代表、或是關於整個藝術領域的美學思想，而更像是攝樂歸禮的著作。裡面談到禮的地方，簡直要超過了樂。孔子說：「立於禮、成於樂」，它卻說：「樂著太始，而禮居成物」「知樂則幾於禮矣」「先王有大事必為禮以哀之；有大福必有禮以樂之。哀樂之分，皆以禮終」。以禮文為中心，而非以樂為中心了。

因此，從大趨勢上看，音樂做為中國藝術中心的地位，已然消失了。古代的樂教、或做為一個士人所需要的音樂修養，漢代以後，顯然並不在意。以致周朝那麼豐富的音樂文化，逐漸發展到後來便完全無法與胡樂抗衡了。看起來音樂更盛更美之結果，其實卻是失去了音樂，也失去了以音樂主導文化的地位與作用，音樂只是百工技藝之一而已。這才是古樂淪亡的真相。

近代，這種音樂專技化的趨勢，愈演愈烈。一般國民皆無音樂素養也不以為該有，只由一小部分人當專技去學便罷。教育上也是如此，一般學校都不重視，只闢音樂系、音樂班以培養專門人才，或另設音樂專科學校。音樂不但不再是文化主導力量，連社會上人文教養之一環都談不上。

更何況，整個教育體制都是西方的，一個大學生，即使他小時也學過音樂，在小學中學裡也參加過合唱團、玩過樂器，對中國音樂基本上仍都是一竅不通、問之茫然的。

不僅一般青年如此。近日，一群弘揚傳統文化的學者，聚會北京，講論現代社會的婚禮、相見禮、喪禮該如何制訂，提出了很多好的規畫方案，其中一些甚至已在深圳孔聖堂等處實施了。但縱觀這些方案，幾乎都有禮而無樂。這些人，皆堪稱相當今碩彥，對儒學亦皆有真誠之信仰，而對音樂竟隔膜至此，你就可知問題的嚴重性了。

至於音樂專門人才，既是專業培養，當然有一定之造詣。但其造詣，一般都只是關於音樂的技術與知識；其他人文素養，如詩詞歌賦、棋酒書畫、典章制度、史地文物、儒道釋義理，大多欠缺。聊為藝人而已，未必足以稱為文化人。各專科音樂院校的教學，技不能進於道，只就樂器樂聲樂曲反覆研練，而不知考禮、不重文化教養，也是很普遍的。

現實如此，則我想復興雅樂的意義就十分明顯了。欲復原者，非古之音樂，而是樂教理想。所謂雅樂，乃是與禮結合，以對人生社會產生教化功能的那種音樂。它與俗樂之不同，正在於此。重倡雅樂、重振樂教，才有可能使音樂重新成為社會生活的核心、成為人文教育的核心。中國音樂振興之道，我覺得就在這裡了。昔年試驗，規模雖小，成績微不足道，然而善會者當或於此有所啟發焉！

二〇一〇，北京，中國音樂學院雅樂研究中心成立暨雅樂國際學術研討會論文

國學

近年之「國學熱」，雖未必就能造成文化界的轟動效應，但學界黽勉考索，對國學一辭之義界、國學所指之範圍、國學與國故國粹之關係、清末民初有關國學的思想爭論，乃至於現今發展國學應循之塗轍，都已有了不少精采的論著面世。也有幾本以國學或新國學為名的學術期刊、以及好幾家國學院，揭義幟以為壁壘，看來軍容壯盛，甚為可觀。

但這個議題，在海峽兩岸卻是頗不同調的。

在從前大陸還罕聞國學經學諸名色時，臺灣的大學裡，國學雖然亦非顯學，但著實有其特殊之地位。特殊在哪兒呢？在於從來沒有一個正式機構單位如早期清華大學設國學院那樣，也沒有任何一個國學科系；可是，誰都知道，在中文系裡，國學事實上就是它的內涵。國學一辭，也有國族文化精粹的神聖性意蘊。

數十年來，臺灣的大學生入得中文系，不由分說，均須修習「國學導論」一類課程；坊間亦不乏國學概要、國學叢刊、國學講話等書籍，提醒著大家：中國人嘛，豈能不知或不尊重國學？許多書肆，分類圖書時便會騰出幾個架子來特別安置「國學」這一類書。社會上，也很有些團體在辦國學研習營或國學講習班，視為具有文化使命感的工作，奉獻其熱情。學者，若被尊稱為「國學大師」，那更是無上之榮銜，比什麼中研院院士尊榮得多了。

但在大陸九十年代興起國學熱之後，臺灣的國學境況卻驟爾改觀。國學之「國」成了個問號，越來越不好談了。中文系裡，當令的是臺灣文學研究。臺灣史，也逐漸成為史學研究與教學之重點。國史館所編、所輯、所纂修者，亦多以臺灣為名。

可是「臺灣」畢竟仍非國號，不能頂替為新的國學之名。老的國學，由於內含「中國傳統學問」之義，又不好繼續宣揚。於是新國學與舊國學之間，尷尷尬尬，竟存在著莫名的緊張關係。

在這麼個境況中，談國學，在臺灣，遂只能是——用一句臺灣俚語說，叫做「別人吃麵你喊燙」。隔岸觀其火熱之狀，心中艷羨之，嫉妬之、悵惘之，好沒意緒。

無聊賴之餘，不免也會想起一些問題。例如：國學與我們自己文化生命的關聯。

前面說過，在「後國族主義」盛行的時代，一個擁有文化憧憬或懷抱人文理想的青年，仍然常會不自覺地會親近國學。我們雖接受著西式的現代教育體制，但內心深處，總不免會因認同國族而對國學產生親切感，嚮往擁有它，以獲得生命存在的證明。對國學越能掌握，就會越覺得生命有價值，精神充盈，可與天地精神相往來，亦可與古昔賢聖呼吸謦欬相通。比一般學科所能給予我們的知識或工具性實用性學問，更能撫慰我們的靈魂，或讓我們自覺比其他人更有價值、更有尊嚴、更像個中國人。

換言之，國學，給予了我們具體的文化生命，且是跟青年時期的情懷理想俱存共生的。如今，國學之聲華漸晦，不再能提供這種滋養人文化生命的功能，令人感到自己消逝的青春、激昂的夢想，也正在現實中不斷褪色，逐漸遠去。文化生命，日就死亡。僅能於瓜棚豆架下，閑話舊時桑麻；或遙望鄰人具雞黍、馨俎豆罷了。

這個時候，我們當然就會想：依託、憑附在國族主義上的學問，又是真的嗎？確實能成為我人託命之所嗎？

每個國家、每個民族，都會有它的傳統與相關知識文化體系，故每個國家皆當有其國學。在此意義下，各國國學之價值相當，無優劣可說。但如今我們說國學，其實不是這個意義，而是將它拿來跟「西學」相對舉。它不同於韓國學、越南學，乃是一個與整體西方文明相對照的文化體系或傳統。這個傳統，有西方文明所無之價值。擁有這種知識文化系統，中國人才能有尊嚴地跟西方人一同站在這個地球上。

由這樣的意義看，國學與國族的命運當然綰合甚密。國族認同，除了血緣、地緣之外，國學就提供了文化上的必要條件。

但是，完全依憑或綰結國族發展的學問，在國家認同混亂時，它的地位與價值也會立刻受到影響，這樣的學問，主體性又何在呢？

想到這裡，就可能會讓我們想起一些故事。例如孔子說周朝衰弱了以後，太史、樂工等紛紛入於海、離了國；孔子本人也曾打算往居九夷，或乘桴浮於海。這不都是持其學而棄其國的嗎？

國學、國學，「國」與「學」這個組合詞，是可以拆得開的。有些人重視那個國字，欲倡國學以富強尊大其國；有些人重視的卻在學字，國可亡、可棄、可去，而學不可滅。因此可以獨自懷抱遺經，存薪火於荒陬；或明夷待訪，守陽一以須來復。如此這般，學就未必仍須有這個國才能存在了。反之，國族生命之繼起復興，才有賴於這個學呢！學在這兒，就浩然具見其主體性了。

國學云者，或許應由此來看，是學以成國、學以立國、學以存國，而非學以國成的。

新時代舊思維

大陸「改革開放」三十年，經濟民生領域造成的巨大變化，相信沒有人不曉得。依據下層經濟基礎決定上層建築的馬克斯學說，或資本主義社會所相信的中產階級理論，似乎都告訴了我們：大陸的思想或意識型態領域，亦應已隨之變化。

在許多地方看，確實如此。現在若再把當年講的那一套拿出來，主張大煉鋼、打麻雀、批孔揚秦、又紅又專等等，大家可能都要覺得那是發神經了。

但思想的事，也並不那麼容易說的。像翻書般，立刻幡然改途，舊的完全不留下痕跡，怎麼可能？孫悟空何等英雄？頭上緊箍兒戴得久了，即使把金箍拔了下來，不免還有個箍痕，腦袋會有些變形呢！

近獲友人一信，說：不久以前，我偶然結識一位七十七歲高齡的退休教授，仍在做漢語和英語的對比研究。他認為中國的問題在於傳統包袱太重，不拋棄傳統就永遠沒有希望。他正在做一項重要的研究：破解「李約瑟難題」。要從語言思維的角度來解答，為什麼中華文化發展不出科學和民主。因為當今中國社會問題重重，仍然沒有能夠走到科學民主的文明高度，是中國傳統文化制約造成的。漢語、漢字作為這種文化的載體，制約了人們的思維，導致中國無法擺脫政治專制，無從發展科學理性。他主張廢漢字廢中醫，認為只有像明治維新那樣，與中華傳統文化一刀兩斷，才可能進步。

友人說：「老先生說這番話的時候，我出於禮貌努力克制自己，握出兩拳的汗。面對一個顫著滿頭白髮的七十七歲老人，我不忍心與他當面爭執。老先生一心為國，有一種奮不顧身的戰鬥姿態。」

看了這番敘述，我也感慨良深。他所敘述的老者，當然絕非個案，其實代表著一種類型。而這類人，數量亦絕不能低估，其年齡層分佈也甚廣，並不只有老人才會如此。

這種類型的總體特徵是民族情緒式的愛國主義。因愛國，故恨鐵不成鋼，對中國社會、文化、政治體制現況至感不滿，渴欲突破，遂多過激之評。如何突破桎梏，其方法則仍乞靈於「師夷長技以制夷」。夷之技，從科技、物質建設、經濟發展、民生政體，到思想、文化、文字、生活方式、宗教信仰，無不有人提倡，認為不如此則中國將永遠走不出專制封建、永遠不能現代化。

現代化是他們的理想。可是他們並不承認這只是在效法洋人，更不等於數典忘祖。在理論上，他們會主張科學、民主、西方哲學乃至拼音文字具有普世價值；心態上，則毋寧說他們是期望壓倒洋人以光宗耀祖的。祖宗之典，若符合上述「普世價值」，他們當然也會覺得很光彩，但不符合的糟粕，卻斷然應予捨棄。何況，縱有符合普世價值之精華，幾千年來也沒發展出西方之民主科學，其中必有阻礙進步之毒素，必須挖掘出來，徹底揚棄。而凡擁抱這些糟粕，不思進步之「保守」人士，當然也就成為他們亟欲批判、清除之對象，認為此等人即使不是主觀上在護衛著封建專制之體制，也會在客觀上延緩了中國現代化之進程。

如此曲折糾繚之心態與想法，其實在中國已盤桓百餘年了。治思想史者，對之觀覽已厭，覺得早就是陳年往事，不堪絮說。可實際上它到現在還在我們身邊隨時發散，起著具體作用。上述老人，只是其中一例而已。

更擴大來看：目前兩岸政經主導方向也都還是現代化。執政者或以科學發展觀自命、或以民主政體自詡，經濟上則均努力融入資本主義體系。反政府或對政治有異議之人士，大抵也同樣高持現代化之大義，批評主政者不夠民主開放、經濟管制還太多。

在這種政經社會現代化體制的大框架下，正方反方其實都是現代化論著。既如此，則剛剛我們說的那一類人，自然就不只是「一類」人，而是整個社會的主流意識型態。人們只是在這個潮流中所站位置互有偏側而已，差異甚小。

因此臺灣人看大陸動輒狂野橫恣的民族主義，大陸人看臺灣憤激高昂的愛臺灣意識，都深不以為然，可是很少人體會到它們是同一種東西。在臺灣，反威權的李敖柏楊等，宣稱要全盤西化、打破中國醬缸文化，在大陸上的呼應者也不少。當代自由主義論者，強調要成為公共知識分子的，講的也仍無非是民主與科學那一套。……。

在這樣的社會中，講傳統文化的人，當然才是真正的邊緣人。而持現代化心態者，對這類人卻又是敵視或至少是有防範的。怕這些人又來干擾現代化進程，或把大家再帶回封建專制去，故對此類人之提倡傳統文化、推廣傳統文化教育，譏訕挖苦乃至出面抨擊，殊不罕見。

這幾年，大陸號稱有「國學熱」，各大學紛紛成立國學院，各地開辦了無數國學班，海外遍設孔子學說。孔子的生平，或拍成電影、或拍電視、或拍紀錄片、或製作為動漫，各處亦均有兒童讀經活動，還有私塾與書院之復興、孔廟及各種祭禮之舉行、漢服運動之倡導等，好不熱鬧。

但依我上文所分析，即知此仍多為浮沫。表面熱鬧，整個社會體制及思想意識並不是這麼一回事。漢字要繼續簡化，仍有許多人在堅持；廢漢字，仍有許多人在努力；分辨傳統有精華與糟粕，必須取其精華、棄其糟粕，仍是響亮的口號；時不時就會有人跳出來為國學熱降溫，亦仍是社會之現實。

社會上流行的國學，也仍只是依附型及補白型的。

補白型，是說現代化社會的世俗化工具化傾向，不能滿足人的若干心理需求，因此用傳統文化補現代化生活之缺，提供這方面的撫慰。其性質與大眾心理學、精神治療、宗教體驗相近。

依附型，是依附於現代社會之邏輯，希望國學能幫助企業家賺錢，做決策、進行管理、擴展人脈；幫助進入全球化的中國人說明自己的文化身分；幫助政府進行人民德治教育等等。國學有沒有價值，得看它能不能達成這些功能，若不能，就是糟粕。

時序已進入二〇一〇年了，我們什麼時候才能有些新思維呢？

兒童讀經

大陸的兒童讀經運動，推展近二十年，成效顯著、影響深遠。目前已遍及各省市，接受經典誦讀教育的學生人數難以估算，是「國學熱」中最基層的力量。

但發展迄今，成效固然明顯，問題也漸浮現，已到了該反省改進的時候了。最大的問題是體制。

兒童讀經在許多小學熱火朝天地推動著，但基本上是補充、救濟型的，屬於正式教材、課程之外的活動。所以至今小學課本還是一仍舊貫，毫無相應之改變。小孩子可能在小學階段老早就誦讀過《三字經》《弟子規》《論語》《唐詩三百首》等典籍了，卻還得繼續讀白話、淺陋、無深意、無文字美感的課本，徒然浪費時日。中學的文言文教學，也同樣未吸收經典誦讀教育之內涵與成果。這都是令人遺憾的事。

改善之道，應該參考臺灣；由四年級開始便須融入傳統文化教材，逐漸增加到高三占65%至70%；另外加編《中國文化基本教材》，把《四書》正式納入中國人之文化教養內容。

其次是教師養成制度。

目前大陸之小學師資，一部分來自大學中文系，一部分是師專。偏遠地區還沒這麼好的師資結構。可是即使是大學中文系畢業生，對傳統文化之認知也甚有限，因為中文系基本上只有兩塊知識體系，一是語言文字，一是文學。因此在實施國學經典誦讀時，大抵只能教給小朋友一點語文字詞常識，或教一點詩詞。儒學經典呢？自己也不懂，因為哲學義理本非素習，故只能讓小朋友背誦記憶了事。

各省市雖然也常辦教師培訓，但針對教授國學經典該具備之基礎知識，其實普遍不知如何加強。教師之知識結構未能改善，焉能勝任經典教育？

何況，大學不只知識結構應予調整，實際教學效果也很可疑。大學生在校，「由你玩四年」，出來後其實什麼也不懂。近日各校都在招博碩士生，每逢友人談及，都是搖頭嘆氣。例如問戴震與章學誠，學生竟反問：「戴震是什麼時代人？」問《明夷待訪錄》，學生竟答：「一本記載中國跟蠻夷交往的書」。如此程度，對學術史一竅不通，幸而只是去考研，自己出出糗便罷，若去教書，豈不誤人子弟？

再則是教學方法。

目前兒童讀經又稱為經典誦讀或中華文化誦讀工程，其教法即如名稱所示，幾乎全部就只是誦念。教師的六字訣，曰：「小朋友，跟我唸！」唸熟之後，背起來，不求甚解。

這是教。教了以後，如何檢驗成果呢？舉行競賽！有班級間的競賽、個人間的，也有學校間的。競賽成績若好，大家都喜滋滋地，把名次用紅紙寫在校門口，家長瞧著也高興。

但這種記誦與考記的教育方法，乃是現代教育之特色，與經典內涵及精神南轅北轍，早該打破了。

為什麼呢？先說誦唸與背誦。

兒童記憶力好。在他們記性好時，記些經典，而勿將那亂七八糟的小學課本塞進腦子裡，本來是對的。但學生除了記憶力之外，就沒別的能力嗎？不該同時被開發嗎？只記誦，不准思考或不必思考，既是可惜了，也是不自然的。因為小孩子自然就會有感受有思考。

例如讀《孟子》，讀到齊宣王見人牽牛過堂下，問起，說是要牽去宰殺，好用血來塗鐘；齊宣王說：「放了吧，你看牛都在發抖了！」自然在腦海中就有一圖像。唸到齊人有一妻一妾，而每天去墳間討人家祭墓的飯菜吃，腦海中自然就形成一故事情節。把這些可能發展成想法的念頭都按下，光背誦記憶，能行嗎？

再說，經典所提供的，除「聞見之知」之外更多的是「德性之知」的問題。荀子勸學，云：學「始乎誦經，終乎讀禮」，禮是要在行動上實踐出來的，故讀禮絕不只是背誦禮經的條文而已。荀子以始乎誦經、終於讀禮來說明學的歷程，講的正是教人由誦經入手，而最終要體現實踐於禮上。這種實踐，正是德性之知，亦即康德所說，除純粹理性之外的實踐理性。我們在教育上亦須發展兒童的實踐理性。而這種理性及知識，便不是背誦即能奏功的。

考試或競賽，局限性更明顯。第一，考試競賽都須設定單一標準，可是人文學有單一標準嗎？聖人還有聖之清者、聖之任者的不同哩，孔門亦分四科。定一標準以辨賢愚，看起來公平簡單，其實悖理，用在經典閱讀上更不合適。王陽明六歲還不會說話呢！能用記唸背誦流利與否來定人的高低嗎？

其次，聞見之知其實又大多根本不必背誦，學生只須要懂得查資料就行。把一些資料性的東西全背下來，就跟背字典一樣，毫無必要。

三、比賽與考試會養成學生的不健康人格，形成競爭心態。所謂好學生，只是勝過別人、壓倒別人的人。中國古人並不主張如此，故曰「自勝者強，自知者明」，工夫皆放在自省自律上。

四、考試會引導教學。而現在的考試，又不似古代科舉考文章、考經義、考策論，都只是字詞解釋等死材料或瑣碎的知識，以致考得好的學生往往無文彩、無條理、無思考力，這是能鼓勵的嗎？

現在的悲哀，是跳出誦記與考試的結構後，許多教師就不懂得怎麼教書了。其實經典教育或稱經典誦讀，誦之外，更須注重的正是那個「讀」字。

始乎誦經，之後就要教小孩子怎麼閱讀，培養他閱讀的興趣與習慣。人若未讀書，他的自我乃是空洞的，可稱為空白主體。這個主體，需由他讀過什麼書來填充，才有內容、才能具體化，因此閱讀是具有本體論意義的事。笛卡兒曾說：「我思故我在」，涵義略近於此。讀了書，便有知識，繼而又能思之，人生自然不罔不殆。經典誦讀要讓學生體會的，就是這一歷程，因而必須鼓勵他、教他看書。

一本書，依目前之教法，只是從頭到尾硬背。可是，書若倒過來讀會怎麼樣呢？《論語》開頭是「學而時習之，不亦樂乎」，從修身講起。結尾卻是堯曰篇，講堯如何交代舜「允執厥中」，做好帝王的治國平天下之道。故若倒過來看《論語》，就會發現儒學另一個重點。一本書，便應如此從前、後、左、右、上、下乃至旁推曲鬯，讓學生去讀的。古人說「讀書百篇，其義自見」，並不是一百遍都用同一種讀法。那是呆子，如蒼蠅撞玻璃，撞同樣地方上百次，能有啥用？故曰讀書讀書，貴在善於讀之。舉一反三，不難隅反。唯有小孩子會讀書了，將來才能有出息，兒童時期那一段誦讀經典的歲月才不至於浪費，否則誦記經典和虛耗生命於考卷教科書中有何兩樣？

高信疆與經典閱讀

我最後一次見識高信疆的編輯功力，是在周安托去世時。

安托酒後遽逝，我人在黑龍江。甫回臺，便獲高公電話，說過兩天要出殯開弔，他擬編一文集，紀念老友，囑我亦作一篇。高公那些年早已滯居北京，估量他也是在得到凶耗後匆匆趕回來的。友朋風義，令他毫不猶豫地就決定要做這件事。恰好我也有一股愴懷之情準備傾吐，故立刻寫了，交他付排。兩天後，集子便即印好，在喪禮上讓所有師友一同見證著安托的一生。

後來這些沒發送完的紀念集就都堆到我這兒來了。因高公當時已一身孤寄於天涯，無處可供存放，故交我流傳，以使人更加認識安托。

他對朋友總是這麼深情實義。沒人要求他編這本集子，也沒人提供經費，但他決定做，便立時做了。在最短的時間內，找到最適合的一些人，製作出有價值而非應世諧俗的刊物，正是他一貫的本領。這本領，在他主持人間副刊、時報出版公司編務時，大家早已熟悉，上面所說的，只是另一個小例子而已。

在時報出版公司，他最大的手筆是編製《中國歷代經典寶庫》。早期，他在人間副刊是編海外專欄的，以向臺灣社會介紹歐美新知為主。但他的中國文化情懷早見於編《龍族》詩刊時，一旦主持時報出版，便籌思編這套大書為中華文化續命。

這套書共六十冊，召集了五十四位作者，面對已然現代化且遠離中國文化教養的社會，介述了《論語》《老子》《詩經》《史記》等重要典籍。整體規模、企畫、行銷，都是劃時代的，氣勢恢宏，意義深遠。

在此之前，中華文化復興運動當然行之有年，白話譯介古籍，不僅有文復會在做，三民書局等出版社也做了許多，可是《歷代經典寶庫》是不一樣的策畫，造成的社會轟動效應遂也不同，形成了社會上關心中國文化發展、熱衷閱讀經典、探索傳統文化內涵的新風氣。

那時我正在師大國文研究所讀書，高公找上黃慶萱老師編寫《西遊記》那一本，黃老師要我幫忙。寫好後送去，高公即與安托邀我參與他們的編務，主要是覆核來稿。

當時參與編寫者，其實都是一時俊彥。能找到那麼多大學者一同來做這套書，乃是高公過人的本事，許多書稿，看起來只是為初學說法，白話譯介，附加導言而已。然為初學者說法才更難，唯深入者方能淺出，要講得清楚透闢，不蔓不枝，豈容易哉？做得好的，不但易讀，真能接引後學，本身就也有極高的學術價值。例如王夢鷗先生的《文心雕龍》那一本，誰敢說它不是學術著作？在大學裡讀《文心》這科，誰又能不參考它？但不是每位學者都能有王先生這般功力，因此寫成的稿子總有這樣那樣的問題，高公讓我做的，就是覆核資料、清順文字、商榷觀點的事。我少年氣盛，對文稿常有過激的批評，那就由他和安托出面去找原作者協商修改。如此，幾乎每一冊都是往覆琢磨才定。整個過程，亦令我體驗到高公任事之勇和處事之細致謹嚴。

後來時報出版公司改組，高公離去，安托亦出而自辦金楓出版社，命我規劃《經典叢刊》。等於繼續做著高公未竟的事業。

《歷代經典寶庫》號稱青少年版，故內容簡易，志在入門接引，以白話譯介為主，原文略選以為附錄。我編的，則只是原文，附注釋或導論，不做譯白。體例不同，但功能略似，都是期待讓人能接近經典，由經典中得益的。

高公做過的事很多，其中每一項都可能影響過許多人，我就是他在推廣經典閱讀這件事上受其影響的例子。爾後我辦南華大學、佛光大學時，他已遠赴香江任明報總裁歸來。書空咄咄中，卻也一直協助我、影響我，告訴我他對大學的理想，提供了不少建議。高行健獲諾貝爾獎後，各處邀約不斷，也是高公勸他支持我的教育理念，才單獨接受我之邀聘的。可見他之影響我，遠不只整理經典這一點，但我不想談得太泛了，願專就這一點來略說它到底有什麼超乎個人交誼的意義。

自社會現代化以來，便有各路豪傑開立書目，如胡適〈實在的最低限度書目〉、梁啟超〈最低限度之必讀書目〉、章太炎〈中學國文書目〉、顧頡剛〈有志研究中國史的青年可備閑覽書〉、汪辟疆〈國學綱領書目〉、錢穆〈文史書目舉要〉、胡秋原〈一個最低限度的國民書目〉……等。外國也有海明威、毛姆等人開列的書目。其旨皆不外乎介紹要籍，以為指南，希望在跟傳統文化斷裂之後，現代人依然能多少與那個傳統銜接起來。

可是這些書目大抵僅表達了一些良好的願望而已。因為，既已與傳統斷裂了，現代人要看那些書又豈能輕易看得懂？莫說《易經》《左傳》，就是《本草綱目》《天工開物》，書當然都是好書，可是一來未必找著善本，二來就算覓得，缺乏指導，也非開卷便能得益的。一紙書單，猶如僅以菜單示人，能療饑嗎？編輯出版人，要做的，就是把這些菜單都落實為一道道菜餚，端上桌來，現代讀者才能真正得著滋養。

近年海峽兩岸風行的兒童讀經運動，以誦讀為主。兒童記憶力正強，使之誦記，是不錯的。但誦記之外，須輔之以博覽，因為沒有每本書都誦記的必要。且誦習之際，雖不必多所講解，心惟口誦之際，卻仍應期其可以心領神會經典的義蘊。此種博覽或理解，均須倚賴好的、有效的青少年古籍讀本。方今出版各式文圖垃圾之所謂出版商多矣，能再出現一位高信疆，為經典閱讀再開一新境界嗎？此所以我於高公之逝，為之長嘆息也！

樂

樂，在中國原是由音樂來的，所以快樂之樂跟音樂之樂才會是同一個字。

但如此造字、如此體會快樂，看來有些不尋常。照理說，人最早能體會到的快樂，應該是飲食男女。食有甘旨、樂得夫婦，不是最讓人怡情暢意的嗎？何必由音樂覓之？

可是依中國人看，對樂的體會，該具有人文性。飲食男女之樂，只是自然動物性的，禽獸亦莫不因此而樂。若說到音樂的創造及想享用，那卻是人文成就，足以自喜。因而音樂本身就顯示了一種創造的喜悅，不只是樂音好聽而已。

首先創造的或許是鼓與歌。堯時有老父鼓腹而遊、擊壤而歌，說：「日出而作，日入而息，帝力何有於我哉！」吃飽了以後拍著肚皮唱歌，表達的當然是飲食後的愉悅，但歌卻是有思想的，所以說：「詩言志」。而拍肚皮，或許就是鼓這種樂器的起源，為八音金、石、土、革、絲、竹、匏、木中的革。後世所有的鼓，其實都摹仿著人的肚皮。

鼓與歌，是以人本身為樂器。在中國，這也是最高的樂器。因此，古人論樂皆說：「絲不如竹，竹不如肉」。絲指弦樂器，竹指管樂器，肉則是人自己，用聲帶或肚皮發出的音樂才是最好的。

後世各種絃管樂器愈來發明愈多，但樂團中地位最高的，仍是打鼓佬。後人常以為打鼓佬地位之高，係因唐明皇創梨園，本身又擅長羯鼓，而被梨園行奉為祖師爺之故。實則不然。鼓本來就是樂團裡的指揮，擴而及一切人群之行動，亦均以鼓聲為號令。例如軍中以擊鼓節制進退，一鼓作氣、梁紅玉擊鼓抗金等故事都表明了鼓的作用。鼓舞士氣的鼓，確實具有麾指人心，動盪氣志之效。

西方早期樂器中較重要的卻是管，羅馬時期才從東方輸入邊鼓、鈴鼓等。那可能受的是印度的影響，但地位仍不如管。管甚至發展成管風琴，成為西方教堂音樂的主體，規制龐大。相較之下，中國的管樂器自來就簡潔得多，不像西方，即使是長笛，也遠比中國笛子繁縟。

然而，簡單不代表粗糙，中國笛管可是比世上任何地方都發達得早呢！一九八七年，河南舞陽出土的十六枝賈湖骨笛，用鶴脛骨鑽孔製成，有六、七、八孔，可吹出七音階的樂音，時代距今就約有八千年。

八千年！莫說西方到希臘時期還只有四聲音階調式理論，就是我們自己在三十年前也還不敢想像，故講中國古代音樂史，都說春秋戰國時期只有五聲階理論、無絕對音高觀念、沒有變宮（即西方現代簡譜中的7）。可實際上古代中國音樂之發達，真是令人驚奇、超乎想像的。

西方十世紀以後才有記譜法，十五世紀才出現五線譜；九至十三世紀複調音樂才出現，十五世紀後才以器樂和聲。因而音樂之盛，乃是十六世紀以後的事，早期實極簡陋。十六世紀末至十八世紀中，稱為巴洛克時期，才有巴哈、韓德爾；十八世紀中葉至十九世紀二十年代，莫札特、海頓、貝多芬崛起，則稱為古典主義時期，典章制度始漸齊備。可是中國之古典時期，若上推於黃帝「張樂於洞庭之野」，則雲門、咸池之歌，恐怕也不過分。

如以為黃帝之樂難考，則孔子聽過韶樂，其美妙曾令他「三月不知肉味」，那可是舜時期的音樂呀！舜樂雖亦不可考，但孔子稍後不久的音樂水準，今已有湖北出土曾侯乙編鐘那令人瞠目結舌的表現可察，則被孔子所推崇的韶樂，當更是洋洋乎盈耳，足以悅意移情的啦！

古代音樂文化既如此之盛，一切藝術活動、一切賞心樂事，均以音樂來概括、來代表之，自是毫不奇怪的！像墨子「非樂」，所反對的就包括：「大鐘鳴鼓琴瑟竽笙之聲、芻豢煎炙之味、高臺厚榭邃野之居」等等。

而且據墨子說，當時「王公大人，唯毋為樂，虧奪民衣食之財，以拊樂如此之多也。」整個社會愛好音樂已到了癡狂的境地，所以他才想矯正它。

相較於墨子之憂勞救世，儒家雖也主張救世，卻並不如墨家那麼憂苦。過去港臺新儒家曾有一論斷，說先秦儒家所重，在於「憂患意識」，例如《易經》上說：「君子終日乾乾，夕惕若厲」云云。儒家當然頗有憂患意識，但孔子並不是吳道子所畫孔子像那樣的人物，傴僂著身子、愁苦著臉龐。孔子是能舞善歌的。不但平日喜歡音樂，弦歌不輟；晚年倦遊歸國，仍要刪詩書、正禮樂。而如此之大事，綜合起來說，也就只一句話，叫做：「雅頌各得其所」，彷彿他只處理了樂曲。可見早期儒家所重，畢竟是樂。故孔子說做人做學問，須：「興於詩，立於禮，成於樂。」

國家圖書館出版品預行編目資料

儒學反思錄　二集

龔鵬程著. – 初版. – 臺北市：臺灣學生，2013.08
面；公分

ISBN 978-957-15-1577-9 (平裝)

1. 儒家

121.2　　　　101020227

儒學反思錄　二集

著作者：龔鵬程
出版者：臺灣學生書局有限公司
發行人：楊雲龍
發行所：臺灣學生書局有限公司
臺北市和平東路一段七十五巷十一號
郵政劃撥戶：〇〇〇二四六六八號
電話：（〇二）二三九二八一八五
傳眞：（〇二）二三九二八一〇五
E-mail: student.book@msa.hinet.net
http://www.studentbook.com.tw
本書局登記證字號：行政院新聞局局版北市業字第玖捌壹號
印刷所：長欣印刷企業社
新北市中和區中正路九八八巷十七號
電話：（〇二）二二二六八八五三

定價：新臺幣六五〇元

二〇一三年八月初版

12157

ISBN 978-957-15-1577-9 (平裝)